사회복지실천론 3판

우국희 성정현 좌현숙 장연진 최승희 공저

신정

머리말

인구사회학적 변화가 급속히 진행되고 있고 제4차 산업혁명시대가 도래하면서 복지서비스를 필요로 하는 클라이언트도 증가할 것으로 전망된다. 이전까지 사회복지 전문직 교육의 표준화와 교육의 질 향상을 위한 노력이 중심이 되었다면, 앞으로는 사회복지실천현장에서 실천지식과 기술을 적용할 수 있도록 하는 실무중심의 교육이 더 요구될 것이다. 하지만 현실은 그러하지 못하여 교육현장과 실천현장 간 괴리감이 있다는 의견이 제기되고 있으며, 이는 교육하는 입장에서 늘 마음의 부담이 되고 있다. 학생들에게 많은 것을 직접 경험하게 하고 실천해볼 수 있게 하여야 하나 현실은 이론 수업으로 흐르기 쉬운 실정이다. 본 교재를 집필하는 과정에서 이는 끊임없는 숙제거리였지만 예비사회복지사로서 학생들이 반드시 숙지해야 하는 내용들이 포함되도록 하고, 가능하면 사회복지실천현장과 사회복지사의 역할을 이해할 수 있도록 하는 데 주안점을 두었다.

본서의 전체적 구성은 교과목 지침서의 틀에 따랐지만, 사회복지실천의 정체성과 사회복지실천현장이 급속도로 변화하고 있다는 현실을 반영하는 데 많은 노력을 기울였다. 이전에는 주요하게 거론되지 않았던 문제들이 새롭게 사회복지 영역으로 들어오고 있는데, 이러한 점에 특히 주목하였다. 세부적인 내용은 구체적으로 다음과 같다.

먼저 사회복지실천의 개요 부분에 해당되는 1장, 2장, 3장에서는 사회복지실천의 정의와 목적, 역사, 가치 등을 다루었다. 1장에서는 학자들이 사회복지와 사회복지실천의 개념을 정의할 때 공통적으로 강조하는 핵심적 요소를 포함하는 사회복지실천의 개념과 목표와 기능, 그리고 사회복지실천의 근거가 되는 가치와 철학에 대해 살펴보았다. 2장에서는 근대 사회복지실천의 기원인 자선활동이 과학적, 전문적 활동으로 전개되어 온 역사를 미국 경험을 중심으로 살펴본 후, 한국 사회복지전문직의 역사를 간략히 살펴보았다. 그리고 3장에서는 전문직으로서의 사회복지실천이 토대로 하고 있는 가치와 윤리의 의미에 대해 살펴보고, 사회복지전문직에서 규정하고 있는 윤리적 원칙들, 실천과정에서 경험하는 윤리적 딜레마를 해결하는 데 도움이 되는 윤리적 의사결정 지침들을 중심으로 살펴보았다.

4장과 5장은 사회복지실천의 다양성 측면을 다룬 부분으로, 4장은 사회복지실천현장의 개념과 분류방식에 대해 설명하고, 다양한 실천현장에 대한 소개와 더불어 새로운 사회복지실천현장(기업, 교정, 군사회복지)에 대해 살펴보았다. 그리고 이러한 다양한 현장에서 기본적으로 요구되는 전문적인 사회복지사의 역할과 코로나19 이후 사회복지현장에서 요구되는 사회복지사 역할에 대해 설명하였다. 5장은 생애주기별로 나타날 수 있는 특성들과 위기요인들을 최근의 이슈들을 중심으로 살펴보고, 결혼이주여성, 외국인노동자, 북한이탈주민의 현황, 욕구, 그리고 문화적 역량을 갖춘 지침과 실천단계별 고려할 점들을 제시하였다. 국내에서 중점적으로 다루는 이슈는 아니지만 앞으로 다양한 욕구에 부합하는 실천을 위해서 성적 정체성, 동성애에 대한 이해와 실천을 포함시켰다.

6장과 7장은 사회복지실천의 이론적 관점에 해당되는 부분으로, 6장에서는 통합적 방법의 개념과 특성, 생태체계 관점의 기반이 되는 일반체계이론의 개념과 장단점, 사회복지실천에서 강조하는 '환경 속의 인간' 개념을 포함한 생태체계 관점의 주요 개념과 장단점에 대해 서술하였다. 그리고 7장에서는 생태체계 관점을 기반으로 하는 사회복지실천의 다양한 모델들과(사회체계모델, 문제해결모델, 생활모델), 현대 사회복지실천이 지향하는 대표적인 두 관점인 강점 관점과 임파워먼트 관점에 대해 서술하였다.

8장은 사회복지실천의 관계론에 해당되는 장으로, 전문적 관계의 주요 요소와 원칙들을 중점적으로 다루었다. 따뜻함, 공감, 진정성, 조건 없는 긍정적 고려 등을 전문적 관계의 주요 요소로서 제시하였다. 전문적 관계의 원칙은 비에스텍의 7원칙을 중심으로 설명하였으며, 각 원칙마다 목적과 사회복지사들의 역할을 제시함으로써 사회복지실천현장에 적용하는 데 도움이 되고자 하였다.

9장은 사회복지실천의 면접론을 설명하고 있는데, 클라이언트의 문제해결과 삶의 질 향상에 기여하는 전문적 대화로서의 면접이 갖는 특징과 사회복지실천에서 이루어지는 면접의 종류, 그리고 기술을 소개하였다. 또한 면접이 이루어지는 적절한 환경으로서의 구조 및 관련 요소와 면접기록의 방법 및 중요성을 설명하였다.

10장부터 12장까지는 사회복지실천의 과정론에 관한 내용을 담고 있다. 본 교재에서는 사회복지실천과정을 접수, 자료수집, 사정, 계획 및 개입, 평가 및 종결 등 5단계로 구분하였는데, 10장에서는 접수, 자료수집, 사정에 대해, 11장에서는 사회복지실천의 중간단계라고 할 수 있는 계획과 개입에 대해 살펴보았다. 개입은 직접개입과 간접개입 등으로 나누어 설명하였는데, 구체적인 개입기술에 대한 소개는 사회복지실천기술론에서 다루게 되므로 본 장에서는 개념적 이해에 초점을 두어 설명하였다. 12장은 평가와 종결을 다루었다. 평가는 사회복지실천의 목적과 목표가 달성되었는지 점검하고 실행에 효과적이었던 방법과 전략들을 밝혀내는 과정이다. 사회복지실천에서 평가가 중요시되고 있는 만큼 평가의 중요성과 기능, 다양한 평가방법에 대해 다루었다.

마지막으로 13장에서는 1990년대 이후 등장한 사례관리의 개념, 역사, 유형, 과정, 기법 등 사례관리 전반을 소개하면서 한국의 사례관리의 전개 및 현재 모습에 대해 간략하게 정리하였다.

끝으로, 열정적이고 배려심 깊은 동료 저자들, 오랫동안 애끓으면서도 말 없이 원고를 기다려 준 신정 출판사의 최용구 사장님과 장만동 전무님께 감사드리며, 그리고 본서의 발간을 위해 애써주신 편집부 직원 여러분께도 진심으로 감사의 말씀을 전한다.

2021. 2.
저자 일동

차례

CHAPTER 03 사회복지실천의 가치와 윤리 / 59

CHAPTER 04 사회복지실천현장과 사회복지사의 역할 / 87

CHAPTER 08 관계론 / 205

CHAPTER 09 사회복지실천 면접 / 223

CHAPTER 01
사회복지실천의 개념과 정의

1. 사회복지실천의 개념
2. 사회복지실천의 전문적 기반과 구성요소
3. 사회복지실천분야와 방법

CHAPTER 01

사회복지실천의 개념과 정의

사회복지(social welfare)는 사회구성원의 안녕상태(well-being)와 이를 위한 사회의 총체적 노력과 제도를 의미한다. 여기서 안녕상태는 신체적, 정신적, 정서적, 경제적 욕구를 모두 포함한다. 사회복지는 인간의 삶의 모든 영역과 연관되어 있으며, 그 중요성이 커지고 있다. 또 많은 사람들이 직·간접적으로 사회복지실천을 통해 제공되는 사회복지서비스를 이용하고 있다는 점에서 사회복지사가 수행하는 사회복지실천은 우리의 삶과도 매우 밀접하게 연관되어 있다.

하지만 사회복지와 사회복지실천이 크고 작게 우리 삶에 영향을 미치고 또 확산되어 있는 만큼 그 개념과 범위를 정의하기는 쉽지 않다. 여기서는 학자들이 사회복지와 사회복지실천의 개념을 정의할 때 공통적으로 강조하는 핵심적 요소를 포함하는 사회복지실천의 개념과 목표, 기능, 그리고 사회복지실천의 근거가 되는 가치와 철학에 대해 알아보도록 한다.

1 사회복지실천의 개념

1) 사회복지실천의 정의

사회복지는 국민의 생활 안정 및 공중위생, 사회보장제도 등 복리(福利)를 향상시키기 위해 힘쓰는 일이나 그와 관련된 정책 등을 통틀어 일컫는 말로, 서비스나 정부보조에 대한 합당한 비용에 대해서는 부담을 부과하지 않는다. 이런 의미에서 계층포괄적인 특성이 있으며, 특정한 문제 때문에 사회복지기관을 방문하는 경우가 아니어도 그 수혜를 경험하게 된다(Gambrill, 2006). 반면, 사회복지실천(social work practice)은 사회복지의 목적과 이념을 달성하기 위해 여러 가지 이유로 가족이나 시장기능으로부터 소외되거나 배제된 사람들이 사회적 기능을 회복하고 정상적인 사회활동을 유지할 수 있도록 전문성을 바탕으로 사회복지서비스를 행하는 것을 의미한다. 따라서 사회복지와 마찬가지로 공적이고 비영리적인 성격을 띠지만, 대상과 실천의 내용면에서는 사회복지보다 좀 더 계층 혹은 대상제한적인 경향이 있다.

이러한 사회복지의 개념과 범위, 그리고 대상은 시대에 따라 달라질 수 있으며, 사회복지실천의 개념 또한 고정된 것은 아니다. 이것은 사회복지전문직을 둘러싼 환경이 지속적으로 변화하고 다양해지면서 사회복지실천의 분야와 목적, 서비스 대상자도 변화하기 때문이다(이영분 외, 2001).

과거에는 사회복지 대신 케이스워크(casework)나 사회사업(social work)이라는 용어를 사용하였다.[1] 사회복지실천에 대한 가장 고전적 정의로, 메리 리치몬드(Marry Richmond, 1922)는 《What is social casework?》에서 케이스워크를 "인간과 인간,

1) 사회복지실천의 초창기에는 사회복지실천 대신 케이스워크(casework) 혹은 사회사업(social work)이라는 말이 활용되었으나 대상과 범위, 서비스 영역이 확대되고 광범위해지면서 사회복지와 사회복지실천으로 대체되었다. 이 책에서는 시대적 상황과 저자가 언급한 맥락을 고려하여 케이스워크, 사회사업, 사회복지실천을 함께 활용하고 있다.

인간과 사회환경 간에 개별적이고 의식적인 노력을 통해 개개인의 인성(personality) 혹은 인격발달을 이루어가는 과정들"이라고 정의하였다(Skidmore, 1991). 이것은 사회복지실천의 미시적이고 치료적인 측면을 강조하는 특징이 있는데, 그것은 당시의 사회복지가 주로 자선사업, 빈민구제활동, 기부 등과 동일시되는 경향이 있었고 또 사회복지실천 역시 개인과 가족, 지역사회 수준에 머물렀기 때문이다.

미국사회복지사협회(National Association of Social Workers: NASW)의 사회복지실천위원회(1958)는 사회복지실천을 "인간과 사회환경 간의 부조화로 인해 나타나는 개인 혹은 집단의 문제를 해결하거나 최소화하며 이런 문제를 미리 예방하여 개인, 집단, 지역사회의 잠재력을 최대화하는 것을 목적으로 하는 원조활동"이라고 정의하였다. 그리고 미국사회복지교육협의회(Council on Social Work Education: CSWE)는 사회복지실천을 "인간과 환경 간의 상호작용을 구성하는 사회적 관계에 초점을 두는 다양한 활동을 통해 개인과 집단의 사회적 기능을 강화하는 것"이라고 정의하였다. 이것은 사회복지실천활동을 손상된 능력을 회복하고 개인과 사회적 자원을 제공하며 사회적 역기능을 예방하는 것으로 요약할 수 있음을 의미한다(Boehm, 1959; Skidmore et al., 1991에서 재인용).

한편, 1970년대는 사회복지실천의 대상이 좀 더 확대되고 사회복지사의 전문성에 대한 논란이 제기됨으로써 전문성을 강화하고자 하는 노력이 증대된 시기이다. 미국사회복지사협회(NASW, 1973)는 사회사업을 "개인, 집단, 혹은 지역사회로 하여금 사회적 기능에 대한 그들의 능력을 신장시키거나 회복하기 위하여, 그리고 그들의 목적 달성에 적절한 사회적 여건을 조성하도록 돕는 전문적인 활동"이라고 정의하였다. 프리드랜더와 앱트(Friedlander & Apte, 1974)도 사회사업을 "한 개인을 사회적·인간적인 만족과 자립을 누릴 수 있게 개인적 혹은 집단적으로 원조하는 것을 전제로, 인간관계에 관한 과학적 지식과 기술에 기초를 두는 전문적 직업활동"이라고 정의하였다(송진옥, 2001에서 재인용). 이와 같이 1970년대 이전에는 사회복지실천 대신 사회사업이라는 용어가 주로 사용되었으며, 상호작용의 대상도 개인과 가족으로 보고 있지만, 이후부터는 사회복지실천의 대상에 지역사회를 포함하고 있고, 또 사회복지실천을 전문적 활동으로 규정하는 경향이 좀 더 뚜렷해졌다고 할 수 있다. 그리고 1980년대 이후부터는 클라이언트의 문제와 욕구에 대해 좀 더 포괄적이고 통합적인 서비스를 제공해야 할 필요성이 증가하였다. 또 임상사회사업의 요소로서 개인과 가족, 소집단이 심리적 기능을 강화하고 유지하기 위한 목적을 갖고 사회사업을 수행하여야 함을 언급함으로써 예방과 치료의 중요성과 상황 속의 인간(person-in-situation)에 초점을 둘 것을 강조하였다(NASW, 1984).

이상의 정의는 서구 학자들의 사회복지실천에 대한 개념 정의를 시대별로 간략하게 정리한 것이다. 이러한 사회복지실천에서 지향하는 궁극적 목적과 가치는 동서를 막론하고 거의 일치한다. 따라서 국내 학자들의 정의 역시 매우 유사한데, 먼저 사회복지교육협의회는 사회복지실천을 "인간의 사회적 기능을 향상시키기 위해 손상된 능력을 회복시키며, 인적·사회적 자원을 제공하여 사회적 역기능을 예방하는 것"으로 정의하였다. 또 최해경(2009)은 사회복지실천을 "상담, 서비스 활동, 자원개발 및 연계 등 사회복지사의 전문적 활동이며, 개인과 집단, 가족, 지역사회의 문제해결을 돕는 직접적 실천과 사회복지행정 및 정책영역에서 직접적 실천이 가능하고 효율적으로 실시되도록 지원하는 간접적인 실천을 포괄하는 종합적이고 전문적인 활동"으로 정의하였다. 그리고 양옥경(2010)은 "인간의 삶의 질을 향상시키기 위한 개인, 집단, 가족, 지역사회의 문제 및 욕구에 권한부여적, 문제해결 접근방법으로 개입하는 종합적인 전문활동"이라고 정의하였다.

이와 같은 학자들의 사회복지실천에 대한 정의에서 공통적으로 다음과 같은 특징을 확인할 수 있다(김기태 외, 2008).

첫째, 인간의 문제와 욕구에 관심을 두고 있다.

둘째, 사람들의 능력 신장과 생활과업 수행을 주요하게 다루고 있다.

셋째, 사회적 기능의 향상과 환경 간의 상호작용을 중요시하고 있다.

넷째, 서비스 단위로서 개인과 가족, 집단, 지역사회를 대상으로 한다.

마지막으로, 사회복지실천의 전제로서 전문적 지식과 이론에 근거한 전문적 원조를 강조하고 있다.

이와 같은 공통적 특징을 요약하면, 사회복지실천은 개인의 사회적 기능 향상과 사회정의 실현이라는 목적을 달성하기 위해 개인, 가족, 집단, 조직, 지역사회를 대상으로 환경 속의 인간과 그들을 둘러싼 사회환경 간의 상호작용에서 나타나는 욕구와 문제들을 함께 해결하는 구체적인 활동이라고 정의할 수 있다.

2) 사회복지실천의 목적과 기능

개인과 가족, 지역사회가 인간관계와 상호작용에서의 변화뿐만 아니라 문제해결과 능력의 신장, 사회적 변화를 이루도록 돕는 것은 사회복지실천의 과정이자 목적이다. 궁극적으로 인간의 삶의 질 향상에 기여하기 위해 사회복지실천의 목적에 대해 여러 학자와 전문가단체들이 정의를 시도해 왔다. 먼저 미국사회복지사협회(NASW, 1981)에 따르면 사회복지실천의 목적은 "모든 개인의 삶의 질 향상을 위해 개인과 환경 간의 상호 호혜적인 상호작용을 촉진하고 유지하는 것"이다. 한편, 미국사회복지교육협의회(CSWE, 1994)는 사회복지실천의 목적을 다음과 같이 제시하고 있다.

첫째, 사회복지실천은 개인과 가족, 집단, 조직, 지역사회가 목적을 달성하고 고통을 완화하도록 도우며, 개인의 사회적 기능을 촉진하고 회복시키고 향상시키는 데 목적이 있다.

여기서 사회적 기능은 자신 스스로 책임을 수행하고 또 개인과 가족의 욕구를 충족하기 위해 환경에 대한 통제력을 갖고 환경에 적응하며, 사회에 긍정적 공헌을 하는 것을 의미한다. 이러한 사회적 기능은 자신에 대해 만족하고 자존감을 가지며 생활에서 수행하는 다양한 역할에 대해 인정을 받고 타인과의 긍정적 관계가 조화를 이룰 때 강화된다. 사회복지사는 개인, 집단 지역사회가 이러한 사회적 기능을 수행하도록 하기 위해 개인의 능력을 회복하도록 돕고 또 그것을 향상시키도록 하는 데

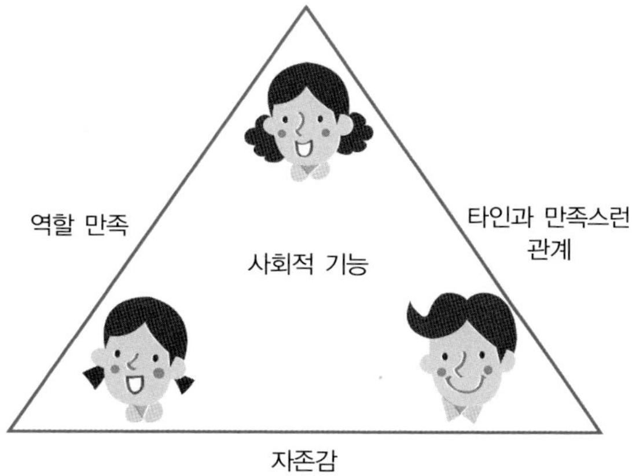

▌그림 1-1▌ 사회적 기능의 삼각형

출처: Milton, Skidmore, & Fairly (1979); Skidmore et al., (1991)에서 재인용.

목표를 둔다.

둘째, 사회복지실천은 인간의 기본적인 욕구를 충족시키고 인간이 갖고 있는 잠재력을 개발하도록 돕기 위해 필요한 정책과 서비스 자원, 프로그램을 계획하고 공식화하고 시행하도록 하는 데 목적이 있다. 이를 위해 사회복지사는 개인을 둘러싼 환경체계와 원활한 상호작용을 할 수 있도록 전문적 지식과 기술을 활용한다. 간혹 인간과 환경 간의 상호작용이 원활하게 이루어지지 않을 때 인간은 심리사회적 스트레스와 부적응을 경험할 수 있으며, 이것은 또 개인의 사회적 기능을 약화시킬 수 있다. 그러므로 사회복지사는 사회복지실천을 통해 인간과 환경 간의 상호작용이 호혜적으로 이루어질 수 있도록 함으로써 사회적 기능의 문제를 예방하고 촉진하는 데 기여한다.

셋째, 사회복지실천은 취약계층의 역량강화 및 사회적·경제적 정의의 실현을 목표로 한다. 사회복지는 이 사회에서 영향력을 빼앗긴 사람들의 이야기에 귀를 기울이고 그들의 욕구와 문제를 해결하도록 도움으로써 배분적 정의를 실천하는 전문적인 활동이다. 그러므로 사회복지사는 한편으로 취약계층의 삶에 대한 이해를 바탕으로 그들의 역량을 강화하고 또 다른 한편으로는 사회적 자원의 배분에 있어 중복과 배제가 발생하지 않도록 하여야 한다.

넷째, 사회복지실천의 목적과 관련된 지식과 기술의 발전 및 검증을 목표로 한다. 사회복지사는 급변하는 환경 속에서 발생하는 새로운 사회적 현상을 이해하고, 개인과 환경 간의 상호작용에서 발생하는 문제에 대한 새로운 지식과 기술을 습득하여야 한다. 그리고 학교에서 배운 기존의 지식뿐만 아니라 현장에서 필요로 하는 새로운 지식과 기술을 습득하기 위해 추가적인 교육과 훈련을 받고 슈퍼비전을 받거나 조언을 경청하는 태도를 가짐으로써 지식과 기술의 발전에 기여해야 한다.

한편, 핀커스와 미나한(Pincus & Minahan, 1973)은 사회복지실천의 목적을 개인의 문제해결 및 대처능력의 향상, 개인과 자원, 그리고 서비스 간의 연계 및 정보제공, 체계들 간의 효과적이고 인도적인 운영, 사회정책의 개발과 발전에 기여하는 것이라고 하였다. 그리고 이러한 목적을 달성하기 위한 사회복지실천의 기능을 다음과 같이 네 가지로 제시하였다.

첫째, 인간과 사회환경 간의 상호작용을 보는 생태체계적 관점에 기초하여 개인, 집단, 가족의 문제해결을 돕고 대처능력을 향상시키는 것이다. 이것은 과거의 진단주의 관점에서 벗어나 환경 속의 인간의 관점에서 클라이언트가 경험하는 문제를 바라보고 클라이언트가 스스로 문제해결에 참여할 수 있도록 하며, 문제 및 상황에 대한 대처능력을 함양할 수 있도록 돕는 것을 의미한다.

둘째, 인간이 필요로 하는 사회자원, 서비스, 기회 등의 환경체계가 원활하게 상호작용하도록 돕는 것이다. 이것은 문제를 경험하는 클라이언트에게 적합한 환경적 자원을 파악하고 그것이 클라이언트의 문제해결에 도움이 되도록 작동시키는 것을 의미한다. 예를 들면, 환경적 자원에 대한 정보 파악과 제공, 연계, 그리고 자원에 접근할 수 있도록 도모하는 것을 들 수 있다.

셋째, 자원과 서비스를 제공하는 다양한 사회복지기관이나 조직이 클라이언트에게 좀 더 나은 서비스를 제공할 수 있도록 효과적이고 효율적인 운영을 추구하는 것이다. 사회복지실천은 사회복지서비스를 제공하는 조직이나 기관에 속한 전문가가 클라이언트에게 서비스를 제공하는 것이다. 따라서 서비스를 전달하는 주체인 사회복지기관과 조직의 효율적 운영과 능력은 클라이언트에게도 많은 영향을 미칠 수 있다. 그러므로 관련 조직과 기관은 클라이언트에게 효과적인 서비스를 전달하여 배분적 정의를 실현할 수 있도록 윤리적으로 경영하고 질 높은 사회서비스를 개발하는 노력을 함으로써 전문직으로서 책임을 다하여야 한다.

마지막으로 사회복지실천은 새로운 사회정책의 개발과 향상을 목적으로 한다. 전문가는 급변하는 사회적 환경 속에서 나타나는 새로운 사회문제에 대한 이해를 바탕으로 클라이언트의 문제를 해결하는 데 필요한 정책과 서비스를 개발하고 제언하며, 현실과 동떨어진 정책을 개선하여야 한다. 이러한 정책개발 및 개선을 지향하는 사회복지실천은 클라이언트의 삶에 직접적인 영향을 미칠 수 있다는 점에서 매우 중요하다.

2 사회복지실천의 전문적 기반과 구성요소

1) 전문직의 개념

일반적으로 전문직(profession)은 체계화된 지식기반과 기술, 전문적 권위, 전문직으로서의 사회적 승인, 고유한 윤리강령, 그리고 공유된 전문적 가치와 규범 등을 갖춘 직종을 일컫는다.

과거에는 사회복지실천이 우애방문과 자선단체, 박애단체에서 시작된 사회복지 관련 활동이라는 점 때문에 전문직으로서의 사회복지실천에 대한 논쟁이 있었다. 일명 플렉스너 신드롬(Flexner syndrome)이다.[2]

이 논쟁 이후 사회복지분야는 사회복지 전문학교를 세우고, 1921년에 미국사회복지사협회(America Association of Social Workers)를 설립하였으며, 현장에서 정신의학 중심의 개별지도(psychiatrically oriented case work)를 지향하고 또 행동주의이론을 적용하여 문제해결의 성과를 가시화하고자 하는 등 전문화를 위한 다양한 노력을 하였다. 1930년대 대공황에 직면하여 다시 전문성 논쟁이 일고, 또 환경의 변화로 인해 사회복지에 대한 사회적 요구의 증가와 공공부문 복지관련 영역의 확대, 그리고 사회복지관련 재정과 서비스의 확대가 이루어지면서 휴먼서비스의 효과성에 따른 소위 '책임성의 위기(crisis of accountability)'를 겪기도 하였지만, 1950년대 후반 그린우드(E. Greenwood, 1957)가 적시한 전문직으로서의 체계적인 이론, 전문적 권위, 사회적 승인, 윤리강령, 전문직 문화 등을 이미 충족하고 있다는 점에서 이제는 전문직에 대한 이견은 없는 듯하다(김영종, 2008에서 재인용).

우리나라도 사회복지직과 사회복지학 교육의 역사가 짧아 전문직으로서 확고한 위치를 잡지 못했었다. 하지만 1970년대 이후 사회복지사업법에서 '사회복지사업종사자' 자격제도를 만들었으며, 1983년 개정법에서는 사회복지사 자격을 1, 2, 3등급으로 등급화하였다. 그리고 2003년도부터 법 시행이 이루어지면서(김경우, 2003), 이제는 전문직으로서 갖추어야 할 지식과 기술, 지역사회 승인, 가치 및 윤리강령, 전문가를 지지하는 전문조직, 독자적 판단이 허용되는 자율성의 요건뿐만 아니라 사회적 인정도 확고해졌다고 할 수 있다(송유미, 2008).

2) 사회복지실천의 전문적 기반과 구성요소

전문직으로서 사회복지가 갖추어야 할 전문적 기반에 대해 바커(Barker, 1997)는 특정한 전문직 집단의 회원으로서 자격을 갖춘 개인이 클라이언트에게 서비스를 제공하기 위해 실천현장에서 전문적 지식과 기술을 갖고 이를 항상 수행하며,

2) 이 논쟁의 구체적 내용은 2장에서 다루고 있음

전문직의 가치와 윤리를 따라야 한다고 하였다(김용민, 2010에서 재인용). 그리고 프리들랜드와 앱트는 전문가로서 지녀야 할 덕목으로 특수한 능력(special competence)과 기술(techniques), 사회복지사(practioners), 서비스 개발에 대한 관심 및 개인적 책임을 강조하였으며, 페어차일드(Fairchild, 1975)는 학문적 지식체계와 전문적 기술을 보유함으로써 상당한 사회적 권한과 사회적 지위를 누린다는 특징을 지닌 형태의 직업으로 정의하였다(김행열 · 김용민, 2011에서 재인용). 이와 같은 학자들의 견해를 종합하면 사회복지에서의 전문성은 전문적 지식과 기술을 갖춘 전문가와 사회적 책임에 대한 인식과 신념, 사회적 인정의 요건을 갖추는 것을 의미한다.

사회복지실천은 인간과 환경에 대한 이중초점을 가진 전문가의 지식과 기술, 그리고 가치 등을 비롯한 여러 가지 요소들로 이루어진다. 펄먼(Perman, 1957)은 사회복지실천의 구성요소를 4p－사람(person), 문제(problem), 장소(place), 과정(process)－로 설명하였다. 여기서 인간은 해결하고자 하는 문제를 가지고 있는 사람, 즉 클라이언트를 의미한다. 그리고 문제는 개인이 경험하는 심리사회적 어려움으로 해결을 요하거나 욕구충족을 원하는 것, 혹은 대인관계에서의 부적응, 그리고 환경과의 불일치 등을 의미한다. 또 장소는 사회복지실천이 이루어지는 장으로서의 사회복지기관을 말한다. 마지막으로 과정은 문제해결을 원하는 클라이언트를 아웃리치하거나 클라이언트가 방문하여 접수(intake)하는 단계부터 사정평가, 계획수립, 개입 및 평가와 종결에 이르는 일련의 과정을 의미한다. 이외에 펄먼이 추가한 또 다른 구성요소는 전문가(professional)와 제공자원(provisions)이다. 이 중 전문가는 전문적 지식과 기술을 갖춘 사회복지사를 의미하며, 제공자원은 사회복지사가 클라이언트의 문제해결을 위해 동원하고 발굴하며 연계하는 모든 서비스와 정보를 의미한다(엄명용 · 김성천 · 오혜경 · 윤혜미, 2012).

한편, 보고(Bogo, 2006)는 사회복지실천의 구성요소 대신 사회복지실천의 맥락(context)이라는 용어를 사용하였다. 보고가 제시한 사회복지실천의 맥락을 보면, [그림 1-2]에 나타난 바와 같이, 사회복지사는 나름대로의 특성과 경험, 개인력을 갖고 있는 한 개인으로서 전문적인 지식과 기술, 그리고 가치기반을 학습하고 전문가 역량을 갖추어 사회복지실천을 수행하는 전문가이다. 그리고 클라이언트 역시 한 개인으로서의 특성과 경험, 역사, 그리고 가치기반을 갖고 있는 상태에서 서비스에 대한 욕구를 갖고 사회복지사를 대면하게 된다. 이렇게 각자 다른 특성과 배경을 가진 사회복지사와 클라이언트가 욕구의 충족과 문제해결을 위해 상호 협력과 정서적 유대감, 의사소통, 그리고 공유된 이해를 포함하는 전문적 관계를 기반으로 만나게 되는 것이다.

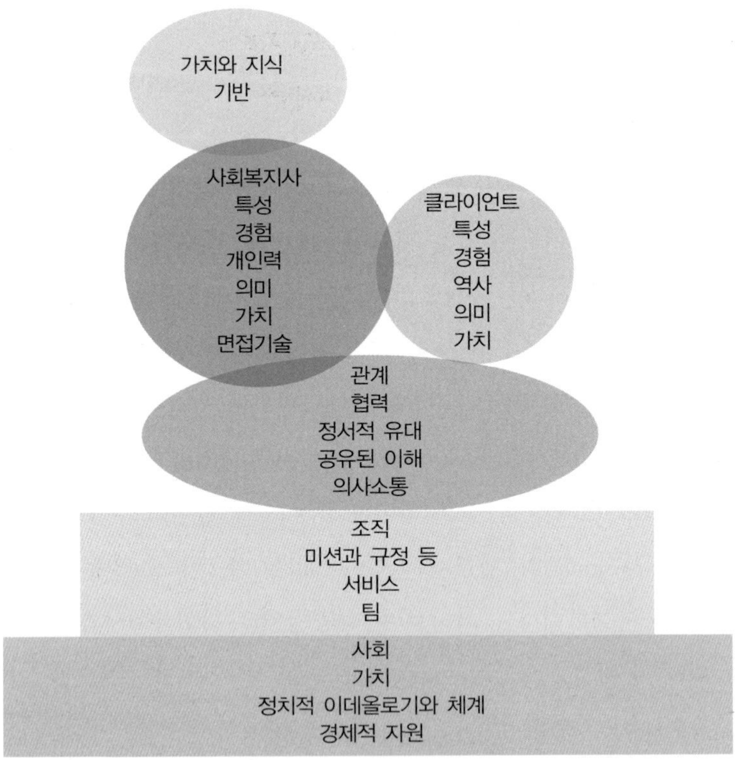

▌그림 1-2▐ 사회복지실천의 맥락

이러한 사회복지사와 클라이언트의 만남, 그리고 사회복지실천은 사회복지사가 속한 조직의 미션과 규정, 그리고 서비스와 역할에 대한 기준 등의 영향을 받는다. 또 사회복지사는 자신이 속한 팀과 조직이라는 하나의 체계 속에서 정해진 역할과 기능을 수행하는 하나의 부분이자 사회복지실천을 수행하는 하위체계이다. 그리고 사회복지사가 속한 조직은 그 사회의 가치와 이데올로기, 경제적 자원을 바탕으로 한다는 점에서 더 큰 사회의 부분체계라 할 수 있다.

이와 같이 클라이언트 한 사람을 위해 수행되는 사회복지실천에는 많은 구성요소들이 포함된다. 그리고 각각의 요소들은 제 역할과 기능을 다할 뿐만 아니라 또 다른 체계의 부분이자 전체로서 상호 협력하여 시너지 효과를 냄으로써 클라이언트의 문제해결 및 삶의 질 향상에 기여하고 있다.

(1) 지식

사회복지실천의 지식(knowledge) 기반은 효과적이고 효율적인 실천을 위해 필요한 사실들과 이론들, 기술, 태도를 망라하는 포괄적인 주제이다. 따라서 사회복지실천에서 갖추어야 하는 지식도 매우 다양하다.

미국사회복지사협회(NASW)의 사회복지실천을 위한 작업 정의(working definition)에서 윌리엄 고든(W. Gorden, 1962)은 지식을 신뢰할 수 있게 의사소통을 할 수 있을 만큼 명백하게 상징화될 수 있는 상황에서 개인에 대한 일반화된 인식이며, 경험적 과학의 절차에 따라 검증과 확대를 할 수 있는 것이라고 정의하였다. 그는 지식을 경험적 검증과 관찰을 통해 확증된 지식 혹은 이론과 진실이지만 아직 확증되지 않은 수용가능한 지식인 추정적 지식(assumptive knowledge)으로 구분하였다. 이 중 후자는 아직 확증되지 않았기 때문에 참인지 거짓인지 여부를 검증할 대상이 되는 것으로 사실 인간서비스 분야의 많은 지식이 여기에 속한다고 할 수 있다.

사회복지사는 클라이언트가 문제를 해결할 수 있도록 인간과 환경 간의 상호작용을 조정하고 중재하기 때문에 이러한 지식기반을 충분히 활용해야 하며, 인접학문의 지식도 학습해야 한다. 여기서 콤톰과 갤러웨이(Comptom & Galaway, 1984)가 제시한 '사회복지사가 갖추어야 할 지식'을 살펴보면 다음과 같다.

첫째는 인간(person)에 대한 지식이다. 여기에는 개인행동과 적응 패턴, 그리고 이에 영향을 미치는 모든 것이 포함된다.

둘째는 환경 혹은 상황(situation)에 대한 지식이다. 이것은 지역사회, 제도, 다양한 자원 구조에 대한 지식을 의미한다.

셋째는 저메인(Germain, 1981)이 제시한 상호작용(transaction)에 관한 지식이다. 이것은 인간과 환경 간의 상호작용을 설명하고 이해하도록 도우며, 인간의 성장을 촉진하거나 저해하는 환경적 영향에 관한 지식과 인간의 잠재력을 발달시키거나 회복하는 데 영향을 미치는 환경적 역량을 촉진하거나 회복하는 것에 관한 지식을 포함한다.

넷째는 중재(mediation)에 관한 지식이다. 사회복지는 특정한 개입모델에 대한 지식뿐만 아니라 문제해결과정에 관한 지식을 필요로 하는 만큼 조정 및 중재에 대한 지식도 갖추어야 한다.

이와 같이 사회복지실천에서는 다양한 지식이 필요하다는 점에서 사회복지사는 사회복지사이면서 동시에 연구자로서의 인식을 가져야 한다. 이는 자신의 실천에 대해 평가를 수행하고 이것이 다시 사회복지의 지식기반에 기여하도록 해야 하기 때문이다.

한편, 갬브릴(Gambrill, 2006)은 사회복지실천의 지식을 내용지식(content knowledge), 절차지식(procedural knowledge), 불활성지식(inert knowledge), 자아에 관한 지식(self-knowledge), 그리고 잘못된 지식(false knowledge)으로 구분하였다. 이 중 내용지식은 윤리적 책임, 사정방법, 개입방법, 평가방법, 법적 규정 등에 관한 지식을 포함한다. 그리고 절차지식은 특정한 사정평가방법을 효과적으로 사용하는 방법, 정보를 탐색하는 기술, 그리고 다양한 정보와 지식을 통합하는 기술을 의미하며, 불활성지식은 정보의 부족으로 인해 제대로 활용되지 못한 내용과 절차에 관한 지식을 의미한다. 또 자아에 관한 지식은 인간에 대한 편견이나 소진(burn out) 가능성에 대한 지식을 말하며, 잘못된 지식은 거짓이나 당연한 것에 대한 믿음을 말한다. 이와 같은 사회복지관련 지식에 대한 구분은 사회복지전문가가 인간행동과 사회적 환경에 대한 이해를 위해 얼마나 많은 지식을 습득하고 또 지속적으로 학습해야 하는지를 보여준다고 할 수 있다.

마지막으로, 보고(Bogo, 2006)는 사회복지실천에 필요한 지식기반을 좀 더 세분화하여 〈표 1-1〉과 같이 사회적 환경 속의 인간행동에 대한 이론들과 실천모델과 기법, 실천 지혜, 그리고 전문적인 지식으로 구분하였다.

▌표 1-1▐ 사회복지실천을 위한 지식

지식	내용
사회적 환경 속의 인간행동에 대한 이론들	구조, 사회, 물리적, 경제적, 정치적 환경, 힘, 억압 다양성 조직적 발달과 기능 개인적 발달과 기능 가족체계
실천모델들, 절차들, 기법들	실천접근들 인지, 정서, 행동 측면에의 초점 경험적 지지
실천지혜	행동에 대한 가치
전문적인 지식	인구집단, 조건, 특별한 환경, 욕구에 대한 실천원칙들

이 중 첫째, 인간을 둘러싼 다양한 사회문화적 환경에 대한 지식과 환경 속의 인간행동에 대한 이론들은 사회복지사가 클라이언트가 현재 경험하는 심리사회적 문제뿐만 아니라 사회구조와 다양한 환경, 개인과 가족의 발달과 기능, 그리고 개인과 가족이 속한 조직의 기능과 영향에 대한 지식에 관한 것이다. 이와 같은 지식을 이해하는 것은 클라이언트가 경험하는 문제의 맥락, 즉 클라이언트를 환경 속의 인간으로 이해하는 출발점이자 관점이라는 점에서 매우 중요할 뿐만 아니라 클라이언트와 환경 간의 상호작용이 클라이언트가 경험하는 문제와 어떻게 연관되는지를 이해

할 수 있다는 점에서 매우 중요하다고 할 수 있다.

둘째, 환경 속의 인간에 대한 이해를 바탕으로 사회복지실천을 하기 위해서는 개인의 인지와 정서, 행동의 변화에 영향을 미칠 수 있는 실천모델과 실천과정, 그리고 다양한 기법에 대한 지식도 필요하다. 사회복지사들이 많이 활용하는 모델로는 심리사회적 모델과 문제해결모델, 과제중심모델 등이 있다. 이러한 실천모델들은 사회복지사와 클라이언트 간의 첫 만남인 접수(intake)부터 욕구와 문제의 사정, 문제해결을 위한 계획의 수립, 그리고 개입과 종결 및 평가에 이르는 일련의 절차에 관한 지식과 기술을 제공하기 때문에 사회복지실천에서는 필수적인 지식이라 할 수 있다. 이와 함께 교실에서 책을 통해 배우지는 않지만, 다년간의 현장경험을 통해 축적되고 또 학습하게 되는 실천지혜(practice wisdom)는 일종의 경험적 지식의 차원에서 매우 중요한 지식기반이 된다. 그러므로 사회복지사는 실천과정 중 경험한 새로운 사실이나 지식, 경험을 항상 기록하고 분석하는 과정을 지속하여야 한다.

마지막으로 사회복지사는 지역사회복지관이나 전문기관에서 알코올 문제나 우울, 불안, 이혼, 가출 등 특별한 문제를 가진 클라이언트를 만날 수 있다. 이 경우에는 클라이언트가 경험하는 특정한 문제에 대한 전문적 지식과 이에 개입할 수 있는 기술을 보유하고 있어야 한다. 또 실천과정에서 특정한 대상을 대할 때 준수해야 할 원칙이 있는 경우 그 원칙을 숙지하고 준수하도록 노력해야 한다.

이상과 같이 사회복지실천을 위한 지식은 다양하고 포괄적이다. [그림 1-3]에 나타난 바와 같이 문제해결을 원하는 클라이언트를 돕기 위해서는 그들의 정신적 에너지와 지적 기술, 사회적 기술, 그리고 스트레스, 사회적 역할 등에 대한 지식뿐만 아니라 그들을 둘러싼 사회구조, 사회적 계층, 문화와 민족, 가치 등에 대한 지식과 상호작용 및 개입에 대한 지식도 필요하다. 그리고 이러한 지식들은 서로 연관되기 때문에 관련 지식들을 망라하는 것은 실천에서 창의성을 발휘하는 데에도 도움이 된다.

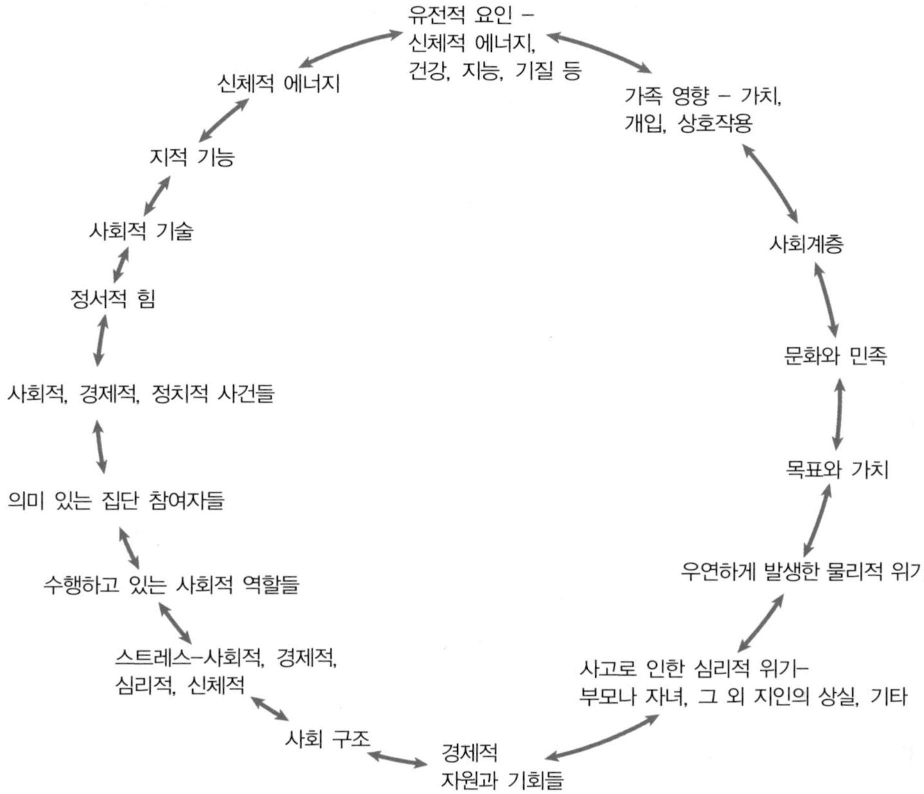

▮그림 1-3▮ 개인의 발달에 상호 영향을 미치는 요인들

출처: Comptom & Galaway (1991).

(2) 기술

일반적으로 실천(practice)은 인간의 의식적이고 능동적인 활동으로, 이론이나 생각을 행동으로 옮기거나 실행하는 것을 말한다. 그리고 기술(skill)은 어떤 원리나 지식을 자연적 대상에 적용하여 인간 생활에 유용하도록 만드는 구체적이고 실제적인 수단을 뜻한다. 여기서 기술은 학습된 숙련성을 효율적으로 활용할 수 있는 정신능력과 결합된다는 점에서 어떤 것을 만드는 데 활용되는 기법으로서의 테크놀로지(technology), 혹은 정해진 순서와 절차에 따라 방법과 도구를 적용하고 또 기대되는 결과를 단기간에 확인할 수 있는 테크놀로지와는 다르다. 비록 유사한 문제를 갖고 있는 클라이언트라 할지라도 개별적인 상황과 그 문제에 대한 인식, 그리고 동원할 수 있는 자원 등이 서로 다르기 때문에 클라이언트가 처한 상황을 고려하여 지식과 기술을 적용해야 한다. 그리고 특정 상황에는 특정한 이론이 적용된다는 규칙이 있는 것이 아니기 때문에 상황에 적합한 이론과 방법을 적용할 수 있도록 다양한 이론과 방법을 학습하고 또 실제에서는 이를 융통성 있게 활용해야 한다.

이런 의미에서 사회복지실천기술은 사회복지의 목적을 달성하기 위해 이론이나 생각을 행동으로 옮기거나 실행할 때, 즉 사회복지실천을 할 때 특정 원리나 지식 등에 대한 학습된 숙련성을 활용하여 지식을 효과적으로 이용하고 적용하는 방법으로 정의할 수 있다. 즉, 사회복지실천기술은 사회복지사로서 이론과 지식에 대한 이해와 숙련성, 그리고 지식을 이용하고 적용할 수 있는 사회복지사의 능력을 관련 요소로 포함하고 있다.

하지만 클라이언트의 환경이 다르다 할지라도 일관되게 적용될 수 있는 몇 가지 기술들이 있다. 그것은 미시적 차원에서의 대인관계기술과 면접기술, 중시적 차원에서의 집단지도에 관한 기술, 그리고 지역사회조직사업을 위한 기술들과 조직의 행정, 계획, 평가 등에 관한 기술들, 그리고 지역사회조직사업을 위한 기술들, 거시적 차원의 지역사회 문제해결과 사회통합에 관한 기술들이다. 이러한 기술에 대해서는 사회복지실천기술론에서 좀 더 구체적으로 알아보자.

(3) 가치

사회복지는 과학과 예술이 통합된 응용학문이자 가치(values)에 기반한 전문직이다. 따라서 사회복지사는 사회복지의 가치를 잘 파악하여 실행에 옮겨야 한다. 본래 가치(value)는 라틴어 valor에 그 뿌리를 두고 있으며, 이것은 강하다, 힘 있다, 중요하다, 목적을 갖는다, 타당하다 등의 의미를 지닌 valere라는 동사에서 파생된 말이다(박찬영, 1996). 강함과 중요함은 상대적이기도 하고 또 주관적 속성을 갖는다는 점에서 가치는 개인의 선호도나 방향성과 관련된다. 일반적으로는 다수의 사회구성원들에 의해 좋거나 바람직하다고 여겨지는 것을 의미한다.

가치는 신념의 선호라는 점에서 특정 행동의 옳고 그름을 판단하는 기준이 되는 윤리(ethics)와는 다르다. 또 사실 또는 정확한 인식에 기반되기도 하지만 허구나 오해, 그릇된 추론에 기반될 수도 있기 때문에 가치는 무엇이 좋은가에 관련될 뿐 무엇이 옳은가에 관련되지는 않는 것으로 이해되고 있다(우국희 외, 2014).

이러한 가치는 개인의 경험뿐만 아니라 사회문화적 영향을 받는다. 따라서 변화하는 사회 속에서 사회복지전문가는 자신의 가치를 점검하고 또 사회적 가치도 성찰할 필요가 있다.

사회복지실천은 본질적으로 인간의 존엄성과 사회정의라는 이중적 가치체계에 기반한다. 여기서 인간의 존엄성은 인간 개개인의 개별적 특성이나 욕구의 차이를 중요시하고, 잠재능력과 발전가능성에 대한 긍정적 관점을 가지며, 자기결정권을 존중하는 것을 의미한다. 이러한 인간의 존엄성 가치의 기본 전제를 요약하면 다음과 같다.

① 인간은 존엄한 존재이다.

② 개인과 사회문제의 원인은 인간과 사회환경 간의 역기능적 상호작용에 의해 발생한다.

③ 모든 사회는 개인적, 사회적 문제를 해결하기 위해 전문적인 실천활동이 필요하다.

사회정의(social justice)는 사회의 책임성과 참여를 중시하는 가치로서, 개인의 사회문제는 곧 사회적 자원이 결핍되거나 사회환경의 역기능적 영향에 의해 발생한다고 본다. 따라서 사회는 개인의 발전을 위해 최소한의 사회적 자원을 공평하게 배분해 주어야 한다. 여기서 배분의 대상이 되는 자원에는 사회적 자원, 비경제적 자원, 심리 · 정서적 자원이 모두 포함될 수 있다. 즉 심리적으로 불안하고 우울하여 사회적 활동을 하기 어렵거나 혹은 선천성 장애로 경제적 활동이 어려울 때 환경적 자원이 뒷받침되어야 하지만, 자원이 결핍되거나 혹은 자원에 대한 접근성 면에서 장벽이 있을 때에는 역기능이 발생할 수 있으므로 이를 제거하여 공평하게 자원을 향유할 수 있도록 하여야 한다는 점에서 눈에 보이지 않은 심리·정서적 자원도 그 대상이 될 수 있다. 그리고 이러한 자원의 공평한 배분을 위해 형평성과 효과성, 효율성의 윤리원칙 등을 고려하게 되는데, 국민기초생활보호대상자를 선정하기 위해 자산조사를 실시하는 것 등이 그 예가 될 수 있을 것이다.

한편, 가치는 상대적 중요성에 따라 차원을 달리한다. 따라서 가치는 구분하는 방식에 따라 하나의 가치가 다른 가치로 이해될 수 있다. 즉 다르게 분류가 가능하며, 하나의 가치가 오로지 하나의 영역에만 속하는 것은 아니다. 예를 들면, 옷이나 의복, 주택 등은 물질적 가치이면서 동시에 도구적 가치일 수 있는 것이다. 여기서는 가치를 다음과 같이 세 가지 차원으로 구분해 보고자 한다.

첫째, 궁극적 가치(ultimate value)이다. 이것은 시간이 흐르고 사회가 달라도 변하지 않는 가치를 뜻한다. 즉, 인간의 존엄성과 사회정의에 대한 가치로, 이것은 본질적이고 핵심적인 가치로서 사회복지실천의 정체성을 명확히 해주는 기능을 한다.

둘째, 차등적 가치(differential value)이다. 차등적 가치는 사회문화적 영향이나 개인의 경험에 따라 찬반이 가능한 가치를 뜻한다. 예를 들면, 인공유산이나 동성애에 대한 개인적 가치 등이 이에 속한다.

셋째, 수단적 가치(instrumental value)이다. 이것은 가치를 기능별로 분류할 때 그 자체가 목적이 아니라 어떤 목적을 실현하는 수단이기 때문에 가지게 되는 가치를 의미한다. 여기에는 개인의 자기결정권, 비밀보장 등이 포함될 수 있다.

지금까지 사회복지실천의 주요한 요소인 지식과 가치, 그리고 기술에 대해 살펴보았다. 이 세 가지는 사회복지실천이 원활히 이루어져 클라이언트가 욕구를 충족시키고 문제를 해결하도록 하는 데 필수적인 요소이다. 즉, 어느 하나라도 없어서는 안 되며 상호적 관계를 이룰 때 가장 최적의 실천이 가능하다고 할 수 있다. 이런 의미에서 사회복지실천의 가치는 사회복지실천이 이루어질 수 있는 필요조건에 해당되고 지식은 충분조건에 해당한다고 할 수 있다. 즉, 인간과 사회환경의 현상을 이해하고, 설명할 수 있는 학문이나 이론들, 심리학, 사회학, 경제학, 인류학, 사회복지 고유의 실천이론(사회복지사와 클라이언트의 상호관계, 전략적인 개입방법에 관한 것), 그리고 실천의 지혜(practice wisdom)나 특정 문제와 관련된 전문적인 지식(알코올, 약물) 등이 뒷받침될 때 가치를 실현할 수 있기 때문이다. 이런 의미에서 효과적인 사회복지실천은 지식, 기술, 가치를 상황에 맞게 적절하게 선택하고 활용하며, 창의성과 노력을 중시하는 예술이라고 정의할 수 있다.

(4) 예술성

사회복지실천은 도움과 지원을 필요로 하는 상황에 놓인 사람과 그들을 둘러싼 환경의 변화를 지향하는 만큼 실천과정에 있어서 이성적이고 합리적인 지식과 기술뿐만 아니라 전문적 관계를 바탕으로 클라이언트에게 감정이입할 수 있고 또 진정성을 갖고 따뜻하게 대하는 태도와 능력이 매우 중요하다. 이와 같은 능력을 사회복지실천에서의 예술성(art) 혹은 예술적 기반이라 한다.

이러한 예술적 기반에는 관계형성기술 외에도 공감을 바탕으로 하는 의사소통, 창의성, 그리고 인간의 고통에 직면할 수 있는 용기, 긍정적이고 따뜻한 마음가짐과 가치관 등이 포함된다. 이것은 단순히 교과서를 통해 배울 수 있는 것은 아니다. 사회복지사의 개인적 특성과 사회복지학에 대한 심도 깊은 교육 및 학습과정이 어우러지면서 형성되는 것이다.

3 사회복지실천분야와 방법

1) 사회복지실천분야

사회가 급변하면서 사회복지 욕구가 증가하고 또 다양해짐에 따라 그에 대응하는 사회복지서비스가 광범위해지고 있으며, 아울러 사회복지실천분야도 확대되고 있다. 그러므로 사회복지실천분야를 명확하게 구분하기는 어려우며, 기준도 다양하다. 하지만 가장 보편적으로 인간의 생애발달적 관점에 근거하여 분류해볼 수 있다. 이 경우 생애주기별 대상자를 기준으로 태아부터 노인에 이르기까지 관련된 모든 분야가 해당된다고 할 수 있다.

이와 함께 사회복지서비스가 제공되는 체계에 따라 구분하기도 한다. 즉, 사회복지서비스의 제공을 조직의 1차적 목적으로 하는지 여부에 따라 1차적인 복지기관과 2차적인 복지기관으로 구분하는데 이 중 전자에는 종합사회복지관, 장애인복지관, 그리고 각종 사회복지시설이 포함되고, 후자에는 학교사회사업, 의료사회사업 등이 포함된다. 반면, 주거 혹은 숙식 여부에 따라 이용시설과 생활시설로 구분하기도 한다. 여기서 이용시설은 사회복지관, 노인복지관, 청소년수련원 등과 알코올과 정신건강문제 등에 대한 서비스를 제공하는 알코올전문기관, 정신보건센터, 건강가정지원센터 등을 일컬으며, 생활시설은 24시간 가정과 같이 생활하는 보호시설이나 공동생활가정, 그룹홈 등을 의미한다.

그러나 분류기준에 따라 그 유형과 기능을 다소 달리한다 할지라도 궁극적으로 사회복지기관은 사회복지서비스를 제공하기 위해 고안된 특별한 형태의 조직이라는 점에서는 공통된다. 또한 이 조직은 공공의 복지증진을 위한 공식적인 조직으로서 이윤추구를 하지 않을 뿐만 아니라 사회화, 사회통제, 그리고 사회통합을 통해 인간의 욕구를 충족하도록 하는 특징이 있다.

2) 사회복지실천방법

사회복지실천방법은 사회복지사가 관여하는 클라이언트 체계의 규모나 클라이언트에게 직접 서비스를 제공하는지 여부에 따라 그 분류나 정의가 달라진다. 예를 들면, 사회복지사가 클라이언트에게 면접을 통해 서비스 욕구를 파악하고 클라이언트에 서비스를 전달하는 것은 직접적 실천방법이고, 그러한 실천을 지원하는 것은 간접적 실천방법이다. 또 사회복지실천의 수준에 따라 미시적 수준에서의 실천방법과 중범위 수준에서의 실천방법, 그리고 거시적 수준에서의 실천방법으로 구분할 수 있다. 이외에 어떤 이론적 기반을 근거로 실천이 이루어지는가에 따라 근거기반 사회복지실천 혹은 구성주의 사회복지실천, 임파워먼트 사회복지실천 등과 같이 구분할 수도 있다.

그러나 여기서는 사회복지실천의 방법을 위에서 제시한 두 가지 방법, 즉 방법을 살펴보고자 한다.

(1) 직접적 실천방법과 간접적 실천방법

사회복지실천의 직접적 방법은 말 그대로 클라이언트의 변화를 통해 문제해결을 이루는 것이다. 따라서 이것은 클라이언트인 개인, 가족, 집단과 직접 대면하며, 클라이언트의 변화를 위해 자아인식을 강화하거나 사회적 기능을 향상시키거나 혹은 대인관계능력을 강화하는 방법을 활용한다.

한편, 간접적 방법은 클라이언트의 욕구충족 혹은 문제해결을 위해 클라이언트를 둘러싼 환경에 개입하는 것이다. 클라이언트의 환경은 가족과 집단, 지역사회뿐만 아니라 클라이언트에게 영향을 미치는 제도와 정책, 가치관 등을 포함한다. 따라서 사회복지실천으로서의 간접적 실천은 사회복지정책 제언, 서비스 전달체계의 개선 등 사회복지행정의 효율성 개선 등을 통해 클라이언트의 변화 또는 문제해결에 긍정적 영향을 미칠 수 있다.

(2) 사회복지실천 수준 및 범위별 실천방법

사회복지실천의 수준 혹은 범위는 보통 미시적(micro) 수준과 중시적(mezzo) 혹은 중범위 수준, 그리고 거시적(macro) 수준으로 구분된다. 이 중 미시적 수준은 클라이언트의 친밀한 상호작용에 개입하는 것으로서 주로 개인 대 개인, 가족구성원 간 혹은 부부간의 관계에 개입하는 것을 의미한다. 이러한 실천은 주로 클라이언트와 대면관계에서 이루어지기 때문에 직접적 실천에 속한다.

한편, 중범위 혹은 중시적 접근은 클라이언트에게 영향을 미치거나 직접 클라이언트와 상호작용하는 집단 혹은 조직에 개입하는 것을 의미한다. 이러한 중범위 수준은 미시적 수준보다는 덜 친밀하지만, 클라이언트와 통상적인 상호작용과 교류가 이루어진다는 점에서 주요한 의미를 갖는다.

그림 1-4 사회복지실천의 수준과 범위

중범위는 클라이언트의 발달단계나 커리어, 취미나 선호 등에 따라 대상이나 유형 혹은 종류가 달라질 수 있다. 예를 들면, 학령기인 경우는 학교나 학원, 또래집단이 될 수 있으며, 성인기는 직장, 동료, 모임 등이 될 수 있다. 그리고 사회활동이 활발하고 적극적인 경우는 친밀한 대인관계 집단이 소극적인 사람보다 더 많을 수 있다.

마지막으로, 거시적 수준에서의 사회복지실천은 미시적 수준이나 중범위 수준보다 더 큰 지역사회나 사회, 국가 수준에서의 활동을 의미한다. 사회복지사는 지역사회복지관과 유관기관에서 일하기 때문에 주로 미시적이거나 중시적인 실천방법을 활용한다. 그러나 클라이언트에게 서비스를 제공하고 또 욕구를 충족하거나 문제를 해결하도록 돕는 모든 활동은 관련법과 제도의 영향을 받는다는 점에서 거시적 수준에서의 실천은 모든 실천방법과 관련이 있다고 할 수 있다. 그러므로 사회복지사는 클라이언트의 서비스 이용에 긍정적 혹은 부정적 영향을 미치는 거시적 수준의 법과 제도, 정책, 그리고 사회의 영향을 이해하고, 불합리하거나 부족한 경우는 개선하도록 노력해야 한다.

3) 사회복지사

사회복지사는 서비스를 전달하는 전문가이다. 과거 자선과 연민에서 비롯된 우애방문원에서 출발한 사회복지사는 이제 전문지식과 기술에 대한 사회적 승인 절차를 거친 전문가로서 평가받고 있다. 전문직인 사회복지직에 대한 관심이 높아지고 또 대학 수준의 고등교육과정에서 법정 이수과목을 학습한 준전문가들이 급증하면서 우리나라는 1996년부터 사회복지사 자격증제도를 시행하기 시작하였다.

사회복지사는 NASW 윤리강령에 나타난 윤리적 원칙인 서비스(service), 사회적 정의(social justice), 인간의 존엄성과 가치(dignity and worth of the person), 인간관계의 중요성(importance of human relationships)과 진실성(integrity) 및 능력(competence)의 원칙을 준수하면서(Gambrill, 2006), 다양한 분야에서 여러 가지 역할을 수행하고 있다.

사회복지사의 역할을 크게 클라이언트와 관련된 역할과 자신이 속한 기관이나 지역사회 관련 역할로 구분해 보면 다음과 같다.

첫째, 사회복지사는 직접적으로 클라이언트를 대면하여 상담하는 역할과 문제해결과 욕구충족을 위해 필요한 정보를 제공하거나 다양한 사회기술을 교육하는 역할을 수행한다. 여기에는 상담자, 치료자, 정보제공자, 교육자 등의 역할이 포함된다.

둘째, 사회복지사는 클라이언트와 자원, 조직을 상호 연계하는 역할을 수행한다. 여기에는 서로 자원을 제대로 받지 못하거나 그 출처를 잘 몰라 자원을 잘 활용하지 못할 때 서로 연계하는 중개자(broker) 역할과 두 집단 간 이해가 충돌하여 갈등이 발생할 때 이를 조정함으로써 갈등을 완화하도록 돕는 중재자(mediator) 역할이 포함된다. 또 복합적인 문제로 다양한 자원을 필요로 할 때 이런 자원들을 탐색하고 개발하며, 자원 간 연계 및 지원에 대한 모니터링을 수행함으로써 자원의 중복과 배제를 예방하고 서비스 효과성을 높이도록 하는 사례관리자 역할이나 클라이언트나 집단의 권익을 보호하기 위해 대변자 혹은 옹호자 역할을 수행한다.

셋째, 사회복지사는 자신이 속한 기관의 입무를 수행함으로써 조직이 유지되고 발전되도록 하는 역할을 수행한다. 기관의 정책과 각종 사업, 서비스를 분석하고 개발하며, 발전을 도모하는 조직행정가의 역할과 조직 내 사회복지사의 업무에 대한 슈퍼비전을 제공하고 지도 감독하는 역할, 그리고 사회복지의 사회적 책임성 증대에 따른 서비스 효과성 및 효율성의 제고를 위한 조사자와 연구자 역할을 수행하기도 한다.

이렇게 사회복지사가 수행하는 역할이 다양하다는 것은 그만큼 관련된 분야에 대한 다양한 지식과 기술을 필요로 하고 있으며, 아울러 전문가로서의 윤리를 준수해야 함을 의미한다. 즉, 급변하는 사회 속에서 클라이언트가 갖고 있는 문제에 대한 충분하고 다양한 지식과 기술을 학습하고 지속적인 훈련과 개발을 함으로써 전문가로서 직업윤리를 지켜나가는 자세가 더욱 필요하다.

CHAPTER 02

사회복지실천의 역사

1. 19세기 말~20세기 초: 과학적 박애주의의 출현
2. 1910년대: 전문직을 향한 출발
3. 1920~1940년대: 분야별, 방법론별 분화
4. 1950년대: 전문적 통합의 시기
5. 1960년대: 일반주의실천의 출현
6. 1970~1990년대: 통합적, 효과적 실천을 향한 노력
7. 1990년대 이후: 사회복지실천 사례관리
8. 한국 사회복지전문직의 역사

CHAPTER 02
사회복지실천의 역사

근 1세기 이상 진행된 사회복지실천의 역사는 빈곤가정에 대한 자선사업에서 시작하여 점차 전문적 활동으로 자리매김해 나간 역사라 할 수 있다. 이 장에서는 근대 사회복지실천의 기원인 자선활동이 과학적, 전문적 활동으로 전개되어 온 역사를 미국의 경험을 중심으로 살펴본 후, 한국 사회복지전문직의 역사를 간략히 살펴보기로 한다.

1 19세기 말~20세기 초: 과학적 박애주의의 출현

근대 사회복지실천의 형태는 1800년대 후반에 출현하였다. 19세기 말 미국 사회는 산업화에 따라 많은 이주자들이 도시로 몰려들었으며, 이주민 정착촌에서 다양한 사회문제가 빈발하던 시기였다. 빈민, 아동, 정신질환자들에 대한 개별적인 구제활동들이 있었으나, 이러한 노력들이 부적절하자 민간자원단체들과 자조조직들이 등장하였다. 1877년부터 나타나기 시작한 자선조직협회(Charity Organization Societies)와 이보다 15년 늦게 출발한 인보관(Settlement House)이 대표적인 조직이다.

당시에는 빈민구제를 위한 기관이 동시다발적으로 존재했는데, 수많은 종교단체,

사회단체, 개인들에 의한 구호활동이 조정되지 않은 형태로 제공되었다. 엄밀히 말하면 이들은 빈민구제보다 엄밀히 말하면 빈민의 도덕심을 고양시키는 데만 관심이 있었을 뿐 체계적인 구조방법에는 관심이 없었다. 도움을 제공하는 개인 간, 조직 간의 정보교환이 없었음은 물론, 조정기구가 없어 구제와 도움의 중복문제가 심각하였다.

이러한 문제를 해결하기 위해 등장한 조직체가 자선조직협회이다. 자선조직협회는 빈민구제를 보다 효과적으로 그리고 효율적으로 하기 위해 창설된 기구로서, 빈민가구 방문조사, 구호대상자 명부작성 등을 통해 구호의 중복을 방지하고자 하였다. 이를 위해 각 지역의 자선조직협회는 지역을 몇 개의 지구단위로 나누고 각 지구마다 '우애방문원(friendly visitors)'이라 불리는 자원봉사자들을 배치하여 빈곤가구를 조사하게 했으며, 도움을 줄 필요가 있는 빈곤가구를 협회에 등록하여 관리함으로써 서비스 중복을 방지하고 기관들 간의 업무조정을 가능케 하였다.

초창기 자선조직협회는 원조를 받을만한 가치가 있는 사람과 원조를 받을 가치가 없는 사람으로 구분하는 등 빈민구제에 도덕적 잣대를 적용하였다(McFadden, 2014). 자선조직협회의 주 활동가인 우애방문원들은 주로 중상층 이상의 여성들이 많았으며, 단순히 물질적 구호만을 제공하기보다는 빈민들의 도덕심을 고양시키는 데 관심이 많았다. 이는 빈곤의 원인을 개인의 결함에서 찾고 빈곤을 악덕과 동일시하는 등 빈곤에 대한 사회구조적 차원의 인식이 부족한 것과 연관된다.

다양한 구제 노력에도 빈민이 줄어들기는커녕 오히려 늘어나자 자선조직협회 지도자들은 정신적, 도덕적 교화를 통한 구제가 효과적인지에 대한 의문을 갖기 시작했다. 자선조직협회는 감상적인 자선활동을 '과학적 자선(scientific charity)'으로 대체해 나갈 필요성을 인식하였으며, 사회조사, 사례회의, 사례기록, 우애방문원을 통한 개입 등 빈민에 대한 개별화된 원조를 체계적으로 수행해 나갔다.

특히, 자원봉사자의 높은 중도탈락, 신규 자원봉사자 확보의 어려움은 보다 전문적이고 지속적으로 일할 유급직원의 필요성을 증대시켰다. 유급직원들은 오늘날 사회복지사의 전신으로, 근대 사회복지실천의 기반이 되었다. 유급직원들의 수가 늘어나자 이들의 활동을 일관성 있게 유지하고, 그들의 사회적 지위를 높이기 위한 교육과 훈련의 필요성이 증대되었다. 자선조직협회는 유급직원들의 교육을 위한 전문적 프로그램을 개발하기 시작하였다. 1897년 뉴욕 자선조직협회는 콜롬비아 대학과 협력하여 유급직원들을 대상으로 하는 공식적 훈련프로그램을 개발했는데, 이것이 최초의 사회복지교육이라 할 수 있다.

한편, 자선조직협회와는 별도로 활동한 인보관은 동일한 사회문제에 대해 상이한 방향으로 접근하였다. 빈곤의 원인을 개인의 악덕, 게으름과 같은 도덕적 결함이 아닌 불충분한 교육 기회, 부적절한 위생상태 등 사회구조적 요인에 있다고 보고 개인 구제보다는 사회개선을 위한 노력에 집중하였다. 인보관 활동가들은 주로 대학생 등 교육을 받은 중산층들로서 빈민지역에 들어가 그들과 함께 거주하면서 그들을 교육시키고, 직업의 기회를 넓히는 데 많은 노력을 기울였다. 또한 그들은 유족연금프로그램을 만들고, 아동노동을 금지하는 법 제정을 촉구하는 등 공적 개혁과 사회보험 도입에 선구적인 역할을 하였다. 그들은 개인의 변화보다는 거시체계의 변화, 즉 지역사회, 주정부, 연방정부 수준에서의 변화를 지향했다. 이에 따라 그들의 접근방식은 개인중심의 케이스워크(casework)보다 집단이나 지역사회를 중심으로 하는 그룹워크(group work)와 지역사회조직(community organization)의 형태가 많았다.

19세기 자선조직협회와 인보관은 빈곤을 바라보는 관점, 이데올로기, 접근방식은 상이했으나 궁극적으로 자선활동의 과학화를 지향한 점에서는 공통성을 갖고 있었다. 조정되지 않은 채 무분별하게 제공되던 자원봉사활동이 이들 조직에 의해 체계적으로 관리되었으며, 자원봉사자와 유급직원을 위한 교육과 훈련 등 전문성에 대한 인식을 높인 시기라고 볼 수 있다.

미국 최초의 인보관, 헐 하우스(Hull House)

영국 런던의 토인비 홀을 방문한 뒤 감동을 받은 제인 아담스(J. Addams, 1860~1935)가 친구인 엘렌 스타(Ellen Starr)와 함께 1889년 미국 시카고에 최초로 설립한 인보관이다. 헐 하우스가 위치한 지역은 다양한 이주자들과 흑인들이 거주하는 곳이었다. 제인 아담스를 비롯한 인보관 활동가들은 빈민들의 무지, 질병, 범죄는 그들의 도덕적 결함이 아니라 경제불황의 결과라 보았다. 교육, 적절한 생활환경과 수입이 보장된 직장을 제공받을 수 있다면 누구나 빈곤을 극복할 수 있으며, 나아가 모든 사람은 그 자신의 삶뿐만 아니라 공동체 전체의 삶에 기여할 수 있다고 주장하였다. 많은 주민들이 허물없이 출입하는 헐 하우스 안에서는 모든 사람이 한 형제나 다름없었다. 도덕적 교훈이나 자신이 아니라 실질적 도움과 역동적이고 살아 있는 교육을 제공하는 데 초점을 둔 헐 하우스에서는 배우는 사람과 가르치는 사람이 따로 없었다. 아동보호나 유치원, 근로청소년 클럽, 소극장 등 다양한 활동들이 이루어졌으며, 지역에서 매우 중요한 거점이 되었다. 점차 지역주민들의 의식이나 사고방식의 변화를 통해 사람들이 서로 돕고 자립할 수 있게 되었다.

2 1910년대: 전문직을 향한 출발

1915년에 사회복지실천의 전문직화에 중대한 영향을 끼친 사건이 있었다. 그것은 바로 '전국 자선 및 교정회의(National Conference on Charities and Correction)'에서 아브라함 플렉스너(A. Flexner) 박사의 "사회복지실천은 전문직인가(Is social work a profession?)"라는 강연이었다. 당시 플렉스너는 미국 사회에서 가장 유명한 지성인으로 평가받고 있었으며, 의학교육을 혁신시킨 매우 중요한 인물이었다. 그가 사회복지사들의 강연 요청을 수락한 것 자체가 사회복지사들에게는 전문적 성숙과 대중의 인정을 받고 있다는 신호로 받아들여질 정도였다(Cnaan & Dichter, 2007). 그러나 그가 던진 질문에 대한 그의 대답은 사회복지사들의 기대와 달랐다. 사회복지실천은 분명한 기능이 부족하고, 공식적인 훈련을 필요로 하는 전문적인 방법이 없으며, 전문직의 자율성과 책임 수준이 낮은 등 전문직의 핵심적인 속성들을 충족하고 있지 못하다는 것이었다. 오히려 사회복지사는 전문가라기보다는 클라이언트를 다른 기관에 의뢰하는 중개인에 지나지 않는다는 것이었다. 그의 강연은 당시 사회복지사들에게 많은 자극이 되었으며 이후 사회복지실천의 전문직화를 이끌어낸 중대한 전환점으로 작용하였다.

메리 리치몬드(M. Richmond)는 전문직의 정체성을 확립하기 위해 노력한 선구적 지도자로서, 플렉스너가 지적한 사항 중 전문적 방법의 결여문제를 해결하고자 하였다. 리치몬드는 플렉스너의 강연이 있은 지 2년 뒤인 1917년에 《사회진단(Social diagnosis)》을 발간하고, 이 책에서 사회복지실천이 '케이스워크'라는 독자적인 기술과 기법을 갖고 있음을 입증하려 하였다. 그녀는 '사회조사 → 사회적 증거의 체계적 수집 → 문제 원인 진단 → 치료'라는 일련의 규칙과 방법을 제시함으로써 케이스워크의 과학화를 추구했다. 당시 이 책은 플렉스너의 "사회복지실천은 전문직인가"라는 질문에 대한 답이었으며, 이후 사회복지사들의 주요 교재로서 널리 활용되었다.

사회진단(Social diagnosis)

이 책은 개인의 문제를 해결하는 체계적 방법을 제시한 저술이다. 리치몬드는 당시 자선조직활동이 전문적 실천임을 입증하는 데 많은 노력을 기울인 사회복지사였다. 리치몬드는 케이스워크의 핵심은 사실들의 체계적 수집이라고 보았다. 정보만 충분히 수집된다면 문제의 궁극적 원인이 드러나 치료를 효과적으로 할 수 있을 것으로 보았다. 사회복지실천이 도덕적 활동, 중개자 역할에 불과한 실천이란 비판에 직면해 있던 당시 리치몬드는 과학적 방법과 절차, 즉 조사-진단-치료라는 공식을 제시함으로써 이러한 비난에서 벗어나고자 하였다. 이 중에서도 클라이언트와 그들의 가족, 학교, 직장, 이웃 등의 사회적 상황에 대한 주의 깊고 철저하고 체계적인 조사과정이 케이스워크 과정의 핵심이었다.

3 1920~1940년대: 분야별, 방법론별 분화

사회복지실천의 범위, 방법, 지향과 관련하여 1920년대는 외부의 조건에 많은 영향을 받은 시기이다. 대표적인 외적조건으로는 제1차 세계대전 이후 군인과 그 가족의 문제를 치료하는 데 사회복지사들이 동참하였다는 것과 프로이트(Freud) 이론의 출현을 들 수 있다.

1920년대 후반 프로이트의 정신분석이론이 미국 전역에 커다란 영향을 미치자 초기 사회복지사들은 이 이론을 받아들여 빈곤의 사회환경을 조사하던 접근에서 개인의 심리내적 문제에 대한 관심으로 이동하게 되었다. 이에 더해 군인들과 그들 가족들의 심리적 문제와 신경증적 문제를 치료하는 데 정신과 의사들과 협력하여 일하는 사회복지사들이 늘어났으며, 이들에 의한 치료가 많은 성과를 거두자 사회복지사들에 대한 사회적 인식도 높아지기 시작했다. 이에 따라 당시 사회복지사들은 자선과 빈민구제기능에서 벗어나 자신을 정신의학자와 동일시하는 등 리치몬드가 강조한 사회환경과 상황적 맥락에서 멀어진 새로운 형태의 심리치료에 몰두하였다.

사회복지실천의 대상이 확대되고 넓어짐에 따라 1920년대 후반부터 사회복지실천은 급속도로 분리된 분야로 성장하기 시작했다. 1920년대 말경에는 사회복지사들이 활동하는 분야가 5가지 정도 있었으며, 아직까지 단일 실체로서 전문적 사회복지실천이라는 개념은 존재하지 않았다. 사회복지기관에 소속된 가족복지사, 아동복지사와, 사회복지가 1차적 목적이 아닌 기관에 소속된 의료사회복지사, 정신의료복지사, 학교사회복지사 등이 있었다.

1940년대는 초기의 분야(field)별 발달에 더해 두 가지 방법론적 지향이 나타났다. 초기 자선조직협회가 케이스워크를 발달시켰다면, 인보관 및 사회개혁운동은 그룹워크(group work)와 지역사회조직(community organization)을 발달시켰다. 제2차 세계대전 이후까지 케이스워크, 그룹워크, 지역사회조직에 대한 3가지 강조가 특정 노선을 따라 발달되었으며, 사회복지는 전문직으로의 발달을 위해 필수적으로 방법에 매달리게 되었다. 일례로, 당대 영향력 있는 사회복지사였던 윌슨(G. Wilson)은 그룹워크가 전문직의 핵심방법임을 주장하기도 했다. 그룹워크는 주로 청소년 센터나 레크리에이션 등 비공식적 교육기관에서 발달되어왔으나 점차 사회복지기관, 예를 들어 아동시설, 병원, 학교 등의 현장에서 사용되기 시작하여 1930년대 경에는 그룹워크가 개인의 성장과 변화를 촉진하기 위해 집단과정과 집단 상호작용을 활용하는 사회복지실천방법으로 인식되었다. 통합방법론이 제기되기 전까지 대학에서는 이 세 가지 방법이 별도의 전공영역으로 다루어지기도 했다. 이와 같이 이 시기는 분야별 실천, 방법에 기초한 실천 등으로 인해 1915년 플렉스너의 비판 이후 전문적 정체성, 즉 공통 기반을 확립하고자 했던 노력과 정반대의 방향으로 진행되고 있었다.

그러나 전문적 공통성을 찾고자 하는 노력이 전혀 없었던 것은 아니었다. 다양한 실천분야에 내재된 공통된 흐름을 찾고자 하는 의도에서 1925년에서 1929년 사이 밀포드 회의(Milford Conference)가 소집되었다. 분야별 실천이 공통점이 없는 별개의 집단인지, 아니면 동일한 지식과 기술을 갖는 하나의 전문직인지에 대해 토론한 결과 이 회의에 참여한 많은 사람들은 다양한 분야의 실천이 상이성보다는 유사성을 보다 많이 갖기 때문에 하나의 유일한 전문직으로 발전될 가능성이 있다는 결론을 내렸다. 그리고 이 회의에서 처음으로 '제네릭(generic)'이라는 개념이 등장하였는데, 이 용어는 케이스워크 방법이 다양한 실천현장에 적용될 수 있는 공통 기반임을 나타내는 것이었다(Holosko, 2003). 밀포드 회의에서 사회복지실천의 단일모델을 개발하려는 노력에도 불구하고 이 시기는 분야별, 방법론적으로 분화가 급속도로 이루어졌다. 이러한 전문 분화는 사회복지전문직의 통합을 지속적으로 위협하는 조건이었다.

그러나 다른 한편으로는 1930년대부터 시작된 대공황의 여파로 심리치료 중심의 개입과는 별개로 뉴딜정책하에서 시작된 공공복지프로그램에 참여하는 사회복지사들이 증가했다. 이들은 빈민과 장애인 등을 대상으로 하는 공적기관에서 일하였으며 심리치료에는 관심이 적었다(Reamer, 1995: 16). 대공황으로 정부의 공적 서비스가 확대되고 공공기관에서의 사회복지 일자리가 늘어났으나 가족상담기관, 정신보건기관, 학교, 병원, 교정시설 등에서 직접적인 서비스를 제공하던 사회복지사들의 관심과 참여는 미미하였다.

1930년대 뉴딜정책과 사회복지실천

대공황은 빈곤에 대한 기존의 인식을 바꾸어놓았다. 1930년대 미국 사회는 대공황의 영향으로 실업자가 급증하였다. 일할 의지가 있는 사람들의 대규모 실업은 빈곤이 개인의 결함이라는 이전의 지배적인 관점을 무너뜨렸다. 루즈벨트 대통령은 경제회복과 실업률을 낮추기 위해 뉴딜정책을 실행하였는데, 이때 많은 사회간접투자활동들이 이루어졌다. 실업자들에게는 구제보다는 직장이 제공되었으며, 사회보장제도가 도입되었다. 대공황 이전의 사회복지체계는 사적 민간구제활동이 중심이었으나, 대규모의 빈곤자 발생은 민간의 능력을 넘어서는 것이었기에 정부의 역할과 사회복지제도의 구축 필요성을 높였다. 빈민들에게는 주택, 전기, 도로, 댐건설, 건강 및 아동복지프로그램 등 오늘날 사회복지망으로서 언급되는 많은 사회프로그램들이 제공되었다. 이 시기에 제정된 사회보장법은 이후 사회복지전문직에도 중요한 영향을 미쳤다. 즉, 전문직을 공공복지영역 안으로 끌어들인 것으로, 대공황 이전에도 사회복지사들이 공공구제업무를 수행했었으나, 대공황의 위기는 많은 사회복지사들을 사적기관 밖으로 끌어내어 새로운 공공복지프로그램에서 주요한 행정적, 지도감독적 역할을 담당하게 하였다. 이때부터 행정과 정책 등 공공복지가 전문직의 필수부분이 되었으며, 정부프로그램에서 일하는 사회복지사 수가 증가하였다. 이러한 결과는 궁극적으로 사회복지사들의 보수와 교육수준의 향상을 이끌었다.

4 1950년대: 전문적 통합의 시기

1950년대 이전까지만 해도 사회복지실천은 기관에 기반을 둔 실천으로 인식하는 경향이 강했다. 기관이 제공하는 서비스나 프로그램에 관련된 내용이 중심 주제였다. 그러다가 1950년대 중반 들어 각 기관에 소속된 사회복지사들에 의해 그들 자신의 실천에 대한 포괄적인 인식이 높아지기 시작했다. 다양한 기관에 고용된 사회복지사들의 활동은 모두 사회복지실천으로 간주될 수 있으며, 기관과 전문직 간의 구분이 필요치 않다는 인식이 높아졌다. 이러한 인식은 표준화된 기관 실천과 핵심적인 교과과정 확립을 위한 노력으로 이어졌다.

1952년 사회복지실천 교육자들이 모여 사회복지실천 교육협의회(Council on Social Work Education: CSWE)라는 하나의 조직을 형성하였다. 교육협의회 구성의 목적은 커리큘림과 승인기준을 확립하는 것이었다. 1950년대 중반 이 교육협의회는 학교에서의 교과과정을 검토하기 위해 실천분야의 대표들을 초빙하여 모든 사회복지사들에 기본이 되는 것으로 생각되는 내용을 보고하게 했다. 이러한 보고들을 검토한 결과, 위원회는 학교에서 현장(field)별로 전문교육을 시키는 것은 의미가 없으며, 따라서 이를 중단하자는 결정을 내렸다. 1959년 사회복지실천 교육협의회의 지원을 받은 보엠(Boehm)에 의해 사회복지실천에 대한 정의가 만들어졌다. 그는 사회복지실천은 개인, 집단, 지역사회의 사회적 기능(social functioning)을 향상시키는 것을 목적으로 하며, 교과목은 모든 현장에 적용가능할 정도로 충분히 포괄적이어야 함을 제안했다(Green, 2005).

한편, 실천현장에서도 통합의 노력이 일어났다. 1955년 7개의 상이한 전문적 조직들이 함께 모여 미국사회복지사협회(National Association of Social Work: NASW)라는 새로운 조직을 창립하였다. 통합조직의 형성으로 이제 사회복지실천은 전체로서 다루어질 수 있게 되었다. 미국사회복지사협회는 다양한 활동과 현장의 공통 기반을 찾아 하나의 전문직을 확립하려는 노력을 펼쳐나갔다.

다양한 전문분야가 함께 모여 새롭게 출범한 미국사회복지사협회는 합의된 공통기반을 찾기를 원했다. 1956년 사회복지실천 전문직의 공통 정의를 내리기 위해 바틀렛(H. Bartlett)을 위원장으로 하는 위원회를 구성하였다. 밀포드 회의 이후 다양한 분야와 방법에서의 공통성을 의미하던 '제네릭'의 개념은 바틀렛에 의해 보다 정교화되었다. 그는 사회복지실천의 공통된 기반으로서 가치, 목적, 재가, 지식, 개입방법 등 5대 요소를 제시하였다.

NASW에 통합된 7개 조직들

- 사회사업대학협회(American Association School of Social Workers: AASSW)
- 의료사회복지사협회(American Association of Medical Social Workers: AAMSW)
- 정신의료사회복지사협회(American Association of Psychiatric Social Workers: AAPSW)
- 학교사회복지사협회(National Association of School Social Workers: NASSW)
- 집단지도사협회(American Association of Group Workers: AAGW)
- 지역사회조직조사협회(Association for the Study of Community Organization: ASCO)
- 사회복지실천조사집단(Social Work Research Group: SWRG)

NASW는 초창기 회원 자격을 위 7개 조직에 속한 회원들로서 석사학위 이상 소지자의 사회복지사들로 제한했다.

출처: NASW(https://www.socialworkers.org/nasw/history.asp)

5 1960년대: 일반주의실천의 출현

1960년대는 미국 사회에서 빈곤이 사회문제로 재발견된 시기였다. '빈곤과의 전쟁'이 선포되었으며, 빈민에 대한 관심은 사회서비스조직의 새로운 형태를 이끌었다. 빈곤퇴치프로그램에서 일할 많은 새로운 인력이 필요해짐에 따라 이들을 양성할 교육프로그램이 개발되었다. 이는 사회복지교육에서 학부프로그램의 시작을 알리는 것으로, 사회복지교육위원회는 학부교육은 일반주의자의 양성을 목적으로 하여야 한다고 주장했다.

일반주의자(generalist)라는 용어는 실천분야 혹은 실천방법에 상관없이 모든 사회복지실천에 공통된 특성에 기반해 광범위한 기술을 활용하는 것을 의미했다. 하나의 기술이나 하나의 방법만을 강조해온 교육방식(예를 들어 개인, 집단, 지역사회를 다루는 방법)과 단일분야(예를 들어, 아동 및 가족, 정책, 행정 등)의 지식과 기술만을 교육하던 방식에서 벗어나 일반주의 사회복지사들은 다양한 영역에서 다양한 방법을 활용하여 일할 수 있도록 양성되었다. 이 시기는 사회서비스 대상층의 문제가 전통적인 케이스워크, 그룹워크, 지역사회조직 어느 하나만으로는 잘 맞지 않으며, 오히려 방법의 절충이 복잡한 문제와 상황을 해결하는 데 도움이 된다는 사실이 인식되기 시작했다. 사회복지사들은 개인, 집단, 지역사회 어느 한 영역에서만 일하는 것이 아니라 이들 세 가지 수준을 넘나들면서 일하도록 기대되고, 또 그렇게 훈련되었다. 이에 따라 일반주의 사회복지사들은 노인, 미혼모, 알코올중독자, 아동 등 어떤 대상, 어떤 문제에나 관련될 수 있게 되었으며, 나아가 개인의 변화는 물론 지역사회 변화 혹은 정책 수정을 위해 일할 수 있도록 훈련되었다.

제네릭과 제너럴리스트의 차이

1929년 밀포드 회의에서 처음 사용된 제네릭이란 용어는 분야별, 기관별로 전문화되던 당대 분위기에서 사회복지실천의 공통기반, 보편적 속성을 제시한 것이다. 이에 반해 제너럴리스트는 광범위한 지식, 방법, 기술들을 사용하는 의학에서 일종의 가정의와 유사하다. 일반주의 실천은 개인, 가족, 소집단, 지역사회 등 다양한 체계와 일할 수 있으며, 이 과정에서 모든 사회복지실천방법들이 하나로 혹은 결합되어 사용된다.

6 1970~1990년대: 통합적, 효과적 실천을 향한 노력

1) 통합이론의 발달

1970년 중반에는 보수주의의 회귀, 반정부적 태도의 성장, 거대정부에 대한 반발 등으로 빈곤문제에 대한 관심이 줄어들고 대부분의 사회개혁이 정체되었다. 이러한 정치경제적 상황에서 사회복지실천은 다양한 이론과 개입전략의 발달을 경험하기 시작했다. 일반주의실천을 발달시키기 위한 노력이 지속되었으며, 방법론의 통합과 모든 과정에서 공통적으로 사용될 수 있는 기술, 즉 개입전략들이 다양하게 개발되었다. 이 당시 미국사회복지사협회(NASW)는 사회복지실천을 "개인, 집단, 지역사회로 하여금 그들 각자의 사회적 기능을 증진 및 회복시키며 그러한 목적에 합당한 사회적 조건들을 스스로 만들어갈 수 있도록 돕는 전문적 활동"이라고 정의하였는데, 이는 케이스워크, 그룹워크, 지역사회조직으로 나누어 가르치던 과거의 방법론적 분열을 극복하고 통합방법론을 지향하고 있음을 의미했다.

일반주의실천의 강화에 따라 1974년 사회복지교육위원회는 이전까지 전문직과정으로 인정받지 못했던 학사학위를 전문직의 최초 학위로 공식 인정하였으며, 학사학위 출신의 사회복지사는 일반주의자로서의 정체성을 갖고 졸업하도록 하고, 대학원 석사학위 출신의 사회복지사는 일반주의적 관점을 특정 전문영역에서 실천하는 사람으로 구분하여 규정하였다.

당시 일반주의적 접근을 지향한 사회복지전문직 교육은 체계이론과 생태학이론을 기본으로 받아들였다. 특히 체계이론은 사회복지실천의 이중초점이었던 개인-환경 간의 이분법을 극복하고 그 양자를 통합할 수 있는 관점을 제공했다. 이후 생태학이론을 체계이론과 결합하여 사회복지실천에 새로운 이론적 틀을 제시한 카롤 마이어(C. Meyer)는 인간-환경 간의 상호관련성에 대한 이해를 더욱 풍부하게 제공하였다. 생태체계이론에 근거한 '생활모델(life model)'은 사회복지실천의 관심단위를 개인, 환경 어느 한쪽에 치우치지 않고 '전체'로 이해할 수 있게 하였는데(Derezotes, 2000), 고든(W. E. Gordon)은 사회복지실천의 주요 초점이 개인과 그의 환경 간의 공유영역(interface)과 그 공유영역에서 일어나는 상호교환에 있음을 제안하였다(Mailick, 1977).

2) 전문직 책무성의 강화: 효과성과 효율성의 강조

책무성이 사회복지전문직에서도 요청되기 시작했다. 책무성은 책임감과 유사하지만 그 내용은 훨씬 복잡하다. 누구에 대한 책무성인가를 따져 물으면 책무성의 복잡성이 보다 명확해진다. 사회복지사들은 그들의 주 고객인 클라이언트에 대한 책임감을 갖는다. 그리고 다른 한편 사회복지전문직에 대한 책임감도 가지며, 그들을 고용한 기관에 대한 책임감도 갖는다. 나아가 사회복지기관과 전문가들은 공적 예산을 활용하여 서비스를 제공하므로 세금을 내는 전체 국민에 대해서도 책임감을 갖는다. 이러한 책무성은 효율성과 효과성이라는 두 가지 측면에서 평가된다. 효율성이 서비스의 비용 면을 언급한다면, 효과성은 서비스가 목표를 달성한 정도에 관련된다.

1970년대부터 시작된 세계경제 위축은 복지체제에 대한 위기의식으로 이어졌다. 전 세계적으로 진행된 경기침체는 확대되던 건강 및 사회서비스영역에서의 효과성 입증과 비용절감에 대한 압력을 높였다. 1970년대 이후 사회복지전문직에 대해서도 실천의 효과성을 확보하고 이를 입증해 보이는 것이 주요 과제가 되었다. 1973년 피셔(Fischer)가 〈케이스워크는 효과적인가?(Is casework effective)〉라는 논문을 발표하면서 사회복지실천의 효과성에 대한 관심이 증대하였고, 효과성을 입증할 책무성이 강조되었다. 실천의 효과성 입증 요구는 사회복지기관의 입장에선 과거에 겪지 못했던 새로운 도전이었는데, 자원이 제한된 경제위기상황에서 사회복지관련 기관들은 단지 사회적으로 가치 있는 일을 한다는 사실 하나만으로는 사회적 지원과 재가를 받기가 어려워졌다(이창호, 1991).

효과적 실천이 전문직의 사회적 책무성을 담보하는 것으로 인식됨에 따라 많은 서비스기관들은 효과성을 높이기 위한 전략들을 개발하기 시작했다. 이를 위해 효과성이 입증된 개입방법을 선별적으로 사용하는 것이 사회복지전문직의 우선적 책임임이 강조되었다. 증거기반실천(evidence-based practice: EBP)의 등장은 효과성을 담보하는 대표적인 전략이었다.

증거기반실천은 효과성 입증을 요구하는 사회적 분위기에 대한 전문직의 대응이다. 과학적 조사와 객관적인 증거를 비교평가하여 가장 긍정적인 결과를 가져올 가능성이 높은 실천방법을 선택하여 적용하는 것을 의미하는 증거기반실천은 원래 의료분야에서 발달되었으나 점차 다른 학문분야와 전문직분야로 확대된 일종의 사회운동이다. 증거기반실천을 옹호해온 코크란(Cochrane) 박사는 효과성이 입증된 치료방법의 사용은 환자 상태를 향상시킬 뿐만 아니라 전체적으로는 국가의 건강보호 비용을 절감시킬 것이라 보았다(Drisko, 2014: 124). 사회복지분야에서 증거기반실천은 정신보건영역을 중심으로 한 임상실천에서 시작되다가 현재는 다양한 사회문제 영역을 포함하여 프로그램 개발, 사회복지행정 그리고 사회복지정책 등 거시수준으로까지 확대, 적용되고 있다(공계순·서인해, 2006). 사회복지전문가들은 효과가 있는 개입으로 이미 입증된 실천방법과 치료방법을 채택함으로써 서비스 비용은 줄이면서 동시에 서비스의 질은 높은 수준으로 유지시킬 수 있길 기대했다. 증거기반실천의 핵심은 과학적이고 객관적인 조사증거를 실천 노력에 일상적으로 통합함으로써 실천의 효과성을 향상시키고, 나아가 전문적 실천에 대한 공공의 신뢰를 획득하는 데 기여했다. 이뿐만 아니라 단일사례조사방법의 도입으로 사회복지사들은 개입을 설계하고 진행하여 그 결과를 검증하는 것까지 행함으로써 자신들의 개입방법의 효과를 스스로 검증할 수 있게 되었다. 1970년대 이후 사회복지사들은 대부분 사회복지사이면서 동시에 조사자의 역할을 수행해야 했다.

7 1990년대 이후: 사회복지실천 사례관리

1970년대부터 지속된 경기침체와 지역사회노인, 정신장애인 등 장기보호(long-term) 욕구를 갖는 클라이언트 인구층의 증가는 건강 및 사회서비스영역에서 비용절감을 위한 혁신적 프로그램의 도입을 끌어내었다. 탈시설화 이후 지역사회를 중심으로 다양하게 개발된 서비스들이 단편적으로 분산되어 제공됨에 따라 효율성과 효과성이 낮은 문제가 제기되었으며, 이를 해결하기 위한 방법으로 사례관리가 도입되었다. 사례관리는 다양한 자원 및 사회적 관계망을 동원, 조정하여 클라이언트에게 가장 효과적으로 연계하는 데 관심을 두는 활동으로, 사회복지실천분야에서는 1980년대부터 만성장애인이나 만성질환자를 중심으로 제공되기 시작했다. 1984년 미국사회복지사협회(NASW)는 '기능손상자를 위한 사회복지실천 사례관리의 기준과 지침'을 제정하였으며, 그 후 정신장애, 노인, 아동, 신체장애 등 다양한 사회복지영역에서 사례관리 서비스가 실제로 제공되기 시작하였다. 1987년 《사회복지실천 백과사전(Encyclopedia of social work)》 18판(1987)에서는 케이스워크(casework)라는 항목이 빠지고 대신 사례관리가 추가되었다(Rubin, 1987). 1992년에 이르러 NASW에 의해 공식적으로 사례관리가 사회복지실천의 한 영역으로 인정되었다. '사회복지실천 사례관리(social work case management)'라는 용어가 이때부터 사용되기 시작했는데, 이에 대한 정의는 다음과 같다.

"사회복지실천 사례관리는 전문적 사회복지사가 클라이언트 및 클라이언트 가족의 욕구를 사정하여 서비스를 제공하는 방법이다. 사례관리자는 클라이언트의 복합적 욕구를 충족하기 위해 서비스 패키지를 배정하고 조정하며, 모니터하고 평가·옹호하는 기능을 수행한다. 이때 전문적 사회복지사는 사회복지실천 사례관리의 주요 제공자이다. 사회복지실천 사례관리가 다른 형태의 사례관리와 구분되는 점은 사회복지실천 사례관리는 사회체계뿐만 아니라 클라이언트의 생물-심리-사회적 상태를 다룬다는 점이다. 사회복지실천 사례관리는 본질적으로 미시적이면서 동시에 거시적이다. 즉, 클라이언트 수준과 체계 수준 모두에서 개입이 일어난다. 사회복지사는 클라이언트와 치료적 관계를 발달시키고 유지시키며, 여기에는 클라이언트에게 필요한 서비스, 자원, 기회를 제공하는 체계와 클라이언트를 연결시키는 것이 포함된다. 제공된 서비스는 한 기관에 속한 것일 수도 있으며, 또는 다수의 기관들이나 조직에 걸쳐 있을 수도 있다."

사회복지전문직 발달에서의 주요 역사적 사건

- 1877년 뉴욕, 버팔로에서 처음으로 자선조직협회가 조직됨(미국)
- 1889년 시카고에서 제인 아담스(J. Addams)와 엘렌 게이츠 스타(E. G. Starr)에 의해 미국 최초의 인보관 헐 하우스(Hull House)가 설립되어 미국에서 가장 영향력 있는 인보관 중의 하나가 됨
- 1898년 콜롬비아 대학에서 사회복지사들을 교육시키기 위한 뉴욕박애학교(New York School of Philanthropy)가 설립됨. 오늘날 콜롬비아 사회사업대학의 전신임
- 1914~1918년 제1차 세계대전 동안 군인과 그 가족들을 돕는 데 사회복지사들이 활용됨. 사회복지사들은 적십자나 군대를 통해 군인들의 외상을 치료하는 데 케이스워크 기술을 활용할 기회를 가지게 됨. 사회복지사들은 빈민이 아닌 계층의 사회 적응을 돕는 데 전문성을 추구하기 시작함
- 1915년 전국 자선 및 교정회의에서 아브라함 플렉스너가 "사회복지실천은 전문직인가"라는 타이틀의 강연을 함
- 1917년 메리 리치몬드(M. Richmond)가 ≪사회진단≫이라는 책을 저술함
- 1929년 주식시장의 붕괴로 대공황 시작. 1941년에 시작된 제2차 세계대전까지 이어짐
- 1933년 뉴딜정책 시작. 실업자를 위한 고용정책과 사회적 안전망 개념이 나타남
- 1941~1945년 전쟁 동안 군인과 그 가족들의 문제 대응에 사회복지사들이 활용됨
- 1952년 사회복지실천교육위원회가 구성됨. 교육의 질을 높이기 위한 노력이 시작됨
- 1956년 미국사회복지사협회가 창설됨
- 1973년 피셔가 〈케이스워크는 효과적인가?〉라는 논문을 발표하면서 사회복지실천의 효과성에 대한 관심이 증대됨
- 1975~1992년 보수주의정부 시대 많은 사회복지프로그램이 축소됨. 효과적 실천의 책임성 강화. 사례관리 등장

출처: www.sagepub.com/upm-data/38142_Chapter.pdf에서 재구성

8 한국 사회복지전문직의 역사

우리나라는 해방 이후 기독교 선교 등의 외원단체를 중심으로 많은 복지사업들이 이루어졌다. 외원단체는 대학교육 및 사회사업 조직 등에서 미국식의 전문 사회사업

실천방법을 전파하는 데 기여하였는데, 대표적으로 이화여대에 기독교사회사업학과가 1947년에 설치된 것을 시작으로, 중앙신학대(1953), 서울대(1958) 등 1960년대까지 다수의 대학에서 사회사업 관련학과가 설치되었다. 이 당시 대학의 교수들이 미국에서 유학하거나 미국 중심의 외원기관에서 일을 하였던 관계로 우리나라는 미국의 사회복지실천 중심의 교육, 특히 방법론 중심의 교육이 대학을 중심으로 자연스럽게 이루어졌다.

1960년대, 1970년대는 민간에서 이루어지던 다양한 사회복지사업들이 제도화되기 시작한 시기이다. 가장 주된 변화는 1970년 「사회복지사업법」의 제정이다. 1960년대 후반부터 외국원조단체들이 철수함에 따라 사회복지사업을 지속시키기 위한 새로운 방안이 모색되어야 했으며, 그동안 주요한 역할을 담당해오던 민간단체를 효율적으로 관리할 필요성이 발생되던 시점에서 「사회복지사업법」 제정이 이루어졌다. 이 법의 제정 이후 여러 원조기관 및 한국의 기독교계 단체들이 사회사업단체에 통합되었다. 교육기관을 중심으로는 오늘날의 사회복지대학교육협의회의 전신인 사회사업대학협의회가 1966년 창립되어 사회복지교육의 방향을 설정하는 데 중심기구로서 역할을 시작하였다. 그리고 1970년에는 보건사회부장관의 허가를 받아 사회복지법인 '한국사회복지협의회'가 발족되었다(정근식 · 주윤정, 2013). 1970년대의 이러한 제도화 노력과 더불어 1980년대 들어 사회사업이라는 용어에 대한 국민들의 부정적 인식으로 인해 여러 대학교에서 학과의 명칭을 사회사업학과에서 사회복지학과로 바꾸기 시작하면서 실천 중심의 교육에서 정책과 행정 등의 거시방법론이 도입되어 교과과정의 범위가 보다 다양화되기 시작했다(김융일, 2003).

이와 같이 한국의 사회복지교육은 처음에는 미국의 실천방법론 중심으로 이루어져 오다가 30여 년이 지나 사회복지학이라는 이름하에 사회복지정책과 행정, 사회복지실천을 포괄하는 학문으로 확대되었다. 사회복지실천이 주로 전문적 활동과 관련된 전문지식과 기술에 관한 것이라면, 사회복지정책은 주로 국민연금, 건강보험 등의 사회보험제도와 국민기초생활보장법을 포함한 사회보장정책과 제도, 사회복지사업법에 포함된 내용 등에 관련된 것이다. 정책과 행정으로의 영역 확대는 한국 사회복지학이 이룬 중요한 성과이기도 했지만, 정체성의 관점에서 볼 때 균열의 위험성도 함께 지니고 있었다(이혜경, 1996; 나병균, 2013). 제도로서의 사회복지와 전문적 실천으로서의 사회복지 개념의 분리가 지속되다가, 1990년대 이러한 문제점에 대한 인식이 높아지면서 교육 개혁에 대한 목소리가 높아졌다.

1990년대 중반에 들어 사회복지사 자격제도 개선에 관한 논의가 빈번히 이루어진 결과, 1997년 「사회복지사업법」이 전면 개정되면서 사회복지사협회가 법정 단체가 되어 자격증발급업무를 위탁받았으며, 1999년 신입생부터 국가고시를 통해 1급 자격을 획득하도록 하였다. 그리고 학부제, 복수전공제 등 교육제도의 변화에 따라 사회복지사 자격요건을 학과 중심에서 이수교과목 중심으로 조정하였다. 이에 따라 2003년 최초로 사회복지사 1급 국가자격시험이 실시되었으며, 이때부터 현재까지 1급은 국가시험을 통해, 2급은 법정 교과목 이수 여부를 통해, 3급은 실천기관에서의 종사경험 등의 과정을 통해 배출되고 있다(2014년 3월 현재 사회복지사 자격증 발급 현황은 총 677,641건으로 이중 1급이 16.5%, 2급이 81.6%, 3급이 1.9%로 나타났다). 동시에 사회복지 교육과 관련해서도 학부에서의 3대 방법론을 별도로 가르치던 방식에서 통합실천론의 형태로 교육하는 방식으로 교육과정이 개편되었다.

우리나라 사회복지사 자격제도의 변화

- 1970년 사회복지사업법 제정: 사회복지사업 종사자 자격제도(4년제 사회복지학과 졸업자, 고등학교 졸업 후 사회복지시설에 5년 이상 종사한 사람이 취득)
- 1984년 사회복지사업법 개정: 사회복지사 1급, 2급, 3급 자격제도 신설
- 1997년 사회복지사업법 개정: 1999년 신입생부터 국가시험을 통해 1급 자격 수여

CHAPTER 03

사회복지실천의 가치와 윤리

1. 가치와 윤리에 대한 이해
2. 사회복지전문직의 가치와 윤리
3. 사회복지실천에서의 윤리적 딜레마와 윤리적 의사결정

CHAPTER 03
사회복지실천의 가치와 윤리

사회복지실천은 전문직이다. 전문직을 구성하는 3대 핵심 요소로 지식 · 기술 · 가치를 들 수 있는데, 이 세 가지는 전문적 실천을 '어떻게(how)' 할 것인지와 관련된다. 지식과 기술이 사회복지전문직의 과학성을 담보해 왔다면, 가치는 사람들에 대한 태도나 윤리적 행동으로서의 실천을 규정짓는다. 이에 따라 사회복지실천은 과학적 · 이성적 활동이면서 동시에 도덕적 · 윤리적 활동이라 여겨진다.

사회복지실천은 본질적으로 도덕적 활동임에도 전문직에서 가치와 윤리는 회피된 경향이 있다. 사회복지전문직이 과학적 입장을 견지할수록 도덕적이고 윤리적인 설명보다 객관적이고 과학적인 설명을 선호했다. 그러나 1970년대 들어 가치와 윤리에 대한 논의가 사회복지실천 문헌에서 급격히 증대했다. 그 배경에는 가치의 다양성에 대한 인식 증대, 다양한 가치 사이에서 윤리적 결정을 내려야 하는 사회복지사들의 책임성 증대 등이 놓여 있다. 사회복지실천에서 이루어지는 많은 결정들은 윤리적 가치에 근거하여 이루어지므로 가치가 점점 다원화되어가는 현대 사회로 올수록 윤리적 결정의 중요성은 점점 커지고 있다. 이에 따라 사회복지교육프로그램은 학생들이 개인적 가치와 전문적 가치를 명확하게 하고 윤리적 결정을 할 수 있도록 도와야 한다는 데 공감대가 형성되고 있다. 이와 관련하여 펄먼(Perlman, 1976)은 다음과 같이 언급한 바 있다. "우리의 행동에 영향을 미치는 가치를 사회복지실천의 모든 단계에서 인식하고 있어야 한다. 주관적이고 분석되지 않은 가치가 개별사회복지사나 집단사회복지사를 동기화시킬 수 있으며, 나아가 지역사회계획가, 조사자 등을 포함하여 우리 모두 역시 무의식적인 가치 전제나 언질에 영향을 받는다. 이러한 전제나 언질을 충분히 인식하고 있어야만 그것을 통제할 수 있는 것이다."(Reamer, 2002: 25에서 재인용).

이 장에서는 사회복지실천에서 가치와 윤리의 의미를 살펴보고, 사회복지전문직에서 규정하고 있는 윤리적 원칙들, 실천과정에서 경험하는 윤리적 딜레마를 해결하는 데 도움이 되는 윤리적 의사결정 지침들을 중심으로 살펴본다.

1 가치와 윤리에 대한 이해

1) 가치와 윤리의 관계

가치는 개인에게 있어서는 그 사람이 중요하게 생각하는 것, 선호하는 것을 의미하며, 일반적으로 개인이나 집단의 행동을 안내하는 역할을 한다. 전문직 가치는 전문직이 중요하게 생각하는 것의 결집체로, 이는 전문직이 추구하는 목적과도 연결된다. 바틀렛(Bartlett, 1970)에 따르면, "가치는 무엇이 선(good)하고 무엇이 바람직한(desirable) 것인가를 다루는 것이다. 가치는 정서를 갖는 질적인 판단이며, 사회복지전문가들이 지향해야 할 목적이나 목표를 제시한다." 리머(Reamer, 1995)는 사회복지전문직의 가치는 전문직의 사명뿐만 아니라, 사회복지사와 클라이언트, 동료, 사회 구성원들과의 관계, 개입방법의 선택, 윤리적 딜레마의 해결에 중요한 의미를 갖는다고 보았다.

가치가 선호하는 것, 좋은 것에 관련된다면 윤리는 옳은 것에 관련된다. 다시 말해, 좋음(goodness)이 가치에 대응한다면 옳음(rightness)은 윤리에 대응한다. 좋음은 일반적으로 인간의 이해관심사나 추구하는 대상과 관련이 깊은 반면, 옳음은 인간이 지켜야 할 의무행위와 금지된 행위의 원리를 제공한다. 옳음은 좋음과 달리 선택의 고려가 작동하지 않으며, 마땅히 해야 하는 도덕적 당위를 의미한다(김상돈, 2012: 8).

가치가 전문직의 목적과 방향을 이끈다면, 윤리는 전문적 실천행위의 올바른 기준과 방향을 제시하는 기능을 수행한다. 예를 들어, 사생활보호, 즉 프라이버시 보장은 우리 사회의 바람직한 가치이자 전문직의 핵심적 가치이다. 이 가치에서 추출된 윤리적 원칙 중의 하나는 '고지된 동의(informed consent)'로서, 사회복지사들은 녹음이나 기록을 하기에 앞서 클라이언트에게 이를 먼저 충분히 설명하고 동의를 구해야 한다. 프라이버시가 바람직한 것에 대한 전문직의 가치를 표명한 것이라면, 고지된 동의는 프라이버시를 보호하기 위한 올바른 실천행동이다(Loewenberg & Dolgoff, 1985: 15).

2) 가치의 속성

(1) 평가적 요소

시포린(Siporin, 1975)은 가치와 사실을 구분하면서 사실(facts)은 실제 존재하는 것에 대한 규정이라면 가치는 선호를 표현하는 것이라고 보았다. 가치는 좋다, 바람직하다, 중요하다 등과 같이 선호하는 것에 대한 암묵적, 표명적 견해로서 평가적 속성을 갖는다. 가치는 단순히 관심의 수준에 머물지 않고 행동을 취할 때 선택의 기준으로 작용한다. 우리가 사실과 가치를 안다고 말하지만, 그 둘 사이를 종종 혼동할 때가 많으며 사실보다는 우리가 선호하는 가치에 기초하여 중요한 판단을 내리는 경향이 강하다(Dubois & Miley, 1996: 121). 가치의 평가적 요소는 인간행동의 방향과 동기를 제공한다.

(2) 상대적 요소

좋다, 싫다는 절대적인 의미라기보다는 상대적 의미일 경우가 많다. 어떤 가치가 좋다라는 것은 다른 가치에 비해 상대적으로 좋다는 것을 의미할 때가 많으며, 어떤 사람에게 어떤 특정한 관점에서 좋다는 것을 의미하지 전체로서, 절대불변의 의미로서 좋다는 것을 의미하는 것은 아니다. 동일한 것이라 할지라도 보는 관점에 따라, 보는 시기에 따라 같은 사람에게도 다르게 느껴질 수 있다. 예를 들어 운전자일 때와 보행자일 때 자동차 운행 규제에 관한 생각이 달라질 수 있다. 가치의 상대적 중요성은 가치의 위계적 속성과 연관된다.

(3) 위계적 요소

개인이나 사회는 하나 이상의 다양한 가치를 보유한다. 가치는 하나로 존재하기보다는 집단적으로 구성된다. 집단체계로서의 가치는 그 자체 내에서 서열, 즉 우선순위가 있다. 다양한 가치들 사이에서는 그 중 더 중요한 가치가 있는 것이다. 전문직 가치의 경우도 마찬가지이다. 전문직 가치의 서열은 상이한 범주의 가치들을 다루거나, 딜레마 상황에서 중요한 의미를 갖는다. 예를 들어, 생명존중의 가치는 비밀보장이나 자기결정의 가치보다 우선되는 최고의 가치이다. 가치는 시대에 따라 그 중요도가 변하기도 하며 따라서 위계가 바뀌기도 한다.

로웬버그와 돌고프(Loewenberg and Dolgoff)는 사회복지사의 윤리적 의무의 위계를 제시한 바 있는데, 이는 결국 사회복지전문직이 추구하는 가치의 위계라고 볼 수 있다. 〈표 4-1〉에서 보듯이, 1985년도 저술과 1996년의 저술에서 위계의 순위가 바뀐 것을 알 수 있다. 이는 당대 사회복지사들이 인식하는 가치의 중요도가 시대에 따라 달라질 수 있음을 의미하며, 특히 자율성, 자유의 원칙이 1990년대 들어 평등의 원칙보다 낮은 위계에 놓인 것은 불평등문제에 대한 당대 사회문화적 분위기를 짐작케 한다. 그리고 1985년도의 규칙과 규정을 지키는 원칙이 1996년도 판에는 아에 삭제된 것은 전문적 자율성을 중시한 측면에서 볼 때는 의미 있는 진전이라 할 수 있다.

▌표 3-1▌ 로웬버그와 돌고프의 사회복지사의 윤리적 의무의 위계 변화

1985년도의 저술	1996년도의 저술
1. 생명보호의 원칙 2. 자율성, 독립, 자유의 원칙 3. 기회와 접근의 평등 원칙 4. 모든 사람의 삶의 질을 추구할 원칙 5. 프라이버시 존중의 원칙 6. 진실을 말하고 정보를 개방할 원칙 7. 규칙과 규정을 준수할 원칙	1. 생명보호의 원칙 2. 평등 및 불평등의 원칙 3. 자율성 및 자유의 원칙 4. 최소 해악(harm)의 원칙 5. 삶의 질의 원칙 6. 사생활보호 및 비밀보장의 원칙 7. 진실을 말하고 개방할 원칙

(4) 차원적 요소

가치는 개인적 가치에서부터 전문적 가치, 사회적 가치에 이르기까지 다양한 수준에서 구성된다. 전문적 가치는 사회적 가치에서 나오며, 대부분 사회적 가치와 일치하지만 강조점이나 우선순위에서는 차이가 있을 수 있다. 전문적 가치를 실천으로 옮기는 과정에서 우선순위나 방법 등의 면에서 개인적 가치가 반영될 수도 있다. 사회복지전문직은 사회복지사의 '개인'으로서의 중요성을 부인하지 않는다. 공감, 정직, 신실함, 개방성, 창조성, 민감성, 헌신, 낙관주의 등의 개인적 가치들은 사회복지전문직 관계를 형성하는 데 중요한 자산으로서 인정된다. 그러나 상이한 문화, 가족배경과 환경에서 성장해온 과정에서 형성된 사회복지사 개인의 가치가 클라이언트의 가치와 갈등관계에 놓일 수도 있다. 이러한 관계를 대비하기 위해 사회복지사는 먼저 자기 자신뿐만 아니라 자신의 가치에 대한 이해, 다시 말해 자기인식(self-awareness) 수준을 높여야 한다. 사회복지사들은 자기이해를 통해 개인, 사회, 전문적 가치 사이의 갈등을 가능한 한 최소화할 수 있게 된다.

3) 윤리의 속성

(1) 행동적 요소

윤리는 행동화된 가치를 의미한다. 쉽게 말해 가치가 행동으로 이어질 때 윤리가 개입된다. 윤리는 옳은 것, 정당한 것, 바른 것 등의 개념으로 표현되며, 행동의 방향을 결정짓는다. 가치가 어떤 신념이 적절한지를 결정하는 것이라면, 윤리는 그러한 신념에 따라 무엇을, 어떻게 해야 하는지의 문제를 다룬다.

(2) 관계적 요소

가치는 반드시 관계를 전제하지 않지만 윤리는 항상 관계 내에서만 작용된다. 일반적으로 윤리는 사람과 사람 사이의 관계, 즉 인간관계의 이치를 다루는 법을 가리킨다(진교훈, 2003). 어떤 사람이 혼자 어떤 행동을 했을 때 양심의 문제는 제기될 수 있지만 윤리적 문제로 언급되기는 어렵다. 즉 가치가 자기 자신, 또는 다른 사람에게 영향을 미치고, 사회적 맥락에서 어떤 중요한 영향을 미칠 때 윤리적 문제가 제기된다.

(3) 차원적 요소

가치가 다양한 차원을 갖듯이, 윤리 또한 일반 사회윤리와 전문가 윤리가 있다. 전문가 윤리는 사회윤리와 밀접하게 관련되며, 전문가 윤리가 사회윤리를 고려하지 않는다면 전문가의 권위가 떨어지거나 사회로부터 제재를 받을 수 있다. 그러나 전문가 윤리 또한 가치와 마찬가지로 사회윤리에서 나오지만, 사회윤리와 우선순위, 강조점, 적용 등에서 차이가 있을 수 있다.

2 사회복지전문직의 가치와 윤리

1) 사회복지전문직의 가치 지향

사회복지전문직의 역사에서 가치와 윤리는 고정불변의 개념이 아니라 시대와 상황 변화에 따라 그 의미나 강조점이 달라졌다. 리머(Reamer, 1995: 18-20)는 전문직 역사에서 사회복지실천의 가치는 빈민의 도덕성에 대한 관심에서 사회개혁, 사회정의의 문제로 초점의 이동이 있었으며, 임상적 · 심리치료적 기법에 대한 몰두는 상대적으로 가치에 대한 관심의 부재로 이어졌음을 지적한 바 있다. 리머가 제시한 사회복지전문직 가치와 윤리 지향을 정리하면 다음과 같다.

(1) 온정주의적 지향(paternalistic orientation)

가부장적 가족관계모델에 따라 전문가가 클라이언트를 주도적으로 보호하는 것을 의미하는 온정주의는 19세기 후반부터 20세기 초에 두드러진 관점이다. 이때는 우애방문과 자선조직협회의 활동이 활발할 때로서 원조의 주요한 목적은 빈민들의 내적 자원을 강화시켜 보다 생산적인 삶을 살도록 이끄는 것이었다. 당시 우애방문원들은 빈민들보다 도덕적으로 우위에 있다고 인식되었기에 그들이 다른 사람들, 즉 빈민들의 삶의 방식에 개입하는 것이 정당화되었다.

(2) 사회정의적 지향(social justice orientation)

사회정의적 관점에서 볼 때 빈곤, 실업, 범죄 등은 개인의 결함이 아닌 사회구조적 결함의 결과이다. 따라서 이러한 문제는 개인을 교화시키거나 개인의 결함을 개선함으로써가 아니라, 부의 재분배, 기회의 평등, 인간적인 복지급여와 서비스 등과 같은 근본적인 사회변화에 의해서만 다루어질 수 있다. 19세기 인보관운동, 1930년대 뉴딜, 1960년대 대빈곤 전쟁 시기의 사회복지활동은 사회정의적 관점을 반영한다.

(3) 종교적 지향(religious orientation)

종교적 관점에서 볼 때, 전문직의 주요한 사명은 종교적 확신과 신념을 의미 있는 사회서비스로 전환하는 것이다. 예를 들어, 자선은 크리스천의 이웃 간 사랑을 실천하는 것이다. 종교적 지향은 온정주의적 지향과 혼재되어 나타나기도 하지만 둘 사이에는 근본적인 차이가 있다. 온정주의는 도움을 주는 자와 받는 자의 사회적 계급이나 도덕적 위상이 상이한 상태에서 보다 열악한 처지의 사람들을 적극 개입하여 돕는 것인 반면, 종교적 지향은 모든 사람이 신 앞에서 평등하다는 전제하에 종교적 소명을 다하는 것이다(김기덕, 2002).

(4) 임상적 지향(clinical orientation)

가치와 윤리에서의 임상적 지향은 1970년대 후반에 나타난 윤리적 딜레마에 대한 강조와 관련된다. 윤리적 딜레마는 클라이언트 비밀보장, 고지된 동의, 온정주의, 진실 말하기, 이해 갈등, 법규와 기관 규정 준수 등과 같은 문제와 관련되며, 이러한 가치들 사이의 선택, 전문적 의무 간의 갈등 해결은 임상적 지향으로 이끌었다. 즉 다양한 가치 사이에서의 우선순위 선택, 상충되는 윤리 사이에서의 갈등과 딜레마는 클라이언트 문제를 해결하는 것과 유사하게 가치문제에서도 문제해결과정과 전략의 적용을 추구하게 한 것이다.

(5) 방어적 지향(defensive orientation)

사회복지전문직 가치와 윤리에서 가장 최근의 관심은 방어적 지향으로 나타난다. 임상적 지향이 주로 클라이언트의 이익을 위해 전문가의 윤리적 실천을 높이는 데 초점을 둔 것이라면, 방어적 지향은 클라이언트보다는 사회복지사 자신을 보호하는 데 초점을 둔다. 태만, 실천 오류 등의 이유로 공공의 비난과 법적 소송을 당할 위기가 증대하자, 법적 소송으로부터 사회복지사들을 보호하기 위한 관심이 이 관점의 특징이다.

(6) 무도덕적 지향(amoralistic orientation)

이 관점의 주요한 특징은 가치 기반 개념이나 규범적 개념의 부재로서, 가치중립을 내세우며 기법과 기술에 몰두하는 사회복지사들에게서 주로 나타난다. 예를 들어, 1920년대 정신의학적 접근은 가치와 윤리의 문제를 회피했으며, 정신역동의 관점으로 인간행동의 신비를 이해하는 데 관심이 있었다. 그러나 정신역동이론 등에 대한 몰입은 가치중립적 관점으로 볼 수 없으며 오히려 특정 가치를 지향한다고 보는 것이 맞다. 오히려 오늘날의 심리치료기법, 프로그램 평가, 비용편익분석 등과 같은 전략에 관심을 갖는 사회복지사들이 가치중립적인 입장에 보다 가깝다고 볼 수 있다.

2) 사회복지전문직의 기본 가치와 실천 원칙

사회복지실천은 일련의 가치들에 기반을 두고 있다. 사회복지전문직이 오랫동안 견지해온 가치는 사회복지실천의 독특한 관점을 구성해 왔다. 특히 인간존엄성, 사회정의의 가치는 사회복지전문직의 핵심 양대 축이라고 할 수 있다. 이 양대 축에서 사회복지실천의 원칙이 제시된다. 실천 원칙들은 다시 특정 상황에 맞게 구체적인 실천행동으로 전환된다. 가치가 사회복지사의 사고방식을 추상적으로 형성하는 것이라면, 원칙은 사회복지사의 행동을 구체적, 직접적으로 안내하는 역할을 한다. 이러한 실천행동들의 총 결집체가 전문직 윤리강령이다. 여기에서는 사회복지실천의 핵심 가치와 원칙, 윤리강령에 대해 살펴보기로 한다.

(1) 인간존엄성

모든 인간은 본래적으로 존엄한 존재이다. 인간존엄성의 가치는 모든 인간은 존중받을 권리를 가지며, 따라서 사회복지사는 인종, 민족, 성별, 성적 취향, 사회 경제적 지위, 연령 등과 같은 고려들에 기초하여 인간을 차별해서는 안 된다는 점을 함의한다. 이 가치에 근거하여 사회복지사들은 개개인의 독특성을 존중하고 그들 각자의 이해가 타당함을 수용하며 그들이 말하는 것을 주의 깊게 경청한다(Kirst-Ashman & Hull, 1993).

(2) 사회정의

사회정의는 사회가 구성원들 사이에 기회와 자원을 분배하는 방식에 관련된다. 사회정의는 사회의 모든 구성원들이 똑같은 기본적 권리, 보호, 기회, 의무, 사회적 혜택을 갖는 이상적인 조건이다. 사회가 인권을 침해하고, 편견적 태도를 유지하고, 불평등을 제도화할 때 사회적 불의가 만연된다. 사회불의는 집단적으로는 특정 집단에 대한 차별과 억압의 조건들을 창출하며, 개인적으로는 억압받는 사람들로 하여금 비인격화와 희생화를 경험하게 한다. 사회복지사들은 이러한 사회불의의 결과를 이해하고 사회정의와 경제정의를 달성하는 데 노력하여야 한다(Miley, O'Melia & Dubois, 2004: 7).

샐리베이(Saleebey, 1990)는 사회정의가 실현된 사회를 다음과 같이 기술하였다(Miley, O'Melia and Dubois, 2004: 7에서 재인용).

- 사회자원은 욕구 원칙에 기초하여 분배된다. 자원은 개인 발달의 기반이며, 자원을 획득하는 자격은 시민권으로 부여된다는 점이 모든 사회구성원들에 의해 분명하게 인식된다.
- 개인적, 사회적 발달 기회가 모든 사람에게 열려 있다. 자신의 결함이 없음에도 불공정한 대우를 경험한 사람들은 누구나 적절하게 보상될 것이라는 것이 모든

사람에게 이해되는 사회이다.

- 사회의 제반 수준에서 인간 발달과 인간 경험의 풍부성을 본질적 선으로 간주하는 아젠다와 정책의 확립이 중요하며, 이러한 아젠다와 정책들이 다른 아젠다와 정책들보다 우선됨을 이해한다.
- 사회적, 정치적 파워가 임의로 활용되지 않는다.
- 우선순위를 정하거나 사회자원과 자연자원을 개발하고 분배할 때, 그리고 사회문제를 해결할 때 억압의 방식이 수단으로 사용되지 않는다.

(3) 사회복지전문직의 실천 원칙(practice principle)

인간존엄성과 사회정의라는 두 가지 기본적 가치 위에 사회복지전문직은 실천을 위한 바람직한 전문적 가치를 규정해 왔다. 전문적 가치는 다양한 학자들에 의해 실천 원칙으로 제시되어 왔는데, 가치가 사회복지사의 사고방식을 추상적으로 형성하는 것이라면 특정 상황에서의 구체적 행동들은 실천 원칙들로 표현된다.

밀레이(Miley) 등은 사회복지전문직의 실천 원칙으로 수용, 개별화, 비심판적 접근, 객관성, 자기결정, 자원에 대한 접근, 비밀보장과 책임성을 제시했다. 헵워스와 라르센(Hepworth & Larsen, 1986)은 사회복지실천의 원칙으로 다음의 4가지를 제시했다. 첫째, 모든 사람들은 도전이나 역경을 극복하는 데 필요한 자원에 접근할 수 있어야 한다. 둘째, 모든 사람은 독특하며 그 자체의 가치를 갖는다. 셋째, 사람들은 다른 사람들의 권리를 침해하지 않는 한 자유의 권리를 갖는다. 넷째, 개인과 사회는 위 세 가지 가치의 실현에 대해 상호책임을 져야 한다.

이에 앞서 비에스텍(Biestek)은 케이스워크 관계의 7대 원칙을 제시한 바 있는데, 위에서 언급한 학자들과 차이나는 점은 자원에의 동등한 접근과 같은 사회정의의 가치보다는 주로 인간존엄성의 가치와 인간관계에 기반한 실천 원칙들로 이루어져 있다는 점이다. 그가 제시한 수용, 개별화, 의도적 감정표현, 비심판적 태도, 통제된 정서적 관여, 자기결정, 비밀보장, 이 7가지 원칙은 전문적 관계의 기본 원칙이면서 동시에 전문직의 기본적 가치이기도 하다.

여기서는 밀레이 등이 제시한 것을 중심으로 사회복지전문직에서 일반적으로 인정되고 있는 실천 원칙들을 간략히 설명하면 다음과 같다(Miley, O'Melia & Dubois, 2004: 54-57).

① 수용(acceptance): 모든 사람을 있는 그대로 존엄한 존재로서 취급하는 것을 의미한다. 수용은 단순히 클라이언트를 인내하고 참아내는 것을 넘어서 클라이언트의 강점과 잠재력에 대한 긍정적 관심을 전달하는 적극적인 의미를 담고 있다.

② 개별화(individualization): 모든 사람을 독특한 존재로서 인정하는 것으로, 클라이언트의 독특한 자질과 개인적 차이를 인정하는 데서 출발하며, 고정관념에서 벗어나게 하고 다양성을 인정하게 한다.

③ 비심판적 태도(nonjudgmentalism): 클라이언트를 비난하거나 좋다 나쁘다는 식으로 평가하지 않는 태도와 행동을 의미한다. 그러나 클라이언트가 행한 행동에 대해 어떤 판단도 하지 않는 것을 뜻하지는 않는다. 클라이언트의 행동을 그들의 가치와 관점에서 이해하기 위해 노력하며, 개인적 감정과 편견을 주입하지 않는 것을 의미한다.

④ 객관성(objectivity): 개별화, 비심판적 태도와 밀접히 관련되어 있다. 객관성은 사회복지사 자신의 개인적 감정을 클라이언트 상황과 분리가능하게 한다. 편견을 갖지 않고 통제된 정서적 관여는 적당한 정서적 거리를 유지하는 것을 의미한다. 정서적 관여가 너무 적으면 클라이언트와 신뢰관계가 형성되기 어렵고, 너무 많이 관여할 때는 클라이언트와 과도한 동일시로 나아갈 수 있다. 클라이언트와의 지나친 거리는 클라이언트로 하여금 원조관계를 중단하려 하게 할 것이며, 또 클라이언트와의 지나친 동일시는 문제해결에 있어 그 자신의 책임과 클라이언트의 책임을 구분할 수 없게 만든다.

⑤ 자기결정(self-determination): 다른 사람의 영향이나 간섭 없이, 강요나 조정

되지 않은 상태에서 개인이 스스로 선택하고 결정하는 것을 의미한다. 그러나 선택의 자유가 실현될 수 있기 위해서는 자원과 대안들이 존재해야 한다. 자원이 없는 상황에서 선택과 결정의 자유는 의미가 없기 때문이다. 자기결정을 지지하는 것이 클라이언트를 방임하는 것은 아니며, 오히려 사회복지사들은 클라이언트와의 협력을 강화하고, 클라이언트의 강점에 대한 확신을 가지며, 자원과 기회를 확대시키기 위해 노력한다.

⑥ 자원에의 접근(access to resources): 클라이언트의 임파워먼트에 매우 중요하다. 자원이 없는 클라이언트에게 파워가 있을 수 없다. 자기결정은 취약한 환경에 처한 클라이언트에게는 오히려 자원에의 접근을 방해할 수 있다. 억압받고 사회적으로 취약한 클라이언트들을 위해 그들을 대신하여 기회의 제공과 개발을 옹호하고, 정책 변화를 촉진하는 것 등은 사회정의를 실현하는 것이다. 미국의 윤리강령에는 자원개발 옹호를 사회복지사의 주요 의무로 규정하고 있다.

⑦ 비밀보장(confidentiality): 인간관계의 핵심인 신뢰를 확보하는 데 가장 중요한 전제 조건이다. 비밀보장 또는 사생활보호는 전문적 실천에서 기본이 되는 가치로서, 대상자의 개인 신상, 전문가와의 논의 내용, 대상자 관련 기록 등에 대한 정보를 외부로 노출할 때 대상자의 동의를 반드시 득하는 것을 의미한다.

⑧ 책무성(accountability): 사회복지사들은 업무수행에서의 유능함이 요구된다. 사회복지사들은 방법과 기법의 사용에 유능해야 한다. 사회복지사들은 성실하고 정직해야 하며, 편견을 갖지 않고 차별과 비인격적 실천을 하지 않을 책임이 있다. 책무성의 기준을 충족하기 위해서는 관련된 법규와 그 의미를 아는 것이 중요하다. 책무성은 사회복지사들의 윤리적 책임을 그들 클라이언트, 동료, 고용기관, 사회, 사회복지전문직 등으로 확장시킨다.

3) 사회복지전문직 윤리강령

윤리강령은 전문가의 적절한 실천행동에 대한 기대를 규정해 놓은 것을 의미한다. 윤리강령의 기능은 전문직의 임무에 관한 규범을 확립하며, 외적 규제로부터 전문가들을 보호할 뿐만 아니라 실천 오류, 즉 잘못된 실천에 대한 판단 기준을 명확하게 해준다.

사회복지전문직에서 윤리강령의 역사는 1915년으로 거슬러 올라간다. 플렉스너가 "사회복지실천은 전문직인가?"라는 주제로 한 강연에서 윤리강령의 부재를 들어 사회복지실천을 전문직으로 판단하기가 어렵다는 입장을 표명한 이래, 사회복지실천은 공식적인 윤리강령을 제안하기 위한 지속적인 노력을 진행시켜 왔다. 메리 리치몬드가 최초의 윤리강령 초안을 만든 이래, 공식적인 윤리강령은 미국사회복지사협회(NASW)가 출범한 지 5년째인 1960년에 등장한다. 당시 윤리강령은 14개 조항으로 시작했으며 주로 선언적인 형태를 띠고 있었다. 이후 1967, 1979, 1990, 1993, 1996, 1999, 2008년 등 끊임없이 추가, 보완을 통해 현재에 이르고 있다. 이 중에서도 특히 1996년 NASW 윤리강령의 개정이 특징적인 현상으로, 사회사업실천을 위한 윤리적 기준과 지침에 대한 내용을 확대시켰다. NASW가 윤리강령을 처음 채택할 당시에는 14개 항목뿐이던 것이 1996년의 개정에서 155개의 구체적 지침들로 나타났는데, 이는 윤리강령이 추상적인 선언의 형태에서 벗어나 실천활동의 표준이자 지침으로서 기능하게 된 것을 의미했다. 즉, 이 시기의 윤리강령은 사회복지사의 행동을 안내하고, 잘못된 실천을 줄여주며, 윤리적 불만사항이 제기될 경우 판결의 기초가 되었다.

미국 사회복지사 윤리강령의 구조는 크게 〈전문〉, 〈목적〉, 〈윤리 원칙〉, 〈윤리 기준〉 4부분으로 이루어져 있다. 〈윤리 원칙〉 부분에는 사회복지실천의 핵심 가치와 그에 따른 원칙들이 6가지로 제시되고 있다. 미국사회복지사협회(NASW)는 인간존엄성과 사회정의라는 핵심 가치를 확장하여 사회복지의 전문적 실천에 바람직한

6대 가치를 설정하였으며, 6가지 핵심 가치에서 사회복지사의 행동을 형성하는 실천 원칙을 제시하였다.

첫 번째 사회복지실천의 가치는 서비스(service)이다. 이 가치에 근거하여 사회복지사들은 욕구가 있는 사람들을 원조하고 사회문제를 해결하는 데 주요 목적을 두어야 한다.

두 번째 가치는 사회정의(social justice)로서, 이 가치에 근거하여 사회복지사들은 사회불의에 도전하는 실천을 하여야 한다.

세 번째 가치는 인간존엄성(dignity and worth of a person)으로서, 사회복지사들은 개인의 존엄성과 가치를 존중하는 실천을 하여야 한다.

네 번째 가치는 인간관계(human relationship)의 중요성으로서, 사회복지사들은 인간관계의 중요성을 인식하고 인정하는 실천을 원칙으로 삼아야 한다.

다섯 번째 가치는 진실성(integrity)으로서, 사회복지사들은 성실하고 정직한 방법으로 행동해야 한다.

여섯 번째 가치는 실천능력(competence)으로서, 사회복지사들은 그들 능력의 범위 내에서 실천하며, 전문적 능력을 발달시키고 고양시켜야 한다.

〈윤리 기준〉은 전문가의 윤리적 책임을 중심으로 6가지 영역으로 제시되고 있다. '클라이언트에 대한 윤리적 책임', '동료에 대한 윤리적 책임', '실천현장에 대한 윤리적 책임', '전문가로서의 윤리적 책임', '사회복지전문직에 대한 윤리적 책임', '사회에 대한 윤리적 책임'이 그것이다.

미국 사회복지사 윤리강령의 변천사

- 1960년 NASW 최초의 윤리강령 채택. 사회복지사의 책임에 관한 14가지 조항으로 구성됨.
- 1967년 1차 개정. 비차별의 원칙이 추가됨.
- 1979년 전면 개정. 82개 조항의 원칙과 전문을 포함하는 6가지 섹션으로 구성됨. 82개의 원칙은 클라이언트, 동료, 고용인, 고용 조직, 사회복지전문직, 전체 사회 등 6가지 수준에 대한 사회복지사의 윤리적 책임에 관련됨.

- 1990년 클라이언트 유인, 요금 책정, 의뢰의 대가 등에 관련된 원칙이 추가 개정됨.
- 1993년 사회복지사 손상 및 이중 관계에 관련된 5가지 새로운 원칙이 추가됨.
- 1996년 최근의 주요 개정으로, 1979년 윤리강령에서 다루어지지 않았던 윤리적 문제를 보다 넓게 이해할 필요성에서 새로운 윤리강령이 필요해짐. 건강보호, 소송, 미디어에서의 공공성 등에 대한 윤리적 관심이 나타남.
- 1999년 클라이언트의 동의 없이 비밀 정보를 누설할 필요성이 있는 상황들을 명확하게 함.
- 2008년 가장 최근의 개정으로, 성적 취향, 성적 정체성, 이민자의 지위 등을 기존의 비차별 기준에 통합시킴.

출처: NASW(http://socialworkers.org/nasw/ethics/ethicshistory.asp)

우리나라는 1973년 2월 28일 사회복지사협회에서 윤리강령의 초안을 제정할 것을 결의하였으나, 그 당시 제정되지 못하다가 1982년에 와서야 윤리강령이 채택되었다. 1988년 "사회복지사 윤리강령"으로 제정 공포된 후, 그 뒤 두 차례 개정을 거쳐 2001년에 이르러 현재의 윤리강령의 모습을 취하게 된다.

한국 사회복지사협회의 윤리강령 제정, 개정 연혁

- 1973년 2월 윤리강령 초안제정 결의
- 1982년 1월 "한국 사회사업가 윤리강령" 통과(이때 공포되지는 못함). 전문과 강령 총 10조로 구성됨.
- 1988년 3월 "사회복지사 윤리강령" 제정 공포(전문과 8개 강령으로 구성). 사회사업가가 사회복지사로 공식화되면서 윤리강령의 명칭 또한 "사회복지사 윤리강령"이 됨.
- 1992년 10월 제1차 사회복지사 윤리강령 개정. 전문과 10개 조항으로 구성. 전문가로서의 자질과 품성, 동료 존 중, 전문직 개발, 사회복지사 권익 옹호, 비윤리적 행위에 대한 공식적인 절차 언급 등이 이전과 다른 내용으로 포함됨.
- 2001년 12월 제2차 개정을 통해 현재의 윤리강령을 발표. 전문과 46개항으로 구성됨.

3 사회복지실천에서의 윤리적 딜레마와 윤리적 의사결정

두 가지 이상의 가치가 충돌할 때 윤리적 딜레마 상황이 발생된다. 윤리적 딜레마는 핵심 가치에 뿌리를 둔 전문가의 의무가 충돌하는 상황이다. 예를 들어, 클라이언트의 자기결정의 가치를 존중할 의무와 생명존중의 가치가 충돌할 경우, 자기결정의 가치와 클라이언트 이익우선의 가치가 충돌할 경우, 비밀보장의 가치와 진실을 말할 의무가 충돌할 경우 등 사회복지실천에서는 무수한 윤리적 딜레마 상황에 처하게 된다. 대부분의 경우 사회복지사는 두 가지 가치 중에서 우선순위를 결정해야만 하는데, 이를 결정하는 과정을 윤리적 의사결정(ethical decision-making)이라고 한다. 윤리적 판단은 사회복지사들에게 매우 어려운 일이다. 관련된 개개인에게 주요한 결과를 미칠 수 있는 일이기에 그 선택은 특히나 힘들다.

1) 윤리적 딜레마가 일어나는 영역들

사회복지사들이 흔히 경험하는 대표적인 딜레마와 관련하여 리머(Reamer)는 다음과 같은 3가지 윤리적 갈등상황을 제시한 바 있다(Reamer, 1986; 황성철, 1996: 223).

첫째, 사회복지정책 및 프로그램과 관련된 윤리적 갈등상황으로, 한정된 자원을 누구에게 얼마나 배분하느냐, 수급자와 복지권을 어느 한도까지 인정할 것인지, 사회복지적 급여를 제공하는 데 국가의 역할은 무엇인가 등과 같은 결정을 결정할 때 빈번히 나타난다. 예를 들어 정의의 가치와 효용성의 가치가 서로 경쟁할 때로서, 예산 부족의 문제에 직면할 때 사회복지사들은 공평한 분배의 문제도 중요하지만 효용성의 문제를 고려하지 않을 수 없는 것이다.

둘째, 직접적 서비스 제공과 관련된 윤리적 갈등상황으로, 법규 또는 기관 규정과 치료 목표 사이에서 갈등이 있을 경우, 고용기관에 대한 사회복지사의 충성 의무와 클라이언트에 대한 충성 의무 간의 갈등, 클라이언트 소망에 반하는 서비스를 제공해야 할 경우 등이 그것이다. 구체적인 예로는 클라이언트의 이익과 기관 혹은 3자의 이익이 배치될 때, 비밀보장 준수와 사회적 규범 간에 마찰이 생길 때, 진실을 말해야 할 의무와 타인의 권익을 보호해야 할 의무가 상충할 때 등의 상황에서 나타난다.

셋째, 동료와의 관계에서 나타나는 윤리적 갈등 상황으로, 동료가 클라이언트에게 부당한 요구를 하거나 전문직 종사자로서의 품위를 잃는 행위를 할 때, 신뢰와 존경의 의무로 상호협력관계를 유지해야 하는 관계에서 동료에게 일정한 제재가 가해질 수 있는 어떤 조치를 취해야만 하는 상황 등에서 나타난다.

2) 윤리적 딜레마 해결을 위한 기준들

(1) 윤리강령

거의 모든 전문직은 윤리적 딜레마에 직면한 사회복지사들을 돕기 위해 각각의 윤리강령을 발전시켜 왔다. 사회복지사들 또한 오랜 역사 동안 무수한 윤리적 도전에 직면해 왔다. 이러한 도전들을 해결하기 위해 사회복지사들은 사회적으로, 그리고 전문적으로 수용가능한 행동지침들을 윤리강령으로 발달시켜왔다. 비록 사회복지사들의 윤리적 결정을 이끌어온 것은 전문직 윤리강령이지만, 윤리강령이 옳고 그른 행동에 대한 최종적인 대답을 제공해 주는 것은 아니다. 그것은 단지 전문적 역할이라 기대되는 범위 내에서의 기준들을 제시해줄 뿐이다.

(2) 윤리적 의사결정모델

1970년대 이래 전문직에서 윤리문제에 대한 사회복지사들의 이해가 두드러지게 성장하였다. 추상적이고 포괄적인 윤리이론보다는 실천 윤리에 대한 관심이 증대하였으며, 사회복지사들이 현실에서 직면하는 실제적 딜레마를 윤리적 관점에서 바라보기 시작하였다.

사회복지사들은 실천현장에서 혹은 정책결정과정에서 거의 매일 윤리적 이슈에 직면하고 윤리적인 결정을 내려야 하는 상황에 놓인다. 이때 사회복지사들의 관심은 옳은 것, 해야만 하는 것, 가치 있는 것 등에 기반하여 판단하고 행동하게 된다. 이는 윤리적 사고와 윤리적 실천에 관련되며, 윤리적 사고와 실천은 훈련을 통해 향상될 수 있다.

다양한 윤리적 딜레마 상황에서 윤리적 의사결정을 내리기 위해서는 누구나 쉽게 적용할 수 있는 기준이 제시되어 왔다. 비록 윤리강령이 사회복지사들에게 도움이 되는 지침이긴 하지만, 전문적 가치가 충돌하는 상황에서는 구체적 지침이나 방향을 제공해 주지 못한다. 윤리강령은 모든 윤리적 이슈를 해결할 수 있는 것이 아니다. 윤리강령으로도 해결되기 어려운 상황에서는 사회복지사들이 윤리적 의사결정을 내리는 것이 중요하다. 가능한 한 효과적으로 윤리적 의사결정을 내리는 데 도움이 되는 기준들이 다양한 학자들에 의해 제시되어 왔는데, 대표적인 것을 살펴보면 다음과 같다.

① 로웬버그와 돌고프의 윤리적 의사결정과정 지침

로웬버그와 돌고프는 사회복지사가 실천현장에서 의사결정의 윤리적 측면을 더욱 명료화하고 통합하도록 도와주는 윤리적 사정 검사와 윤리적 의사결정과정 지침을 제공해 주었다. 윤리적 사정 검사는 사회복지전문가가 바람직한 실천활동을 결정하는 과정에서 고려해야만 하는 윤리적 측면들을 명확하게 해준다. 즉, 윤리적 갈등 상황과 관련된 사회복지사 개인의 가치, 사회적 가치, 전문적 가치들을 확인하고, 윤리적 대안들 각각에 대한 수단, 윤리 원칙, 효율성과 효과성, 장·단기적 윤리 측면들을 검토한다. 두 번째 윤리적 의사결정과정에서는 먼저 윤리적 규칙 검사에 관한 기준이 적용되며, 윤리적 규칙 검사 기준이 만족스런 지침이 되지 않을 때는 윤리적 원칙 검사를 적용하게 된다. 윤리적 원칙 검사는 총 7가지 윤리적 원칙으로 제시되며, 이들 간에는 위계적 순서가 적용된다(Loewenberg & Dolgoff, 1996: 90-92).

윤리적 사정 검사(Ethical Assessment Screen)

1. 현재 직면한 윤리적 딜레마와 관련된 자기 자신의 가치들을 검토한다.
2. 윤리적 결정에 관련되는 사회적 가치들을 검토한다.
3. 윤리적 결정에 관련되는 전문가 가치와 윤리를 검토한다.
4. 취할 수 있는 윤리적 선택의 대안들을 검토한다.
5. 대안적인 윤리적 행동이 타인은 물론, 클라이언트의 권리와 복리를 최대한 확대하고 보장하는지를 검토한다.
6. 대안적인 윤리적 행동이 사회의 권리와 이익을 최대한 보장하는지를 검토한다.
7. 1, 2, 3 사이의 갈등을 줄이기 위해 할 수 있는 것을 검토하고, 5, 6, 7 사이의 갈등들을 줄이기 위해 할 수 있는 것은 무엇인지를 검토한다.
8. 대안이 되는 행동이 최소 손실의 원칙을 지키는지를 검토한다.
9. 대안이 되는 행동이 어느 정도로 효율적, 효과적, 윤리적인지를 검토한다.
10. 대안적 행동으로 인해 나타나게 될 장·단기적인 윤리적 결과들을 모두 고려한다.

윤리적 규칙 검사(Ethical Rules Screen)

1. 윤리강령을 살펴보고, 어떤 규칙을 적용할 수 있는지를 결정한다. 이러한 규칙들은 사회복지사 개인의 가치체계보다 우선되어야 한다.
2. 적용가능한 한 가지 이상의 강령 규칙들이 있다면 그것들을 따른다.
3. 구체적인 문제에 대해서 강령 규칙이 직접적으로 부합되지 않거나 혹은 여러 개의 강령 규칙들이 상충되는 지침을 제공하는 경우에는 윤리적 원칙 검사를 활용한다.

윤리적 원칙 검사(Ethical Principles Screen)

- **1순위, 생명보호의 원칙**
  사회복지사는 개인과 사회의 기본적인 생존의 욕구를 보장하는 전문적 결정을 내려야 한다. 인간 생명의 보호는 다른 어떤 가치보다 앞선다.
- **2순위, 평등 및 불평등의 원칙**
  동일한 상황에 있는 사람들은 동등하게 대우받을 권리가 있다. 한편 다른 상황에 놓여 있는 사람들은 다르게 대우받을 권리가 있다(예를 들어 가장 취약한 상황에 놓여 있는 사람들은 그렇지 않은 사람들보다 더 많은 자원을 제공받을 수 있다).

- **3순위, 자율성 및 자유의 원칙**
  사회복지사는 자율성과 독립을 강화시키는 결정을 내려야 한다. 그러나 이러한 권리는 클라이언트나 또는 다른 사람들의 생명 권리보다 우선하지 않는다.
- **4순위, 최소 해악의 원칙**
  사회복지사는 해를 피할 수 있으면 피해야 하며, 만일 그 해가 피할 수 없는 것이라면 그것을 최소한으로 하는 대안을 선택해야 한다.
- **5순위, 삶의 질 원칙**
  지역사회뿐만 아니라 개인을 위해 사회복지사는 모든 사람의 삶의 질을 향상시키는 대인을 선택해야 한다.
- **6순위, 프라이버시 및 비밀보장의 원칙**
  클라이언트의 프라이버시를 보호하는 실천 결정을 내려야 한다. 비밀보장과 프라이버시를 보호하는 것은 클라이언트의 신뢰를 얻고 관계를 유지하는 데 중요하다. 프라이버시를 보호하기 위해서는 클라이언트의 정보를 공개적으로 누설해서는 안 된다.
- **7순위, 진실 및 정보 공개의 원칙**
  진실을 말하고 모든 관련 정보를 클라이언트와 타인들에게 충분히 공개하는 결정을 내려야 한다.

② 콩그레스의 ETHIC 의사결정모델[1)]

다양한 윤리적 딜레마 상황에서 빠른 윤리적 의사결정을 내리게 하기 위해 콩그레스(Congress, 1999)는 각 단계의 첫 철자를 딴 ETHIC 모델을 개발하였다. 이 모델은 사회복지실천의 가치, 윤리강령, 사회복지실천이 위치한 상황 등을 포함하고 있다(Congress, 2000).

- Examine: 관련된 개인, 사회, 기관, 클라이언트 및 전문가의 가치들을 조사한다. 이는 모두 윤리적 의사결정에 영향을 미치는 것들이다. 전문적 가치에만 의존하는 사회복지사는 의사결정 시에 고려해야 할 중요한 상황적 이슈를 충분히

1) 콩그레스의 의사결정모델을 적용한 다양한 사례들은 우국희, 임세희, 성정현, 최승희, 장연진, 좌현숙 외 (2013). 사회복지윤리와 철학. 공동체.에 소개되어 있다.

이해하기 어렵다. 가장 중요한 첫 번째 단계는 그들 자신의 개인적 가치를 사정하는 것으로, 가능한 한 개인적 가치에 기반을 둔 결정을 내릴 위험을 피해야 한다. 다음으로 클라이언트 가치를 조사해야 하는데, 이는 사회복지사나 전문직과 다른 문화권에 있는 클라이언트에게 있어 매우 중요하다. 그리고 기관 가치와 전문직 가치 간에 차이가 있는지 여부도 검토해야 한다.

- Think: 관련된 법률과 사례판결 뿐만 아니라 사회복지사 윤리강령 중 어떤 윤리기준을 적용할 것인지에 관해 생각한다.

윤리강령에 제시된 전문가의 윤리적 책임영역을 검토하여, 윤리적 딜레마가 어떤 영역에 해당되는 것인지를 파악한다. 그리고 사회복지사는 윤리적 딜레마에 영향을 미치는 법률들에 대해 알고 있을 필요가 있다. 전문직 윤리는 법적 규정과 다를 수도 있지만 같은 방향을 지향할 수도 있다. 그러나 법과 규정이 비윤리적일 수도 있음을 인식하고 있어야 한다. 예를 들어, 입양을 원하는 동성애커플에 대해 보고할 의무를 요구하는 법률의 경우가 그러하다.

- Hypothesize: 상이한 결정에 따른 결과들에 관해 가설을 세워본다.

이 단계는 윤리적 딜레마를 해결하기 위해 논리적 추론을 하는 과정이다. 비밀보장이 관심이라면, 전문가는 상이한 시나리오를 상정해 보아야 한다. 즉 비밀보장이 유지될 경우와 비밀보장이 위반될 경우에 대해 찬반 이유를 제시하는 리스트를 만들어볼 수 있다. 각각에 대해 가능한 결과를 검토하는 것은 윤리적 딜레마에 대한 대안을 선택하는 데 도움이 될 수 있다.

- Identify: 가장 취약한 사람에 대한 헌신이라는 견지에서 혜택을 입을 사람과 해를 입을 사람을 확인한다.

때로는 두 가지 좋지 못한 대안들 사이에서 결정을 해야 하는 경우가 있다. 이 단계는 상이한 행동과정에 대해 찬성하거나 반대하는 이유를 보다 확실하게 할 수 있다. 사회복지전문직은 가장 취약한 사람들에 대한 오랜 관심의 전통을 갖고 있다. 가장 취약한 사람들에 대한 관심은 사회복지전문직을 다른 전문직과 구분되게 하는 특징이다. 윤리강령에는 사회복지사들은 모든 사람들을 위한 기회와 선택을 확대시켜야 함과 더불어 취약하고 억압받는 사람들에 대한 보다 특별한 관심을 기울여야 함을 요구하고 있다. 이 단계는 윤리적 딜레마를 해결하는 가장 중요한 단계이다.

- Consult: 가장 윤리적인 선택에 관하여 슈퍼바이저와 동료들의 자문을 구한다. 다른 동료들이나 슈퍼바이저의 조언은 윤리적 의사결정과정에서 첫 번째 자원이다. 사회복지사들은 컨퍼런스나 비공식적 모임 등에서 다른 동료들에게 윤리적 딜레마에 관한 질문을 하도록 격려되어야 한다. 기관은 윤리위원회를 확립해 두는 것이 도움이 될 수 있다.

③ 리머의 윤리적 의사결정 지침과 의사결정과정

리머(Reamer, 2000)는 윤리적 의사결정의 전체 과정을 윤리적 갈등을 해결하기 위한 윤리적 지침과 윤리적 의사결정과정으로 구분하여 논의하였다. 먼저, 윤리적 갈등해결 지침은 윤리적 의무가 충돌할 때 해결을 위한 일종의 의무의 위계, 의무의 상대적 중요도를 다룬 것이다.

첫째, 인간생존 및 활동에 필수적인 조건들(예를 들어, 생명, 건강, 의식주, 정신적 안정 등)에 대한 위해와 관련된 규칙은 비밀누설이나 거짓말, 혹은 여가, 교육, 부와 같은 부차적인 것들에 대한 위해와 관련된 규칙보다 우선한다. 이 지침에 따를 때, 생명이나 건강을 위협하는 것으로부터 제3자를 보호하기 위해 클라이언트의 비밀을 누설하는 행위는 정당화될 수 있다. 즉, 비밀누설로 인해 클라이언트가 입을 수 있는 해악보다 생명을 해칠 수 있는 위협을 막는 것이 더 중요한 것이다.

둘째, 한 개인이 기본적인 안녕을 누릴 권리는 다른 사람의 자기결정권보다 우선한다. 예를 들어, 부모의 양육태도가 아이의 기본적인 안녕을 위협하는 것이라면 사회복지사는 그 부모의 양육에 관한 자기결정권을 보장하는 것보다 아이의 기본적 행복권을 보장하는 데 더 우선적인 관심을 가져야 한다.

셋째, 한 개인의 자기결정권은 그 자신의 기본적인 안녕에 대한 권리에 우선한다. 이 지침은 자기파괴적인 행동을 하는 사람은 비록 그것이 그 자신의 기본적인 안녕을 위협하는 것이라 할지라도, 다른 사람의 복리를 해치지 않는다면 존중되어야 함을 의미한다. 이는 그만큼 개인의 자기결정권이 중요함을 표현한 것으로, 자기 생명이나 안전에 즉각적인 위협이 될 정도의 자기파괴적인 행동을 보장하라는 뜻은 아니다.

넷째, 자유로운 상태에서 동의한 법률, 규칙, 규정을 지킬 의무는 이러한 법률, 규칙, 규정과 상충되는 방식으로 행동할 권리에 우선한다. 이 지침에 따를 때, 기관의 직원으로 자발적으로 일하기로 했다면 고의로 기관의 정책을 위반하는 것은 비윤리적이 된다. 리머는 만일 기관의 정책에 동의하지 않는다면 다른 일자리를 찾거나 기관의 정책을 변화시키는 노력을 해야 한다고 보았다.

다섯째, 개인의 안녕을 추구할 권리가 자신이 자발적으로 참여한 단체의 법률, 규칙, 규정 등과 충돌할 때는 개인의 안녕추구권이 우선한다. 이 지침은 법이나 규정에 순응할 의무가 절대적이지 않으며 한계가 있음을 말한다. 법을 위반하는 것이 클라이언트의 기본적 복리를 보호하기 위한 것이라면 정당화될 수 있음을 제시하는 것이다.

여섯째, 기아와 같은 기본적 해악을 예방하는 의무와, 주택, 교육, 공공부조와 같은 공적인 선을 증진시키는 의무가 개인의 재산권에 우선한다. 이 지침은 취약한 사람들을 돕기 위해 국가가 세금을 걷거나 다른 형태의 강제적 수단을 활용하는 것을 정당화시킨다.

리머는 위에서 논의한 윤리적 의사결정의 지침을 기본으로 참조하면서 아래와 같은 7단계의 윤리적 의사결정과정을 차례로 수행할 때 합리적이고 윤리적인 결론에 도달할 수 있다고 보았다.

- 1단계, 사회사업 가치와 의무가 갈등하는 문제가 무엇인지를 확인한다.
- 2단계, 윤리적 결정의 결과로 영향을 받을 수 있는 개인, 집단 혹은 조직들을

확인한다.

- 3단계, 모든 가능한 행동과정과 관련될 사람들을 확인한 뒤, 각각의 대안에서 일어날 수 있는 위험인자와 혜택을 동시에 고려한다.
- 4단계, 다음 사항을 고려하여 각각의 가능한 행동과정에 대한 찬반의 이유를 철저히 검토한다.
  - 윤리적 이론, 원칙, 지침
  - 윤리강령 및 법적 원칙
  - 사회사업실천이론 및 원칙
  - 개인적 가치(종교적, 문화적, 민족적 가치 및 정치 이데올로기)
- 5단계, 동료 및 적합한 전문가의 자문을 구한다(기관 직원, 슈퍼바이저, 행정가, 변호사, 윤리학자 등).
- 6단계, 결정을 내리고 의사결정과정을 기록한다.
- 7단계, 결정을 모니터하고 평가 및 기록한다.

④ 로슬러와 루빈의 의사결정과정

윤리적 딜레마에 직면했을 때 사회복지사들이 이러한 상황에서 활용할 수 있는 비판적, 분석적 의사결정방안을 제시한 바 있는데, 그들이 제시한 윤리적 딜레마를 다루기 위한 의사결정과정은 다음과 같은 6단계로 요약할 수 있다(Roessler & Rubin, 1992).

- 1단계, 케이스 상황을 검토하고 가능한 두 가지 행동과정을 결정한다.
- 2단계, 각각의 행동과정을 지지하는 사실에 기반한 이유들을 나열한다.
- 3단계, 이유가 제시되었다면, 각각의 행동을 지지하는 윤리적 원칙을 확인한다.
- 4단계, 각각의 행동과정을 지지하지 않는 사실에 근거한 이유들을 나열한다.
- 5단계, 지지하지 않는 이유가 제시되었다면, 각각의 행동이 취해졌을 경우 침해를 받는 윤리적 원칙을 확인한다.

• 6단계, 둘 중 하나의 우월함에 대한 정당화를 시도한다.

사례 3-1은 로슬러와 루빈이 윤리적 의사결정과정을 적용하여 윤리적 딜레마를 해결한 과정을 소개한 것이다.

사례 3-1 윤리적 의사결정과정을 적용하여 윤리적 딜레마를 해결한 과정

A는 경증의 정신지체인이다. 지난 6년간 장애인 작업소에서 일을 해왔는데, 최근 작업반장은 A가 비장애인들과 같이 일할 수 있는 능력이 있으므로, 여기서는 일을 그만두기를 원했다. 그러나 A는 불안해하며 친구들이 다 여기 있기 때문에 여기서 계속 일을 하고 싶어 한다. 작업반장은 A의 장애가 경하므로 더 이상 여기서 일할 필요가 없으며 다른 곳에서 더 나은 보수로 일할 수 있다는 확신이 있음에도 A의 소망을 저버리지 못한다. 이러한 상황에서 작업반장은 사례관리자에게 이 사실을 의논한다.

• 1단계

사례관리자는 케이스 상황을 검토하고, 다음의 두 가지 행동을 결정한다.

행동 1: A를 다른 일자리로 옮기려는 작업반장의 의견을 지지한다.

행동 2: 작업반장이 A의 제안을 존중해 주도록 제시한다.

• 2, 3단계

각각의 행동을 지지하는 이유와 윤리적 원칙들을 나열한다.

행동 1: A는 지역사회 내의 사람들과 접촉이 증대될 것이다(클라이언트에게 유리하게 행동할 원칙).

행동 2: A의 소망이 존중되고 계속 그녀의 친구와 일할 수 있도록 한다(자율성 존중의 원칙).

• 4, 5단계

각각의 행동을 지지하지 않는 이유와 각각의 행동에 의해 침해되는 윤리적 원칙을 나열한다.

행동 1: A는 그녀가 원하는 위치에서 일하지 못하게 될 것이다(자율성의 원칙 침해).

행동 2: A는 불필요하게 비장애인들로부터 분리되는 위치에서 일하게 된다. A는 경쟁적인 고용으로부터 결과가 될 수 있는 지역사회에서 참여 기회 증진이라는 혜택을 받지 못할 것이다(클라이언트의 이익 우선의 원칙 침해).

• 6단계

행동 2의 우월성을 정당화한다.

A를 경쟁적인 다른 일자리에 배치하려는 작업반장의 의도를 지지하는 행동과정은 클라

이언트의 이익이라는 윤리적 원칙에 의해 지지될 수 있으며, 선택의 이유로 다음이 제시될 수 있다.

첫째, 경쟁적인 직종에서 일하는 것은 A에게 지역사회 내 다른 사람과의 접촉 기회와 지역사회생활에의 참여 기회를 증대시켜 줄 수 있다. 둘째, A는 그러한 일을 성공적으로 해낼 능력이 있는 것 같다. 셋째, A는 고용에서 불필요하게 비장애인들과 분리되지 않는다. 그러나 행동 1은 A가 표명한 욕구에는(친구와 같이 일하고 싶다) 상반되고, A의 자율적인 선택을 침해하는 결과를 가져올 수 있다. 사례관리자는 A의 소망을 지지하는 선택을 하고자 한다. 그 이유는 다음과 같다.

첫째, 현재 직장에서 계속 일하고 싶은 것이 그녀의 바람이다.

둘째, 그녀는 친구와 계속 같이 일하고 싶다는 의견을 표현했다.

셋째, 만일 경쟁적인 직종에 보내진다면, A는 이 직장을 떠나고 싶어 하지 않기 때문에 성공하지 못할 것 같다.

넷째, 성공하지 못한다면 그녀는 앞으로도 경쟁적인 직종에 흥미를 느끼지 못할 것 같다.

다섯째, 성공하지 못한다면, 앞으로 경쟁적인 일에 그녀를 배치하는 것이 더 어려워질 것이다.

여섯째, 만일 경쟁적인 일을 할 수 있다면, 이 선택안은 앞으로도 여전히 그녀에게 열려 있는 셈이다.

비록 대안이 A에게 도움이 되는 것이라 할지라도, 원하지 않는 상황에서는 성공하지 못할 것 같다. 그러므로 행동 1을 지지하는 클라이언트 이익 우선의 원칙은 실현되지 않을 수 있다. 게다가 A는 계속 이 일을 하고 싶어 하는 타당한 이유를 제시했다. 그러한 이유는 비록 클라이언트 이익 우선의 원칙을 침해한다고는 할지라도 자율성 원칙의 우선권을 강하게 지지한다.

CHAPTER 04

사회복지실천현장과 사회복지사의 역할

1. 사회복지실천의 장
2. 사회복지실천현장의 실제
3. 사회복지사의 역할

CHAPTER 04
사회복지실천현장과 사회복지사의 역할

1 사회복지실천의 장

1) 사회복지실천현장의 개념

사회복지실천현장(field of practice)은 단지 '장소'의 개념을 넘어서 사회복지실천이 행해지는 '장(setting)', '문제(problem)', '대상집단(client)'을 모두 포괄하는 개념이다(NASW, 1998). 따라서 사회복지실천현장은 아동, 청소년, 노인, 장애인, 가족, 새터민 등과 같은 사회복지의 대상별로 구분될 수도 있고, 정신보건, 의료, 학교, 지역사회 등 사회복지실천이 이루어지는 장소에 따라 구분될 수도 있다. 또 학교폭력, 가정폭력, 빈곤, 알코올중독 등 사회복지사의 전문적 개입이 요구되는 문제영역에 따라 구분될 수도 있다. 장, 문제, 대상은 서로 배타적으로 적용되는 기준이 아니다. 즉, 아동복지실천현장에는 학교, 지역사회, 병원 등 다양한 장소가 포함되며, 학교폭력 피해아동, 학교폭력 가해아동, 저소득 아동, 발달장애아동 등 아동 내에서도 서로 상이한 도움을 필요로 하는 이들이 다양하게 속해 있다.

한편, 바커(Barker, 1987)는 《사회사업사전》에서 사회복지실천현장(field of practice)을 "사회복지의 다양한 기관과 그러한 기관에서 필요한 능력까지 포함하는 복합적인 개념"으로 정의한 바 있다. 고수현(2013)은 "사회복지실천현장은 광의에서는 사회복지사업별 분야 또는 영역을 말하지만, 협의에서는 사회복지대상자(클라이언트)의 주 호소 문제해결을 위해 사회복지사 등의 사회복지전문직과 자원봉사자들이 활동하는 장소인 해당 기관(시설)을 뜻한다"고 보았다. 이와 같은 개념들에 따르면, 사회복지실천현장은 사회복지실천이 이루어지는 공식적인 장소라는 물리적 여건과 함께, 사회복지사의 전문적 능력이 발휘되는 곳이라는 기술적 여건이 함께 충족되어야 함을 알 수 있다. 즉, 단순히 사회복지사업이나 서비스가 제공되고 이루어지는 장소뿐 아니라 그 안에서 활동하는 사회복지사와 그 외 기타 전문인력들의 활동들이 더해질 때 그곳이 바로 사회복지실천현장이라 일컬어질 수 있는 것이다.

현재 한국의 사회복지실천현장은 과거에 비해 매우 증가하고 있는 추세이다. 사회복지사업법 제2조4항에서는 사회복지시설을 "사회복지사업을 할 목적으로 설치된 시설"로 규정하고 있으며, 제2조1항에서는 사회복지사업을 "법률에 따른 보호 · 선도(善導) 또는 복지에 관한 사업과 사회복지상담, 직업지원, 무료 숙박, 지역사회복지, 의료복지, 재가복지(在家福祉), 사회복지관 운영, 정신질환자 및 한센병력자의 사회복귀에 관한 사업 등 각종 복지사업과 이와 관련된 자원봉사활동 및 복지시설의 운영 또는 지원을 목적으로 하는 사업"으로 정의하고 있다. 여기에 포함되는 법률은 「국민기초생활보장법」, 「아동복지법」, 「노인복지법」, 「장애인복지법」, 「한부모가족지원법」, 「영유아보육법」, 「성매매방지 및 피해자보호 등에 관한 법률」, 「정신보건법」, 「성폭력방지 및 피해자보호 등에 관한 법률」, 「입양특례법」,「 일제하 일본군위안부 피해자에 대한 생활안정지원 및 기념사업 등에 관한 법률」, 「사회복지공동모금회법」, 「장애인 · 노인 · 임산부 등의 편의증진 보장에 관한 법률」, 「가정폭력방지 및 피해자보호 등에 관한 법률」, 「농어촌주민의 보건복지증진을 위한 특별법」, 「식품기부 활성화에 관한 법률」, 「의료급여법」, 「기초연금법」, 「긴급복지지원법」, 「다문화가족지원법」,「장애인연금법」, 「장애인활동 지원에 관한 법률」, 「노숙인 등의 복지 및 자립지원에 관한 법률」, 「보호관찰 등에 관한 법률」, 「장애아동 복지지원법」, 「발달장애인 권리보장 및 지원에 관한 법률」, 「청소년복지지원법」, 「그밖에 대통령령으로 정하는 법률」(2020.11.5.기준)이다.

「그밖에 대통령령으로 정하는 법률」에는 사회복지사업법 시행령 제 1조의 2에 따라, 「건강가정기본법」, 「북한이탈주민의 보호 및 정착지원에 관한 법률」, 「자살예방 및 생명존중문화 조성을 위한 법률」, 「장애인 · 노인 등을 위한 보조기기 지원 및 활용촉진에 관한 법률」이 포함되어 있다. 이 중 제정 당시부터 오랜 논란이 있었던 건강가정기본법의 경우 2019년 개정을 통해 사회복지사업 관련 법률로 지정됨에 따라 건강가정지원센터도 사회복지시설로 인정되고, 사회복지현장실습이 가능한 사회복지현장이 되었다. 건강가정지원센터에 근무하는 사회복지사의 경력은 사회복지 관련 경력으로 인정될 수 있다.

이처럼, 사회복지사업법이 제정된 이래 사회복지사업 관련 법률은 계속 증가하고 있으며, 이에 따라 사회복지실천 현장도 계속 그 범위가 확장되어 가고 있다. 또, 기존의 사회복지실천 현장도 사회 변화에 따라 변화하면서, 이에 따른 사회복지사의 역할도 변화되어 가고 있다. 지역사회복지관의 사회복지사의 역할 중 사례관리자의 역할이 강화된 것이 대표적인 예일 것이다. 지역사회 자원 발굴과 연계는 모든 현장에서 예외 없이 중요한 사회복지사의 임무가 되었다. 또, 코로나 19로 인해 대면 서비스로 제공되던 것들이 비대면 서비스로 대거 전환되면서 과거와는 달리 사회복지사의 온라인 콘텐츠 기획 능력이 강조되기도 하였다. 이외에 사회 각 영역의 변화에 발맞춰, 사회복지실천 현장과 사회복지사의 역할은 계속 변화, 발전되어 가고 있다.

2) 사회복지실천현장의 분류

(1) 기관(시설)의 기능과 목적에 따른 분류

① 1차 사회복지실천현장(primary settings)

기관(시설)의 1차적 기능이 사회복지서비스 제공을 위한 것으로 사회복지전문직이

중심이 되어 활동하는 실천현장을 말한다. 1차 사회복지실천현장은 주거복지서비스를 제공하는지 여부에 따라 사회복지 이용시설(종합사회복지관, 노인복지관, 장애인복지관 등)과 사회복지생활시설 혹은 사회복지거주시설(아동양육시설, 노인주거복지시설, 장애인거주시설, 노숙인거주시설 등)로 구분하는 것이 보편적인 분류방법이다(고수현, 2013: 47).

② 2차 사회복지실천현장(secondary settings)

사회복지전문기관은 아니지만 사회복지서비스가 기관운영과 서비스의 효과성에 미치는 긍정적인 영향으로 인해 사회복지사의 개입이 부분적으로 이루어지고 있는 실천현장을 말한다. 즉, 기관(시설)의 1차적인 기능은 따로 있으며, 필요에 의해 사회복지서비스를 제공하게 되는 지방정부기관, 병원, 학교, 보건소, 교정시설, 군부대, 기업, 어린이집, 주거 및 의료복지시설 등이 있다(고수현, 2013: 48). 지방행정업무가 1차적 기능인 동주민센터에서 근무하는 사회복지전담공무원의 경우, 2차 현장에서 일하는 것으로 볼 수 있다. 의료 처치가 1차적 기능인 병원에서 근무하는 의료사회복지사의 경우도 2차 현장에서 근무하는 것으로 간주되며, 교육이 1차적 기능인 학교에서 근무하는 학교사회복지사도 2차 현장에서 일하는 대표적인 사회복지 실천가이다.

(2) 사회복지서비스 제공방식에 따른 분류

① 간접 사회복지실천현장(indirect settings)

사회복지실천을 위한 지원기관으로서 사회복지서비스 전달체계를 효율적으로 운영하기 위해 행정업무를 수행하고 기관 간의 협의 및 연계 업무를 담당하는 실천현장을 말한다. 행정기관은 사회복지서비스 전달체계상의 문제점을 개선하고, 기획·감독·조정하는 등 체계를 효율적으로 발전시키는 것을 목적으로 한다. 공공기관으로는 주로 중앙정부와 광역 지방정부의 사회복지부서 및 각종 사회복지관련 위원회가 해당되고, 민간기관으로는 사회복지협의회, 사회복지공동모금회, 사회복지사협회가 대표적이다(강세현, 2014: 17-18).

간접 사회복지실천현장은 사회복지 대상자를 직접 대면하여 서비스를 제공하지는 않지만, 주요 정책사항을 결정하고, 자원을 배분하고, 관련 전문가의 자격 인증 및 보수교육 프로그램을 제공하는 등 직접 사회복지실천이 제 역할을 다할 수 있도록 다방면으로 지원하는 매우 중요한 사회복지실천현장이라 할 수 있다.

② 직접 사회복지실천현장(direct settings)

직접 사회복지실천현장은 사회복지 대상자에게 직접 서비스를 제공하는 것을 목적으로 하는 기관이다. 직접 사회복지실천현장은 주요 대상자나 문제영역에 따라서 나누어지는데, 아동, 청소년, 노인, 장애인, 여성, 가족, 학교, 정신보건, 자원봉사 등 다양한 영역에서 직접 서비스를 제공하는 기관들이 포함된다. 공공기관으로는 기초자치단체인 시 · 군 · 구, 읍 · 면 · 동의 직접적 사회복지서비스 부서가 있으며, 민간기관으로는 사회복지분야별 이용시설과 생활시설이 이에 해당된다(강세현, 2014: 18).

지역사회복지관에서 지역주민을 대상으로 직접 서비스를 제공하는 사회복지사는 사회복지서비스 제공이 1차적인 목적인 1차 현장에서 직접 실천을 하고 있는 것으로 간주된다. 반면, 학교에서 학생들을 대상으로 직접 서비스를 제공하는 학교사회복지사는 직접 실천을 하고 있지만, 학교는 1차적인 목적이 사회복지서비스 제공이 아닌 2차 현장이다. 즉, 직접 실천을 하는 모든 현장이 1차 현장이라고 볼 수는 없으며, 모든 1차 현장이 직접 실천현장이라고도 볼 수 없다.

▮표 4-1▮ 사회복지실천현장의 구분

	1차	2차
직접	지역사회복지관, 지역아동센터, 장애인거주시설 등	학교, 병원, 동주민센터
간접	사회복지협의회, 사회복지공동모금회, 사회복지사협회	중앙정부와 지방정부

(3) 주거서비스의 제공 여부에 따른 분류

① 사회복지 이용시설(using facilities)

사회복지 이용시설은 지역사회에 거주하고 있는 주민을 대상으로 사회복지서비스를 제공하는 기관을 말한다. 지역사회복지관이 대표적인 이용시설 중 하나이고, 이 외에 노인복지관, 장애인복지관, 노인 · 장애인 주간보호센터, 재가복지센터, 지역아동센터, 상담소 등이 있다. 장애인복지현장의 경우 장애인복지관 외에 장애인지역사회재활시설, 장애인직업재활시설, 장애인의료재활시설 등 다양한 이용시설 유형을 갖추고 있다. 탈시설화 운동(deisinstitutionalization movement)에 힘입어, 장애인을 생활시설에 수용함으로써 지역사회에서 분리시키는 것은 비인도적 처사라는 시각이 강해졌고, 뒤이어 나온 정상화(normailization) 이론의 논리에 따라 장애인의 지역사회 통합이 강조되면서 이용시설이 눈에 띄게 증가되었다. 또한, 노인인구의 증가로 노인일자리지원기관이나 치매노인에 대한 주간보호서비스를 제공하는 주간보호센터, 방문요양서비스를 제공하는 재가복지센터 등이 급속도로 늘어나고 있는 추세이다. 사회복지시설이 특정 대상만을 위한 곳이 아니라 필요한 서비스가 있다면 지역주민 누구라도 이용할 수 있는 곳으로 자리잡은 데는 이러한 이용시설의 증가가 많은 영향을 미쳤다고 볼 수 있다.

정상화(normailization)

정상화 이론은 1960년대 후반 스칸디나비아에서 정신지체인에 대한 서비스 실천의 원칙으로 제기된 이론으로, 시설보호에 반대하며 일상적인 생활 형태와 리듬을 강조한다.
울펜스버거(Wolfensberger) 등에 의하여 1970년대와 1980년대를 거치면서 정교화되었다.

출처: 김용득 (2007). p. 27.

② 사회복지 생활시설(residential facilities)

사회복지 생활시설은 주거서비스를 비롯하여 생활 전반에 필요한 사회복지서비스를 제공하는 시설을 말한다. 아동·청소년생활시설, 노인요양시설, 장애인생활시설, 성폭력피해여성쉼터, 가정폭력피해여성쉼터, 모자가족복지시설, 부자가족복지시설, 장애인공동생활가정, 노인공동생활가정, 미혼모공동생활가정 등 사회복지현장에는 생활시설 형태의 현장이 다수 존재한다. 생활시설에서는 단순히 주거와 식사 제공만이 이루어지는 것이 아니라 상담, 정서지원, 재활, 법률지원, 생활지도 등 종합적인 서비스가 제공되며, 필요에 따라 클라이언트의 개별적인 욕구에 맞는 서비스 및 자원을 지역사회에서 연계하여 제공하기도 한다. 특히, 의료서비스나 직업훈련, 교육서비스의 경우 해당 시설에서 제공하기 어려운 경우가 많기 때문에 지역사회자원을 연계하는 경우가 많다. 과거 생활시설은 폐쇄적이고 지역사회와 분리된 공간으로 여겨졌지만, 지역사회에 시설을 개방하는 생활시설도 점차 늘어가고 있다. 그럼에도 불구하고, 여전히 우리 사회에는 지역사회에 생활시설을 들이기는 꺼리는 인식들도 일부 남아 있는 것이 사실이다.

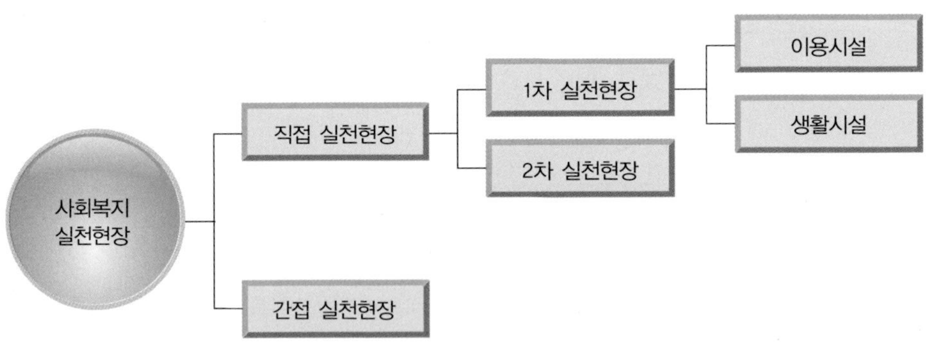

▌그림 4-1▌ 사회복지실천현장의 분류

2 사회복지실천현장의 실제

1) 아동 · 청소년복지

아동복지란 아동이 행복한 삶을 누릴 수 있는 기본적인 여건을 조성하고 조화롭게 성장 · 발달할 수 있도록 하기 위한 경제적 · 사회적 · 정서적 지원을 말한다(아동복지법 제3조 제2항). 아동복지법상 아동은 만 18세 미만인 사람을 말한다. 이와 같은 목적을 위해 설치되는 아동복지시설의 종류는 다음과 같다(아동복지법 제52조). 아동양육시설, 아동일시보호시설, 아동보호치료시설, 공동생활가정, 자립지원시설은 생활시설로, 아동상담소, 아동전용시설, 지역아동센터, 아동보호전문기관, 가정위탁지원센터, 아동권리보장원은 이용시설로 분류될 수 있다. 아동권리보장원은 2019년 1월 15일 개정된 아동복지법 제 10조의2에 의거하여 2019년 7월 설치되었다. 아동학대예방 및 방지업무, 보호대상아동 및 취약계층아동에 대한 지원업무 등 아동 지원업무가 별개의 기관에 위탁되어 산발적으로 운영되고 있어서, 아동정책을 종합적이고 체계적으로 추진할 수 있는 통합 수행기관의 필요성이 제기되었기 때문이다. 이에 따라 아동권리보장원은 아동정책, 아동학대, 아동복지시설, 입양 등 아동 관련 전반적 영역에 대한 총괄기관으로서 기능하는 대표기관이라 할 수 있다.

표 4-2 아동복지시설의 종류

생활시설	이용시설
• 아동양육시설 • 아동일시보호시설 • 아동보호치료시설 • 공동생활가정 • 자립지원시설	• 아동상담소 • 아동전용시설 • 지역아동센터 • 아동보호전문기관 • 가정위탁지원센터 • 아동권리보장원

청소년복지란 청소년이 정상적인 삶을 누릴 수 있는 기본적인 여건을 조성하고 조화롭게 성장 · 발달할 수 있도록 제공되는 사회적 · 경제적 지원을 말한다(청소년기본법 제3조). 청소년기본법상 청소년은 만 9세 이상 만 24세 이하인 사람으로 정의되며, 청소년시설은 청소년활동, 청소년복지, 청소년보호에 제공되는 시설을 말한다. 청소년시설은 청소년기본법이 아니라 따로 법률로 규정하도록 하고 있는데, 청소년복지시설은 청소년복지지원법 제31조에 따라, 청소년쉼터, 청소년자립지원관, 청소년치료재활센터, 청소년회복지원시설로 구분된다. 또한, 청소년복지지원법 제29조에 따로 규정된 청소년상담복지센터도 청소년복지시설로 분류할 수 있다.

표 4-3 청소년복지시설의 종류

• 청소년쉼터	• 청소년자립지원관
• 청소년치료재활센터	• 청소년회복지원시설
• 청소년상담복지센터	

아동 · 청소년의 양육이 더 이상 가정만의 책임이 아니라 국가와 가정의 공동책임이라는 인식이 높아지면서 아동 · 청소년복지실천현장은 계속 확대되고 있으며, 아동 · 청소년을 주요 대상으로 하지 않는 사회복지실천현장에서도 아동 · 청소년 대상의 프로그램을 쉽게 찾아볼 수 있다. 예를 들어, 대표적인 지역사회복지실천현장이라 할 수 있는 지역사회복지관에서도 아동 대상의 프로그램을 다수 운영하고 있으며, 여성 및 가족복지실천현장에서도 아동 · 청소년 대상의 프로그램이 빠지지 않고 운영되고 있다. 앞으로도 아동 · 청소년복지현장은 그들을 주요 대상으로 하는 1차 현장뿐 아니라, 그들을 2차적 타깃으로 하는 2차 현장이 많이 개발, 발굴될 것으로 예상된다. 이러한 다양한 현장에서 제공되는 아동 · 청소년복지실천의 모습이 서로 중복되지 않기 위해서, 개별 현장 고유의 업무와 실천기술을 발전시켜 나가는 것이 아동 · 청소년복지실천현장에서 향후 가장 필요한 작업이 될 것이다.

2) 노인복지

노인복지법 제4장 제31조에 따르면, 노인복지시설은 노인주거복지시설, 노인의료복지시설, 노인여가복지시설, 재가노인복지시설, 노인보호전문기관, 노인일자리지원기관으로 구분된다. 노인보호전문기관은 노인학대 예방 및 노인인권보호 관련 서비스를 제공하며, 중앙노인보호전문기관과 지역노인보호전문기관으로 구분된다. 노인일자리지원기관은 노인일자리전담기관(노인의 능력과 적성에 맞는 일자리지원사업을 전문적·체계적으로 수행하기 위한 전담기관) 중 하나로 지역사회 등에서 노인일자리의 개발·지원, 창업·육성 및 노인에 의한 재화의 생산·판매 등을 직접 담당하는 기관을 말한다. 노인복지시설의 종류는 〈표 4-4〉와 같다. 재가노인복지시설은 아래 제시된 서비스 중 어느 하나 이상을 제공함을 목적으로 하는 시설을 말한다.

▌표 4-4▐ 노인복지시설의 종류

구분	종류
노인주거복지시설	• 양로시설 • 노인공동생활가정 • 노인복지주택
노인의료복지시설	• 노인요양시설 • 노인요양공동생활가정
노인여가복지시설	• 노인복지관 • 경로당 • 노인교실
재가노인복지시설	• 방문요양서비스, 주·야간보호서비스, 단기보호서비스, 방문 목욕서비스, 그 밖의 서비스(재가노인지원서비스, 방문간호서비스, 복지용구지원서비스)
노인보호전문기관	• 중앙노인보호전문기관 • 지역노인보호전문기관
노인일자리지원기관	

국내 노인복지실천현장의 가장 큰 변화는 노인장기요양보험제도의 도입으로 인한 노인의료복지시설의 확대 및 요양보호사와 같은 노인서비스 제공인력의 증가를 들

수 있다. 노인복지시설의 설치 · 운영자는 보건복지부령이 정하는 바에 따라 노인 등의 신체활동 또는 가사활동지원 등의 업무를 전문적으로 수행하는 요양보호사를 두어야 한다(노인복지법 제39조의2). 요양보호사는 요양보호사교육기관에서 소정의 교육과정을 마치고 시 · 도지사가 실시하는 자격시험에 합격하여야 요양보호사 자격증을 취득할 수 있다. 따라서 노인복지실천현장은 이제 단순히 노인을 대상으로 서비스를 제공하는 시설에 한정되지 않으며, 가정에서 요양보호사의 서비스를 받는 경우 가정 역시 2차적인 노인복지실천현장으로 볼 수 있다. 기대수명의 증가, 치매, 중풍 등 보호를 필요로 하는 질병의 증가, 핵가족화 및 여성의 사회참여 증가로 인한 가정보호의 어려움 등으로 인해 앞으로 노인복지실천현장은 계속 확장될 가능성이 높으며, 특히 독거노인세대에 대한 사회복지실천이 증가될 전망이다.

3) 장애인복지/정신건강

장애인복지법 제58조에 따르면, 장애인복지시설의 종류는 다음과 같다.

- **장애인 거주시설**: 거주공간을 활용하여 일반가정에서 생활하기 어려운 장애인에게 일정 기간 동안 거주 · 요양 · 지원 등의 서비스를 제공하는 동시에 지역사회생활을 지원하는 시설
- **장애인 지역사회재활시설**: 장애인을 전문적으로 상담 · 치료 · 훈련하거나 장애인의 일상생활, 여가활동 및 사회참여활동 등을 지원하는 시설
- **장애인 직업재활시설**: 일반 작업환경에서는 일하기 어려운 장애인이 특별히 준비된 작업환경에서 직업훈련을 받거나 직업생활을 할 수 있도록 하는 시설
- **장애인 의료재활시설**: 장애인을 입원 또는 통원하게 하여 상담, 진단 · 판정, 치료 등 의료재활서비스를 제공하는 시설
- 그 밖에 대통령령으로 정하는 시설

장애인복지법 시행규칙(보건복지부령) 제41조 [별표 4]에는 장애인복지시설의 종류를 세분화하여 그 기능과 유형을 규정하고 있다.

▌표 4-5▌ 장애인복지시설의 종류

장애인 거주시설	• 장애유형별 거주시설 • 중증장애인 거주시설 • 장애영유아 거주시설 • 장애인 단기거주시설 • 장애인 공동생활가정
장애인 지역재활시설	• 장애인복지관 • 장애인 주간보호시설 • 장애인 체육시설 • 장애인 수련시설 • 장애인 생활이동지원센터 • 한국수어 통역센터 • 점자도서관 • 점자도서 및 녹음서 출판시설 • 장애인 재활치료시설
장애인 직업재활시설	• 장애인 보호작업장 • 장애인 근로사업장 • 장애인 직업적응훈련시설
장애인 의료재활시설	
장애인생산품 판매시설	

1981년 심신장애자복지법이 제정되었을 당시 심신장애는 지체부자유, 시각장애, 청각장애, 음성 · 언어기능장애, 정신박약 등 정신적 결함이라는 5개 장애 범주에 불과했으나, 현재는 지체장애인, 뇌병변장애인, 시각장애인, 청각장애인, 언어장애인, 지적장애인, 자폐성장애인, 정신장애인, 신장장애인, 심장장애인, 호흡기장애인, 간장애인, 안면장애인, 장루 · 요루장애인, 뇌전증장애인이라는 15개 범주로 확대되었다. 장애인복지실천현장 역시 장애 종류의 확대와 함께 증가되었으며, 장애인의 사회참여가 활발해지면서 장애인 거주시설 외에 장애인 지역재활시설과 장애인 직업재활시설이 점차 늘어가고 있는 추세이다.

한편, 정신질환자(정신병, 인격장애, 알코올 및 약물중독, 기타 비정신병적 정신장애)를 위한 시설은 1995년 정신보건법 제정 및 정신보건센터 시범 개소 이래 꾸준히 증가하였다. 2016년 5월 29일 정신보건법이 정신건강증진 및 정신질환자 복지서비스 지원에 관한 법률(정신건강복지법)으로 법률명이 변경되면서, 과거 정신보건 현장은 정신질환자뿐만 아니라 국민의 정신건강 증진을 위한 서비스를 제공하는 정신건강 현장으로 재정비되었다.

정신건강증진 및 정신실환자 복지서비스 지원에 관한 법률 제3조에 따르면 정신건강증진시설에는 정신의료기관, 정신요양시설, 정신재활시설이 있다. 이중 정신재활시설은 정신질환자 또는 정신건강상 문제가 있는 사람 중 대통령령으로 정하는 사람의 사회적응을 위한 각종 훈련과 생활지도를 하는 시설을 말하며, 지역사회 내에서 많은 사회복지사들이 활동하는 대표적인 사회복지실천현장 중 하나이다.

정신건강복지센터(舊 정신보건센터)는 정신건강증진시설, 「사회복지사업법」에 따른 사회복지시설, 학교 및 사업장과 연계체계를 구축하여 지역사회에서의 정신건강증진사업 및 정신질환자 복지서비스 지원사업을 하는 기관 또는 단체를 말한다. 중독관리통합지원센터(알코올, 마약, 도박, 인터넷 등의 중독 문제와 관련한 종합적인 지원사업을 수행), 국가트라우마센터(재난이나 그 밖의 사고로 정신적 피해를 입은 사람과 그 가족, 재난이나 사고 상황에서 구조, 복구, 치료 등 현장대응업무에 참여한 사람으로서 정신적 피해를 입은 사람의 심리적 안정과 사회 적응을 지원) 등도 정신건강 관련 사회복지실천현장으로 포함될 수 있다.

표 4-6 정신건강시설의 종류

구분	내용
정신의료기관*	
정신요양시설*	
정신재활시설	• 생활시설 • 재활훈련시설 • 그 밖에 대통령령으로 정하는 시설
정신건강복지센터	
중독관리통합지원센터	
국가트라우마센터	

* 정신의료기관과 정신요양시설은 사회복지시설로 분류되지 않는다.

장애인복지 및 정신건강실천현장에서 가장 중요한 것은 각 시설의 특성과 장애의 특성에 맞는 서비스를 제공하여야 한다는 점이다. 같은 장애인이라 하더라도 지체장애인과 시각장애인, 청각장애인에게 필요한 서비스는 확연히 다르며, 장애인과 상호작용하는 방식도 달라질 수밖에 없다. 전문화된 서비스를 제공하기 위해서는 각 장애의 특성과 실천현장의 특성을 파악할 필요가 있다. 또, 장애인복지 및 정신건강실천현장에서는 의료, 심리, 재활 등의 영역에서 일하는 타 전문가와의 협력하여야 하며, 효과적인 서비스 제공을 위해서는 전문가들 간의 의사소통이 원활히 이루어져야 한다. 사회복지사는 이들 전문가 간의 연계와 협력이 잘 이루어질 수 있도록 하는 다리(bridge) 역할을 담당하는 경우가 많으며, 때로는 클라이언트의 욕구와 입장을 타 전문가에게 전달하고 이해시킬 필요가 있다.

4) 여성/가족복지

여성/가족복지실천현장과 관련된 법에는 한부모가족지원법, 건강가정기본법, 다문화가족지원법, 성매매 방지 및 피해자 보호 등에 관한 법률, 성폭력 방지 및 피해자 보호 등에 관한 법률, 가정폭력 방지 및 피해자 보호 등에 관한 법률이 있다. 각

법에서 규정하고 있는 여성/가족복지시설들에 대해서 살펴보면 다음과 같다.

먼저, 여성복지시설에는 성매매 방지 및 피해자 보호 등의 관한 법률 제9조 및 제17조에 따라 설치 · 운영되는 성매매 피해자를 위한 시설, 성폭력 방지 및 피해자 보호 등에 관한 법률 제10조 및 제12조에 따라 설치 · 운영되는 성폭력 피해자를 위한 시설, 가정폭력 방지 및 피해자 보호 등에 관한 법률 제7조의2, 제5조에 따라 설치 · 운영되는 가정폭력 피해자를 위한 시설이 있다.

▌표 4-7▐ 여성복지시설의 종류

구분	시설
성매매 피해자를 위한 시설	• 일반지원시설 • 청소년지원시설 • 외국인지원시설 • 자립지원 공동생활시설 • 성매매피해상담소
성폭력 피해자를 위한 시설	• 일반보호시설 • 장애인보호시설 • 특별지원보호시설 • 외국인보호시설 • 자립지원 공동생활시설 • 장애인 자립지원 공동생활시설 • 성폭력피해상담소
가정폭력 피해자를 위한 시설	• 단기보호시설 • 장기보호시설 • 외국인보호시설 • 장애인보호시설 • 가정폭력상담소

다음으로, 가족복지실천현장에는 한부모가족지원법에 의한 한부모가족복지시설(한부모가족지원법 제19조), 건강가정기본법에 의해 설치 · 운영 중인 건강가정지원센터(건강가정기본법 제35조), 다문화가족지원법에 의한 다문화가족지원센터(다문화가족지원법에 제12조) 등이 있다. 건강가정지원센터와 다문화가족지원센터를 통합한 건강가정 · 다문화가족지원센터(통합서비스 운영기관)가 점점 늘어나고 있는데, 2014년 시범

운영기관 9개소(서울 관악, 부산 사상, 대구 달성, 광주 남구, 경기 광주, 충남 아산, 전남 광양, 경북 경산, 경남 하동)를 시작으로 통합이 계속 진행 중이다. 2020년 기준 다문화가족지원센터와 겸하지 않는 독립형 건강가정지원센터는 전국 23개소에 불과하다.

▌표 4-8▌ 가족복지시설의 종류

<table>
<tr><td rowspan="5">한부모가족복지시설</td><td>모자가족복지시설</td><td>• 기본생활지원
• 공동생활지원
• 자립생활지원</td></tr>
<tr><td>부자가족복지시설</td><td>• 기본생활지원
• 공동생활지원
• 자립생활지원</td></tr>
<tr><td>미혼모자가족복지시설</td><td>• 기본생활지원
• 공동생활지원</td></tr>
<tr><td>일시지원복지시설</td><td></td></tr>
<tr><td>한부모가족복지상담소</td><td></td></tr>
<tr><td rowspan="3">건강가정지원센터</td><td>한국건강가정진흥원</td><td></td></tr>
<tr><td>시・도 건강가정지원센터</td><td></td></tr>
<tr><td>시・군・구 건강가정지원센터</td><td></td></tr>
<tr><td rowspan="3">다문화가족지원센터</td><td>한국건강가정진흥원</td><td></td></tr>
<tr><td>거점센터</td><td></td></tr>
<tr><td>(시・군・구)다문화가족지원센터</td><td></td></tr>
<tr><td colspan="3">건강가정・다문화가족지원센터(건가・다가센터)</td></tr>
</table>

여성 및 가족복지실천현장에서는 특히 다양한 가족구성원들의 욕구를 파악하여 사회복지 서비스를 제공해야 할 필요성이 있다. 예를 들어, 가정폭력 피해자 보호시설에서는 가정폭력 피해자 당사자뿐 아니라, 가정폭력 피해자의 자녀를 위한 서비스도 제공하고 있으며, 생활지원, 상담지원, 의료지원, 법률지원, 교육지원, 자립지원 등의 다양한 서비스를 제공하기 위해 지역사회 내의 다양한 자원을 연계할 필요가 있다. 또한, 대표적인 가족복지실천현장인 건강가정지원센터에서는 가족생활주기에

따른 프로그램 개발은 물론, 남성 가족구성원을 위한 프로그램을 특화하여 제공하고 있다. 따라서 여성 및 가족복지현장에서 사회복지사는 다양한 가족구성원들의 욕구를 충족시킬 수 있는 자원 개발 및 발굴, 새로운 프로그램 개발을 위해서 노력하여야 한다. 현대 사회는 복지제도를 통해 가족의 부양 및 양육 부담을 덜어주는 동시에, 다양한 가족 유형의 인정 및 가족의 심리 · 정서적 지지 기능을 강화하는 방향으로 나아가고 있다. 이러한 흐름에 발맞춰 가족 및 여성복지실천현장에서 일하는 사회복지사는 가족 및 여성복지 관련 제도나 법의 개선, 이른바 '비정상가족'에 대한 사회적 인식을 변화시키기 위한 노력도 계속해야 할 것이다.

5) 지역사회복지

사회복지사업법 제2조에 따르면, 지역사회복지란 주민의 복지증진과 삶의 질 향상을 위하여 지역사회 차원에서 전개하는 사회복지를 말한다. 따라서 지역사회 내에서 지역주민의 복지 향상을 위한 서비스를 제공하는 곳은 모두 지역사회복지실천현장으로 볼 수 있다. 여기서는 지역주민 전체를 대상으로 종합적인 서비스를 제공하는 대표적인 공공기관인 동주민센터와 민간기관인 사회복지관에 대해서 살펴보고자 한다. 동주민센터는 행정기관으로 분류되어 2차 사회복지실천현장, 사회복지관은 복지시설로 분류되어 1차 사회복지실천현장으로 볼 수 있다. 그러나 사회복지관의 사회복지사나 동주민센터에서 지역사회복지업무를 전담하는 사회복지전담공무원은 모두 클라이언트를 직접 대면하여 서비스를 제공하기 때문에 직접 사회복지실천을 하고 있다.

(1) 사회복지전담공무원

사회복지전담공무원 제도는 1987년 사회복지전문요원제도가 시범적으로 시행된 후, 1992년 개정 사회복지사업법에 의해 법적 근거가 마련되었다. 이후 지방공무원

임용령 개정으로 사회복지직렬이 9급에서 5급까지 신설되었다. 사회복지전담공무원은 2021년 현재 2만 8천 498명이 활동하고 있다(보건복지부, 2022). 사회복지전담공무원은 최일선에서 공공사회복지제도를 집행하는 업무를 수행하며, 그 대상도 노인, 장애인, 아동, 가족 등 광범위하다. 보건복지부(2014b)에 따르면, 사회복지전담공무원의 업무는 종합 복지상담서비스, 복지급여 및 서비스 신청 처리, 모니터 및 케어활동(옹호활동 포함), 통합사례관리 대상 발굴 및 지원, 지역주민의 복지조직화, 자원개발, 개별사업 서비스 대상자 발굴 및 연계 협력(장애인, 노인, 한부모가족 등 개별 대상자를 지원하는 서비스가 새롭게 개발되거나 확대된 경우 서비스가 필요한 대상자를 적극적으로 발굴하여 연계) 등을 포함한다.

사회복지전담공무원은 처음 도입 시에는 자산조사를 중심으로 국민기초생활보장사업을 추진하는 전문인력으로 활동하였으나, 지역사회환경의 변화 및 사회복지서비스 확대로 지역주민의 욕구 파악, 복지 사각지대 발굴 및 서비스 제공, 방문 및 전화상담을 통한 지속적인 사례관리 등 통합적 서비스 제공자로서의 역할 등으로 그 역할이 확대되었다. 이로 인해 역할 과중이 일어나면서 자살 사건이 매해 끊이지 않고, 지역사회복지현장에서 주민과의 잦은 마찰로 인해 업무 수행에 어려움을 겪는 등 사회복지전담공무원의 고충이 많이 보고되고 있는 실정이다. 이와 같은 문제점을 개선하기 위해, 앞으로 사회복지전담공무원 확충 및 공공과 민간 연계 · 협력 활성화, 안전한 근무여건 조성 등의 대책을 추진할 예정이며, 이를 통해 사회복지전담공무원의 활동영역은 당분간 지속적으로 확장될 것으로 전망된다.

(2) 사회복지관

사회복지관이란 지역사회를 기반으로 일정한 시설과 전문인력을 갖추고 지역주민의 참여와 협력을 통하여 지역사회의 복지문제를 예방하고 해결하기 위하여 종합적인 복지서비스를 제공하는 시설을 말한다(사회복지사업법 제2조). 2023년 현재, 전국에 사회복지관은 476개가 설치 운영 중이다(한국사회복지관협회 홈페이지 참조). 사회복지관 사업의 대상은 사회복지서비스 욕구를 가지고 있는 모든 지역주민으로 한다. 다만, 국민기초생활보장법에 따른 수급자 및 차상위계층, 장애인 · 노인 · 한부모가족 및 다문화가족, 직업 및 취업 알선이 필요한 사람, 보호와 교육이 필요한 유아 · 아동 및 청소년, 그밖에 사회복지관의 사회복지서비스를 우선 제공할 필요가 있다고 인정되는 사람에게는 우선적으로 서비스를 제공하여야 한다(사회복지사업법 제34조의5).

2012년 8월 3일 사회복지사업법 개정에 따라 사회복지관의 사업은 크게 사례관리 기능, 서비스 제공기능, 지역조직화기능으로 분류하게 되었다. 사회복지관의 사회복지사는 이와 같은 사회복지관의 기능 분류에 따라 사례관리, 상담, 정보제공, 서비스 및 자원 연계, 프로그램 개발 및 시행, 지역사회 복지 네트워크 구축, 교육, 자원봉사자 관리, 후원금 모금 및 관리 등의 업무를 수행하게 된다.

▮표 4-9▮ 사회복지관의 사업 내용

기능	사업 내용
사례관리 기능	• 사례발굴 • 사례개입 • 서비스연계
서비스 제공 기능	• 가족기능강화 • 지역사회보호 • 교육문화 • 자활지원 등 기타
지역조직화 기능	• 복지 네트워크 구축 • 주민 조직화 • 자원 개발 및 관리

출처: 사회복지사업법 시행규칙 〈별표 3〉 사회복지관의 사업

6) 의료사회복지/학교사회복지

2차 현장이지만, 전문 사회복지사의 실천현장으로 주목받는 대표적인 실천현장이 바로 의료사회복지실천 현장과 학교사회복지실천 현장이다. 이 두 현장은 국가자격

없이 해당 협회에서 따로 자격증을 교부하여 왔으나, 2018년 11월 23일 사회복지사업법 개정 법안이 국회 본회의를 통과하면서 의료사회복지사와 학교사회복지사, 정신건강사회복지사는 국가자격으로 신설되었다. 정신건강사회복지사는 정신의료기관, 정신건강복지센터, 중독관리통합지원센터 등 영역에서 정신건강 서비스 지원을 담당하게 된다. 의료사회복지사는 종합병원 등 이용하는 환자들에게 재활과 사회복귀를 위한 상담 및 지도 업무를 수행하여 환자에게 보다 적합한 의료서비스를 지원한다. 학교사회복지사는 학교, 교육복지센터 등에서 사례관리, 지역사회자원 개발, 학교폭력 대처 및 예방, 아동학대, 인터넷 중독 등 업무를 담당한다. 시행시기는 하위법령 개정 기간을 고려하여 공포 후 2년으로 2020년 12월부터 시행된다.[1)]

(1) 의료사회복지

의료사회복지는 질병에 대한 다각적인 접근을 바탕으로 질병을 가진 개인과 환경과의 상호관계에 초점을 두고 의료팀의 일원으로 환자 및 가족의 사회기능 향상을 위해 전문적 실천방법을 활용하여 질병의 예방, 치료 및 재활에 이르기까지 다양한 활동을 수행하는 사회복지의 한 전문분야이다(한인영 외, 2006). 1950년대 후반 자선과 선교를 목적으로 도입된 한국의 의료사회복지는 2008년 의료사회복지사 자격제도를 실시하면서 전문성을 인정받기 시작하였다. 이후 의료법 시행규칙상 종합병원에는 사회복지사 자격을 가진 자 1인 이상을 둔다는 규정에 따라(의료법 시행규칙 제38조) 종합병원에서 의료사회복지사를 채용하기 시작하였고, 현재는 중형급 병원에까지 확대되어 병원 규모에 따라 1~10여 명의 의료사회복지사가 근무하고 있다.

대한의료사회복지사협회 홈페이지(2015)에 소개된 내용에 따르면, 의료사회복지사는 질병을 가진 환자와 그 가족, 지역사회를 대상으로 의료진과 함께 협의하여 클라이언트의 심리, 사회적, 정서적, 환경적 문제를 해결하도록 돕고, 입원 시뿐만 아니라 입원 전과 퇴원 후에도 사회적 기능을 원활히 수행할 수 있도록 질병의 예방과

1) "의료사회복지사 학교사회복지사" 국가자격증 신설, 보건복지부 보도자료(2018.11.23.)

회복, 사후관리에 이르는 연속적 과정에서 개인에 대한 접근뿐 아니라 의료제도와 정책 차원의 접근을 통하여 의료사회복지실천의 목적을 달성하도록 돕는 보건의료 영역의 전문사회복지사이다. 의료사회복지사의 업무를 심리사회 · 정신적 문제해결, 경제적 문제해결, 사회복귀 및 재활 문제해결, 지역사회자원 연결, 행정업무, 교육 및 조사업무, 기타 업무 등으로 구분했을 때, 한국의 의료사회복지사들이 가장 중요하고 여기고 있는 업무는 경제적 문제해결업무이며, 다음으로 지역사회자원 연결업무, 심리사회적 문제해결업무 순으로 나타나고 있다(남석인 · 최권호, 2014).

정신건강사회복지사는 정신건강 분야에 관한 전문지식과 기술을 갖추고 보건복지부령이 정하는 수련기관에서 수련을 받은 사람으로 규정되는 정신건강전문요원 중 하나로 본다(정신건강증진 및 정신질환자 복지 서비스 지원법 제17조). 「정신건강증진 및 정신질환자 복지 서비스 지원법」 시행규칙 별표 1에는 정신건강사회복지사 수련과정이 명시되어 있다. 정신건강사회복지사 2급의 경우, 사회복지사 1급 자격증을 취득하고 1년 동안 수련기관에서 1,000시간의 수련과정을 거쳐야 한다. 정신건강사회복지사 1급의 경우, 사회복지 관련 석사학위 이상을 취득하고, 3년에 걸쳐 3,000시간의 수련과정을 거쳐야 한다. 정신건강사회복지사의 활동영역은 과거 정신의료기관(종합병원, 정신과병원), 정신재활시설, 정신요양시설에 국한되었으나, 현재에는 정신건강복지센터, 중독관리통합지원센터, 한국도박문제관리센터, 자살예방센터, 정신건강복지사업지원단, 보건소 정신보건팀, 찾아가는 동주민센터 등으로 확대되고 있다. 이는 시설에 머무르지 않고 지역사회에 거주하면서 꾸준한 관리를 받으며 함께 생활하고 있는 정신건강 대상자가 증가하고 있고, 일반 국민 대상의 정신건강 서비스가 점점 많아지고 있기 때문이다.

(2) 학교사회복지

학교사회복지는 학교 체계 내에서 전문능력과 자격을 갖춘 학교사회복지사가 학생의 심리 · 사회적 문제와 가족 · 학교 · 지역사회의 역기능적 상호작용과 유발조건을 예방 또는 해결하기 위하여, 교육의 본질적인 목적 달성과 학생복지 증진이 가능한 사회복지서비스를 전문적이고 체계적인 과정을 통하여 제공하는 활동이다(주석진 외, 2013). 한국의 학교사회복지실천은 1990년대 초반에 지역사회복지관과 학교가 연계하여 학생들을 위한 방문 프로그램을 실시한 것을 시작으로, 교육부가 2003년 시범사업으로 교육복지투자우선지역지원사업을 실시하면서 본격적으로 확대되기 시작하였다. 학교사회복지사 자격제도는 2005년부터 시행되기 시작하였고, 현재는 교육복지우선지원사업을 실시하는 학교에 학교사회복지사 혹은 지역사회교육전문가라는 이름으로 학교사회복지실천가가 근무하고 있다. 이외에 지역에 따라 학교사회복지 관련 조례에 따라, 학교사회복지사가 상주하고 있는 일부 학교도 있다(성남시, 용인시, 화성시, 의왕시, 군포시, 안양시 등).

한국학교사회복지사협회 홈페이지(2015)에 소개된 바에 따르면, 학교사회복지사는 사례관리, 개별개입, 집단개입, 가족개입, 지역사회 연계 등의 업무를 수행한다. 이에 따라 학교사회복지사는 임상전문가(학생을 위한 개별, 집단 상담 및 치료적 개입), 교육자/자문가(학습・진로를 위한 정보의 제공, 사회성기술・학습전략・의사소통훈련・각종 예방을 위한 교육), 매개자/연계자(학생과 가족에게 필요한 자원의 발굴・연계), 조정자/중개자(학생과 가족에게 필요한 자원의 발굴・연계), 옹호자(학생과 가족의 인권을 보장하기 위한 옹호활동), 자원개발자(학생과 가족, 학교에 필요한 지역사회자원의 발굴 및 개발 촉진), 공조자/협력자(교사를 비롯하여 다양한 전문가, 관련기관과의 협력・공조), 조사연구자(실태조사 및 효과성 연구를 통한 효과적 복지서비스 제공), 정책제언가(학생복지 증진을 위해 다양한 수준에서의 정책 감시, 제언에 참여)로서의 역할을 담당한다.

의료사회복지사와 학교사회복지사는 전문사회복지실천영역으로 인정되지만, 2차 사회복지실천현장에 근무하기 때문에 타 영역의 전문가들과의 협업이 무엇보다 중요하다. 그러나 안타깝게도 두 영역 모두 관련 전문가들의 전공 및 이해 기반이 다르기 때문에 전문가로서 이해받고 실천을 해나가기가 쉽지 않은 것이 사실이다(강흥구, 2009; 김정덕・장연진, 2015). 따라서 이 두 영역의 관련 종사자들 및 의료기관 이용자들, 학생, 학부모에게 의료사회복지실천과 학교사회복지실천에 대한 이해를 증진시키기 위한 교육의 기회를 확대할 필요가 있다. 또한 내부적으로는 의료사회복지사, 학교사회복지사 자격을 취득하고 난 후에도 계속적인 훈련과 연수 등을 통해 전문성을 강화하기 위한 노력을 끊임없이 기울여야 할 것이다.

7) 간접적 사회복지실천현장

사회복지협의회, 사회복지공동모금회, 사회복지사협회와 같은 간접적 사회복지실천현장에서 사회복지사는 클라이언트를 직접 대면하여 서비스를 제공하지는 않지만, 사회복지사가 각 실천현장에서 전문적 실천을 할 수 있도록 행정적, 재정적 지원 및 전문성 향상을 위한 지원 등의 업무를 수행한다. 간접적 사회복지실천현장에서는 지역사회, 직접 사회복지실천현장, 사회복지사의 욕구를 적시에 파악하여 이를 사회복지협의회, 사회복지공동모금회, 사회복지사협회의 사업에 적절하게 반영하는 능력이 요구된다. 클라이언트를 직접 원조하지는 않지만, 사회복지기관과 사회복지사가 클라이언트를 보다 잘 원조할 수 있는 환경을 조성한다는 측면에서, 이들 간접 사회복지실천현장의 클라이언트는 일선 사회복지기관과 사회복지사라고 볼 수 있다.

(1) 사회복지협의회

사회복지협의회는 지역사회 안의 각종 사회복지시설, 사회복지에 관심을 갖고 있는 민간단체나 개인의 연합체로서, 지역사회가 요구하는 사회복지 욕구를 효과적으로 달성하기 위하여 모든 활동에 있어서 상호 협력하고 조정하는 조직체이다(강세현, 2014). 사회복지사업법 제33조에 따르면, 사회복지에 관한 다음의 업무를 수행하기 위하여 전국 단위의 한국사회복지협의회(중앙협의회)와 시·도 단위의 시·도 사회복지협의회(시·도협의회)를 두며, 필요한 경우에는 시·군·구 단위의 시·군·구 사회복지협의회(시·군·구협의회)를 둘 수 있다.

사회복지협의회의 주요 업무는 ① 사회복지에 관한 조사·연구 및 정책 건의, ② 사회복지 관련 기관·단체 간의 연계·협력·조정, ③ 사회복지 소외계층 발굴 및 민간사회복지자원과의 연계·협력, ④ 대통령령으로 정하는 사회복지사업(사회복지사업법 시행령 제12조에 규정)의 조성 등이다. 사회복지사업법 시행령 제12조에서는 대통령령으로 정한 사회복지협의회의 사회복지사업 및 업무를 규정하고 있다. ① 사회복지에 관한 교육훈련, ② 사회복지에 관한 자료수집 및 간행물 발간, ③ 사회복지에 관한 계몽 및 홍보, ④ 자원봉사활동의 진흥, ⑤ 사회복지사업에 관한 기부문화의 조성, ⑥ 사회복지사업에 종사하는 사람의 교육훈련과 복지증진, ⑦ 사회복지에 관한 학술 도입과 국제사회복지단체와의 교류 등이다.

(2) 사회복지공동모금회

사회복지공동모금회는 국민이 사회복지를 이해하고 참여하도록 함과 아울러 국민의 자발적인 성금으로 조성된 재원(財源)을 효율적이고 공정하게 관리·운용함으로써 사회복지증진에 이바지함을 목적으로 한다(사회복지공동모금회법 제1조). 사회복지공동모금회는 1998년 중앙공동모금회의 설립을 시작으로 1999년 관련법 개정에 따라 사회복지공동모금회로 조직명을 개편하고 지금의 조직 운영 형태를 갖추면서 최초의 배분 사업을 실시하게 되었다.

사회복지공동모금회의 주요 사업은 ① 사회복지공동모금사업, ② 공동모금재원의 배분, ③ 공동모금재원의 운용 및 관리, ④ 사회복지공동모금에 관한 조사·연구·홍보 및 교육·훈련, ⑤ 사회복지공동모금지회의 운영, ⑥ 사회복지공동모금과 관련된 국제교류 및 협력증진사업, ⑦ 다른 기부금품 모집자와의 협력사업, ⑧ 그 밖에 모금회의 목적 달성에 필요한 사업이다(사회복지공동모금회법 제5조). 사회복지공동모금회의 핵심 업무는 바로 모금과 배분이다. 이 두 가지 업무에 대해 사회복지공동모금회법 제3조에서는 기본 원칙으로 ① 기부하는 자의 의사에 반하여 기부금품을 모집하여서는 아니 된다는 것과, ② 공동으로 모금된 재원은 지역·단체·대상자 및 사업별로 복지수요가 공정하게 충족되도록 배분하여야 하고, 사회복지공동모금회의 목적과 재원 사용 원칙에 맞게 공정하게 관리 · 운용하여야 한다는 것을 규정하고 있다. 또한, 공동모금재원의 배분은 객관적인 기준에 따라 효율적으로 이루어지도록 하고, 그 결과를 공개하여야 한다.

(3) 한국사회복지사협회

한국사회복지사협회는 사회복지에 관한 전문지식과 기술을 개발 · 보급하고, 사회복지사의 자질 향상을 위한 교육훈련을 실시하며, 사회복지사의 복지증진을 도모하기 위하여 설립된 전문가단체이다(사회복지사업법 제46조). 한국사회복지사협회의 업무는 ① 사회복지사에 대한 전문지식 및 기술의 개발 · 보급, ② 사회복지사의 전문성 향상을 위한 교육훈련, ③ 사회복지사제도에 대한 조사연구 · 학술대회개최 및 홍보 · 출판사업, ④ 국제사회복지사단체와의 교류 · 협력, ⑤ 보건복지부장관이 위탁하는 사회복지사업에 관한 업무, ⑥ 기타 협회의 목적달성에 필요한 사항 등이다(사회복지사업법 시행령 제22조).

한국사회복지사협회는 사회복지사의 전문직화와 세력화를 통해 사회복지사의 행복, 위상확립 및 권익실현을 미션으로 하고, 연대(solidarity), 정의(justice), 헌신(devotion)을 핵심가치로 두고 있다(한국사회복지사협회 홈페이지 참조). 사회복지협의회와 마찬가지로 지역별로 지방협회를 운영하고 있으며, 대한의료사회복지사협회, 한국정신보건사회복지사협회, 한국학교사회복지사협회를 산하단체로 두고 있다. 사회복지사의 전문성 향상을 위해 보수교육 프로그램을 제공하고 있으며, 그 외에도 사회복지사의 취업정보 제공, 사회복지사대회 등 행사 운영, 사회복지사를 위한 공제회 사업, 원격교육시설 운영 등의 업무와 사회복지사 국가시험 운영 및 자격증 교부 등의 수탁업무를 하고 있다.

8) 새로운 현장

한국 사회복지현장은 계속 변화하고 있다. 최근 새롭게 사회복지현장에 포함되었으나 그 중요성이 강조되고 있는 몇몇 현장들을 소개하면 다음과 같다. 이들은 모두 사회복지서비스 제공이 1차적 목적이 되는 1차 현장이 아니라 조직의 본래 목적은 다르지만 사회복지사의 활동이 이루어지고 있다는 점에서 2차 현장으로 분류된다.

(1) 기업사회복지

기업사회복지현장은 최근 가장 급속도로 성장한 사회복지현장 중 하나이다. 기업의 사회공헌(corporate philanthropy)활동이 증가하면서 사회복지실천분야에서의 활동 역시 급속도로 늘어나게 되었으며, 이와 관련하여 사회복지사가 기업 내 사회공헌활동을 위해 채용되기 시작하였다. 또한, 아동, 청소년, 노인, 장애인 등 기존의 사회복지실천현장에서 기업의 임직원의 자원봉사활동이 이루어지거나 협력 프로그램을 진행하게 되면서 기업과 함께 사회복지실천활동을 하는 사례가 늘고 있다.

기업사회공헌

기업사회공헌(corporate philanthropy)이란 사회가 기업에 기대하는 법적, 경제적 역할 수행의 차원을 넘어서 기업이 보유하고 있는 자원을 적극 활용하여 윤리적이며 재량적인 차원에서 사회와 바람직한 관계를 형성하기 위해 수행하는 활동을 말한다(김교정, 2012).

과거 산업현장에서는 근로자와 그 가족의 복지 향상을 위한 정책, 시설, 서비스 등 제반활동을 수행하는 것을 가리키는 산업복지(industrial social work)에 대한 관심이 높았으나 최근 들어 고용보험, 근로자복지기본법 등의 법적 근거를 통해 사업장 내의 근로자 복지 향상을 위한 조건들이 마련되었고, 이에 따라 상대적으로 산업사회복지사의 역할을 필요로 하는 부분이 적어졌다. 반면, 기업사회공헌활동은 1990

년대 이래로 점차 증가하고 있으며, 기업사회공헌활동이 사회복지분야에 집중되면서, 사회복지실천영역 중 하나로 자리잡게 되었다.

〈2014년 기업사회공헌 백서〉에 따르면, 주요 기업 234개사가 2013년 한 해 동안 지출한 사회공헌 규모는 2조 8,114억 8,330만 원으로 조사되었고, 소외계층 지원, 지역사회 복지, 복지인프라 후원 등 사회복지성 성격의 지출이 45.0%로 가장 많은 것으로 나타났다. 또, 기업 10곳 중 5곳은 NPO와 공동으로 사업을 추진하고 있는 것으로 응답하였는데, 이는 단시 기업사회공헌활동을 하는 기업뿐 아니라 이들이 협력하여 사업이나 프로그램을 추진하는 비영리기관까지 확장하여 기업사회복지현상으로 인식할 필요가 있음을 시사한다.

기업사회복지현장에서 일하는 사회복지사에게는 다양한 역할이 요구되는데, 그 중 기업이 가지고 있는 자원을 적절한 곳에 연계하는 중개자로서의 역할과 적절한 프로그램을 기획하고 실행하는 프로그램 기획자/실행자로서의 역할이 가장 중요하게 인식된다. 교보생명의 미숙아지원사업, 삼성의 시각장애인 안내견 사업 등은 기업의 주요 미션과 사회복지 욕구를 잘 연결한 기업사회공헌 프로그램 중 하나이다. 또한, 기업 내 임직원과의 원활한 의사소통 및 사회복지분야에 종사하고 있는 전문가와의 협력을 통해 많은 기업사회공헌활동이 이루어지는 만큼 다양한 인력들 간의 상호작용을 조정하는 역할도 필요하다. 현재는 주로 대기업 위주의 사회공헌활동이 이루어지고 있지만, 향후 중소기업현장까지 기업사회공헌활동이 확대되고, 그 형태도 물적 기부, 재능기부, 자원봉사 등 다양한 형태로 발전하게 됨에 따라 기업사회복지현장의 사회복지사 역할도 계속 확대될 예정이다.

(2) 교정복지

교정복지(correctional welfare)는 범죄인 및 비행청소년의 원활한 사회복귀·재통합을 위하여 사회복지 철학과 가치를 기초로 전문적인 사회복지실천방법론을 활용하여 그들의 사회적 기능수행을 회복하는 일체의 활동을 말한다(조홍식·이형섭,

2014: 16). 더 나아가 범죄인 및 비행청소년의 가족에 대한 서비스, 이들이 속해 있는 지역사회를 대상으로 한 사회적 인식 개선 운동, 범죄 피해자를 위한 보호와 지원 등의 활동까지 포함하기도 한다. 교정복지는 1989년 보호관찰제도가 도입되면서 본격적으로 논의되기 시작하였으나, 당시에는 바로 사회복지실천영역으로 편입되지 못했다. 여기에는 범죄인은 형벌적 처우를 통해 교화하고 개선해야 한다는 사회적 인식이 크게 작용했기 때문이다.

이후 사회복지사자격증을 소지한 사람들을 보호직 공무원으로 특채하는 제도가 활성화되고, 범죄인의 인권보호 및 범죄피해자에 대한 지원 강화 필요성에 대한 인식이 사회적 공감을 얻게 되면서 교정복지가 사회복지실천현장 중 하나로 자리잡기 시작하였다. 2010년 보호관찰관 신규채용 시 7급 6명과 9급 43명의 사회복지사를 특별채용한 것을 시작으로(법무부, 2013), 보호관찰관 중 사회복지사 자격증 소지자는 꾸준히 증가하고 있다. 2022년에는 교정사회복지사 자격 부여에 관한 조항을 신설하는 사회복지사업법 일부개정법률안이 발의된 바 있으나, 정확한 현황 파악이나 전문성 기반에 대한 충분한 검토가 필요하다는 이유로 통과되지는 못했다. 그러나 각 지역 교정청에서는 사회복지 분야 공무직 근로자 형태로 사회복지사 2급 자격증 소지를 필수요건으로 하는 교정사회복지사를 계속 채용하고 있다.

한국사회복지사협회에 따르면 교정사회복지사(correctional social worker)는 교정시설에서 범죄인의 재활과 범죄 예방에 개입하고 있는 사회복지전문직을 통칭한다. 그러나 이는 교정복지의 개념을 범죄인의 사회복귀라는 좁은 의미로 해석한 결과이며, 교정복지의 개념을 넓게 확장했을 때는 교정시설뿐 아니라 교정분야 국가기관, 범죄인 관련 프로그램을 제공하는 상담소 등도 교정복지현장으로 볼 수 있다. 교정복지현장은 크게 성인과 소년 대상의 현장으로 나누어지며, 성범죄, 약물범죄, 일반폭력범죄, 학교폭력 등 범죄 유형에 따라 세분화된다. 조홍식 외(2008)에서는 교정사회복지사에게 요구되는 역할로 조성자(enabler), 중재자(mediator), 교육자(educator), 중개자(broker), 촉진자(facilitator) 등을 제시한 바 있다. 최근에는 범죄인 및 비행청소년에 대한 교정상담 및 집단 프로그램 등이 많아지면서, 상담자(counselor)로서의 역할도 강조되고 있다.

(3) 군사회복지

군사회복지(military social work)란 사회복지의 한 실천분야로서 일차적으로는 군의 고유한 목적이 최대한 달성될 수 있도록 원조하는 것을 목적으로 하며, 나아가 군의 구성원인 군인과 그 가족의 복지를 증진시키는 전문적 활동을 말한다(Daley, 1999; 정무성 외, 2013: 364에서 재인용). 우리나라에서는 2000년대 들어서 본격적으로 민주화가 진행되면서 군에서도 장병들의 인권문제와 군사회복지의 중요성이 부각되었고, 이에 따라 군사회복지 제도의 필요성이 제기되었다(조홍식, 2013). 특히 2003년 이후 발생한 훈련소 인분사건, GP 총기난사사건, 통합병원 의료사고, 내무반 수류탄 투척사건, 군내 성폭력 문제 대두 등 군에서 발생한 일련의 사건과 사고는 군사회복지의 필요성을 절감하는 계기가 되었다. 뿐만 아니라 신세대 장병들로 이루어져 있는 병영생활이 과거와 다를 수밖에 없다는 점, 관심병사제도로는 군대 내 정신건강 증진 및 각종 사고를 예방할 수 없다는 것이 일련의 사건을 겪으면서 확인되었다. 마침내 2007년 군인복지기본법이 통과되면서 직업군인뿐만 아니라 사병들도 일정 수준 이상의 복지혜택을 누릴 수 있는 법적 근거가 마련되었으며, 이에 따라 2008년 군인복지실태조사 실시, 2009년 제 1차 군인복지기본계획(2009~2012), 2013년 제 2차 군인복지기본계획(2013~2017), 2018년 제 3차 군인복지기본계획(2018~2022), 2023년 제 4차 군인복지기본계획(2023~2027) 수립 등이 이루어졌다.

우리나라에서 군사회복지를 수행하는 전문인력은 복지 및 인사 담당 현역군인, 군종장교, 의료사회복지 전문특기, 심리상담 전문특기를 보유한 장교, 군기본권 상담관, 민간 복지전문가, 향군종위원회 소속 종교지도자 등이다. 군사회복지사들은 병사들의 정신건강상담 및 스트레스관리를 통해 군생활 적응능력을 향상시키고, 직업군인 및 그 가족들이 겪는 다양한 문제와 갈등을 처리하여 안정된 생활을 유지시키는 역할을 한다(정무성 외, 2013). 최근 군사회복지에 대한 관심이 높아지면서, 직업군인 중 사회복지사 자격을 취득하고자 하는 경우가 늘고 있으며, 실제로 이들이 학업을 마치고 난 후 군사회복지인력으로 종사하는 경우도 많아지고 있다. 또한, 사회복지정책 측면에서 병사 봉급의 인상, 상해보험제도 도입, 원격학습 및 국가기술자격증 취득 기회 확대 등 군인복지에 기여할 수 있는 방안들이 다각도로 모색되고 있다.

군사회복지현장은 타 사회복지현장에 비해 자원 연결이나 새로운 제도 도입이 원활하지 못하고 안전사고의 위험성이 높다는 특성이 있으며, 해당 군이 어떤 업무를 맡고 있는지에 따라서도 많은 차이를 보인다. 따라서 군사회복지사들은 무엇보다도 해당 군의 특성을 명확히 파악하고, 직업군인과 사병의 욕구가 다를 수 있음에 유의하여 사회복지서비스를 제공해야 한다. 또한 병사들의 인권 향상, 병영문화의 개선, 군인가족을 위한 프로그램 운영(예: 군인가족 자원봉사제도 등), 군이 속해 있는 지역사회와의 연계를 위해 노력해야 한다.

3 사회복지사의 역할

바커(Barker, 1987)는 《사회사업사전》에서 사회복지실천분야가 개개인이 포괄적으로 맡기에는 너무 커지면서 1920년대부터 가족복지(family welfare), 아동복지(child welfare), 정신보건사회복지(psychiatric social work), 의료사회복지실천(medical social work), 학교사회복지실천(school social work) 등으로 분화되기 시작하였다고 보았다. 이러한 분야는 어느 정도 확장을 포함하여 계속적인 변화를 겪으며 산업복지(industrial social work), 노인복지(gerontological social work), 농촌사회복지(rural social work) 등의 새로운 분야가 계속 추가되고 있다.

한국의 사회복지실천분야 역시 과거에 비해 급속도로 증가하였으며, 과거 민간영역 중심에서 점차 공공영역으로까지 사회복지분야가 확대되고 있다. 대표적인 민간 사회복지현장인 종합사회복지관은 여전히 지역사회 내의 주요한 사회복지기관으로 자리잡고 있지만, 각 지역의 동주민센터에 사회복지전담공무원이 배치되고, 구 단위로 희망복지지원단이 운영되면서 공공영역도 지역사회복지현장의 주요 축이 되었다. 또한, 클라이언트에게 직접 서비스를 제공하는 것뿐만 아니라 클라이언트의 특성과 욕구에 맞는 프로그램을 기획하고 실행하는 것도 사회복지사에게 요구되는 중요한 역할이 되었다. 사회복지기관들이 국가로부터 일부 혹은 전액 재정지원을 받게 되면서 보다 효과적인 사회복지서비스 제공에 대한 책무성(accountability)이 강조되고 있기 때문이다.

이처럼 다양한 사회복지현장들 중에서 어떤 영역에서 활동하는가에 따라 사회복지사의 역할은 차이가 날 수 있지만 사회복지전문직으로서 기본적으로 요구되는 사회복지사의 역할들이 있으며, 사회복지현장의 특성에 따라 특정 역할이 강조되기도 한다. 여기서는 재스트로(Zastrow, 2010)가 제시한 사회복지사의 주요 역할 구분에 따라 사회복지사에게 요구되는 역할들에 어떤 것들이 있는지 살펴보고, 각 현장의 특성에 맞는 역할들에 대해 생각해 보기로 한다.

(1) 조성자

사회복지사는 개인, 집단이 그들의 욕구를 표현하고, 그들의 문제를 확인하고, 해결책을 찾아 전략을 선택하여 개인 혹은 집단을 돕는다. 또한 그들이 자신의 문제를 보다 효과적으로 다룰 수 있는 능력을 개발하도록 한다. 조성자(enabler)로서의 역할은 개인, 집단, 가족을 상담할 때 가장 많이 요구되는 역할 중 하나이다.

(2) 중개자

사회복지사는 중개자(broker)가 되어 도움을 필요로 하는 개인과 집단을 지역사회서비스와 연결한다. 예를 들어, 남편에게 신체적으로 학대당하는 아내는 학대받는 여성을 위한 쉼터에 의뢰된다. 일반적으로 지역사회 내에는 200개에서 300개의 사회복지서비스기관이 있으며, 전문가들조차도 지역사회 내에 어떤 서비스가 있는지 다 알지는 못한다. 따라서 사회복지사는 지역사회 내의 수많은 서비스 중에서 클라이언트에게 필요한 서비스를 제공하는 기관을 찾아 연계해 주는 역할을 해야 한다.

(3) 옹호자

옹호자(advocate) 역할은 법률 전문가로부터 빌어온 것으로, 사회복지사가 클라이언트나 시민집단을 적극적이고 직접적으로 옹호하는 역할을 말한다. 클라이언트나 시민집단은 도움을 필요로 하며 기존의 기관으로부터 관심을 받지 못하거나 오히려 부정적이거나 적대적인 관계를 맺고 있다. 따라서 사회복지사는 옹호자로서의 역할을 취해, 클라이언트의 욕구(need)와 요구(request)를 충족할 수 있는 서비스를 제공하고 있지 않은 기관들에게 도전하는 데 앞장서야 한다. 이때, 특정 기관에 대한 이의를 제기하기보다는 서비스 정책을 변화시키는 데 초점을 두어야 한다.

(4) 활동가

활동가(activist)는 제도적인 변화를 추구한다. 때로는 불이익을 받고 있는 집단에게 힘과 자원을 실어주는 데 관여한다. 활동가는 사회정의, 불평등, 박탈에 관심을 기울이며, 활동가의 전략에는 갈등, 직면, 협상 등이 포함된다. 목표는 사회환경을 변화시켜 개인의 인지된 욕구를 더 잘 충족시킬 수 있도록 하는 것이다.

(5) 중재자

중재자(mediator)는 갈등을 겪고 있는 당사자들에게 개입하여 타협하고 화해점을 찾도록 도와 상호 만족스러운 합의에 도달할 수 있도록 돕는다. 사회복지사는 다양한 상황에서 중재자로서의 역할을 하면서 자신의 가치 지향과 독특한 기술을 사용해 왔다. 중재가 필요한 상황에는 이혼 당사자, 갈등을 겪고 있는 이웃, 세입자-집주인 간 분쟁, 노동현장 분쟁, 아동 양육권 분쟁 등의 상황이 있다. 중재자는 어느 한편에 기울지 않고 중립적인 입장을 취해야 하며, 그들의 서로 양자의 입장을 이해할 수 있도록 노력해야 한다.

(6) 협상가

협상가(negotiator)는 한 가지 혹은 그 이상의 이슈에 대해 갈등을 겪고 있는 사람들을 함께 데려와 협상과 타협을 통해 상호 수용가능한 합의점에 도달하도록 한다. 중재자로서의 역할과 다소 비슷한 면은 협상은 모든 당사자가 합의할 수 있는 중간 지점을 찾는다는 것이다. 그러나 중재자와 다른 점은 중재자는 중립적인 입장을 취하는 반면, 협상가는 대개 관련된 당사자 중 한쪽의 편에 선다는 것이다.

(7) 교육자

교육자(educator)는 클라이언트에게 정보를 주고 적응기술을 가르치는 역할을 담당한다. 능력 있는 교육자가 되기 위해서는 먼저 지식을 갖추어야 한다. 더불어 정보를 명확하게 전달하고 듣는 사람이 이해할 수 있도록 의사소통을 잘 해야 한다. 젊은 부부에게 양육기술을 가르친다거나, 실업자에게 직장을 구하는 전략을 제공한다거나, 화를 조절하지 못하는 클라이언트에게 분노통제기술을 가르칠 수 있다.

(8) 혁신가

혁신가(initiator)는 문제 혹은 잠재적 문제에 대한 관심을 불러일으킨다. 어떤 문제를 먼저 알아차린다는 것이 중요하다. 예를 들어, 저소득층이 거주하는 지역에 중산층 대상의 주거지를 만드는 계획은 현재의 거주자를 노숙자로 만드는 결과를 초래한다. 왜냐하면 만약 이 계획이 승인된다면 저소득 가족은 중산층 주거지를 구입할 능력이 없어 이곳을 떠날 수밖에 없기 때문이다. 대개 혁신가의 역할은 다른 기능을 함께 수반해야 할 필요가 있다. 단지 관심을 불러일으키는 것만으로는 문제를 해결할 수 없다.

(9) 역량강화자

사회복지실천의 주요 목적 중 하나는 역량강화이며, 이것은 개인, 가족, 집단, 조직, 지역사회가 그들의 개인적, 대인적, 사회경제적, 정치적 강점을 증가시키고 그들의 환경을 개선하는 데 영향을 미치도록 돕는 과정이다. 역량강화자(empowerer)로서 역량강화 초점의 실천을 하는 사회복지사는 클라이언트가 그들의 환경을 이해하고 결정을 내리고, 그들의 결정에 대해 책임을 지고, 조직화와 옹호를 통해 삶의 조건들에 영향을 미칠 수 있는 능력을 개발하도록 돕는다.

(10) 조정자

조정자(coordinator)는 조직화된 방식으로 요소들을 연결시킨다. 예를 들어, 복합적인 문제를 가진 가족은 재정, 정서, 법적, 건강, 사회복지, 교육, 여가, 상호작용과 관련된 가족구성원들의 욕구를 충족시키기 위해서 여러 기관들이 함께 만나야 할 필요가 있다. 한 기관의 누군가는 서로 다른 기관들이 중복된 서비스를 피하고 서비스 목적들 간의 충돌을 방지하도록 서비스를 조정하는 사례관리자(case manager)로서 역할을 해야 한다.

(11) 조사자

모든 사회복지사는 때에 따라 조사자(researcher)가 된다. 사회복지실천에서 조사는 특정 주제에 대한 문헌검토, 실천 성과에 대한 평가, 프로그램의 장점 사정, 지역사회 욕구 파악 등 다양하게 활용된다.

(12) 집단촉진자

집단촉진자(group facilitator)는 집단활동의 리더로서 역할을 하는 사람이다. 집단은 치료집단, 교육집단, 자조집단, 감수성 집단, 가족치료집단, 혹은 다른 목적을 가진 집단 등 다양하다.

(13) 대중연설자

사회복지사는 때로는 다양한 집단(예를 들어, 고등학교 교실, 경찰서 등)에서 새로운 서비스의 필요성을 옹호하거나 활용가능한 서비스에 대해 알려주는 연설을 하는 대중연설자(public speaker)가 되어야 한다. 학대받는 아내에 대한 서비스, 강간 위기센터, 에이즈 환자를 위한 서비스 청소년 그룹홈 등 다양한 서비스들이 새로 생겨났고, 이에 대해 대중에게 설명할 필요가 생긴 것이다. 대중연설 기술을 갖춘 사회복지사는 잠재적인 클라이언트 집단에게 이러한 서비스에 대해 설명할 수 있다.

4 코로나19 이후 사회복지 현장과 사회복지사의 역할

코로나19는 우리 삶의 여러 부분을 바꿔 놓았다. 외출도 자유롭게 하지 못하고, 많은 사람들이 한꺼번에 모이는 행사나 모임도 어려워졌다. 일터에 출근하지 못하게 된 사람들도 있고, 아예 일을 그만두어야 하는 사람들도 많아졌다. 학교에 등교하지 못하는 아이들은 온라인 개학으로 집에서 학습하는 시간이 많아졌고, 주간보호센터, 요양원 등을 이용하지 못하는 장애인, 노인, 환자들은 각자 집에서 머물 수밖에 없게 되었다.

이러한 현상은 양극화된 모습으로 클라이언트의 삶을 변화시켰다. 재택근무가 가능한 직장에 다니는 부모들은 아이들과 함께 보내는 시간이 많아지기도 했지만, 재택근무가 불가능한 직장에 다니는 부모들은 긴급돌봄교실을 이용하거나 이것마저 여의치 않으면 아이들 홀로 집에 머물게 할 수밖에 없었다. 일자리를 유지하며 최대한 대면을 피하는 방식으로 근무 방식만 바꾸면 되는 사람들도 있었지만, 일자리를 졸지에 잃은 사람들은 당장 생계에 어려움을 겪게 되었다. 이러한 삶의 변화는 필연적으로 사회복지사의 역할에도 변화를 가져왔다. 우리가 만나는 대상, 클라이언트의 변화는 곧 사회복지 현장의 변화, 사회복지사의 변화를 이끌어낼 수밖에 없다.

코로나19 이후 사회복지 현장의 변화를 한마디로 표현한다면, "이용중지"라고 볼 수 있다. 전염병 확산을 막기 위해 다중이용시설 이용중지는 당시로선 불가피한 조치였으나, 이로 인해 기존의 기관(시설) 중심으로 제공되던 서비스는 중단되거나 비대면 방식으로 바뀌었다. 경로식당에 와서 식사를 하던 어르신들은 이제 직접 도시락을 찾아가거나 집에서 배달 도시락을 먹게 되었다. 다양한 교육 · 문화 프로그램을 집단으로 모여 수강하던 방식도 온라인 콘텐츠를 통해 집에서 수강하는 방식으로 바뀌었다. 이전에도 이러한 방식을 활용하기는 했지만 서서히 그리고 일부 프로그램에서 조금씩 시도했던 반면, 코로나19는 전면적으로, 급격히 예전의 방식을 수정하게 만들었다.

사회복지사의 역할도 많이 바뀌었다. 서울시 사회복지사협회(2020)에서는 "코로나19 이후 사회복지사의 역할 변화"라는 주제로 온라인 토론회를 개최한 바 있다. 이용시설, 장애인, 노인, 공공영역, 아동/청소년 영역의 사회복지사 역할 변화에 대한 다양한 사례 발표와 논의가 진행되었다. 이처럼 다양한 분야의 특성에 따라 각각 요구되는 사회복지사의 역량과 역할 변화가 있지만, 변화된 사회복지현장에서 공통적으로 새롭게 중요시되는 사회복지사의 역할로 설계자, 혼합 서비스 제공자, 적극적 지원자를 제시해볼 수 있다.

1) 설계자(designer)

보건/안전 강화를 위해서 사회복지사는 기존의 기관(시설) 이용자를 중심으로 한 대규모 행사 위주의 프로그램을, 소규모로 혹은 분리하여 진행하고 엄격한 방역수칙을 준수하는 등의 세심한 설계자 역할이 요구된다. 코로나19 이후 사회적 거리두기가 시행되면서, 기존에 세웠던 계획에 따른 서비스 제공이나 프로그램 진행이 모두 어려워졌다. 그러나 대부분의 사회복지사들은 모든 서비스와 프로그램을 무조건 중단하고 취소하기보다는, 클라이언트의 보건과 안전을 고려하면서 원래 목적을 최대한 살릴 수 있는 새로운 방식을 고민하여 계획을 변경하였다.

아동복지시설에서 근무하는 사회복지사들은 밖으로 나가서 놀 수 없는 아이들을 위해 실내에서 놀거리를 찾아 제공하였고, 오프라인 바자회를 기획했던 사회복지관에서는 온라인 바자회로 진행 방식을 변경하였다. 주간보호센터를 이용하지 못하게 된 어르신들이 집에서 무료하지 않게 시간을 보낼 수 있도록 콩나물 키우기 키트를 제공하기도 했다. 이처럼 코로나로 인한 환경의 변화는 서비스와 프로그램의 새로운 설계를 요구하였고, 이런 역할을 사회복지사가 담당하게 되었다.

2) 혼합 서비스 제공자(blended service offerer)

코로나19 이후 사회복지 현장의 디지털 수용 속도는 가히 폭발적이다. 유튜브 채널을 개설하거나, 클라이언트에게 스마트 기기를 보급하고 이를 조작하는 방법을 교육하는 데 열을 올리기도 한다. 무엇보다도 사회복지사 스스로 기존에 오프라인으로 제공하던 서비스를 온라인 서비스로 전환하면서 동영상 촬영, 제작 등의 디지털 활용 능력을 키우고자 노력하게 되었다. 과거보다 많아진 디지털, 온라인, 언택트 서비스를 제공하기 위해서는 반드시 필요한 능력이다. 혹자는 이제 유능한 사회복지사가 되려면 다양한 디지털 미디어를 능숙하게 다루고, 동영상 촬영부터, 편집, 제작

능력을 갖추어야 된다고 이야기한다.

그러나 디지털 미디어 활용에 급급하여 사회복지사 제공하는 서비스의 가치와 의미를 간과해서는 안 될 것이다. 방법이 목적을 우선해서는 안 된다. 비대면 서비스가 대면 서비스를 완벽하게 대체할 수는 없으며, 대면이 필요한 서비스라면 비접촉 대면 방식으로라도 클라이언트를 만나야 한다. "지금까지 몰라도 잘 살았고, 앞으로도 알 필요 없다. 곧 죽을 건데 이제 배워서 뭐하냐. 머리 아프다. 온라인으로 변경되어도 나는 절대 배울 생각 없다"[2]고 말하는 어르신들에게 일방적으로 온라인 방식 서비스를 제공하는 것은 아무 도움이 되지 않는다.

코로나19 이후 사회복지 현장에서 절실히 필요한 것은 사회복지 서비스의 가치와 의미를 살릴 수 있는 온라인/오프라인 서비스를 적절히 혼합하여 사용할 수 있는 능력이다. 사회복지사는 혼합 서비스 제공자로서의 역할을 해야 하고, 그 기준은 클라이언트의 특성과 내가 하고자 하는 실천의 목적이 되어야 한다. 위에서 예로 든 온라인 방식을 거부하는 어르신에게 점진적으로 온라인 방식을 흡수할 수 있도록 돕되, 대면 기반의 아날로그 방식을 병행할 수 있는 유연함이 필요하다.

3) 적극적 아웃리처(active outreacher)

아웃리치(outreach)는 사회복지실천에서 오랜 기간 강조되어 왔다. 사회복지용어대백과사전[3]에 따르면, 아웃리치란 근린중심 기관에 근무하는 사회복지사들이 벌이는 활동으로서, 대상자가 있을 법한 장소를 찾아다니며 물색하고, 그 대상자와 만나서 긴급서비스를 제공하거나 그 기관으로 찾아와서 기타 서비스를 받도록 하는 방법을 뜻한다. 그동안 아웃리치는 주로 지역사회에 뿌리를 둔 기관(시설)에서 새로운 클라이언트를 발굴하거나, 잠재된 사회복지 욕구를 파악하기 위해 기관(시설)에 머무

2) 종로노인종합복지관 온라인 프로그램 욕구조사(2020)에서 발췌(서울시 사회복지사협회, 2020, p.53).
3) 더나은복지세상(www.welfare24.net) 사회복지용어대백과사전 2020. 11. 11. 검색 결과에서 발췌

르지 않고 직접 발로 뛰어다니는 실천을 한다는 의미로 사용되어 왔다.

코로나19 이후 사회복지 현장에서는 비단 지역사회 기반의 사회복지 기관(시설)뿐 아니라 장애인, 노인, 여성, 아동/청소년 등 다양한 분야에서 사회복지사의 적극적 아웃리처(active outreacher)의 역할이 요구된다. 코로나19로 인해 사회적 거리두기가 강화된 당시 다중이용시설의 이용중지 조치로 인한 서비스 중단 사태가 벌어졌을 때, 어쩔 수 없이 비싼 돈을 내고 다른 사설 서비스 센터를 이용하거나, 이마저 어려울 경우 방치된 상태에서 건강상태가 악화되는 사례가 다수 발생하였다. 취약계층을 위한 서비스의 경우 감염에 대한 두려움보다 서비스 이용에 대한 욕구가 더 크다는 연구 결과(김은하 · 최기정, 2020)는 클라이언트뿐만 아니라 클라이언트를 돌보는 가족의 절박한 서비스 지속 욕구도 반영되어 있다.

사회복지사는 아웃리치를 통해 비단 기관(시설) 서비스를 이용하도록 이끄는 것뿐만 아니라, 클라이언트에게 진정 필요한 서비스와 프로그램이 무엇인지, 클라이언트의 특성과 시대적 상황에 맞게 이것을 중단 없이 지속적으로 제공할 수 있는 방안에 대해 적극적으로 모색하고 지원해야 할 것이다. "클라이언트 맞춤형 서비스 제공"이라는 오래전부터 강조되어온 사회복지실천의 원리를 실현하기 위해서, 이제 사회복지사에게는 적극적 아웃리처로서의 역할이 동시에 요구된다.

CHAPTER 05
사회복지실천과 다양성

1. 생애주기별 대상에 대한 이해와 실천
2. 문화적 다양성에 따른 대상에 대한 이해와 실천

CHAPTER 05
사회복지실천과 다양성

1 생애주기별 대상에 대한 이해와 실천

생애주기는 개인, 가족 등에 따라 달라질 수 있는데, 이 장에서는 개인을 중심으로 생애주기별 나타날 수 있는 특성들과 위기요인들을 최근의 이슈를 중심으로 살펴보고자 한다.

1) 아동기

아동기는 학습능력과 규범을 배워가는 시기이다. 이 시기에 출현할 수 있는 중요한 위기는 발달장애의 진단, 아동학대에의 노출 등이다. 장애는 초기진단과 치료가 매우 중요하기 때문에 부모들이 자녀의 장애에 대한 죄의식, 수치심, 분노 등의 감정을 해결하고 자녀가 적절한 치료를 받을 수 있게 해야 한다. 또한 사회적으로는 비장애아동과의 분리보다 통합의 가치에 비중을 두고 학령 전부터 통합교육을 활성화하여 장애에 대한 인식을 개선하는 노력이 요구된다. 아동학대에 대한 경각심이 사회적으로 점차 커지고 있지만 아직도 상당수의 아동들이 아동학대의 사각지대에 노출되어 있다. 친부모, 양부모뿐만 아니라 가장 믿고 맡겨야 하는 보육시설에서 심각한 수준의 학대가 자행된 경우들이 수차례 매스컴을 타면서 국민의 공분을 사고 있다. 특히 아동학대는 신고뿐만 아니라 신고 후에 아동에 대한 치료, 부모에 대한 지도감독, 가정의 기능강화 등 철저한 사후관리를 통해서 재발되지 않도록 하는 것이 실천의 핵심이다.

2) 청소년기

청소년기는 자아정체감을 형성해야 하는 주요 과업이 있지만 우리나라의 청소년들은 과중한 학업 등으로 이를 성취할 기회를 놓치는 경우들이 많다. 학교에서 대부분의 생활을 보내고 있는 청소년들은 학업스트레스, 따돌림, 학교폭력 등의 위기에 노출되어 있다. 학교 밖 청소년들은 더더욱 취약하여, 각종 비행과 성매매 등의 위험성이 그렇지 않은 청소년들보다 더 높게 나타났다. 우리나라 청소년들의 행복지수는 OECD국가 중에서 최하위를 차지한다. 초·중·고생들은 '좋아하는 일을 실컷 할 수 있을 때' 평소 행복을 느낀다고 공통적으로 대답했다. 평소 행복하지 않다고 느낄 때는 '성적 압박이 심할 때'와 '학습 부담이 너무 클 때'로 나타났다. 초등학생은 '부모와 관계가 좋지 않을 때' 행복하지 않다고 느낀다는 비율이 20.8%로 학습부담(20.8%)이나 성적 압박(15.6%)과 함께 높게 나타났다. 행복지수 6개 영역 가운데 '주관적 행복'의 점수가 가장 낮았고, '가족과 친구관계'는 평균보다 약간 낮았다. '행복을 위해 가장 필요한 것'으로 초등·중학생은 '화목한 가정'을, 고등학생은 '돈'을 가장 많이 꼽았다. 청소년기의 자존감과 자아정체감의 형성은 가정환경의 영향을 가장 크게 받는다. 그러므로 청소년 개인의 심리적인 문제뿐 아니라 가장 중요한 환경인 가정이 안정될 수 있도록 지원하는 것이 중요하다. 또한 또래관계를 통해서 사회적 기술을 배우며 성장할 수 있기 때문에 학급, 지역 내 또래들이 사회적 지지망이 될 수 있도록 지원해야 할 것이다.

3) 청년기

청년기는 부모로부터 독립하기 위한 준비기간이면서 동시에 독립을 해야 하는 시기이다. 학업과 대학진학이라는 목표만을 위해 달려가는 우리나라의 청소년들은 청년이 되어서야 자신의 적성, 진로 등에 대해서 고민하게 된다. 더군다나 사회적으로 취업의 문이 점점 좁아지는 것과 맞물려서 경제적 독립의 시기가 점차 늦춰지고 있다. 또한 결혼시기는 더욱 늦어지게 되어 연령상으로는 이미 장년의 나이로 들어섰음에도 미혼이라는 이유로 부모에게 의존하고, 사회 · 심리적으로 청년기에 정체되어 있는 사람들이 늘고 있다. 이를 '캥거루족[1]'이라고 말한다.[2] 통계청 발표에 따르면, 부모와 같이 사는 30~40대 미혼자녀 수가 50만 명 정도로 추산된다. 설사 이들이 취업을 한다 하더라도 초봉 수준으로 월세 등 도시생활을 유지하기는 힘들어 부모의 경제적 지원은 지속될 수밖에 없다. 그러므로 부모는 자녀부양을 위해 은퇴 후에도 계속 노동시장에 머물면서 일을 해야 한다. 우리나라의 경우는 일본만큼 심각하지는 않지만 상대적으로 급속도로 증가하는 캥거루족의 규모가 점차 커지게 된다면 심각한 사회문제가 될 수도 있다.

4) 장년기

에릭슨(Erikson)은 장년기의 긍정적 해결태도를 생산성으로, 부정적 해결태도를 정

---

1) 학교를 졸업해 자립할 나이가 되었는데도 부모에게 경제적으로 기대어 사는 젊은이들을 일컫는 용어로, 유사시 부모라는 단단한 방어막 속으로 숨어버린다는 뜻으로 '자라족'이라고도 한다. 일본에서는 1990년대에 문제가 됐던 20~30대의 캥거루족의 상당수가 35~44세 연령대의 중년이 돼서도 부모에 의존하는 중년 캥거루족으로 남아 있는 것으로 나타났는데 이들을 두고 '기생(寄生: parasite) 독신'이라고 하기도 한다(한경 경제용어사전, 한국경제신문/한경닷컴).

2) 영국에서는 부모님의 퇴직연금을 축내는 '키퍼스(Kippers)', 캐나다는 직장 없이 이리저리 떠돌다 집으로 돌아와 생활하는 '부메랑 키즈(Boomerang Kids)', 프랑스는 '탕기(Tanguy)', 호주는 '마마호텔(Mama Hotel)'이라고 지칭한다.

체로 보았다. 이 시기는 삶의 여러 가지 측면에서 안정되고 성숙된 시기로서, 단순히 자신과 자기 세대의 이익과 번영에만 관심을 쏟는 것이 아니라 다음 세대, 즉 후손과 미래에 좀 더 나은 세상을 물려주기 위해 헌신하고 창의적인 생각에 많은 관심을 모으게 된다. 반면에 부정적인 해결태도를 가지게 되면, 근시안적인 만족에 급급하고 보다 나은 세계를 만들려는 열정이 없기 때문에 자기 세계에만 몰두하게 되고 방종을 초래하게 된다. 겉으로만 친밀한 척할 뿐이다. 정체된 중년들은 마음이 빈곤하며, 다른 사람의 일에 별 반응이 없다. 또한 쉽게 따분해하고 무기력하며 늘 수동적인 자세를 취한다. 평균수명이 늘어나면서 중년기가 인생 전체에서 차지하는 기간이 대폭 늘어나면서 중년층이 가정, 교회, 사회, 국가, 경제, 정치 전반에 걸쳐 중대한 결정을 내리는 핵심적 역할을 감당하게 되었다. 또한 최근의 발달심리학자들은 중년기가 인생의 발달단계에서 가장 중요한 전환기라는 특성이 있다고 하였으며, 이전 세대와는 달리 중년기 위기문제가 심각한 사회문제로 대두되었다(오제은, 2013).

구체적으로 이 시기는 자녀를 독립시키고, 다시 부부체계를 돈독히 해야 하는 시기이다. 또한 이 시기는 직장을 다닌 성인들이 자발적, 비자발적 은퇴가 이루어지는 시기이기도 하다. 은퇴는 사회생활이 전부였던 중년들에게 심리·사회적으로 많은 영향을 미친다. 특히 비자발적인 은퇴는 사회적 위축감, 우울, 경제적 빈곤 등을 수반한다. 자발적 은퇴라 할지라도 가정에 머무는 시간이 길어지면서 부부관계가 새롭게 정립되지 않으면 부부관계가 위기에 봉착하게 되어 노년기의 황혼이혼으로 이어질 수도 있다. 외국의 경우, 기업복지 및 산업복지 등이 활성화되어 재직 중에 은퇴를 설계하고 준비하는 서비스를 제공하고 있다. 우리나라의 경우 이러한 복지서비스가 거의 존재하지 않기 때문에 기업에서는 이와 관련해서 외부 복지기관과의 연계를 통해 이러한 서비스를 제공하고자 하는 노력을 기울여야 할 것이다.

5) 노년기

법적으로 노인의 기준을 정하고 있지는 않지만 우리나라에서는 노인복지법에서 경로우대 및 기타 서비스를 65세를 기준으로 제공하기 때문에 통상적으로 65세 이상인 경우를 노인으로 보고 있다. 그러나 과거의 65세와 현재의 65세 노인들은 가치관, 건강상태, 생활태도 등이 너무나 다르다. 특히 압축적인 사회경제적 변화 속에서 청·장년기를 보낸 베이비붐 세대가 고령화됨에 따라 이들이 필요로 하는 노인복지실천은 현재와 다른 서비스 대응이 필요하다는 지적이 제기되고 있다. 특히 베이비부머의 은퇴에 따른 숙련단절 완화를 위한 정책마련이 필요하며, 지속적인 자기개발을 위한 평생교육과 자원봉사의 활성화, 다양한 요구에 상응하는 여가활동 기회 제공 및 프로그램 내용의 고급화 등이 요구된다. 이러한 신 노년층의 욕구를 고려함과 동시에 전통적으로 노년기의 빈곤, 치매 등과 같은 만성질환과 관련한 지원서비스 등은 지속적으로 요구된다.

2 문화적 다양성에 따른 대상에 대한 이해와 실천

문화적 다양성의 범위를 어떻게 정하느냐에 따라 인종과 민족에 국한하여 볼 수도 있고, 장애, 성별, 성적 지향 등을 포함시킬 수도 있다. 여기에서는 민족, 인종의 다양성에 초점을 두고, 문화적 역량을 갖춘 사회복지실천을 중점적으로 다루었다. 또한 국내 사회복지실천현장에서 중점적으로 다루는 이슈는 아니지만 앞으로의 다양한 욕구를 고려하여 실천을 하기 위해서 별도의 장으로 성적 정체성, 동성애에 대한 이해와 실천을 포함시켰다.

1) 인종, 민족의 다양성에 대한 이해

(1) 결혼이주여성

① 현황

2002년 이후 매년 28% 이상의 높은 증가율을 보이던 결혼이민자는 2014년 4월 국제결혼 건전화를 위한 결혼이민 사증발급심사강화 및 국제결혼 안내프로그램 이수 의무화조치 등의 영향으로 최근 3년간 평균증가율은 1.6%이다. 2018년에는 159,206명으로 전년 대비 2% 증가하였다. 성별로는 여성이 132,391명으로 전체의 83.2%로 절대 다수를 차지하고 있으며 남성은 26,815명으로 16.8%에 불과하다. 국적별로는 중국 36.9%, 베트남 26.7%, 일본 8.6%, 필리핀 7.4%순으로 나타났다. 1990년대까지는 종교단체를 통해 입국한 일본여성이 다수를 차지하고 있었으나, 2000년대 초부터 중국 및 필리핀 국적의 결혼이민자의 증가가 두드러졌으며, 최근에는 베트남, 캄보디아, 몽골, 태국 등 출신 국적이 다양해지는 경향을 보이는 것이 특성이다.

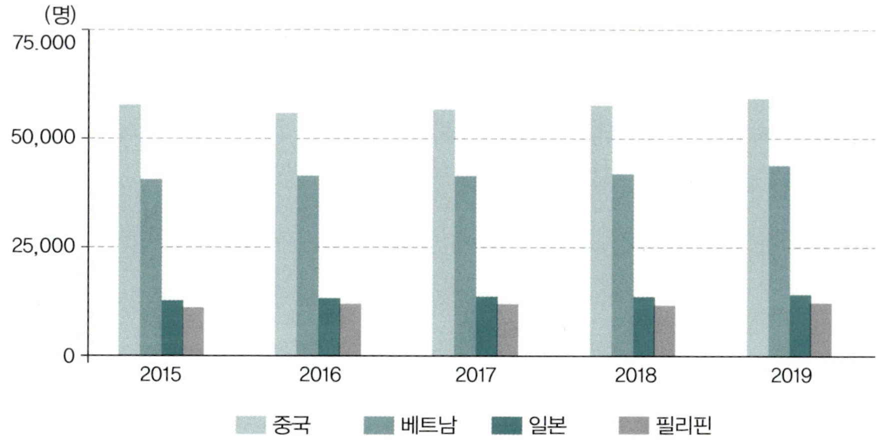

▌그림 5-1▐ 결혼이민자 연도별 · 국적별 현황

출처: 통계청 e-나라지표.

② 문제 및 욕구

이주여성들은 출신국가나 거주지가 다름에도 불구하고, 생활실태와 문제점, 욕구 등은 매우 유사하다. 가장 큰 어려운 점은 문화적 이질감, 언어, 생활습관의 차이였으며, 가정폭력, 가족 내 갈등 등을 해결하는 것이 급선무로 부각되었다.

구체적으로 핵심적인 욕구는 다음과 같다. 첫째, 보육과 양육의 어려움이다. 어린 자녀의 보육과 교육을 책임져야 하는 이주여성들에게 한국의 보육시설, 유치원, 초·중·고등의 교육과정과 교과 내용은 낯설고 이해하는 데에 어려움이 따른다. 또한 한국어에 능숙하기 전까지는 자녀들의 복잡한 학교 숙제를 도와주는 것이 쉽지 않다. 더 나아가 능숙한 한국어를 구사하는 자녀와의 의사소통의 문제도 발생한다. 특히 가족들이 자녀양육을 한국어로만 하도록 한다거나 교육의 문제에서 이주여성을 배제시키거나 하는 문제들은 이주여성의 어머니로서의 지위를 약화시키고, 역할갈등을 가져올 수 있다. 둘째, 다양한 결혼형태에 따른 가족관계의 어려움이다. 한국 남성과 외국인 여성과의 결혼 형태는 초혼 이외에도 이별과 사별한 경우 재혼의 수도 높은 비율로 증가하고 있다. 일반적으로 재혼가정은 가족구조, 역할 변화, 이전 배우자와의 관계, 자녀양육문제 등이 초혼가족보다 복잡하다. 특히 의사소통이 어려운 가운데 이전 배우자의 한국인 자녀를 양육해야 하는 문제나 역으로 본국에서 데려온 자녀가 한국생활에 적응하지 못하는 문제들이 발생할 수 있다. 마지막으로 통계청의 국제결혼 이혼실태를 볼 때 이혼한 국제결혼 가정에 대한 지원도 매우 시급하다. 이혼 후 자녀양육문제, 위장결혼 등으로 인한 남편의 심리적 상처 및 후유증, 단독가구가 된 이주여성들의 빈곤문제 등은 앞으로 우리 사회가 풀어야 할 숙제이다. 무엇보다도 위장결혼을 사전에 방지할 수 있는 국제결혼과정의 조치가 필요하고, 이혼 후의 자녀 및 가족구성원의 적응을 위한 지원도 병행되어야 한다.

(2) 외국인 노동자의 현황과 문제

① 현황

외국인고용허가제[3]는 순수 외국인을 고용허가하는 일반고용허가제[4]와 외국국적 동포을 고용허가하는 특례고용허가제[5]로 구분된다. 일반고용허가제에 의한 고용허가 국가는 2019년 필리핀, 태국, 인도네시아, 스리랑카, 베트남, 몽골, 우즈베키스탄, 캄보디아, 파키스탄, 중국, 방글라데시, 키르키즈, 네팔, 미얀마, 동티모르, 라오스 16개국이며, 고용허가제 근로자의 고용허용 업종은 제조업, 건설업, 농축산업, 서비스업, 어업 등 5개 업종이다.

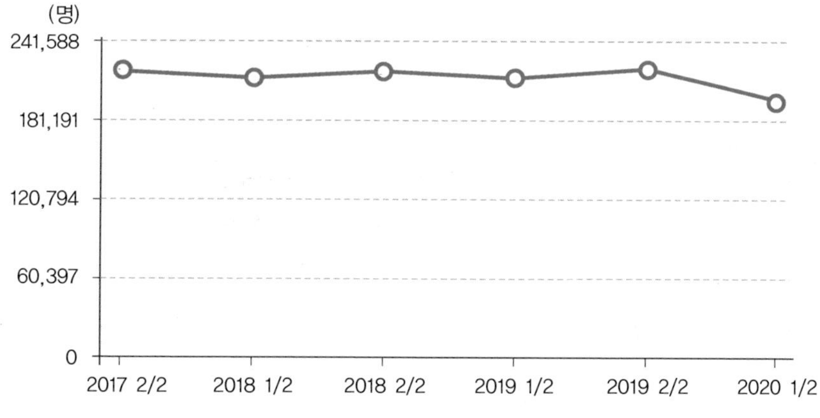

▌그림 5-2▐ 외국인근로자 수

출처: 통계청 e-나라지표.

---

3) 고용허가제: 국내 인력을 구하지 못한 사업체가 적정규모의 외국인근로자를 합법적으로 고용할 수 있도록 허용하는 제도

4) 일반고용허가자: 인력송출양해각서(MOU)를 체결한 국가의 외국인구직자명부 등록자 중 사용자와 근로계약을 체결하고 비전문취업(E-9) 체류자격으로 입국하여 합법적으로 취업한 외국인근로자

5) 특례고용허가자: 외국국적 동포가 방문취업(H-2)으로 입국하여 취업교육을 이수 후 취업한 외국인 근로자

2019년 6월 말 기준 외국인근로자를 고용하고 있는 사업장 수는 66,221개소이며, 이 중 경기도의 외국인근로자 고용 사업장 수가 27,763개소로 가장 많고, 고용허가제를 통해 근무하고 있는 일반 외국인근로자 수는 218,581명, 이 중 경기도에서 근무하고 있는 외국인근로자의 수가 90,894명으로 가장 많다.

이와 같은 통계는 내국인을 구하지 못한 중소제조업 사업장이 경기도에 밀집되어 있어서 외국인근로자가 경기도에 다수 분포하는 것으로 분석된다.

② 문제 및 욕구

외국인 노동자들의 국내 노동시장으로의 유입은 제조업 부문의 극심한 인력난을 일부 해소하기는 했지만, 그와 동시에 다양한 사회문제를 낳고 있다. 첫째는 열악한 근로조건과 인권침해 상황이 자주 발생하고 있으나 이에 대한 적절한 정책이 미비하다. 둘째, 최근 2년간 이주노동자의 성비가 바뀌어서 여성이 남성보다 많은 것으로(63%) 나타나고 있다. 여성 이주노동자의 증가는 여성 노동력에 고유한 사회문제를 안고 있는데, 근로현장에서 성폭력 발생의 위험, 모성보호 근로조항을 무시하는 근로조건, 임신, 출산, 유산 등에 대한 의료보장 미비 등으로 도처에 여성 자신뿐 아니라 영유아의 건강에 위협적인 환경이 도사리고 있다. 셋째는 인종차별적이고 폐쇄적인 사회적 태도를 경험하고 한국 사회에 대한 부정적인 인식을 갖게 된다는 것으로 장기적으로 국제관계에 부정적 영향이 될 것이다. 넷째는 외국인과 결혼한 부부와 이들의 자녀에 대한 사회적, 제도적 편견과 차별은 이 사회에 또 다른 소외계층을 만들 수 있다. 특히 불법체류 가정의 자녀들은 교육의 기회와 의료서비스 이용이 실제적인 제도상의 문제나 심리적인 이유로 제한되는 경우가 빈발하고 있다. 다섯째, 이중문화권에서 부부관계나 자녀양육의 경험이나 역할모범이 없어 가족 간의 갈등이나 의사소통의 문제가 있을 가능성이 높으나 이들을 위한 지지체계는 매우 제한적이다.

(3) 북한이탈주민

① 현황

북한이탈주민은 '1990년대 중반, 북한의 식량사정 악화를 계기로 꾸준히 증가하기 시작하였으며, 1999년 100명, 2002년 1,000명을 넘어선 이래 2006년에는 2,000명을 초과하였으며, 2007년 2월 북한이탈주민 총 입국자 수가 1만명을 넘어섰고, 2010년 11월에는 2만명을 넘어섰다. 1998년도까지 국내 입국자는 947명에 불과했으나, 지속적으로 증가하여 이후 3년간(1999년~2001년) 1,043명 입국하였으며, 2005년 이후 지속적으로 증가 추세를 유지하다 2012년 이후부터 입국인원이 감소하는 추세이다, 2017년도는 1,127명 입국하였다.

2000년 이후 북한이탈주민의 국내입국 급증 원인은 탈북자들이 평균 4~5년의 해외체류 중 북송위험 등 정착에 한계를 느끼는 상황에서 보다 나은 삶을 찾아 한국으로 입국하려는 시도가 증대한 데에 큰 이유가 있으며, 제3국내 우리 공관에 들어간 탈북자들에 대한 우리 당국의 지원 및 한국에 기입국한 가족의 입국지원 활동 증가도 영향을 미치는 것으로 보인다.

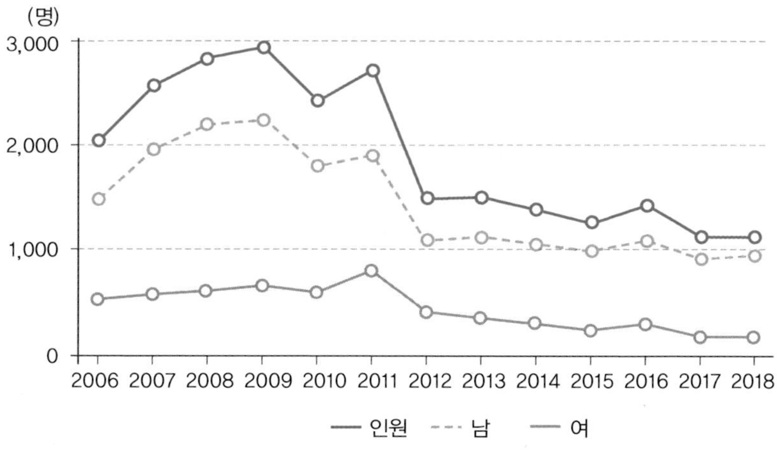

▌그림 5-3▐ 북한이탈주민 입국현황

출처: 통계청 e-나라지표.

여성의 입국비율은 1989년 이전에는 7%에 불과하였으나, 1997년 35%, 2000년 42% 등 꾸준한 증가 추세를 보이다가, 2002년을 기점으로 남성비율을 넘어섰다.

정부는 외국에 체류하고 있는 북한이탈주민이 한국행을 희망하는 경우, 인도주의와 동포애 차원에서 전원 수용한다는 원칙하에 국내법과 UN난민협약 등 국제법에 부합되게 이들을 보호수용하고 있다.

② 문제

북한이탈주민은 인종, 민족적으로는 동일하지만 언어, 생활풍속 등의 문화적 차이로 인해 적응이 쉽지 않다. 이들이 한국에 들어와서 직면하게 되는 가장 큰 어려움은 경제적 문제이다. 연구에 따라 차이는 있지만 북한이탈주민들의 실직률이 50~60%의 높은 수준에 이르고 있다는 조사는 경제적 적응의 어려움의 실상을 보여주는 것이다. 북한이탈주민 가정에서 남편의 경제적 역할의 약화는 북한의 가족문화인 가부장적 권위주의를 약화시키게 되고 이에 따른 부부간의 갈등이나 부모 자녀간의 갈등의 요소를 많이 갖게 된다.

가족동반탈북은 아동 및 청소년의 수를 증가시켰고 이들의 수가 전체 북한이탈주민의 10%에 이르고 있다. 이들 중 많은 수가 편부모나 형제/자매 또는 먼 친척과 새로이 구성된 가족 상황에서 자라게 된다. 특히 미성년자들이 단독 입국하는 사례도 적지 않아 이들에 대한 특별한 지원이 필요하다. 북한이탈 아동 및 청소년이 겪는 문제 중 하나는 제3국 체류기간 동안이나 북한에서조차도 학업과정에서 단절되는 것인데, 이들이 한국 학교에 편입되면서 학습뿐만 아니라 교우관계 등에 잘 적응하지 못하는 경우가 많다.

2) 문화적 역량을 갖춘 사회복지실천

문화적 능력은 상이한 문화적, 인종적 배경을 가지고 있거나 몇 개의 문화가 공존하는 실천현장에서 클라이언트와 효과적으로 활동할 수 있는 능력을 일컫는다. 이는 다른 개인이나 집단의 언어, 문화, 행동을 이해하는 능력이며, 이에 적절하게 행동하는 것으로써 문화적 능력은 무능과 유능 사이의 연속선상에 존재한다. 그러므로 문화적 능력을 향상시킨다는 것은 클라이언트와의 관계에서 타 문화뿐만 아니라 자기 문화에 대한 개방성, 수용성, 각성(alertness), 융통성/적응성과 같은 태도와 가치를 함양하고, 다양한 문화집단에 대한 지식을 갖추며, 이를 활용할 수 있는 기술을 습득하는 것이다.

(1) 문화적 역량을 갖추기 위한 실천기준

2001년 미국사회복지사협회(NASW)는 사회복지사들이 사회복지실천에서 문화적 능력을 갖춘 실천을 하기 위한 10가지 기준을 제시하였다. 이는 윤리강령과는 별도로 제시된 것으로써 사회복지실천에서 문화적 능력이 매우 중요하며, 이를 위한 실천적 지식과 훈련을 갖추어야 함을 강조하는 것이다. 다음에 소개하는 10가지 기준에는 기본적인 윤리에서부터 전문가의 자기인식, 실천에서 요구되는 지식과 기술, 언어, 지도력과 서비스 전달과 타 전문직과의 의사소통이 포함된다. 이는 문화적 능력이 특정 클라이언트 집단에만 국한된 것이 아니라 사회복지실천 전반에 걸쳐 요구되는 것임을 알 수 있다. 다음은 미국사회복지사협회가 제시한 사회복지실천에서 문화적 능력을 갖추기 위한 기준의 내용이다(NASW, 2001).

- 기준 1. 윤리와 가치(Ethics and Values)

사회복지사는 개인적, 전문적 가치들이 다양한 클라이언트의 욕구와 어떻게 갈등을 일으키거나 일치하는지 등을 인식하면서 전문직의 가치, 윤리, 기준들과 일치하게 역할을 수행한다.

• 기준 2. 자기-인식(Self-Awareness)

사회복지사는 사람들의 생활 속에서 나타나는 다문화 정체감의 중요성을 인식하는 첫 단계로서 자신의 개인적, 문화적 가치와 신념을 이해한다.

• 기준 3. 다문화 지식(Cross-Cultural Knowledge)

사회복지사는 자신이 서비스를 제공하는 주요 클라이언트들의 역사, 전통, 가치, 가족체계와 예술적 표현 등에 대한 전문지식과 이해를 가져야 하며, 지속적으로 발전시킨다.

• 기준 4. 다문화 기술(Cross-Cultural Skills)

사회복지사는 원조과정에서 문화의 역할을 반영한 적절한 방법적 접근, 기술과 기법들을 활용한다.

• 기준 5. 서비스 전달(Service Delivery)

사회복지사는 다양한 클라이언트를 위해서 지역사회의 이용가능한 서비스들의 활용에 대한 지식과 기술을 갖추어야 하며, 적절하게 의뢰할 수 있어야 한다.

• 기준 6. 임파워먼트와 옹호(Empowerment and Advocacy)

사회복지사는 다양한 클라이언트에게 미치는 사회정책과 프로그램의 영향을 알아야 하며, 적절하다면 클라이언트를 위해서 그들과 함께 옹호활동을 한다.

• 기준 7. 다양한 노동인구(Diverse Workforce)

사회복지사는 전문직 내에 다양성을 보장하기 위해 사회복지프로그램과 기관의 인력채용, 행정, 고용, 유지하고자 하는 노력을 지지하고 옹호한다.

• 기준 8. 전문교육(Professional Education)

사회복지사는 전문직 내에서 문화적 능력을 향상시키기 위한 교육 및 훈련프로그램을 옹호하고 참여한다.

• 기준 9. 언어의 다양성(Language Diversity)

사회복지사는 클라이언트에게 맞는 언어로 정보를 제공하고, 의뢰, 서비스들을 제공하도록 제공해야 하며, 필요하다면 통역도 활용한다.

• 기준 10. 다문화 리더십(Cross-Cultural Leadership)

사회복지사는 다른 전문가들과 다문화 클라이언트 집단의 정보에 대해 의사소통할 수 있어야 한다.

(2) 사회복지실천현장의 문화적 고려점

사회복지실천 중 문화적 고려가 매우 중요한 곳 중의 하나가 의료현장이다. 의료사회복지사들은 문화적으로 다양한 집단들은 그들 나름대로의 민족과 인종에 따른 서로 다른 건강에 대한 신념, 정의, 질병, 죽음에 대한 태도 등을 가지고 있음을 고려하며 실천해야 한다. 다음의 사례는 하이탄 이민자의 경우이다. 이처럼 미국식 건강관리제도를 잘 이해하지 못하는 이민자들은 다음의 사례에서 보는 것처럼 자주 비난을 받는다.

사례 5-1

하이탄 이민자 산토스(Santos)는 그녀의 2세 된 딸 엘리사(Elisa)의 화씨 105도가 되는 열 때문에 병원 응급실에 왔다. 아이는 폐렴으로 진단되었으며, 엘리사의 병력을 기록하던 사회복지사는 아이가 출생한 이후 한 번도 의사에게 간 적이 없다는 사실을 알게 되었다. 사회복지사는 이것이 아동방임일 가능성이 있기 때문에 아동복지관에 이 가족을 의뢰해야 하는지 의아해 하였다. 산토스는 아이가 전에는 한 번도 아프지 않았기 때문에 소아과에 데리고 가지 않았다고 설명했다(강선경 · 김욱, 2004: 125).

아동에 대한 예방보호를 제때에 하지 않아도 특별한 문제가 되지 않는 문화권과 이것이 부모의 아동방임으로 여겨질 수도 있는 문화권에서 클라이언트의 행동이나 의료에 대한 태도는 문화적 배경과 건강에 대한 신념을 이해하고 접근해야 할 필요성이 있다. 콩그레스와 리온즈는 서로 다른 건강신념을 가진 클라이언트와 함께 일하는 의료사회복지사의 윤리적 실천을 증진시키기 위한 다음의 지침을 제시하였다(강선경 · 김욱, 2004: 125-128).

- 각 클라이언트의 독특성을 존중함으로써 문화적으로 다양한 신념에 대하여 민감하게 반응하고 어떻게 우리 자신의 편견이 문화적으로 다양한 클라이언트와 일하는 데 영향을 미치는지를 알아야 한다. 인종민감성 조사기록이나 문화도와 같은 평가도구는 사회복지사가 문화적 차이를 이해하는 데 도움이 될 수도 있다.
- 건강, 질병 그리고 치료에 대한 클라이언트의 신념에 익숙해져야 한다. 사회복지사들은 건강과 건강관리에 대한 클라이언트의 신념에 편견을 가져서는 안 된다. 이중언어나 이중문화를 가진 직원의 도움으로 사회복지사들은 이러한 이슈에 대하여 다양한 문화적 태도를 배우게 될 것이다.
- 고정관념을 없애고 진단을 평가함에 있어서 개인차를 강조하여야 한다. 같은 기간, 같은 시대 그리고 같은 사회경제적 위치에 있는 사람들도 건강관리에 대하여 다르거나 혹은 상반된 신념을 가질 수 있다. 사람들은 미국의 건강관리제도와 더불어 가족이나 친구들이 추천하는 동일한 인종적 배경을 가진 전문가의 활용을 병행할 것이다.
- 건강이슈에 대한 신념이 문화적으로 다르다는 사실을 다른 건강관리전문인들이 이해하도록 도와야 한다. 다른 건강관리전문인들과 클라이언트의 문화적 신념에 대하여 논의하기 위해 다학문위원회가 포럼을 열 수 있다. 다른 건강관리팀을 여러 신념에 익숙해지게 하면서, 사회복지사들은 건강관리에 대한 클라이언트의 신체 및 정신건강을 장려하는 통합적 접근을 강조할 수 있다.

- 건강관리시설과 지역사회에 다양한 건강신념이 있음을 옹호하고 이해하여야 한다. 사회복지사들은 건강관리체제에 있어 문화적 매개자로서의 역할이 있다. 거시적 측면에서 사회복지사들은 병원과 클리닉, 그리고 나아가 정치적인 면에서 더 민감한 정책이 개발되도록 옹호할 수 있다.

(3) 실천단계별 고려사항

인종, 민족의 다양성을 가진 클라이언트라 할지라도 기본적으로 개입하는 단계는 유사하다. 그러나 실천단계별로 문화적 역량을 고려해야 하는 점들이 있다. 각 단계별로 주요 고려사항을 제시하면 다음과 같다.

① 초기단계

- 클라이언트의 민족이나 국가와 관련된 장식품이나 사진 등을 면접실에 배치하여 클라이언트가 친근감을 갖도록 한다.
- 클라이언트의 문화권과 언어에 맞는 기본적인 인사말과 예절 등을 미리 익혀서 클라이언트의 마음을 열도록 한다.
- 클라이언트의 이름에 담긴 뜻을 물어보는 등 문화적으로 적절한 질문을 한다.
- 클라이언트에게 가능한 한 가장 쉽고 분명하게 설명해 준다. 만약 이를 충분히 이해하지 못할 경우 통역자나 번역자를 활용한다.
- 사회복지사는 클라이언트의 문화적 요소를 고려해서 사정한다.
- 진단도구와 그 결과에 대한 해석에 유의한다. 심리학적 진단도구들의 대부분은 백인 중산층을 대상으로 개발된 것이기 때문에 소수민족이나 인종에게 동일한 진단과 해석을 내리는 것에 매우 유의해야 한다.
- 문화적 가계도를 그려본다. 인종, 국적, 종교 등이 파악되는 문화적 가계도를 그려봄으로써 클라이언트에 대한 이해도를 높인다.

② 중간단계

- 사회적 소수자로서 위축감과 무력감을 많이 느끼기 때문에 임파워먼트를 위한 전략을 적극 활용한다. 특히 개인과 가족의 강점, 문화적 강점들을 발견하고 강화시키는 전략을 사용한다.
- 사회적 소외집단에 대한 처우방식과 관련한 국가의 사회정치적 체계와 정책 등에 대한 지식을 갖추고, 불평등한 처우 등에 대해 사회적 옹호활동을 한다.
- 문화적 이해와 지식을 가지고, 클라이언트의 언어적 · 비언어적 메시지를 이해하고, 적절하게 반응할 줄 알아야 한다.
- 문화적 역량을 갖춘 사회복지사는 전통적 개별상담에 국한하지 않고, 집단과 지역사회, 그리고 법적 및 정치적 개입까지 다양한 원조 역할을 수행한다.

③ 종결단계

- 미국의 경우, 문화적 소수자에 속하는 클라이언트들의 중도탈락률이 높은 것으로 알려져 있다. 이와 마찬가지로 외국인 근로자, 북한이탈주민들에 대한 서비스가 이사나 직장 이동 등으로 조기종결되는 경우가 많다. 이때 종결이 그들만의 책임이 아니며, 관심을 철회하는 것이 아니라는 점을 확실히 한다.
- 지역 이동이나 종결시점에서 필요한 욕구의 등장으로 의뢰가 필요할 경우, 더욱 세심한 주의가 필요하다. 의뢰인의 50%는 중도탈락하기 때문에 언어, 지리, 행정처리 등에 익숙하지 않은 클라이언트들을 위해서는 클라이언트와 함께 의뢰할 기관의 담당자와 직접 통화하거나 함께 방문하여 클라이언트가 안정감을 가지고 서비스를 지속적으로 받을 수 있도록 돕는 것이 효과적이다.
- 다문화 클라이언트에게 종결은 심리적인 어려움을 가져올 수 있음을 이해한다. 결혼, 취업, 탈북 등으로 정든 고향과 사람들과의 이별에 대한 상실감을

가지고 있음을 이해하고, 종결 시 이러한 감정들을 섬세하게 다루어줄 필요가 있다.

다음은 미국으로 간 한국이민자 여성에 대해 임상사회복지사가 문화적으로 적절한 실천을 한 사례이다(Cheung & Leung, 2014).

사례 5-2

대학원생인 서 씨(26세)는 자살충동으로 정신과에 입원하였다. 남편 민 씨는 서 씨가 최근 매우 이상하게 행동하며, 자살하지 않을까 두렵다고 했다. 서 씨에 대한 심리사회적 사정을 하는 동안, 임상사회복지사는 서 씨에게 가족 배경에 대해서 질문하였다. 서 씨는 아시안 미국인처럼 가족관계가 소원하고, 멀리 떨어져 살고 있었다. 그녀는 장녀이고, 미국으로 이민 오기 전에는 부모님과 여동생과 함께 살았다. 어린 시절 아버지는 지나치게 고집스럽고, 서 씨와 여동생에게 언어적 폭력을 서슴지 않았다. 이 이야기를 하면서 서 씨는 우울해졌고, 자기 여동생이 의절한 상태이며, 서 씨의 결혼식에도 참여하지 않았다고 간단히 말했다. 왜, 어떻게 그녀와 의절하게 되었는지에 대해서는 아무 말도 하지 않았다.

미국으로 오기 전에 서 씨는 의학공부를 마치길 기대하는 부모님의 기대로 인해 극단적으로 예민해졌다. 미국으로 온 지 4개월 후에 서 씨는 학교에 적응하고 영어로 말하는 것이 어려워 울적해지기 시작했다. 급우들이 그녀를 무시하는 경향이 있고, 집단활동에 껴주지 않아서 실패자처럼 느꼈다. 첫 번째 학기가 끝나기도 전에 서 씨는 아파서 대학을 떠났다. 그리고 민 씨에게 계속 미국으로 오라고 전화를 했다. 민 씨는 곧 달려왔고, 그들은 1년 안에 결혼하였다.

임상사회복지사는 서 씨가 가족에 대한 이야기를 할 때 유난히 힘들어하는 것에 대해 그녀의 언어기술에 대한 스트레스 때문이라고 기록하였다. 서 씨도 이 문제를 언어적 장벽 탓이라고 하였지만, 임상사회복지사는 전통적 치료과정을 따르느라고 느낌과 관계를 중점적으로 이야기하는 것이 오히려 거리감을 만들어낸다고 생각하였다. 대신에, 디스트레스를 다루는 그녀 자신만의 방법을 서 씨에게 물어보았고, 서 씨가 'qi(기,氣)'를 믿고 있는 것을 알게 되었다. 임상사회복지사는 서 씨에게 어떻게 '기' 호흡을 하는 것인지를 보여 달라고 하였고, 둘은 함께 기 호흡을 하였다. 3번째 세션을 마친 후에, 서 씨는 더 이상 자살생각이 들지 않는다고 하였다. 이 변화의 모든 의미가 알려지지는 않았지만 사회복지사가 클라이언트의 문화적 배경을 이해하고, 이를 바탕으로 현재 제시되는 문제를 해결하고자 함께 노력했고, 그러한 노력의 결과임은 분명하다.

3) 성적 정체성, 동성애에 대한 이해와 실천

(1) 성적 정체성과 동성애에 대한 이해

트랜스젠더(transgender)의 연예계 등장과 결혼은 성전환자들에 대한 사회적 관심을 불러일으켰다. 또한 동성애자임을 커밍아웃한 연예인이 다시 공중파에 복귀하는 것을 보면서 우리 사회가 다양한 성적 지향에 대해 포용적으로 변화하고 있는 것처럼 보인다. 그러나 여전히 성과 성적 지향에 대해 우리 사회는 찬반논란이 거세다. 우리 사회는 여전히 성을 터부시하는 경향이 강하고, 다양한 성적 지향에 대해서 수용적이지 않으며, 당사자들조차 이러한 고질적인 편견과 낙인을 알기에 자신을 드러내기를 꺼린다. 그러나 다양한 성적 지향에 대한 찬반을 떠나서 이들의 인권은 존중되어야 한다. 사회복지사로서 성적 지향이 다른 클라이언트에 대해 심판적인 태도로 대하거나 거부하는 것은 바람직하지 않다.

성전환자에 대한 올바른 영어 표현은 트랜스젠더가 아니라 트랜스섹슈얼(transsexual)이다. 트랜스섹슈얼이란 일부 사람들에게는 출생 시에 지정된 성에 대하여 성불쾌감(gender dyshporia) 또는 성정체성 장애(gender identity disorder)를 느끼고 출생 시 지정된 성(sex)과 다른 방식으로 자신들의 성(sex)을 표현하는 것을 선택하는 것이다. 그리하여 이 사람들을 통상 젠더(gender) 전환자라고 부른다. 그런데 이와 같이 젠더 전환자들 중 일부는 출생 시 지정된 성과 다른 방식으로 자신들의 성을 표현하는 것을 선택할 뿐 아니라 자신의 신체를 성정체성과 부합시키기를 원하고 또 더 나아가 호르몬치료 또는 수술을 선택한다. 종래 이 사람들을 특별히 성전환자(transsexuals)라고 불러왔다. 이성복장착용자(cross-dressers), 여성복장을 좋아하는 남자 호모(drag-queen) 등은 성규범에 반항하는 심리적 젠더 전환자에 속하지만 성전환자는 아니다(Taitz, J., 1987; 한인섭・양현자, 2002에서 재인용).

동성애에 대한 부정적인 사회적 인식은 크게 2가지 이유 때문으로 볼 수 있다.

첫 번째는 종교적인 이유이다. 기독교의 성경에서는 여러 차례 동성애가 죄악임을 명시하고 있다. 창세기의 타락한 도시 소돔에서는 마을 남자들이 방문한 천사들을 향해 '우리가 상관하리라(영어성경: Bring them out to us so that we can have sex with them)'는 내용으로 성적으로 문란한 도시의 범죄형태가 동성애임을 보여주고 있다. 레위기에서는 '누구든지 여인과 교합하듯 남자와 교합하면 둘 다 가증한 일을 행함인즉 반드시 죽일지니 그 피가 자기에게로 돌아가리라'고 하였다. 이처럼 서구 종교에서 동성애는 하나님의 자연섭리를 벗어난 것이며, 돌이켜야 하는 죄악인 것이다.

두 번째는 의학적인 이유이다. 1942년 미국정신의학회는 동성애를 질병이라고 선언하였으며, DSM-I(정신장애의 진단 및 통계연람 제1판)에서는 동성애를 '사회질병적 장애'의 범주 중 '성격일탈'의 일부로 분류하였다. 그러나 그 이후 계속 수정을 거치다가 DSM-III-R에서는 동성애를 정신질환의 일종으로 진단하는 범주가 완전히 사라졌으며, 가장 최근의 DSM-V에서도 동성애에 관련한 분류는 없다. 그러나 오랜 기간 동성애를 비정상 및 질환으로 치부해 왔기에 의학계에서는 정상으로 판단하였다 할지라도 일반인들의 인식이 전환되기에는 아직 많은 시간이 필요하다.

(2) 동성애자 및 성전환자들이 경험하는 문제

동성애자와 성전환자들이 경험하는 문제에는 공통점과 차이점들이 있다. 공통적인 어려움의 첫 번째는 사회적 편견과 낙인이다. 그러나 이 두 집단에서도 다소 차이가 있는데 동성애자들의 경우에는 자신이 커밍아웃을 하지 않은 이상 사회적 차별로부터 자유로울 수 있지만 자신의 정체성이 드러나지 않을까에 대한 두려움과 스트레스를 겪는다. 이와 다르게 성전환자들은 가족이나 주변의 지인들에게 비자발적으로 자신의 정보가 노출되는 경우가 많다.

두 번째는 가족과 이웃들과의 단절이다. 이들이 커밍아웃을 하거나 수술로 자신의 성정체성을 달리하였을 때, 정상적으로 일반적인 가정과 삶을 가지길 원하는 부모들의 소박한 소망을 무시하는 것이며, 때로는 가계의 대를 끊는 파렴치한으로 몰리게 된다. 가족들과 가까운 친구 이웃들의 이해가 없다면 가장 1차적인 보호막으로부터 소외되고 배제되어 매우 취약한 사회적 관계망을 가질 수밖에 없다. 성전환자라 할지라도 남성과 여성의 경험이 다를 수 있다. 많은 성전환자 여성클라이언트들이 거리에서 매일 희롱을 당하면서 불안과 우울을 경험하고, 가족, 친구, 직장을 잃는다(Sanchez & Vilain, 2009). 반면에 남성클라이언트들은 남성이 되기를 강요하는 세상의 압력과 싸우면서 때로는 인생의 목표를 위해서 자기정체성 찾기를 잠시 뒤로 미루기도 하는 경향이 있는 것으로 나타났다(Hansbury, 2011).

세 번째는 국내에서는 아직 이들의 인권에 대한 공식적인 활동들이 매우 미진하다는 것이다. 외국과 유사하게 대표적으로 등장하는 무지개깃발을 내세운 게이·레즈비언 퍼레이드 행사들이 국내에도 이루어지고 있고, 성소수자들의 인권활동을 위한 단체들의 활동들이 대학가를 중심으로 결성되어 있기는 하지만 이들이 공식적으로 인권문제를 제기하고, 인식전환을 위한 사회운동으로 활성화시키는 역할에는 소극적이다.

동성애의 상징 무지개깃발의 의미

무지개깃발은 동성애문화를 상징하는 대표적인 표식이다. 샌프란시스코에 살던 길버트 베이커라는 화가에 의해 1978년 처음 디자인되었는데, 당시 그 지역 동성애 인권운동가의 게이 사회를 나타낼 수 있는 상징을 만들어 달라는 요청에 의해 만들어진 것이다. 게이 사회의 다양성을 표현하고자 했던 길버트는 분홍, 빨강, 주황, 노랑, 녹색, 청록, 남색, 보라의 8가지 색을 사용하였고, 각각 섹슈얼리티, 삶, 치유, 태양, 자연, 예술, 조화, 영혼을 상징한다. 하지만 1979년 분홍과 청록색이 제외되고 파랑이 남색을 대체했다.

무지개깃발은 1979년, 샌프란시스코에서 커밍아웃을 하고 시의원에 당선된 최초의 동성애자가 저격당하자 이에 항거하는 의미로서 행해진 게이·레즈비언 퍼레이드에서 처음 사용되었다. 그 후 1989년 웨스트 할리우드에 사는 존 스토우트라는 사람이 그의 아파트 발코니에 무지개깃발을 내걸었다가 이를 금지한 집주인에게 소송을 걸어 승소한 사건이 있었는데, 이를 계기로 그 무지개깃발이 대중적으로 알려지게 되었다. 오늘날 이것은 게이 프라이드와 다양성의 상징이 되었으며, 1994년 스톤월 25주년 기념 퍼레이드에서는 만 명의 뉴욕 시민들이 30피트, 1마일의 거대한 무지개깃발과 함께 행진하기도 하였다. 이 무지개깃발은 인간의 평등과 진보 그리고 참된 진리와 연대를 상징한다.

출처: http://www.peaceeye2002.com.ne.kr/rainbow_flag.htm

국내 성소수자들의 인권활동

최초의 대한민국 성소수자 인권단체는 1993년 게이·레즈비언들이 함께 결성한 초동회이다. 초동회는 두 달 뒤 게이·레즈비언들을 분리해 각각 친구사이와 끼리끼리로 이어졌다. 이 중 끼리끼리는 2005년 레즈비언상담소로 전환되었다. 한편, 주요 대학 내에서도 성소수자 인권운동에 대한 인식이 생겨나기 시작했는데, 가장 먼저 탄생한 대학 성소수자 모임은 1995년 결성된 연세대학교 컴투게더이다. 컴투게더를 시작으로 서울대학교 마음001, 고려대학교 사람과 사람 등이 만들어졌고 대학 내에도 성소수자가 있음을 알리기 시작하였다. 1997년 말에는 대학 성소수자 모임들이 모여 대학동성애자인권연합(대동연)을 출범시키고, 1998년에는 동성애자인권연대로 이름을 바꾸게 된다. 2006년 발족했던 트랜스젠더인권활동단체 지렁이는 2012년 해산했다. 2012년 현재 활동하고 있는 단체로는 동성애자인권연대, 레즈비언상담소, 한국게이인권운동단체 친구사이, 한국성적 소수자문화인권센터 등이 있다. 또한 성소수자 인권단체들의 연대체로 무지개행동이 있다.

출처: 위키백과(http://ko.wikipedia.org/wiki) 2015년 3월 검색.

(3) 동성애자 및 성전환자들에 대한 사회복지실천, 옹호

최근 우리나라에서 동성애 성향을 보인 청소년이 학교에서 지속적인 괴롭힘과 폭력으로 자살을 했으나 대법원 판결은 학교 책임이 없는 것으로 판결하였다. 미국은 이와 매우 유사한 사례를 통해 '세스법'이 제정되어 시행되고 있으며, 대만에서도 2003년도 젠더평등교육법이 제정됐다. 이 법들은 평등한 교육 기회를 강조하고 젠더에 대한 사회적 고정관념을 교과과정에서 삭제하도록 했다. 또한 학교 내 성적 지향에 따른 차별을 금지하고 게이, 트랜스젠더, 임신한 학생들을 '취약한' 학생으로 보고 특별지원을 의무화했다. 이처럼 성적 정체성을 찾아가고 알아가는 과정에 놓인 청소년들이 성적 소수자이기 때문에 혹은 성적 소수자의 경향으로 고민하고 있는 것만으로 학교에서 부적응자로 낙인받게 해서는 안 된다. 아동청소년기부터 성교육을 통해 성적 소수자들에 대한 편견을 갖지 않도록 해야 하며, 성적 소수자임이 확인되었을 때에는 이들의 학교적응을 위한 학교상담가, 학교사회복지사들이 개입되어야 한다.

세스법의 제정 배경

2010년 9월 19일 미국 캘리포니아주에서 세스 월시(Seth Walsh, 당시 13세)가 수년간 동성애 혐오성 괴롭힘을 당하다가 집 주변 나무에 목을 맨 채 의식불명인 상태로 발견됐다. 9일 뒤 세스는 사망했다. 세스의 가족과 친구들, 학교 교직원 등 75명 이상의 인터뷰 내용 보고서를 보면 세스는 동성애자라는 이유로 또래 학생들에게 괴롭힘을 당했으며, 이것이 '그의 교육을 방해'하기에 고통에서 벗어나는 방법으로 세스가 홈스쿨링을 선택하도록 만들었다. 세스의 어머니는 소송을 제기했다. 그 후 2011년 9월 캘리포니아주에서는 피해 학생의 이름을 딴 일명 '세스법'이라고 하는 교내 집단괴롭힘방지법이 통과되었다. 이 법은 2012년 7월 1일부터 시행되고 있다.

성소수자 성인들은 개인적인 원조를 요청하는 경우에는 개개인의 목표가 달라질 수 있으나 성적 소수자들에 대한 차별 철폐와 인권보호를 위한 차별금지법 제정 및 옹호활동 등을 성적 소수자 단체들과 함께 해나갈 수 있을 것이다.

또한 A.A(Alcoholics Anonymous)처럼 성적 소수자들의 자조모임이나 그 가족들의 자조모임[6] 등을 활성화함으로써 가족들의 이해와 원조가 이루어질 수 있도록 하는 노력도 함께 기울여야 할 것이다.

사회적인 편견과 차별에 맞서기 위한 대표적인 사회복지실천은 옹호이다. 사회복지사가 클라이언트를 옹호하고자 할 때에는 클라이언트를 대신해서 말하고, 논쟁하며, 조종하고, 흥정하고, 협상한다. 직접 서비스 차원에서 옹호는 클라이언트가 받을 자격이 있지만 어떤 이유로 인해 받지 못하는 서비스나 혜택을 확보해야 할 때 필요하다. 서비스를 확보하기 위한 다른 기술들과 비교해 볼 때(의뢰/중개, 중재), 옹호는 반드시 직면이 활용된다. 사회복지사의 옹호는 다른 전문가나 기관들을 위협해야 할 경우도 있으므로, 이에 발생할 수 있는 위기들을 주의 깊게 고려한다. 다음은 옹호활동 시 고려해야 하는 지침들이다(Sheafor & Horejsi, 2008).

6) 동성애자인권연대는 2014년부터 매월 성소수자 자녀를 둔 부모모임을 운영하고 있다. (http://cafe.naver.com/rainbowmamapapa)

- 사회복지사는 클라이언트가 자신의 옹호자가 되기를 원하는지 확인한다. 클라이언트의 명백한 동의가 없거나 잠재적 유익과 위험 모두를 이해하지 못하면 옹호를 사용하지 않는다.
- 옹호가 사회복지사의 인간관계와 다른 기관이나 전문가와의 관계를 손상시킬 수 있음을 이해한다. 그리고 이렇게 손상된 관계가 앞으로 다른 클라이언트를 돕기 위하여 그들의 협력을 필요로 할 때 문제가 될 수 있음을 명심한다.
- 클라이언트를 옹호하고자 하는 의지가 클라이언트를 돕고자 하는 순수한 동기에서 출발한 것인지를 확인한다. 다른 전문가나 기관을 싫어하거나 자신의 세력을 확장하고자 하는 의도여서는 결코 안 된다.
- 성공적 옹호를 위해서는 고도의 대인관계기술과 감정이입이 필요하다. 상대방의 감정과 입장을 이해하도록 노력한다. 실제적이면서 부드러운 매너로 관심을 이야기하되 문제에 대하여 매우 관심이 많다는 것을 전달할 수 있는 억양으로 이야기한다. 대면접촉이 전화와 편지보다 항상 효과가 더 크다.
- 맞서야 하는 기관이나 조직의 대표와 이야기하기 전에 당신이 말하고자 하는 것과 질문하고자 하는 것을 정확하게 써 본다. 예를 들어, 왜 클라이언트가 원하는 서비스를 받을 수 없는지에 대한 설명을 정중하게 요구하면서 대화를 시작한다. 상대방의 대답도 써넣는다. 만약 대답이 전에 이해한 것과 다를 경우에 클라이언트와 문제에 대해서 논의하고 분명히 한다. 누구와 이야기를 했는지, 상대방의 대답과 대화한 시간과 날짜를 기록한다.
- 다른 기관의 내부 활동, 절차, 정책, 수급자격을 알고 있는 체하지 않는다. 다른 기관의 명령체계를 존중한다. 예를 들어, 일선 사회복지사와 이야기하기 전에는 슈퍼바이저와의 면담을 요구하지 않는다. 또한 슈퍼바이저와 이야기하기 전에는 행정가와의 면담을 요구하지 않는다.
- 수집한 정보를 통해 기관이 필요한 서비스를 제공해야 하거나 혹은 기관에서 원하지만 기술이나 정책상의 문제 때문에 서비스를 제공할 수 없다면 호소방법과

문제에 대해 접촉해야만 하는 사람에 관한 정보에 대해 대표자에게 질문한다. 만일 최고 행정가, 이사회, 혹은 입법위원회가 클라이언트가 직면한 어려움에 대한 정보나 자문을 줄 수 있다면 신중히 요청한다. 이때 절제된 방법으로 분노를 표현하는 것도 고려해 본다.

- 서비스 원조를 호소하는 과정을 추진하고자 할 때 클라이언트의 욕구와 필요한 서비스를 획득하기 위해서 단계별로 시도했던 일에 관한 상세한 서류를 준비한다. 이름, 날짜, 모든 대화내용 등의 목록을 만든다. 주고받은 모든 서신들을 복사해서 포함한다.

CHAPTER 06

통합적 방법과 생태체계 관점

1. 통합적 방법
2. 생태체계 관점

CHAPTER 06
통합적 방법과 생태체계 관점

사회복지실천을 바라보는 시각을 가리키는 용어에는 관점, 이론, 모델, 접근, 방법 등의 용어가 혼용되고 있는데, 각 용어가 의미하는 바에 대해 살펴보고 이 장에서 사용하게 될 용어들을 먼저 정리해 보고자 한다.

쉐퍼 등(Sheafor et al., 1997: 84)에 따르면, 사회복지사는 실천에서 다양한 관점, 이론, 모델을 활용한다. 실천관점(perspective)은 인간행동과 사회구조를 바라보는 개념적 렌즈로 볼 수 있고, 개입전략을 선택하는 데 안내자 역할을 한다. 카메라 렌즈처럼 실천관점은 배경이 되는 현상과 특정 현상을 확대하거나 초점을 둔다. 실천이론(theory)은 어떤 행동이나 상황에 대한 설명과 어떻게 그런 행동이 변화될 수 있는지에 관한 폭넓은 지침을 제공한다. 대부분의 실천이론은 하나 혹은 그 이상의 일반이론에 뿌리를 두고 있다. 예를 들어, 심리사회이론은 정신역동이론과 자아심리학에 그 뿌리를 두고 있다. 실천모델(model)은 어떤 개입을 안내하기 위해 사용되는 개념과 원리를 종합해 놓은 것이다. 실천이론과 대조적으로 모델은 행동에 대한 설명에 얽매이지 않는다. 위기개입은 실천이론이라기보다 실천모델로 보는데, 왜냐하면 이것은 위기상황에 대한 어떤 한 가지 설명에 얽매이지 않기 때문이다. 모델은 어떤 한 분야에서 빌려온 개념적 준거틀을 다른 분야에 적용할 때도 사용되는데, 의료적 모델, 법률적 모델과 같은 용어가 그런 식으로 사용된 것이다.

한편, 접근(approach)은 실천에 대한 관점, 즉 실천에 관해 그리고 실천을 하는 방식을 말한다. 접근은 그것을 사용하는 사람의 독특한 스타일, 판단, 자기의 활용(use of self)에 따라 변화될 수 있는 유연하고 개방적인 개념이다(Lee, 2001: 31-32). 접근은 그것이 선택된 전문적인 목적, 가치, 이념, 개념, 지식, 방법에 근거한다. 반면 이론은 사고체계이자 검증가능한 틀이며 현상을 설명하고 예측할 수 있다. 모델은 우리가 무엇을 해야 할지를 이해하는 데 도움을 준다(Turner, 1996).

지금까지의 논의를 종합해 보면 관점은 이론보다 더 넓은 개념으로, 이론은 모델보다 더 넓은 개념으로 보는 것이 타당할 것이다. 또한 접근도 이론보다 더 넓은 개념으로 볼 수 있다. 여기서 넓다는 것은 구체적이지 않다는 의미를 내포하고 있다. 즉, 관점이나 접근은 어떤 현상이나 대상으로 바라보는 시각 자체를 나타내므로, 구체적인 설명이나 지침을 제공해 주지는 못한다. 접근과 관점은 유사하게 사용되는 것으로 보아도 무방할 것이다. 따라서 이 장에서는 생태체계 관점, 강점 관점, 임파워먼트 관점과 같이 인간과 환경을 바라보는 시각, 개입의 지향점을 제시해줄 때는 관점이라는 용어를 사용하고, 일반체계이론, 생태학이론과 같이 어떤 현상에 대한 설명이나 예측을 제시해 주는 경우에는 이론이라는 용어를 사용하였다.

방법(method)은 “어떤 일을 해 나가거나 목적을 이루기 위하여 취하는 수단이나 방식”을 뜻하는 것으로(국립국어원), 사회복지실천의 전통적 방법인 개별사회사업, 집단사회사업, 지역사회조직은 사회복지실천의 대상이 각각 개인, 집단, 지역사회로 차이를 보였기 때문에 방법으로 표현되는 것이 타당하다. 이와 같은 맥락에서 통합적 방법(integrated method)이라는 용어는 전통적 방법과 다른 새로운 사회복지실천 방식이라는 측면에서 사용되었으며, 통합적 방법은 다양한 관점, 이론에서 활용될 수 있다. 예를 들어, 생태체계 관점은 인간과 환경, 인간-환경 상호작용을 이해하고 개입하기 위해 통합적 방법을 선호한다.

1 통합적 방법

바커(Barker, 1987)는 통합적 방법(integrated method)을 개인, 가족, 집단, 지역사회에 봉사하는 데 쓰이는 개념과 기술을 모으는 높은 수준의 전문지식과 숙련된 기술 등의 사회복지실천을 말한다고 정의하였다. 통합적 방법론을 사용하는 사회복지사는 일반주의 시회복지사(generalist)보다 더 우월하게 간주되거나 기본적인 개별사회사업(caswork), 집단사회사업(group work), 지역사회조식(community organization)의 지식과 기술을 간단하게 결합시키는 사람으로 간주된다.

1) 일반주의 사회복지실천과 전문가주의 사회복지실천

통합적 방법에 대해 이해하기 위해서는 먼저 일반주의 사회복지사와 전문가주의 사회복지사에 대해 이해할 필요가 있다. 일반주의 사회복지사(generalist)란 광범위한 지식과 기술을 지니고 문제를 사정하고 이들을 포괄적으로 해결하는 사회복지사를 말한다. 일반주의 사회복지실천(generic social work)은 사회적 서비스의 제공과 관련된 지식과 기술의 공통적인 핵심을 강조하는 사회복지실천의 한 방향이다. 일반주의 사회복지사는 여러 가지 방법과 관련된 기초 지식을 갖추고 있으며, 반드시 실제 또는 전문적인 기술의 한 분야에서 전문가인 것만은 아니다. 이들은 클라이언트에게 필요한 폭넓은 분야의 서비스를 제공하고 관리할 수 있어야 하고 더욱 다양한 체계에 개입할 수 있어야 한다. 반면, 전문가주의 사회복지사(specialist)는 가치지향이나 지식이 특정 문제에 집중되어 있고, 특정 활동에 대한 기술적인 전문성과 기법이 고도로 발달되고 세련된 사회복지실천가를 말한다(Barker, 1987).

1920년대 이후 사회복지사들 사이에서는 이른바 일반주의-전문가주의 논쟁(generic-specific controversy)이 벌어졌다. 한 분파(전문가주의 지향)에서는 사회복지사 집단을 전문직에 대해 한 분야의 지식 및 상당한 훈련과 숙련된 실제를 요구하며 모든 분야의 사회복지 욕구 중 특수하고 상대적으로 좁은 분야에 적용하는 대단히 세련된 전문기술을 각각 지닌 다른 전문가 집단의 절충으로 간주하였다. 한편, 다른 분파(일반주의 지향)에서는 전문 사회사업을 거시적 지향(macro orientation)을 지니고 서비스를 개발하고 통합하며 그것과 사람들을 서비스 연결(channeling)하는 사람들인 일반주의 사회복지사로 보아야 한다고 주장하였다. 또한 사회복지사가 다양한 환경 내에서 효율적일 수 있도록 사회복지실천기술은 하나의 전공으로부터 또 다른 전공에 이르기까지 충분히 유사성을 지니고 있어야 한다고 믿었다. 1929년 밀포드 회의(Milford Conference)가 그 논쟁을 해결하려고 소집되었지만, 대부분의 사회복지사들은 이들 극단 사이의 어딘가에 속하여 그들 나름대로의 입장을 취한 바 있다.

이처럼 일반주의 사회복지사와 전문가주의 사회복지사에 대한 논의는 사회복지실천 내에서 아직 어느 한쪽으로 결론이 내려지지 않은 사안이며, 분야에 따라 일반주의 사회복지실천이 선호되기도 하고, 전문가주의 사회복지실천이 선호되기도 한다. 우리나라의 사회복지현장을 예로 들면, 일반주의 사회복지실천이 선호되는 대표적인 현장은 지역사회복지관을, 전문가주의 사회복지실천이 선호되는 대표적인 현장은 학교사회복지현장이나 의료사회복지현장을 들 수 있을 것이다.

2) 전통적 방법과 통합적 방법

전통적 사회복지실천방법은 크게 개별사회사업, 집단사회사업, 지역사회조직으로 나누어진다. 개별사회사업(casework)은 일대일로 개인·사회 문제를 해결하도록 개인을 돕는 데 목표를 두는 방법으로 클라이언트가 환경에 적응하거나 클라이언트에게 악영향을 미치는 특정 사회적·경제적 압박을 변화시키도록 돕는 활동이라 할 수 있다. 개별사회사업은 직접 대인서비스를 제공하는 대부분의 사회복지기관에서 이루어지는 미시적 수준의 사회복지실천방법이다. 집단사회사업(group work)은 집단활동을 통해 개인의 지적 · 정서적 · 사회적 발달을 촉진하며, 넓은 의미에서 개별사회사업이나 집단치료와 달리 치료적인 것은 아니다. 집단사회사업은 사회화 집단, 정보교류 집단, 레크리에이션 집단 등 집단 목적에 따라 다른 형태를 지닌다. 지역사회조직(community organization)은 지역사회가 지역사회의 건강과 복지, 여가선용 욕구를 제공하려는 노력들을 평가, 계획, 조정하도록 자극하고 지원하는 활동이다. 지역사회조직가는 시민의 참여를 유도하고, 기관 간, 집단 간의 노력을 조정하며, 관계 형성, 조사, 계획, 인적자원 개발 등의 활동을 하며, 지역사회행동을 자극하고 격려하는 촉진자로서 활동한다(Zastrow, 2010).

사회복지실천에서 통합적 방법이 등장하게 된 배경에는 개별사회사업, 집단사회사업, 지역사회조직 등으로 분화된 전통적 방법이 지닌 문제점을 해결하고자 하는 노력도 포함된다. 첫째, 전통적 방법은 그것이 형성, 발달하여 체계화된 그 어느 단계에서도 모든 문제의 해결 완화에 이바지한 것이 아니라, 극히 제한된 특정 문제에만 적용할 수밖에 없었고, 사회 변화에 따라 발생하는 새로운 복잡한 문제들에 대해서는 이러한 방식으로는 도저히 해결할 수 없는 상황에 이르게 되었다. 둘째, 전통적 방법이 너무 분화, 전문화되어 왔기 때문에 서비스의 파편화 현상을 초래하며 또 다양한 문제와 욕구를 가지고 있는 클라이언트에게 다양한 기관이나 사회복지사들을 찾아다녀야 하는 부담을 주게 됨으로써 사회복지사가 클라이언트에게 최선의 서비스를 제공할 수 없게 되었다. 셋째, 전문화 중심의 교육훈련이 사회복지사들의 분야별 직장 이동에 도움이 되지 않았다는 점과 넷째, 공통 기반을 전제로 하지 않은 분화와 전문화가 각각 별개의 사고와 언어 및 과정을 보여줌으로써 사회복지전문직의 정체성 확립에 장애가 되었다는 점을 들 수 있다(Briar & Miller, 1971).

이러한 배경에 따라 통합적 방법에 대한 관심과 시도가 나타나기 시작하였고, 미국사회복지사협회가 1958년 출간한 〈사회복지실천의 작업 정의〉 보고서를 출발점으로 사회복지실천의 통합적 방법론에 대한 관심이 확대되기 시작하였다. 오늘날 사례관리(case management)라고 하는 사회복지실천방법은 통합적 방법을 보다 구체화된 형태로 다양한 사회복지 영역에서 구현하는 것으로 볼 수 있다. 그러나 과거 통합적 방법이 클라이언트를 사정하고 개입하는 데 있어 다양한 지식과 가치 기반을 활용하는 것과 같은 인식(paradigm)의 전환을 강조했다면, 사례관리는 클라이언트의 다양한 욕구에 대응하고 서비스를 연계, 조정하는 기술(skill)적 요소에 좀 더 치중하고 있는 것이 차이점이라 할 수 있다.

3) 통합적 방법의 특성

다시 통합적 방법에 대한 논의로 되돌아가 보면, 통합적 방법에 따른 실천은 앞서 살펴본 일반주의 사회복지실천보다 더 우월하게 간주될 수 있으며, 때로는 개별사회사업, 집단사회사업, 지역사회조직의 기술을 결합하는 '전문' 사회복지실천방법을 말한다. 따라서 통합적 실천과 일반주의 사회복지실천을 혼동해서 사용하지 않도록 주의해야 하며, 통합적 방법은 단순히 개별사회사업, 집단사회사업, 지역사회조직을 합친 개념으로 보아서도 안 된다.

미국사회복지사협회(NASW, 1995)가 발간한 《사회복지대백과사전(Encyclopedia of social work)》(제19판)에 따르면, 통합적 방법은 총체적 관점(holistic perspective)과 맥을 같이 한다. '총체성(holism)'은 전체(the whole)를 구성하는 부분들이나 수준들의 전부(all)에 대한, 그리고 그들의 상호의존 및 관계에 대한 감수성을 지닌 균형적 감각에서의 완전성(totality)을 말한다. 스무트(Smut, 1926)는 《총체성과 진화(Holism and evolution)》라는 저서에서 총체성을 철학적 이론으로 소개한 바 있다. 그는 '총체성(holism)'이란 단어를 완전한, 전적인, 전체의 등의 뜻을 가진 그리스어 'hole'에서 그 어원을 찾았다. 스무트는 총체성을 부분의 합보다 큰(1+1>2) '전체(wholes)'로 설명하고, 부분과 전체 사이에는 기능적이고 유기적인 관계가 존재한다고 보았다.

인간행동에 관한 의료모델 대 체계모델

1920년대부터 1960년대까지의 대부분의 사회복지실천프로그램은 인간행동을 사정하고 변화시키기 위해 의료모델을 활용하였다. 이 접근은 프로이트(Sigmund Freud)가 개발했고, 클라이언트를 '환자'로 간주한다. 서비스를 제공하는 과업은 먼저 환자의 문제 원인을 진단한 다음 치료를 수행하는 것이었고, 환자의 문제는 환자 내부에 있는 것으로 보았다.
1960년대에 들어서면서 사회복지실천에서는 의료모델의 유용성을 의심하기 시작하였다. 내부 요소가 클라이언트의 문제를 일으키는 만큼이나 환경 요인들이 중요한 것으로 드러났다. 개선 방안으로 클라이언트에게 유익이 되는 '체계'를 변화시키는 데 주목하였다. 체계모델에서는 클라이언트 생활의 복잡함과 상호 관계를 사정하기 위해 클라이언트가 드러내는 문제를 총체적으로 보아야 함을 강조하였다(Zastrow, 2010: 34-35).

통합적 관점을 특징짓는 필수적인 요소들은 다음과 같다(McMahon, 1995). 이 다섯 가지 요소들은 사회복지사가 다양한 차원에서 서비스를 제공할 때에 상호 배타적으로 작용하는 것이 아니라 상호 연결되고 중복된다.

① **생태체계 관점**: 환경 속의 인간(Person in Environment: PIE)이라는 관점 아래 사람과 그의 환경은 생존을 위해 교환과 상호작용을 하며, 대부분의 스트레스나 문제는 사람과 환경이 만나는 경계선에서 발생한다.

② **문제 초점**: 여기서 문제란 병리적이거나 부정적인 상황을 가리키는 것이 아니라, 전체 문제해결과정에서의 일차적인 초점이자 위협을 뜻하며, 쟁점, 욕구, 현안, 어려움 등에 해당하는 광범위하고 포괄적인 개념이다.

③ **다차원적 접근**: 사회복지사는 일대일의 미시적 수준의 실천에서부터 집단을 대상으로 하는 중범위 수준의 실천, 지역사회, 조직, 제도와 사회와 같은 거시적 수준의 실천까지 다양한 차원에서 일한다. 또한 사회복지사는 클라이언트체계, 행동체계, 표적체계 등 다양한 체계와 일하기도 한다.

④ **이론과 개입의 개방적 선택**: 이것은 사회복지사가 특정한 이론적 접근에만 전문화되어 있지 않다는 것을 의미한다. 사회복지사가 사정하고 개입하는 데 사용하는 이론들은 문제의 초점에 따라 다양하다. 문제가 보다 전문화된 접근을

필요로 하는 상황일 경우라면 전문사회복지사에게 의뢰한다.

⑤ **문제해결과정**: 사회복지 교육과 실천에서 사용되는 저서들에 따르면, 사회복지 실천은 연속적인 과정이다. 그 과정이 반드시 나열된 순서에 따라 진행되는 것은 아니며, 진행 중에 한 단계 이상이 동시에 발생하기도 한다. '과정'이란 일련의 문제가 해결되고 새로운 문제들이 나타남에 따라 되풀이하여 계속되는 일종의 주기적인 활동이다.

이러한 요소들을 토대로 통합적 관점의 모습을 그림으로 나타내면 다음과 같다.

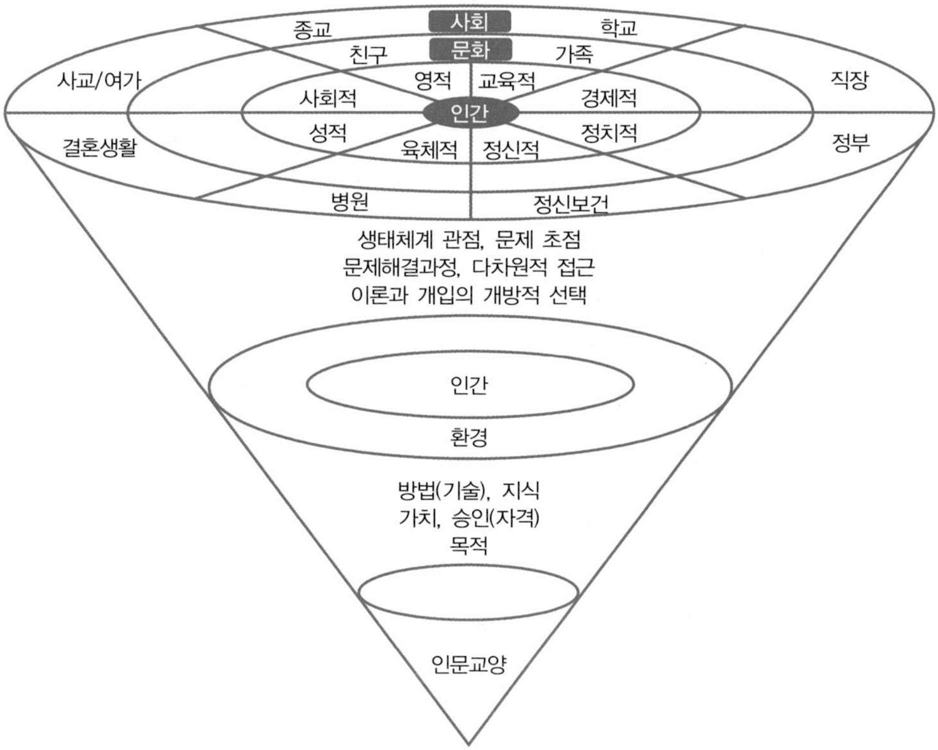

▌그림 6-1▌ 통합적 관점

출처: McMahon (1995). p. 43. 그림 2-1에서 일부 수정

[그림 6-1]에서 가장 아래쪽에 위치하고 있는 인문교양과 바로 위의 방법(기술), 지식, 가치, 승인(자격), 목적 그리고 "환경 속의 인간" 관점으로 이루어진 사회복지실천의 토대는 점차 수정, 발전, 확장되었다. 사회복지실천의 목적은 환경 속에 있는 개인, 가족, 집단 및 지역사회의 사회적 기능을 향상시키는 것이다. 사회복지실천을 인정하는 권위는 정부(법률), 인간대상기관, 전문직, 클라이언트에 의해 승인된다. 사회복지의 가치는 인간의 존엄성 존중, 민주적인 사회, 실천원리, 윤리강령 등으로 지킬 수 있다. 사회복지사들이 자신의 책무를 행동으로 옮기기 위해서는 인간과 환경에 대한 지식과 기술(방법)을 겸비해야 한다. 지식에는 사회와 인간발달에 대한 다양한 이론들이 포함되며, 기술(방법)에는 정치적 기술, 문제해결기술, 인간관계기술, 그밖에 기록, 조사, 팀워크를 위한 전문적 기술들이 포함된다(McMahon, 1995: 32 참조).

통합적 사회복지실천은 앞서 설명한 통합적 관점의 다섯 가지 필수요소인 생태체계 관점, 문제 초점, 문제해결과정, 다차원적 접근, 이론과 개입의 자유 선택을 기반으로 인간과 환경의 다양한 측면을 고려한다. 먼저, 인간을 중심으로 살펴보면, 인간에게는 영적, 교육적, 경제적, 정치적, 심리적, 신체적, 성적, 사회적 측면이 존재한다. 통합적 사회복지실천에서는 한 개인의 특정한 측면에만 주목하지 않고, 개인의 다양한 측면을 고려한다. 인간의 둘러싼 환경은 크게 문화와 사회로 구분하였다. 문화에는 인간이 직접적으로 부딪히는 환경이라 할 수 있는 가족, 친구 등이 포함된다. 사회에는 인간이 간접적으로 경험하는 환경이라 할 수 있는 제도 및 서비스들이 포함된다. 학교, 직장, 정부, 정신보건, 병원, 결혼생활, 사교/여가, 종교 등이 해당한다. 이러한 환경은 시대에 따라 변화될 수 있으며, 통합적 사회복지실천을 할 때도 이러한 변화를 고려해야 한다. 예를 들어, 과거에는 중요하게 고려되지 않았던 전자통신환경이 현대에는 중요한 환경 요소로 고려될 필요가 있다. 정보를 습득하거나 여가를 즐기는 중요 방식 중 하나로 컴퓨터나 휴대폰이 사용되고 있기 때문이다.

2 생태체계 관점

일반체계이론과 생태학이론을 합친 생태체계 관점(ecosystems perspective)을 정교화시키는 데 기여한 대표적인 학자는 지터만(Alex Gitterman)과 저메인(Carel B. Germain)이다. 이 두 학자는 1980년대부터 2000년대 초반에 이르기까지 수많은 단독 저작과 공동 저작을 통해 생태체계 관점과 이를 반영한 사회복지실천모델인 생활모델을 발전시키는 데 기여하였다. 생태체계 관점은 현대 사회복지실천의 기본 틀로 사용되고 있으며, 그 기본 개념으로 '환경 속의 인간(person-in-environment)'을 강조한다. 이 절에서는 먼저 '환경 속의 인간' 개념에 대해 알아본 후, 일반체계이론의 내용과 생태체계 관점의 내용을 살펴보고자 한다.

1) 환경 속의 인간

1917년 메리 리치몬드(Mary E. Richmond)는 《사회진단(Social Diagnosis)》이라는 책에서 사회복지사가 단지 '좋은 일을 하는(doing good) 사람'이 아니라 전문가로 인정받기 위해서는 사회복지사가 제공하는 서비스를 측정하고 그 기준을 제시할 수 있어야 한다고 하였다. 또한, 사회복지사는 사회적 어려움과 사회적 욕구를 가지고 있는 사람들이 가지고 있는 욕구를 충족시키는 방식을 고민하기에 앞서 그 자신과 그가 겪는 어려움에 대해 알아야 한다고 보았다. 문제는 사람들의 어린 시절, 연령, 질병, 착취, 기회 상실 등 '사회적 관계 속에서의 한 인간(one individual in his social relationships)'과 동떨어져 이해될 수 없다는 것이다(Richmond, 1917: 25-26).

메리 리치몬드의 이와 같은 시각은 사회복지직의 전문성을 경험적으로 입증해야 한다는 주장뿐 아니라 오늘날 사회복지실천의 기본 개념인 '환경 속의 인간' 개념을 함축하고 있었던 것으로 평가된다. '환경 속의 인간' 개념은 한 인간을 이해하고 전문적으로 원조하기 위해서는 그 자신은 물론 그를 둘러싼 환경에 대한 이해를 동반해야 함을 의미한다. 이후 '환경 속의 인간' 개념은 사회복지실천을 지배해 왔고, 해를 거듭하면서 수없이 정의되어 왔다.

고든(Gordon, 1969)은 사회복지실천의 주요 초점은 전통적으로 생활환경 속의 사람(person-in-life-situation)에 주어져 왔으며, 이는 사람과 환경에 대해 동시에 이중초점(dual focus)을 유지하는 것이라고 보았다. 사회복지실천의 주요 초점은 사람과 환경 간에 조화를 이루어내는 것이며, 사람이 환경에 적응하고자 하는 욕구를 잘 충족할 수 있다면 어떤 방법이나 도구를 쓰든 무방하다고 보았다.

바틀렛(Bartlett, 1970: 116)은 사회복지실천은 사회적 기능 수행(social functioning)에 초점을 두어야 하며, 이것은 "사람들의 대처 활동과 환경으로부터의 요구 사이의 관계"라고 보았다. 바틀렛에게 사회적 기능 수행은 단순히 개인의 기능이나 사회적 집단, 체계의 기능이 아니라 사람들 간에 그리고 사람과 환경 간의 상호작용과 교류를 의미하였다. 따라서 사람과 환경은 하나의 통합된 개념으로 사용되어야 하며, 사회복지사는 '환경 속의 인간(person-in-environment or person-in-situation)'을 분리되지 않는 하나의 단어로 사용해야 한다는 것이다.

미국사회복지사협회 실천헌장에서도 "사회복지실천의 목적은 모든 사람의 삶의 질을 향상시킴으로써, 개인과 사회 간의 상호 유익한 상호작용을 증진시키는 것"이라고 규정한 바 있다(NASW, 1981: 6). 미국사회복지사협회 실천헌장의 구체적 내용은 다음과 같다.

미국사회복지사협회 실천헌장

사회복지사는 상호작용에서 환경과 인간(person-and-environment)에 초점을 두어야 한다. 이러한 목적을 달성하기 위해서 사회복지사는 사람들과 다음과 같은 활동들을 해야 한다.

- 환경 내에서 개인과 다른 사람 간의 상호작용을 촉진시킨다.
- 사람들이 자신의 유능감을 확대시키고 문제해결능력과 대처능력을 증가시키도록 도와준다.
- 사회적, 환경적 정책에 영향을 미친다.

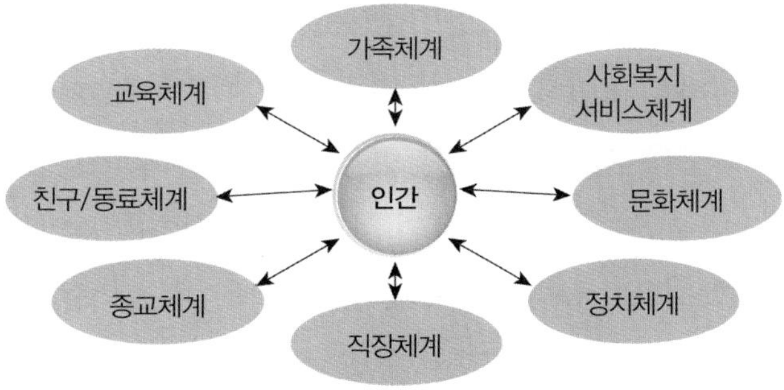

【그림 6-2】 '환경 속의 인간' 개념도

이와 같이 '환경 속의 인간' 개념은 단순히 인간뿐 아니라 환경에도 주의를 기울여야 한다는 차원을 넘어 인간과 환경은 떼려야 뗄 수 없는 관계로서 서로 영향을 주고받기 때문에 하나의 개념으로 묶어서 이해해야 한다는 의미를 내포하고 있다. 즉, A라는 사람을 이해하기 위해서는 A의 환경, A의 가족, 친지, 직장, 거주지역 등에 대한 이해가 필요하고, A의 환경을 변화시키는 일은 A를 변화시키는 사회복지실천의 일부가 되는 것이다.

칼스와 완드레이(Karls & Wandrei, 1994)는 '환경 속의 인간' 개념을 활용하여 클라이언트가 경험하는 사회적 기능수행문제를 사정할 수 있는 체계를 개발하였다. PIE 체계(PIE Manual)는 미국정신의학협회가 정신병을 진단하기 위해 개발한 DSM (Diagnostic and Statistical Manual for Mental Disorder) 체계처럼 사회복지사가 클라이언트의 사회적 기능 수행 정도를 사정하는 데 필요한 기준으로 활용될 수 있다. PIE 체계는 다음의 네 가지 요소를 가지고 있다.

- **요소 1**: 사회적 기능수행 문제, 유형, 정도, 지속기간, 대처능력
- **요소 2**: 환경문제, 정도, 지속기간
- **요소 3**: 정신건강문제
- **요소 4**: 신체건강문제

요소 1과 요소 2는 사회복지실천의 주요 초점이고, 요소 3과 요소 4는 타 전문직의 분류작업을 사용하여 정신적, 신체적 문제를 확인하는 내용이다. 이 네 가지 요소는 모두 클라이언트를 원조하기 위한 전체적인 그림을 그리는 데 필요하다.

요소 1에서 사회복지사는 클라이언트의 사회적 역할문제를 확인하고 부호화한다. 일반적으로 한 가지 이상의 문제가 확인된다. 사회복지사는 또한 각 문제의 유형과 그 문제로 인해 야기된 어려움의 정도, 그리고 그 문제를 다루기 위한 클라이언트의 대응능력을 확인하고 부호화한다. 요소 2에서 사회복지사는 요소 1에 영향을 미치는 환경조건과 영향을 미치는 정도, 각 문제가 야기한 어려움의 정도, 그리고 각 문제의 지속기간을 확인한다. 요소 2의 문제 역시 한 가지 이상이 될 수 있다.

요소 3은 사회복지사가 클라이언트에 대한 이해, 향후 진행될 개입과 관계있는 현재의 정신적, 성격적 혹은 발달상의 장애 혹은 상태를 표시하도록 한다. DSM 체계 중 축 1, 축 2가 활용될 수 있다. 요소 4는 클라이언트의 사회적 역할수행과 환경문제에 대한 이해 및 유지에 관련 가능성이 있는 현재의 신체장애 혹은 현재 상태를 표시하도록 한다. DSM 체계 축 3의 내용을 참조할 수 있고, 미국보건복지국에서 활용하는 ICD 체계를 활용할 수도 있다. 요소 4의 내용을 표시할 때, 사회복지사는 신체적인 병을 진단내릴 수 없기 때문에, 반드시 그 답변의 출처를 기록해야 한다. 예를 들어, 사회복지사는 요소 4에 당뇨병(클라이언트), 천식(의사 A)라고 기록할 수 있다. 또는 천식(의사 A), '클라이언트는 아무런 신체질환이 없다고 했음'이라고 쓸 수도 있다.

2) 일반체계이론

일반체계이론(general systems theory)은 체계의 구성요소들과 이것들의 하부체계(subsystem)를 평형상태(equilibrium)로 유지하고 안정시키려는 통제수단 간의 상호작용을 인지함으로써 사람과 사회집단의 행동을 전체론적으로 설명하려는 개념상의 정립을 말한다. 경계(boundaries), 역할(role), 관계(relationship) 및 사람들 사이의 정보교환의 통로와 관련되어 있으며, 미생물로부터 사회집단까지 생존물에 초점을 둔 체계이론(systems theories)의 한 부류이다(Barker, 1987).

일반체계이론은 버탈란피(Bertalanffy, 1967)에 의해 처음으로 소개되었다. 버탈란피는 그의 저서 《일반체계이론(General system theory)》에서 물질대사와 성장에 관한 실험적인 작업과, 다른 한편으로 유기체 프로그램을 구체화시키는 작업을 수행하는 동안에 우연히도 유기체가 개방체계이며 이에 관한 이론이 존재하지 아니한다는 매우 단순한 사실을 발견하게 되었고, 이러한 단순한 사실에 근거하여 일반체계이론을 발전시키게 되었다고 서술하고 있다. 이후 체계 개념은 열역학, 사이버네틱스, 물리화학 분야는 물론 교육학, 사회학, 심리학, 인류학, 역사학 등에도 적용하여 인간행동과 사회 및 문화현상까지 설명하는 데 활용되었다. 사회복지학 역시 일반체계이론의 개념을 받아들이면서 인간과 환경이라는 이중초점(dual focus)을 유지하면서 개입할 수 있는 이론적 근거를 마련하게 되었다.

(1) 일반체계이론의 주요 개념

일반체계이론의 몇 가지 특징 및 개념을 소개하면 다음과 같다(Bertalanffy, 1967; Payne, 1997; Meyer, 1988; NASW, 1998에서 일부 재인용).

첫째, '체계(system)'란 상호관계를 맺고 있는 일련의 요소들이다. 체계는 '경계(boundaries)'를 갖는다. 경계는 체계(system)가 어떻게 분류될 수 있는지를 규정한다. 경계는 물리적 공간에서 그려질 수도 있지만, 어떤 사람을 중심으로 하나의 원을 그리면서 개념적으로 '그려질' 수도 있다. 물리적 경계선은 보통 명확하다. 예를 들어, 집 안과 집 밖의 경계는 명확하다. 그러나 개념적인 경계는 그것을 그리는 사람의 판단과 관련된다. 예를 들어, A라는 사람의 가족을 하나의 경계 기준으로 잡았을 때, 현재 동거하는 가족만을 포함시킬 것인가 아니면 동거하지 않는 가족구성원 모두를 포함시킬 것인가는 그것을 그리는 사람의 판단에 달려 있다. 따라서 경계를 결정하는 기준은 클라이언트와 클라이언트와 관련된 사람들과 함께 공유될 필요가 있고, 사회복지사가 일방적으로 판단할 수도 없다.

둘째, 경계로 구분된 체계는 그 체계를 구성하는 작은 체계보다는 큰 상위체계이고, 그 체계를 둘러싼 더 큰 체계보다는 하위체계이다. 이러한 특성을 '홀론(holon)'이라고 한다. 홀론의 개념을 활용하면 하위체계의 변화가 상위체계로 번져나가고, 상위체계의 변화가 하위체계에도 영향을 미치는 파문효과가 자연스럽게 설명된다. 또한, 전체는 부분의 합보다 크다는 것(1+1>2) 혹은 그 자체로 또 다른 의미를 갖는 것을 '총체성(holism)'이라고 한다. 전체는 단순히 부분들 간의 집합이 아니라 부분들 간의 끊임없는 상호작용과 관계를 통해 이루어지기 때문이다. 만약 우리가 하나의 체계에 내포된 모든 부분들과 그 부분들 간의 관계를 알기만 한다면 그 체계의 형태와 내용을 유추해낼 수 있을 것이다.

셋째, 모든 유기체 혹은 생물체계의 경계는 침투성이 있어 환경과 에너지를 교환(상호작용)할 수 있다. 이러한 교환은 체계를 성장하게 하고 요소들을 분화, 발전시킨다. 다른 체계와 활발하게 상호작용하는 체계를 '개방체계(open system)'라 한다. 반대로 '폐쇄체계(closed system)'는 환경의 다른 에너지와 접근이 불가능하므로, 자체 에너지를 써야 하기 때문에 번창할 수 없다. 폐쇄체계는 다른 체계로부터 영향을 받거나 영향을 주는 일이 없이 외부로부터 단절되어 있는 체계이다. A라는 사람이 고립되어 집 밖에 나서기를 두려워한다면 그는 스스로 혹은 사회에 의해서 버려진 존재가 된다. 일반체계이론에서 이 현상은 '엔트로피(entrophy)', 즉 무질서하고 조직된 작업을 할 수 없는 상태에 도달했다고 표현된다. 반대로, 체계가 열려 있을 때는 체계는 자기가 쓰는 것보다 많은 에너지를 유입할 수 있다. 이것을 '역엔트로피(negentropy)'라고 하며, 체계 외부로부터 에너지를 가져옴으로써 이용불가능한 에너지가 감소된 상태를 뜻한다. 그런 후 체계는 정교하고 세분화되면서 더욱 심화된 복잡성으로 향하게 된다.

넷째, 체계는 요소들 간의 관계가 변하더라도 그 구조와 성격은 유지하려고 한다.

예를 들어, 가족 치료에서 하위체계는 변하지 않아도 부모들의 행태는 변할 수 있다. 구조를 보존하려는 필요 때문에 체계는 안정 상태를 유지하면서 변화에 저항하는 경향이 있다. 이것은 '항상성(homeostasis)'이라고 한다. 항상성은 환경과의 상호교환을 계속하면서도 체계구조를 유지하려는 경향을 의미하며, '역동적 평형상태(dynamic equilibrium)'로 표현된다. 이것은 '정적인 평형상태(steady equilibrium)'와는 다른 의미이다. 정적인 평형상태는 폐쇄체계에 있어서 고정된 균형상태를 말하는 것으로, 환경과의 상호작용과 장애에 대한 회피가 거의 없는 것을 특징으로 한다. A라는 클라이언트의 대부분의 상호 관계가 친구 관계에서만 이루어지고, 가족 간의 상호작용은 전혀 없을 때 그의 평형상태는 균형을 잃을 수 있고, 계속해서 가족으로부터 고립될 때 A는 결국 와해될 수 있다(정적인 평형상태). 만약 A가 학교나 직장 등 다른 체계와의 상호작용을 시작하거나 가족 간의 관계 개선 등을 노력을 통해 새로운 에너지를 투입한다면, A는 점차 개방체계로서의 역동적 균형상태를 찾아갈 것이다. 그러나 만약 지나친 개입으로 A가 너무 많은 에너지를 한꺼번에 받아들이게 되면 A는 압도될 수 있으며 개입을 거부하게 될 것이다. 따라서 개입은 클라이언트가 변화를 받아들일 수 있는 준비가 되어 있을 때 서서히 이루어지는 것이 좋다.

다섯째, 체계요소는 서로 작용한다는 점에서 잠재적으로 '상호교환적(reciprocal)'이다. A의 가족이 그의 생활 속으로 돌아오면, A가 가족에게 영향을 미치듯이 A의 가족들도 A에게 영향을 미칠 것이다. 체계의 한 부분에서의 변화는 모든 부분에서의 변화를 생성한다. 사례의 한 국면이나 다른 국면에서의 개입은 어떤 형태로든지 항상 사례의 모든 요소를 통해 결과에 영향을 미친다. 이것은 상이한 최초의 상태로부터, 그리고 상이한 방법으로 특징적인 최종 상태를 향해 진행되는 경향, 즉 '동등결과성(equifinality)'이다. 이 동등결과성 개념은 사회복지사가 좀 더 접근하기 쉬운 분야에 개입함으로써 먼 부분에까지 영향을 미칠 수 있다는 것을 의미하기 때문에 매우 중요하고도 실용적인 의미를 가진다. 즉, A를 몰입된 친구 관계에서 끄집어낸다면 사회복지사가 A의 어머니와 직접 접촉을 하지 않아도 결국 어머니가 A와 상호작용할 수 있게 된다는 결론에 도달하게 된다. 동등결과성의 반대는 '다중결과성(multifinality)'이다. 다중결과성은 아이의 탄생이나 조심스럽게 개입을 시도하는 것과 같이, 사례에 유입된 단 하나의 사건이 여러 가지 결과를 낳는 것을 의미한다. 초기의 상태가 결과를 결정짓지 않는다는 인식은 의도하지 않은 결과에도 사회복지사는 세심한 주의를 기울여야 함을 상기시켜 준다.

여섯째, 체계가 작용하는 방식은 '투입(input)', '전환(transition)', '산출(output)', '피드백(환류, feedback)'으로 설명된다. 투입(input)은 경계선을 넘어 그 체계 내로 들어가는 에너지를 뜻한다. 전환(transition)은 그 체계 내에서 에너지가 이용되는 방식이다. 산출(output)은 한 체계의 경계선을 통해 밖으로 나간 에너지가 환경에 미치는 영향을 뜻한다. 피드백(feedback)은 체계가 정보와 에너지를 산출해 내고 그 정보와 에너지는 환경에 영향을 미치며, 다시 체계로 들어와 산출의 결과를 알려주는 과정을 뜻한다. 투입, 전환, 산출, 피드백의 과정을 그림으로 나타내면 [그림 6-3]과 같다.

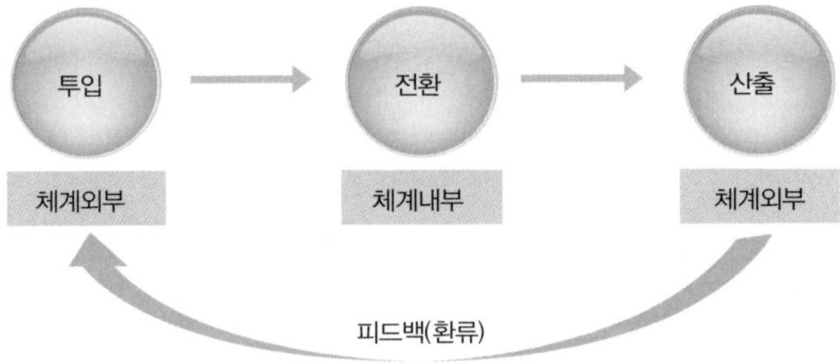

▌그림 6-3▌ 체계 작용방식

A와 사회복지사가 상담을 시작하는 것은 A라는 체계에 에너지가 투입되는 것으로 볼 수 있다. 상담이 계속되면서 A가 스스로 자신의 감정을 이야기하고, 다른 사람들과의 상호작용을 시도하는 등의 변화를 보이는 것은 전환과정으로 볼 수 있다. 결국 A가 고립된 삶에서 벗어나 가족과 함께 살게 된다면 그것을 산출로 볼 수 있으

며, 이것이 다시 A의 삶에 긍정적 영향을 미쳐 A가 새로운 직장을 구하게 된다면 새로운 투입이 될 수 있다. 만약 가족과 함께 살게 되면서 갈등이 발생하여 다시 A가 집을 나오기로 결정하게 된다면, 이것은 또 다른 투입이 될 수 있다. 이처럼 피드백은 반드시 긍정적인 방향으로만 작용하지 않으며, 부정적인 방향으로도 작용한다.

(2) 일반체계이론의 장단점

일반체계이론은 개별화와 심리학적 접근을 강조해온 전통적인 사회복지실천과는 전혀 다른 이론 양상을 보이며, 사회복지실천에 있어 몇 가지 장점을 가지고 있다(Payne, 1997에서 일부 참조).

첫째, 심리적인 접근보다는 환경변화를 더 강조한다. 이것은 환경에 대한 개입을 강조하는 사회복지실천의 정향(orientation)과 잘 맞아떨어진다. 둘째, 일반체계이론에서 체계들 간의 관계는 상호작용적이어서 내적인 사고와 감정보다는 한 사람이 다른 사람에게 미치는 영향을 강조한다. 이것은 심리 내적인 문제로 파고드는 심리학적 접근과 외부의 상황이 개인에게 미치는 영향을 간과하지 않는 사회복지실천 경향과 유사하다. 셋째, 작은 변화가 동일한 결과를 초래한다는 것, 같은 목표를 성취하기 위해서 여러 가지 방법들이 있을 수 있다는 것(동등결과성, 다중결과성)과 같은 개념은 사회복지사에게 유용한 개입의 방향을 제공한다. 넷째, 체계론적 접근은 개인, 집단, 지역사회에 대한 개입을 포함하는 단일화된(Goldstein, 1973), 통합적(Pincus & Minahan, 1973), 총체적(Hearn, 1969; Leighninger, 1978) 접근이며, 어떤 하나의 특정한 개입방법만을 강조하지 않는다. 이것은 사회복지실천이 지향하는 통합적 방법론에 따른 실천을 뒷받침한다. 다섯째, 동등결과성, 다중결과성은 다량의 에너지가 체계에 흘러 들어오면 체계가 얼마나 다양하게 영향을 받을 수 있는지를 보여주기 때문에, 우리가 어떠한 행동에 대하여 직선적이고 결정론적인 인과적 설명을 하지 않도록 해준다. 관계 패턴, 경계선의 공유 방식, 상호작용 등이 중요하게 작용한다.

한편, 일반체계이론의 한계점들도 일부 지적되고 있다. 대부분의 지적들은 사회복지실천 실무에서 일반체계이론을 적용했을 때 나타나는 문제점들이다.

첫째, 일반체계이론은 설명적이기보다는 해설적이기 때문에 이해하기 쉽고, 여러 수준의 사회와 개인행동들을 연결해 주는 새로운 방식으로 그 개념들을 기술한다. 그러나 왜 그런 일이 일어나는지, 왜 그런 관계가 존재하는지에 대해서는 설명하지 못한다. 따라서 측정이나 검증이 거의 불가능하다. 둘째, 일반체계이론은 무엇을 해야 할지, 어떤 지점에서 어떻게 체계에 영향을 주어야 할지 알려주지 못한다. 또, 우리는 체계의 각 부분들이 어떻게 상호작용할 것인지를 모르기 때문에, 개입의 영향력을 사실상 통제할 수 없다. 셋째, 일반체계이론은 지나치게 포괄적이다. 경계선을 정하기가 복잡하거나 불가능해 보이는 것도 있고, 실제 관계되어 있지 않은데 관계가 있을 것이라고 가정하는 것일 수도 있다. 이는 사회복지사들이 지나치게 광범위한 문제에 집중하도록 함으로써, 개인적인 소규모의 문제를 간과하게 할 수 있다. 넷째, 일반체계이론은 말 그대로 일반화된 이론이기 때문에, 어떤 특수한 상황에 적용하기가 어렵다. 반대로, 적용한다 해도 매우 다양한 방식이 가능하다. 같은 상황을 두고 A라는 사회복지사가 해석하는 방식과 B라는 사회복지사가 해석하는 방식은 다를 수 있고, 어느 것이 옳은지 판단하기도 어렵다.

3) 생태체계 관점

생태체계(Auerswald, 1968; Meyer, 1976)라는 용어는 생태학(DuBos, 1972)과 일반체계이론(Bertalanffy, 1967)이라는 두 개의 개념을 포함한다. 생태학은 유기체의 적응, 환경과 유기체가 역학적인 평형상태를 유지하면서 성장하는 방법 등에 관심을 두는 학문이다. 생태학은 자연환경은 물론이고 인간관계를 비롯한 인간환경에도 적용될 수 있다. 일반체계이론은 상호작용하는 요소들과 인간과 환경 같은 변수들 간의 체계적인 상호관련을 기술하는 일반과학이론이다. 일반체계이론에서는 한 사례

(case)는 경계선 안에 속해 있고, 어떤 체계적인 속성을 나타낼 때 그것들은 상호반응한다고 설명한다. 즉, 어떤 한 요소가 행동이나 사건에 영향을 받으면, 다른 요소가 반응하는데 그것은 두 요소가 체계적으로 연관되어 있기 때문이다(NASW, 1998).

인간생태학(human ecology)은 "인간과 그들의 경제적, 사회적, 정치적 조직 간의 공간적, 시간적 상호 관계"는 물론, "적응과 공학 실천을 통해 공기나 물과 같은 자연적 특징을 보전하는 것과 관련된 인간 사회와 인구"에 대한 학문이다(웹스터사전, 2003). 브론펜브레너(Bronfenbrenner, 1977)는 《인간발달생태학(the ecology of human development)》이라는 저서에서 인간발달 분석에 '생태적 체계(ecological systems)'라는 용어를 처음으로 사용하였으며, 저메인과 지터맨(Germain & Gitterman, 1980)은 브론펜브레너의 생태적 체계(ecoloigical systems) 혹은 생태체계(ecosystems) 개념을 사회복지실천에 가져와 생활모델(life model)을 개발하였다.

생물과학자들은 생태체계를 "생태적 단위로서 기능하는 유기체와 그 환경의 공존 복합체(the complex of a community)"로 정의한다(웹스터사전, 2003). 사회복지사들은 동일한 일반적 의미를 취하되 이것을 심리, 사회적 요소에 적용한다. 생태체계 관점은 사회복지사가 사례와 관련된 체계들에 관심을 기울이게 하고, 개입에 대한 어떠한 편견도 없이 다양한 이론을 현상에 적용하도록 도와준다(Barker, 2003; Compton et al., 2005: 38-39에서 재인용). 사회복지실천에 생태체계 관점을 적용했을 때의 주요 특징은 다음과 같다(Allen-Meares & Lane, 1987).

① 환경을 이해함에 있어 서로 떨어져 있는 것이 아니라, 연속적이고 서로 얽혀 있는 환경-행동-사람 전체로 구성된 복합체로 바라본다.
② 사람, 행동, 환경 간의 상호 의존성(mutual interdependence)이 강조된다.
③ 체계 개념은 생태계 전체 내에서 복잡한 상호 관계를 분석하는 데 사용된다.
④ 행동은 공간 특화된(site-specific) 것으로 인식해야 한다.
⑤ 사정과 평가는 온전하고, 건드려지지 않은 상태의 자연적인 유기체-환경체계에 대해 자연주의적이고 직접적인 관찰을 통해 이루어져야 한다.

⑤ 생태체계 내의 부분들 간의 관계는 서열화(orderly)되어 있고, 구조화(structured)되어 있고, 합법적(lawful)이며, 결정론적(deterministic)이다.
⑥ 행동은 사람과 다층적 환경 간의 간접교류(mediated transactions)로부터 나온다.
⑦ 행동과학의 주요 과제는 환경, 행동 그리고 행동-환경 간의 관계에 대한 분류체계를 개발하고 자연 세계에서 그들이 어떻게 나타나는지를 판단하는 것이다.

위의 생태체계적 관점을 그림으로 나타내면 [그림 6-4]와 같다. 일반체계이론과 생태학이론이 생태체계관점으로 통합되면서, 경계와 항상성, 홀론 등과 같은 일반체계이론의 주요 개념 외에도 상호교류와 적응, 적합성 등의 생태학이론에서 나온 개념을 함께 활용하여, 인간과 환경간의 관계를 설명할 수 있도록 확장된 것을 알 수 있다. 그리고 이러한 개념적 설명은 사회복지실천에서 만나는 클라이언트와 그들이 처한 환경간의 관계를 설명하고 해석하며, 실천의 방향을 모색하는 데에도 유용하게 적용될 수 있다.

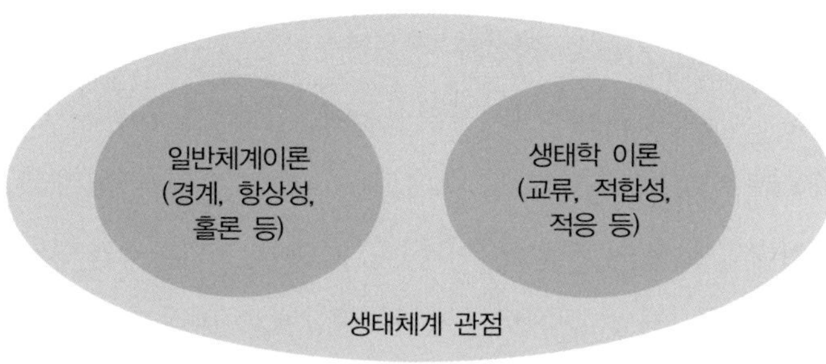

▮ 그림 6-4 ▮ 생태체계 관점

(1) 생태체계 관점의 주요 개념

브론펜브레너(1989)는 생태학적 환경은 다층적 구조로 되어 있다고 설명하였다. 즉, 환경은 발달하는 개인에게 영향을 미치는 즉각적인 상황(situation), 즉 개인이 반응하는 대상이나 그가 얼굴을 마주 대하고 상호작용하는 사람들을 초월한 훨씬 확대된 개념으로 정의된다. 그는 이러한 포괄적인 개념을 갖고 있는 환경을 네 가지 수준으로 분류하여 제시하였다(Bronfenbrenner, 1989: 20–24).

먼저, 즉각적인 환경 내에서의 상호 관계들의 복합체를 '미시체계(microsystem)'라고 한다. 미시체계는 발달하는 개인이 독특한 물리적, 물질적인 특성을 가진 환경 내에서 경험하는 활동, 역할 및 대인관계의 유형이다. 미시체계는 가족, 보육시설, 놀이터와 같이 사람들이 쉽게 얼굴을 마주 대하는 상호작용에 참여할 수 있는 장소, 활동, 역할이다.

다음으로 '중간체계(mesosystem)'는 개인이 적극적으로 참여하는 둘 이상의 환경들 간의 상호작용(interaction)으로 이루어진다. 예를 들어, 아동의 경우는 가족, 학교와 이웃, 동료 집단 사이의 관계들이며, 성인의 경우는 가족, 직장, 사회생활 사이의 관계이다. 따라서 중간체계는 미시체계들로 구성된 하나의 체계이다. 중간체계는 발달하는 개인이 새로운 환경으로 이동할 때마다 형성되거나 확대된다. 환경들 간의

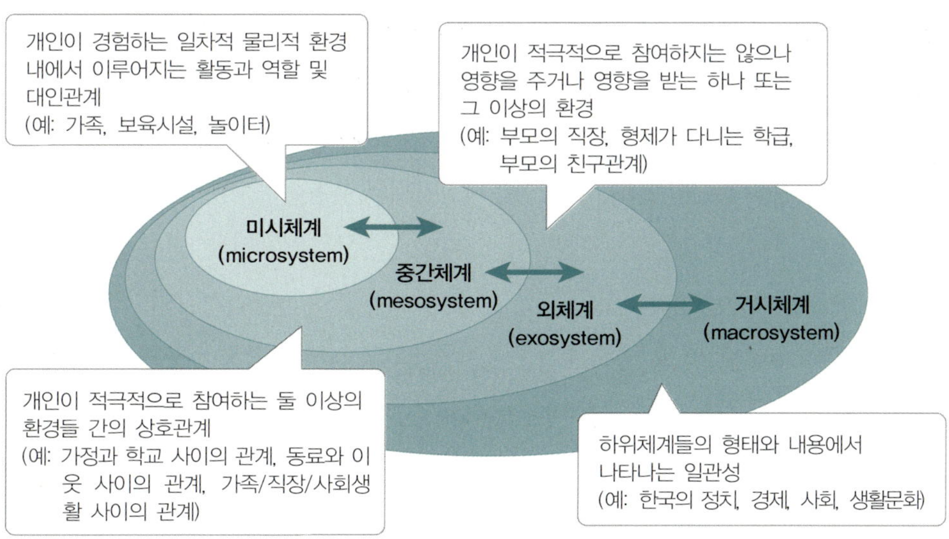

▌그림 6-5▐ 생태체계의 다층적 구조

상호작용은 두 환경에 참여하는 서로 다른 사람들 간의 관계, 환경과 환경들 간의 형식적, 비형식적 의사소통 등 다양한 형태를 포함한다. 즉, 직장생활에 지나치게 열심인 가장은 가족과의 관계가 소홀해질 수 있다. 이때 이 둘 간의 상호작용, 즉 중간체계는 원활하지 않다고 볼 수 있다.

'외체계(exosystem)'는 개인이 적극적인 참여자로 관여하지는 않으나, 그 개인이 속한 환경에서 일어나는 일에 영향을 주거나 영향을 받는 사건이 발생되는 하나 또는 그 이상의 환경을 의미한다. 예를 들어, 어린 아동의 경우 부모가 다니는 직장, 형제나 자매가 다니는 학교의 학급, 부모의 친구 관계망, 교육청의 활동 등이 포함될 수 있다. 부모가 다니는 직장은 아동이 참여하는 환경은 아니지만, 부모의 직장에 야근이 잦거나 지방에 있는 경우, 아동의 생활과 발달에 지대한 영향을 미칠 수 있다.

'거시체계(macrosystem)'는 하위체계들(미시체계, 중간체계, 외체계)의 형태와 내용에서 나타나는 일관성이다. 신념체계 혹은 이념의 방식으로 하위문화 수준이나 문화 전반의 수준에서 존재하거나 존재할 수 있다. 한국 사회에서 받아들여지는 정치, 경제, 문화, 사회적 이념은 미국 사회에서 받아들여지는 것과 다르다. 또한, 같은 한국 사회 내에서도 소득 수준에 따라 인식의 차이가 나타나기도 한다. 이것은 사회 내적인 대조(intrasocietal contrasts)이며, 이 또한 거시체계라 볼 수 있다.

한편, 지터맨과 저메인(2008)은 사회복지실천에서 유용하게 사용될 수 있는 몇 가지 생태체계 관점 개념들을 소개한 바 있다.

① **상호교류(exchange)**: 사람과 환경 간의 지속적인 교류. 시간이 흐름에 따라 서로를 형성해 나감

② **사람과 환경 간의 적합성(person-environment fit)**: 사람들의 욕구, 능력, 행동양식, 목표와 환경 특성 간의 바람직한(favorable) 또는 바람직하지 않은(unfavorable) 적합성

③ **적응된 상태(adaptedness)**: 사람의 성장과 복지(well-being)를 지지하고, 환경

을 보존하고 풍요롭게 하는 사람-환경 간의 바람직한 적합성

④ 적응(adaptation): 사람과 환경의 적합성 수준을 증진시키기 위해 개인의 변화, 환경의 변화 혹은 둘 다를 달성하고자 계획된 행위들(actions)

⑤ 적응적(adaptive): 적응된 상태(adaptedness)에 대한 인간의 잠재력을 지지하고 드러내는 사람-환경 간의 상호교환

위의 개념을 사회복지실천에 적용하면, 사회복지실천은 '사람과 환경 간의 적합성'을 증진시켜 '적응된 상태'로 나아가도록 개인, 환경, 개인과 환경과의 관계에 개입하는 전문적 활동이라 할 수 있다. 또한, 인간과 환경 간의 적합성을 추구하는 과정에서 이루어지는 행위들은 '적응'으로, 적응된 상태를 위해 인간의 잠재력을 발휘하도록 개인 혹은 환경에 개입하는 것은 '적응적' 활동이라 할 수 있다. 체계들 간의 상호작용은 인간의 성장, 발달과 함께 연속적으로 이루어지므로 체계를 관통하는 또 다른 체계는 '시간체계'이다. 시간체계는 브론펜브레너가 처음 발표했을 때는 포함되지 않았으나 아동의 발달 설명에 필요한 것으로 간주되어 이후에 새롭게 포함되었다.

생태체계 관점을 반영하여 사회복지실천에서는 클라이언트를 사정할 때 클라이언트에게 직간접적으로 영향을 미치는 체계들을 확인하고 그 관계를 탐색한다. 하트만(Hartman, 1978)은 이러한 개념을 반영하여 생태도(eco-map)를 개발하였는데, 이것은 클라이언트와 관련 있는 체계들과 그 체계들 간의 관계 양상을 그림으로 나타내는 사정도구이다. 생태도에 대한 설명은 사회복지실천 과정 중 사정(assessment) 단계에서 자세히 다룰 예정이다.

(2) 생태체계 관점의 장단점

생태체계 관점은 사회복지실천에서 일반체계이론의 몇 가지 한계점을 극복하였다는 점에서 주목을 받았다. 첫째, 생태체계 관점은 일반체계이론에서 충분한 설명이 없었던 체계 간의 공유 영역에 대해 적응과 상호교류라는 개념으로 그 중요성을 강

조하였다. 둘째, 체계의 변화 속성만을 강조한 일반체계이론에 비해 생태체계 관점은 변화와 동시에 체계의 유지기능을 동등하게 중시한다. 셋째, 생태체계 관점은 일반체계이론보다 실제 생활 속에서 살아가는 인간의 문제에 관심을 가져 인간적 관심과 실천적인 경향을 띤다. 즉, 생태체계 관점은 일반적인 체계의 구조와 성질을 설명해 주는 추상화된 일반체계이론에 생태학의 인간주의적이고 실천적인 차원을 더하여 사회복지실천을 위한 이론틀로서 보다 더 유용성을 갖는 것으로 평가되었다(최경원, 1987; 장인협, 1989).

생태체계 관점이 사회복지실천에서 갖는 유용성은 첫째, 생태도 등 사정 및 평가도구의 발달을 통해 사회복지사들이 흔히 놓치게 되는 잠재적으로 중요한 영역에 관심을 기울이게 하였다는 것이다. 둘째, 직접적인 영향을 미치지는 않지만, 한 개인에게 중요한 영향을 미칠 수 있는 요소들에 주목할 수 있게 하였다. 성별, 사회경제적 지위, 물리적 · 사회적 환경 등 생태체계 관점에서 고려하는 모든 체계들은 개인이 사회에서 차별적 경험을 하는 데 영향을 미칠 수 있고, 때로는 이와 관련하여 클라이언트와 사회복지사가 사회행동이나 옹호활동을 하게 되는 계기를 마련해 준다. 셋째, 생태체계 관점을 통한 사정(assessment)은 과거 의료모델에서 클라이언트의 문제가 무엇이고, 그것을 어떻게 치료할지에 국한되었던 사회복지실천의 지평을 넓혀 주었다. 생태체계 관점을 활용한 사정은 클라이언트와 함께 앞으로 펼쳐질 인생의 계획과 비전을 세우고, 클라이언트가 갖고 있는 장애물과 자원을 조사하며, 몇몇의 핵심적인 문제를 선택하여 그것을 분석하고 해결하기 위한 개입방향을 정할 수 있도록 도와준다(NASW, 1998: 54-55).

한편, 웨이크필드(Wakefield, 1996a, 1996b)는 〈사회복지실천은 생태체계 관점을 필요로 하는가?(Does social work need the eco-systems perspective?)〉라는 도전적인 제목의 두 편의 논문을 통해, 생태체계 관점이 사회복지실천에 임상적으로 유용하지도 않고, 사회복지실천의 고유성을 저해한다고 비판하였다. 그는 생태체계 관점은 이론적으로는 맞지만(theoretically correct) 실천에 유용한 기술과 지침을 제공해

주지 못한다고 주장하였다. 또한, 생태체계 관점은 사회복지전문직이 인간-환경 간의 상호작용 중 정확히 어떤 부분에 개입할지에 대해 특정짓지 못하기 때문에 사회복지전문직 자체의 고유성을 확립하는 데 기여하지 못한다고 보았다. 생태체계 관점은 순환적 상호교환을 내세우지만 "거의 모든 아동학대는 전적으로 환경에 기인하는 단선적인 인과과정으로 잘 설명된다(1996a: 13)"는 것이다.

웨이크필드의 이러한 주장은 당시 생태체계 관점에 경도되어 있던 사회복지학계와 사회복지실천현장에 경종을 울리는 계기가 되었다. 우리가 생태체계 관점의 강점으로 받아들였던 인간과 환경 간의 순환적 상호교환 개념은 자칫 잘못하면 사회복지사가 주어진 상황 내에서 '가능한(available)' 개입만을 하는 패착에 빠지게 할 수 있다. 즉, 개인과 환경, 또 둘 간의 관계 중 어떤 지점에 개입하더라도 그것은 결국 개인에게 도움이 되는 방식으로 영향을 미칠 수 있기 때문이다. 생태체계 관점이 아무리 유용하다 하더라도 그것을 활용하는 것은 결국 사회복지사와 클라이언트 개개인에 달려 있다. 개인이나 환경 혹은 구조에 대한 충분한 사정과 원인 파악을 통해 해당 클라이언트에게 적합한 모델이나 개입방법을 찾아내는 것은 사회복지사의 몫이며, 이는 전문가로서의 가치, 지식, 기술을 겸비하고 있어야 가능한 일일 것이다.

CHAPTER 07

사회복지실천 관점과 모델

1. 생태체계 관점에 따른 사회복지실천모델
2. 강점 관점
3. 임파워먼트 관점

CHAPTER 07
사회복지실천 관점과 모델

1 생태체계 관점에 따른 사회복지실천모델

여기서는 생태체계 관점에 근거한 대표적인 사회복지실천모델인 사회체계모델과 문제해결모델, 생활모델을 소개하고자 한다.

1) 사회체계모델

일반체계이론의 체계 개념을 활용하여 핀커스와 미나한(Pincus & Minahan, 1973)은 사회복지사가 상호작용하는 4가지 유형의 사회 체계를 제시한 바 있다. 이들이 제시한 변화매개체계, 클라이언트 체계, 표적 체계, 행동 체계라는 4체계에, 콤튼과 갤러웨이(Compton & Galaway)가 《사회복지실천 과정(Social Work Processes)》에서 4체계에 전문가 체계와 의뢰-응답 체계[1]를 추가하였는데 1999년 개정판에서부터 의뢰-응답 체계를 제외하였다. 클라이언트가 다른 사람의 요청이나 법원, 경찰 등에 의해 강제로 오게 된 경우, 클라이언트 체계와 구별하기 위해 의뢰-응답 체계를 사

---

1) 의뢰 체계(referral system)는 서비스를 요청한 사람, 체계를 의미한다. 그리고 응답 체계(respondent system)는 다른 사람의 요청을 받았거나 법원, 경찰, 혹은 외부 전문가에 의해 서비스 기관에 오게 되는 경우를 의미한다(Compton & Galaway, 1994).

용하였으나, 분리하는 것보다는 '서비스 요청자'로 간주하여 클라이언트 체계로 보는 것이 타당하다고 판단하였기 때문이다.

(1) 변화매개체계

사회복지사는 다른 체계와 함께 계획하고 함께 일하는 목적으로 고용된 변화매개인이다. 변화매개인이 속한 기관이나 조직도 변화매개체계가 될 수 있다. '변화매개체계(Change Agent System)'는 정책, 절차, 제한, 자원 등을 통해 전문적인 활동에 강하게 영향을 미친다. 즉, 사회복지사 혹은 사회복지사가 속한 기관이 어떤 정책을 갖고 있는지, 어떤 서비스 제공 절차를 거쳐야 하는지, 서비스 제공에 어떠한 제한점을 갖고 있는지, 어떤 내·외부 자원을 갖고 있는지에 따라 사회복지사의 전문적 활동은 달라질 수 있다.

(2) 클라이언트체계

사회복지서비스를 요청하거나 사회복지서비스를 받기로 동의하는 사람들이 '클라이언트체계(Client System)'가 될 수 있다. 사람들이 자발적으로 전문적 도움을 구하지 않더라도 어떤 사람들은 다른 방식으로 소비자(consumer)가 될 수 있다. 예를 들어, 교정시설이나 아동복지시설 종사자는 해당 시설에 있는 아동이나 교정 대상자가 서비스를 받도록 사회복지사에게 요청하는 사람들이 될 수 있고, 이들이 클라이언트체계가 된다. 어떤 경우에는 클라이언트체계가 명확하지 않을 수도 있다. 클라이언트체계는 서비스를 받는 당사자인가 아니면 그것을 요청하는 다른 누군가인가? 만약 서비스를 받는 당사자 스스로가 사회복지서비스를 요청했다면, 그는 클라이언트체계이자 표적체계가 될 수 있다.

실제 클라이언트는 막연한 지역사회 자체가 될 수도 있고, 서비스를 받을 대상자에게 어느 정도의 영향력을 미칠 수 있는 판사, 검사, 혹은 가족구성원이 될 수도 있다. 슈퍼바이저나 프로그램 담당자가 사회복지사에게 지역사회 욕구 파악을 해보도록 했을 때, 지역사회나 변화매개체계(사회복지사가 속한 기관)가 클라이언트가 될 수 있을지는 명확하지 않다. 지역사회나 기관이 서비스를 직접 요청한 것이 아니기 때문이다.

(3) 표적체계

'표적체계(Target System)'는 변화할 필요가 있거나 변화매개체계가 목표를 달성시키기 위해 영향력을 미치는 대상이다(Pincus & Minahan, 1973: 58). 만약 상호 동의된 서비스 목표가 클라이언트체계의 변화를 필요로 한다면 클라이언트체계가 동시에 표적체계가 된다. 그러나 대부분의 사회복지실천에서는 표적체계의 변화를 위해 클라이언트체계와 함께 일한다. 사회복지사가 변화시키고자 하는 사람은 클라이언트체계라기보다는 표적체계이다.

(4) 행동체계

'행동체계(Action System)'는 사회복지사가 문제해결 노력에 참여시키는 사람들이다. 때로는 한 사람 혹은 한 집단이 동시에 행동체계이자 표적체계, 클라이언트체계가 될 수 있다. 그러나 대부분 문제해결과정에서는 클라이언트나 표적체계보다는 다른 사람들과 활동하는 경우가 많다. 사회복지사는 수많은 행동체계와 협력해야 하는데, 여기에는 이웃, 지역사회 단체, 옹호집단, 가족구성원, 긴급지원단체, 자조집단, 지지집단, 다학문적 전문가 팀 등이 포함된다.

(5) 전문가체계

'전문가체계(Professional System)'는 사회복지사로 구성된 조직, 사회복지 관련 학과 및 학회, 사회복지 자격을 갖춘 전문가단체 등 사회복지사와 사회복지실천에 대한 가치 윤리, 법, 인가 등의 역할을 하는 집단들이 포함된다. 전문가집단의 지식, 가치, 문화는 사회복지사가 일을 처리하고 다루는 방식에 강하게 영향을 미친다. 전문가집단은 사회복지사가 무엇을 반드시 해야 하는지, 또 무엇을 해도 되는지, 무엇이 요구되는지, 또 무엇이 허용가능한지를 결정한다. 전문가체계는 사회복지사가 사회 변화를 옹호하는 데 있어서 귀중한 행동체계가 될 수 있다.

2) 문제해결모델

문제해결모델(problem-solving model)은 펄먼(Helen Harris Perlman)이 개발한 개별사회사업(social casework)의 한 모델로, 자아심리학(ego psychology) 및 역할이론(role theory)의 개념을 사용하였다. 진단주의 사회복지학파(diagnostic school in social work)와 기능주의 사회복지학파(functional school in social work)를 절충하였으며, 이 모델이 강조하는 것은 개별사회사업에 의한 개입의 목적을 명확히 하는 것, 제한적인 개입, 내담자가 서로 영향을 주고받는 환경 및 사회요인에 대한 관심이다(Barker, 1987).

펄먼의 문제해결모델이 주장하는 문제해결방식은 체계이론과 합치된다. 체계이론의 주요 개념 중 하나는 개방체계인데, 개방체계는 다른 체계와 에너지를 교환하며 상호 영향을 미치며 변화한다. 이것은 문제해결모델에서 주장하는 문제의 세분화(partialization) 개념과 관련된다. 세분화는 큰 문제에 압도당하지 않고, 덜 위협적으로 느끼게 해준다. 부분들은 대개 전체 문제를 줄여놓은 것(miniature)이고, 사람이 작은 부분에 대처할 수 있게 되면 더 큰 부분에까지 그런 능력은 확장될 수 있다는 것이다(Perlman, 1970: 149).

또한, 펄먼은 진단주의학파와 기능주의학파의 이론을 절충하여 역할이론과 행동요법을 문제해결과정에 적극적으로 활용하였다. 또한, 자아의 문제해결기능을 중시하여 문제해결과정을 인지적, 정서적 행동화의 과정이라고 보았다. 사고와 감정은 실행기능, 즉 행동에 영향을 미치며, 이와 동시에 행동은 사고와 감정에 영향을 미친다는 것이다. 즉, 클라이언트가 일상생활에서 필요한 행동이나 역할을 '역할놀이(role playing)'를 통하여 연습하면 그의 행동을 변화시키며, 내적 사고와 감정에도 영향을 미칠 수 있다. 예를 들어, 어머니다운 행동이나 반응을 역할놀이를 통하여 습득하도록 하면, 이것은 모성을 회복시키는 효과가 있다고 보았다(장인협, 2005: 108).

펄먼은 그의 저서 《개별사회사업: 문제해결과정(Social casework: a problem-solving process)》에서 사회복지실천 개입의 핵심을 이렇게 표현하였다(Perlman, 1957: 4). "어떤 '문제(problem)'를 가진 '사람(person)'이 '전문가(professional representative)'가 어떤 '과정(process)'을 거쳐 도와줄 수 있는 '장소(place)'에 온다." 이것은 어떤 사람이 전문적 도움을 찾아오는 거의 대부분의 상황과 맞아떨어진다. 펄먼이 문제해결모델을 개발했을 당시에는 사회복지실천이 전통적 방법에 의해 개별사회사업, 집단사회사업, 지역사회조직으로 구분되었고, 문제해결모델은 이 중 개별사회사업에 적용될 수 있는 모델로 개발된 것이다. 펄먼이 직접 설명한 문제해결모델의 주요 요소인 문제, 사람, 과정, 장소(4P)의 의미에 대해 살펴보면 다음과 같다.

(1) 문제

'문제(problem)'는 어떤 필요 혹은 장애물 혹은 좌절감의 누적, 부적응, 때로는 이 모든 것들이 합해져서 발생한다. 이러한 것들은 사람이 자신의 삶의 상황에 적응하는 것 혹은 그것에 대처하고자 하는 노력이 그 효과를 발휘하지 못하도록 위협하거나 이미 공격하고 있다.

(2) 사람

'사람(person)'은 스스로 도움을 구하거나 혹은 도움이 필요한 자로 발견된 남성, 여성, 아이들 혹은 어느 누구라도 될 수 있다. 이들은 사회적-정서적 삶의 어떤 측면에서 도움을 필요로 하며, 실질적인 (서비스) 제공 혹은 상담을 필요로 한다. 만약 그러한 도움을 받기 시작한다면 우리는 그(그녀)를 '클라이언트'라고 부른다.

(3) 과정

'과정(process)'은 관심의 초점이자 개별화된 측면을 나타내기 위해 '개별사회사업(social casework)'이라고 부르며, 전문적 원조자(사회복지사)와 클라이언트 간의 진보적인 교류를 말한다. 과정은 의미 있는 관계 안에서 수행되는 일련의 문제해결활동으로 구성된다. 이 과정의 목적은 클라이언트–사람 관계에 영향을 미쳐 클라이언트가 그의 문제에 효과적으로 대처하고 문제에 영향을 미쳐 그것을 해결하거나 부정적 결과를 무효화하는 것이다.

(4) 장소

'장소(place)'는 사회복지기관 혹은 사회서비스를 제공하는 부서를 말한다. 이들은 일반적인 사회문제를 다루고자 설립된 것들이 아니라, 스스로의 삶을 다루는 데 문제를 갖고 있는 사람들을 위해 설립된 것들이다. 이러한 기관들의 목적은 개인 생활이나 가족과의 생활을 잘 꾸려나가지 못하게 하는 특정 사회적 장애(handicaps)를 갖고 있는 사람들을 돕거나, 사람과 사람, 사람과 집단, 사람과 상황과의 관계를 잘 맺지 못하여 발생하는 문제들을 갖고 있는 개인들을 원조하고자 하는 것이다. 이러한 기관의 목적과 기능은 사회복지사의 개인적, 전문적 실천에서 살아 숨쉰다.

3) 생활모델

생활모델(life model)은 클라이언트와 환경 사이의 공유 영역에 초점을 맞춤으로써 생태학적 관점(ecological perspective)을 사용하는 사회복지실천모델이다. 이 모델을 사용하는 사회복지사는 생활에서 생기는 고통스런 문제들(생활변화, 상호관계과정, 환경 장애물)을 사람-환경 간의 상호작용 결과로 본다. 지터만과 저메인에 따르면 이 모델은 개인과 집단에게 통합적 실천모델을 사용해서 잠재적인 능력을 발휘하게 하고, 환경적인 긴장 요인을 줄여 주고, 성장-촉진 교류를 회복시킨다(Barker, 1987).

생활모델에서는 인간을 환경의 여러 측면과 상호교환(interchange)하면서 끊임없이 적응해 가는 존재로 본다. 사람들은 환경을 변화시키기도 하고, 환경에 의해 변화되기도 한다. 우리가 변화를 통해 발전할 수 있고, 환경이 그 변화를 지지해 주는 곳에서 호혜적 적응(reciprocal adaptation)이 일어난다. 빈곤, 차별, 낙인과 같은 사회문제로 인해 사회환경은 오염되고, 따라서 호혜적 적응이 일어나기 어려워지면 스트레스(stress)가 유발되고, 이로 인해 우리의 욕구와 능력, 환경 간의 적합성에 문제가 발생한다(Payne, 1997).

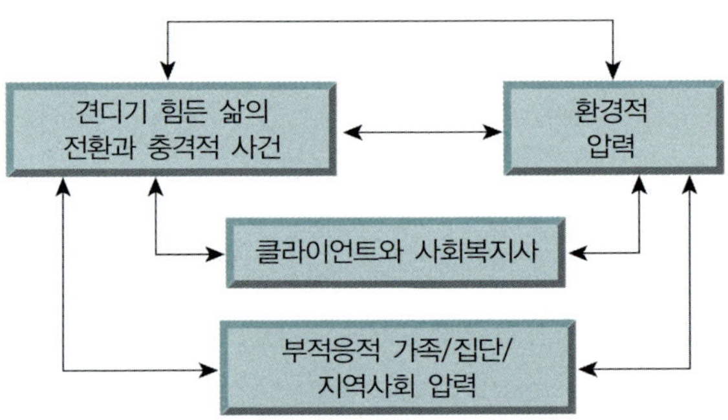

▌그림 7-1▌ 생활 스트레스 요인과 전문적 개입

출처: Gitterman & Germain (2008). p. 74.

스트레스는 생애전환, 충격적인 생활사건, 환경적, 대인관계의 압력 등과 같은 생활 스트레스 요인(life stressor)에 의해 발생하며, 이것은 개인에 따라 또 스트레스 요인의 다양한 측면에 따라 다른 의미를 지닌다(Gitterman & Germain, 2008: 60).

- 스트레스 요인이 만성적인가 일시적인가가 결과에 영향을 미친다.
- 스트레스 요인과 그것의 해결에 대해 양가적인 감정을 갖고 있는가도 역시 결과

에 영향을 미친다.

- 주요 사건이 예상되었는가 혹은 예상되지 못했는가는 어떤 사람이 생의 변화에 준비할 시간의 양에 영향을 미친다. 예기치 못한 생활사건은 예상된 것보다 훨씬 적응하기가 어렵다.
- 스트레스 요인에 대한 통제력 부재는 심각한 결과를 초래한다.
- 스트레스 요인이 일어난 생애사(life course) 중 한 지점, 즉 타이밍은 경험하는 스트레스의 정도에 영향을 미치는 중요 요인이다. 대부분 우리는 어떤 사건이 어떤 사회적 혹은 생물학적 기대에 따라 발생한다고 기대하기 때문이다.
- 일어날 것이라고 기대되는 사건이 일어나지 않는 것, 예를 들어 파혼하거나 아이를 유산하거나 취업이 예상되었던 곳에 취업하지 못했을 때 우리는 큰 스트레스를 경험하게 된다.

생활모델에 따른 사회복지실천은 다음의 4단계를 거쳐서 이루어진다. 각 단계에 대한 설명과 사회복지사에게 필요한 기술은 다음과 같다. 각 단계는 단계별로 나누어져 있기는 하지만 실제 실천에서 항상 명확히 구분되지는 않는다(Gitterman & Germain, 2008: 98-111).

(1) 1단계: 준비단계

첫 번째 회기에 앞서, 사회복지사는 스스로 클라이언트의 삶에 뛰어들 준비가 되어 있어야 한다. 이를 위해서 객관적 상황, 이와 관련된 문화적 의미와 정보, 그것이 첫 번째 회기에 미칠 잠재적 영향력에 대해서도 숙고(reflecting)해 보아야 한다. 사회복지사들은 클라이언트의 인지와 감정에 대해 공감함으로써 클라이언트의 주관적 실재(reality)에 대해서도 생각해 보아야 한다. 공감(empathy)을 표하는 것은 항상 중요하지만, 특히 비자발적 클라이언트나 양가감정을 지닌 클라이언트, 혼란스러워하거나 불안감을 갖고 있는 클라이언트에게 필수적이다.

(2) 2단계: 초기단계(시작하기)

초기단계에서 가장 먼저 할 일은 생활 스트레스 요인(life stressor)을 정의하는 것이다. 클라이언트와 사회복지사가 함께 생활 스트레스 요인들을 확인하고 정의해야 한다. 왜냐하면, 생활 스트레스 요인이 확인되어야 그것에 대해 무엇을 해야 할 것인지를 결정할 수 있기 때문이다. 어떤 사람들에게는 하나 이상의 스트레스 요인이 있을 수 있다.

초기단계는 서비스에 관해 선택을 할 수 있는 정도(degree of choice)에 따라 많은 영향을 받는다. 사람들은 대개 스트레스 요인에 대해 스스로 관리가 불가능할 때 클라이언트로써 전문적 도움을 구한다. 클라이언트와 사회복지사 사이에 생활 스트레스 요인, 목표, 기관의 서비스에 대해 공통합의를 이루어낼 때 클라이언트의 선택이 제한되었을 때보다 쉽게 목표에 도달할 수 있게 된다.

첫 번째 회기에서 사회복지사는 기관의 서비스와 사회복지실천 절차에 대해 설명하고, 클라이언트의 질문을 유도하고 함께 논의한다. 그런 다음 스트레스 요인에 대한 탐구와 정의를 시작한다. 대처기술과 환경적 자원을 포함한 인간-환경 상호작용에 대한 구체적이고 상호 동의된 사정이 이루어지고 난 후 다음 단계에 대한 동의 절차가 이루어진다. 여기에는 구체적인 목표, 우선순위, 상호 과제와 책임, 그리고 함께 결정해야 할 다른 사항들이 포함된다.

(3) 3단계: 진행단계(목표를 향해 실천하기)

진행단계에서는 인간-환경 관계를 강화하고 지지하는 것이 핵심이다. 스트레스 요인을 다루는 데 요구되는 개인의 대처기술과 환경적 자원이 조화를 이루도록 하는 것이다. 사람들의 적응적 능력과 문제해결능력을 지지하고 강화하기 위해 다양한 방법들이 사용될 수 있다. 힘든 삶의 전환과 충격적 사건에 대해서는 조성하기(enabling), 탐구하기(exploring), 명확히 하기(clarifying), 동기부여하기(mobilizing),

인도하기(guiding), 촉진하기(facilitating) 등의 기술을 주로 사용한다.

또한, 모든 스트레스 요인은 환경과의 협업을 요구한다. 여기에는 조직, 사회적 네트워크, 자연환경(natural world), 만들어진 환경(built world) 등이 모두 포함된다. 조정하기(coordinating), 중재하기(mediating), 옹호하기(advocating), 혁신하기(innovating), 조직화하기(organizing), 정책과 법률에 영향을 미치기(influencing) 등의 기술이 요구된다.

가족, 집단, 지역사회와의 관계에서 부적응적 행동, 갈등 관계, 막힌 의사소통이라는 대인적(interpersonal) 장애물에 직면할 수도 있다. 가족 내에서는 파워나 권위의 잘못된 사용, 폭력, 방임, 성적 학대가 나타날 수 있다. 집단 내에서는 배제, 편 가르기, 동맹, 희생양과 같은 역기능적 패턴이 나타난다. 지역사회에서는 부당한 분배, 부족한 자원, 집단 간 적대감, 약자를 배제시키는 권력 구조 등이 나타날 수 있다. 이를 변화시키기 위해서는 내적 중재(internal mediating)와 내적 옹호(internal advocating) 기술이 요구된다. 내적 중재는 역기능적 패턴을 확인하고, 집단적 저항을 통해 도전하는 것을 말하고, 내적 옹호는 갈등을 불러와(invite) 보호적 법안을 만들고, 지지를 불러일으키는 활동을 말한다.

(4) 4단계: 종결단계(공동작업과 관계 끝맺기)

클라이언트와 사회복지사는 종결단계에서 회피, 부정적 감정, 슬픔, 회한을 경험할 수 있다. 회피는 고통과 상실을 피하려는 노력이다. 부정 역시 고통과 상실에 대한 무의식적 방어기제이다. 사회복지사는 이러한 감정에 충분히 공감을 표할 필요가 있다. 모든 클라이언트가 슬퍼하는 것은 아니며, 어떤 클라이언트는 안도감을 느끼고, 아무 감정이 없기도 하고, 자신의 감정을 속이기도 한다. 사회복지사는 클라이언트에게 어떤 일이 여전히 진행 중인지에 대해 평가하고 고려할 수 있도록 도와야 하며, 다른 기관으로 의뢰하는 것과 같은 미래 계획을 세울 필요가 있다.

2 강점 관점

미국사회복지사협회(2008)가 발간한 《사회복지대백과사전(Encyclopedia of social work)》에 따르면, 강점 관점(strengths perspective)은 단순한 한 이론이라기보다는 사회복지사가 클라이언트를 돕기 위한 접근에 영향을 미치는 클라이언트를 바라보는 방식이다. 강점 관점은 사회복지사가 클라이언트를 확인하는(identify) 데 도움을 주고, 그들의 재능, 기술, 가능성, 희망을 강조하기 위해 요구되는 일종의 원칙이나 생각이다. 클라이언트를 돕기 위해 가족 및 지역사회자원에 대한 탐색과 함께 문화적이고 개인적인 이야기(narratives)에도 관심을 기울인다(Saleebey, 1996).

강점 관점은 기본 전제를 클라이언트의 가능성(capability)에 두고 있다. 주요 전제 중 하나는 모든 개인은 고유의 재능과 기술을 갖고 있으며, 그 중 어떤 것들은 길들여지지 않았을지도 모르며, 따라서 개발되고 개선될 가능성을 가지고 있다는 것이다. 또한, 강점 관점은 클라이언트의 결점보다는 강점을 강조할 때 개인에게서 성장(growth)이 일어날 가능성이 많아진다고 본다. 클라이언트는 전문가와 동등한 입장에서 문제를 정의하고 가능한 해결책을 찾도록 기대된다(Bell, 2003; Saleebey, 1996; Weick et al., 1989).

1980년대 후반, 켄사스 대학(KU) 멤버였던 데니스 샐리베이(Dennis Saleebey)와 앤 윅(Ann Weick) 외 다른 학자들이 강점 시각에 대한 개념적 이해를 개발하고 서술하기 시작하였다(Rapp, 1998; Weick et al., 1989). 이후 〈사회복지실천을 위한 강점 시각〉(Weick et al., 1989)이라는 글을 《사회복지(Social Work)》라는 저명한 학술지에 발표하였으며, 샐리베이는 《사회복지실천에서의 강점 관점》(1992)이라는 책을 저술하였다. 이를 계기로 강점 관점이라는 용어는 급속도로 퍼져나가기 시작했고, 사회복지현장에서도 강점 관점을 널리 사용하게 되었다.

1) 강점의 의미

샐리베이(2002: 84-87)는 강점(strength)을 다음과 같이 설명하였다.

- 사람들이 그들 자신에 대해서, 다른 사람에 대해서 그들이 사는 세상에 대해서 배운 것(what people have learned)
- 사람들이 소유한 개인적 자질, 특성, 미덕(personal qualities, traits, and virtues)
- 사람들이 그들을 둘러싸고 있는 세상에 대해 알고 있는 것(what people know about the world around them)
- 사람들이 갖고 있는 재능(the talents that people have)
- 문화적, 개인적 이야기와 전통(cultural and personal stories and lore)
- 사람들이 갖고 있는 자부심(pride that people have)
- 물리적, 관계적, 제도적 지역사회(community)
- 영성(spirituality)

강점은 어떤 사람이 갖고 있는 자질, 특성, 배운 것, 경험을 통해 터득한 것 등 다양한 원천에서 발견된다. 흔히 강점을 장점과 같은 의미로 생각하여, '잘하는 것'으로만 인식하기 쉬운데, 강점은 잘하는 것뿐만 아니라 '(이미) 갖고 있는 것', '좋아하는 것', '하고 싶은 것'까지 포괄할 수 있는 개념이다. 우리가 사회복지현장에서 만나는 클라이언트는 자신이 갖고 있는 것에 대해 잘 모르는 경우가 많으며, 문제중심 시각을 가지고 클라이언트를 바라보는 사회복지사 역시 이를 간과하기 쉽다. 강점 관점을 가지고 클라이언트를 바라보면 클라이언트는 이미 갖고 있는 것(강점)이 많은 존재임을 알 수 있다. 예를 들어, 자녀와의 관계가 소원하여 고민인 어머니의 경우 그녀가 아이가 어떨 때 화를 내고 어떨 때 기분이 좋은지 알고 있다면 이것은 그녀의 강점이 될 수 있다. 아이의 기분 변화에 적절하게 대처하는 기술만 배운다면 자녀와의 관계 개선에 도움을 줄 수 있기 때문이다.

2) 강점 관점의 요소

샐리베이(1996: 297)는 강점 관점의 요소로 다음과 같은 것들을 말하였다.

- 강점 관점은 개인, 가족, 지역사회를 보는 다른 시각을 요구한다. 모든 사람은 가능성(capability), 재능(talents), 유능성(competencies), 능력(possibilities), 비전(visions), 가치(values), 희망(hopes)을 갖고 있으며, 단지 환경적 요인에 의해서 왜곡되었을 뿐이다.
- 강점 관점은 사회복지사가 이러한 다른 렌즈를 통해 전문적 실천을 수행해야 하므로 용기와 끈기가 필요하다. 사회복지사들은 클라이언트가 하는 말을 듣고 그것을 믿을 준비가 잘 되어 있지 않은 경우가 많다.
- 클라이언트 전체를 재발견하려 할 때 때로 기존 체계(관료제, 원조 조직)가 강점 지향과 완전히 반대된다는 것을 인식할 필요가 있다. 공적, 비공식적 구조, 정책, 프로그램에서는 클라이언트의 말보다는 문제나 질병을 가리키는 용어를 더 선호한다. 전문적 용어와 비유적 장치는 사회복지사가 클라이언트의 능력을 이해하고 돕는 데 오히려 방해가 된다.

이러한 특성을 지닌 강점 관점은 클라이언트를 문제를 가진 대상으로 보는 병리적 관점(pathology-based perspective)과 대별된다. 병리적 관점과 강점 관점의 내용을 비교한 것은 〈표 7-1〉과 같다.

표 7-1 병리적 관점과 강점 관점의 비교

병리적 관점	강점 관점
개인을 '사례', 즉 진단에 따른 증상을 가진 자로 규정한다.	개인을 독특한 존재, 즉 강점을 가진 기질, 재능, 자원이 있는 자로 규정한다.
치료의 초점이 문제에 있다.	치료의 초점이 가능성에 있다.

클라이언트의 진술은 전문가에 의해 재해석되어 진단에 활용된다.	클라이언트의 진술은 그 사람을 알아가고 평가하는 중요한 방법 중 하나이다.
사회복지사는 클라이언트의 진술에 회의적이다.	사회복지사는 클라이언트의 진술을 인정한다.
어린 시절의 상처는 성인기의 병리를 예측할 수 있는 전조이다.	어린 시절의 상처는 개인을 약하게 할 수도 있고, 강하게 할 수도 있다.
치료의 핵심은 실무자에 의해 고안된 치료 계획이다.	치료의 핵심은 개인, 가족, 지역사회에의 참여이다.
사회복지사는 클라이언트 삶의 전문가이다.	개인, 가족, 지역사회가 클라이언트 삶의 전문가이다.
개인적 발전은 병리에 의해 제한된다.	개인적 발전은 항상 개방되어 있다.
변화를 위한 자원은 전문가의 지식과 기술이다.	변화를 위한 자원은 개인, 가족, 지역사회의 장점, 능력, 적응기술이다.
원조 목적은 행동, 감정, 사고, 관계의 부정적인 개인적, 사회적 결과와 증상의 영향을 감소하는 것이다.	원조 목적은 그 사람의 삶에 함께 하며 가치를 확고히 하는 것이다.

출처: Saleebey (1996). p. 298.

3) 강점 관점 실천

강점 관점 실천은 강점 관점을 실천현장에 구체적으로 적용시킨 것으로서 클라이언트의 강점과 자기주도에 초점을 맞추고 있다(Brun & Rapp, 2001). 클라이언트와 사회복지사 간의 관계를 강조하고, 적극적인 지역사회 관여와 비공식적인 원조체계를 활용한다. 특히 클라이언트가 가진 역량과 자산을 확인할 수 있도록 하는 강점사정을 중요한 출발점으로 보며, 클라이언트의 열망을 실천의 목표로 설정하고 이를 이루어 나가기 위한 구체적이고 유연한 활동들이 이루어져야 한다. 강점 실천에서의 중요한 환경적 요소는 실제적인 자원, 의미 있는 관계, 목표와 연관된 기회로서 지역사회 안에서 통합적으로 제공되어야 한다(Rapp & Goscha, 2006; 이경아 · 하경희, 2012에서 재인용).

강점 관점 실천은 초기에는 심각하고 영구적인 정신장애를 가진 사람들과 일하는데 적용하기 위한 모델로서 고안되었으나, 1980년대 이후로 점차 다양한 집단과 일하는 사회복지사들에게 적용가능한 서비스모델로 인정되었다(Whitley et al., 1999: 111). 구체적으로 아동과 청소년(Clark, 1996; Arnold et al., 2007; Kemp et al., 2013), 음주문제를 가진 사람(Berg & Miller, 1992; Miller & Berg, 1995), 폭력문제를 가진 사람(Curwood et al, 2011), 정신질환을 가진 사람(Rapp, 1992), 노인(Sullivan & Fisher, 1994; Whitley et al., 1999) 등에게 적용되었다(김경희 외, 2013에서 재인용).

국내에서도 강점 관점을 반영한 프로그램 개발 및 효과성에 대한 검증 노력이 이어지고 있다. 노혜련과 유성은(2006)은 빈곤여성가구주에 대해서, 한혜경(2009)은 재가노인에 대해서 강점 관점 사례관리의 효과성을 연구한 바 있으며, 민소영(2008)은 강점 관점을 반영한 사례관리 훈련 프로그램을 개발하고 그 효과성을 검증하였다. 노혜련 외(2011)는 우리아이 희망네트워크 지원사업에서 아동과 그 가족을 대상으로 강점 관점을 적용하였으며, 하경희 외(2010)는 정신장애인에게 강점 관점 실천을 적용한 바 있다. 이 중 민소영(2008)이 개발한 강점 관점을 반영한 사례관리 훈련 프로그램을 소개하면 〈표 7-2〉와 같다.

▮표 7-2▮ 강점 관점을 반영한 사례관리 훈련 프로그램

회기	훈련 제목	목표	훈련 내용
1	사례관리 오리엔테이션	사례관리의 전반적 이해를 높임	• 사례관리의 개념, 역사, 기본적 실천 과정, 목표
2	인테이크	클라이언트와의 초기 관계를 형성하면서, 잠재적 사례관리대상자를 구분할 수 있는 능력을 향상시킴	• 초기 면접 내용 및 방법 • 잠재적 사례관리 대상자 선정 기준
3	사정	클라이언트의 강점을 사정하고 사례관리개입의 집중도를 점검하는 능력을 키움	• 클라이언트의 강점, 바람, 현재 상황에 대한 사정 영역 및 사정 기술과 방법 • 사례관리 개입형태 분류
4	서비스 계획	클라이언트가 동의한 서비스 계획을 수립하고, 자원활용의 관점을 넓힘	• 서비스 목표와 실천계획수립 기술 • 서비스 계획과 클라이언트 자기결정권 갈등 이슈 • 지역사회자원(공식/비공식)에 대한 이해 및 발굴 전략

5	연계 및 점검	클라이언트를 지역자원에 연계시키고, 진행과정을 점검할 수 있는 기술을 파악함	• 지역사회자원(공식/비공식) 연계를 위한 구체적 실천 기술 • 클라이언트 및 서비스 제공자들을 접촉하여 서비스의 적절성, 개별 클라이언트의 변화 상황을 모니터링하는 방법 • 옹호
6	평가 및 종결	클라이언트의 변화 및 자립 징조를 파악할 수 있는 능력을 키움	• 서비스 과정 및 클라이언트의 변화 상황 평가 방법(양적/질적) • 종결가능 상황 및 사례 제시

출처: 민소영 (2008). p. 53. 〈표 1〉 내용 일부 발췌

강점 관점에 따른 실천에 대한 비판은 효과성을 측정하거나 조작적 정의하기가 어렵기 때문에 효과성을 입증하기가 어렵다거나(Staudt, Howard & Drake, 2001), 강점 관점이 단지 긍정적인 생각을 격려하는 슬로건이며 객관적 실재를 무시한다는 것이다(Brun & Rapp, 2001). 그러나 강점 관점은 사회복지실천에서 클라이언트의 문제에 집중하던 과거의 병리적 관점에서 벗어나 클라이언트를 새로운 시각에서 바라볼 수 있는 계기를 마련해 주었으며, 이를 통해 클라이언트와 사회복지사가 협력해 나가는 형태로 사회복지실천의 방향을 변화시켰다는 점에서 매우 큰 의의를 지니고 있다.

3 임파워먼트 관점

임파워먼트는 사회복지전문직의 초기 발달과정에서 빼놓을 수 없는 인보관운동(settlement house movement)에서 그 기원을 찾을 수 있다. 인보관운동은 생활이 어려운 지역에 부유층 출신의 대학생들이 찾아가 함께 생활하면서 이웃이 되어 주고, 그들을 변화시켜 어려움에서 벗어날 수 있도록 도와주는 활동을 전개하였다. 이 과정에서 대학생들이 빈곤한 자의 생활환경에 직접 뛰어들어 함께 생활하며 변화를

꾀하였다는 점에서, 소외계층에 대한 임파워먼트 실천을 시행한 것으로 볼 수 있다(Lee, 2001).

1930년대 전문적 사회복지실천이 발전되면서, 개인의 문제를 규명하기 위한 이론적인 구조로서 정신분석이론에 기초한 진단적 관점이 성행하였으나, 이는 개인을 증상에 따라 범주화하고, 환경적 상황의 구성요소들을 무시하며, 그럼으로써 개인을 비난하는 점 때문에 비판을 받게 되었다. 임파워먼트 관점은 클라이언트와 사회복지사 간의 협력적인 관계를 발전시키며, 클라이언트의 문제보다는 강점과 자원을 강조하면서 진단적 관점의 대안으로 나타났다(Weick et al., 1989).

1970년대 사회복지실천에서는 생태체계 관점의 부각으로 환경에 적응하는 개인이자 환경을 변화시키는 개인의 능력을 강조하는 '환경 속의 인간' 시각이 강조되면서, 임파워먼트 관점이 다시 한 번 각광받기 시작하였다. 이후 임파워먼트 관점은 1980년대와 1990년대를 이어오면서 공공복지 영역, 자원봉사기관, 지역사회기관, 사회운동단체, 개업사회복지사 등 다양한 장(setting)에서 활용되어 왔다(Simon, 1994; 정순둘 외, 2007에서 재인용).

1) 임파워먼트의 의미

임파워먼트(empowerment)는 개인, 조직, 지역사회가 자신들의 생활을 조정하고 지배권을 갖는 것이며, 그들의 환경에 영향을 미치기 위해 활발히 참여하는 것이다(Rapport, 1987). 구티에레즈(Gutierrez, 1990: 149)는 임파워먼트를 개인이 삶의 지위를 향상시키기 위하여 개인적, 대인관계적 혹은 정치적으로 힘을 키우는 과정이라고 하였다. 반면, 랩(Rapp, 1998: 22)은 임파워먼트는 사람들이 무언가를 희망하는 상태로서 클라이언트와 전문가가 성취를 위해 협력하는 것으로 정의하였다. 한편, 솔로몬(Solomon, 1976: 29)은 사회복지실천에서 임파워먼트는 낙인받은 집단에 깔려 있는 부정적인 가치에 의해서 만들어진 무력함을 줄이기 위한 목적으로 사회복지사가 클라이언트와 함께 활동의 조화를 이루는 것이라고 정의한 바 있다(정순둘 외, 2007: 25에서 재인용).

이와 같이 임파워먼트는 학자에 따라 다양하게 정의되고 있다. 학자들의 정의를 종합해 보면, 임파워먼트는 개인 내적인 것과 개인 외적인 것을 모두 포함하며 성취를 위한 협력을 강조하고, 무력감을 없애거나 파워(power)를 키우는 과정 혹은 그 결과로서의 상태를 의미하기도 한다. 파워(power)를 어떻게 정의하는가도 학자에 따라 다른데, 구티에레즈 등(1995)은 파워(power)를 첫째, 자신이 필요로 하는 것을 획득할 수 있는 능력, 둘째, 다른 사람의 생각, 감정, 행동, 신념에 영향을 미칠 수 있는 능력, 셋째, 가족, 조직, 지역사회, 나아가 전체 사회 내에서의 자원 배분에 영향을 미칠 수 있는 능력과 같은 다차원적 개념으로 정의내리고 있다. 즉, 파워는 개인 내적인 의미와 개인을 둘러싼 환경 혹은 관계적 의미, 또 한 개인이 속한 집단이라는 사회적 의미까지 포함하고 있음을 알 수 있다.

임파워먼트는 국내에서 다양한 용어로 번역되어 사용되고 있다. 이념적 배경과 접근방식에 따라 치료, 상담, 교육의 방법을 사용하는 경우에는 '역량강화' 또는 '능력고취'로, 급진사회주의 이념에 따라 사회적 불평등 제거에 초점을 두는 경우는 '세력화'로, 생태체계 관점에 근거하여 자조와 개혁을 강조하는 경우에는 '권한부여'로 사용된다(Adams, 2003: 19). 임파워먼트를 한국어로 번역했을 때는 이러한 의미들이 내포되어 해석될 가능성이 높기 때문에, 최근에는 임파워먼트를 따로 번역하지 않고 원어 그대로 임파워먼트로 사용하는 경우가 많다.

2) 임파워먼트 관점의 요소

임파워먼트 관점에 대한 다양한 문헌들에서 강조하는 구성요소들은 다음과 같다(Gutierrez, Parsons, & Cox, 1998). 이러한 요소들은 실천의 순서에 있어서 어떤 요소가 다른 요소보다 더 중요하다거나, 순서상 어떤 요소가 먼저 와야 된다고 보지 않는다.

- 태도, 가치, 신념: 자기효능감(self-efficacy)-자신을 위한 행동을 증진하는 자기 인식, 자기 가치에 대한 신념, 통제감-에 관한 신념은 임파워먼트 과정에 영향을 미친다. 심리학에서는 이런 태도를 임파워먼트의 유일한 요소이자 주요 목적으로 본다. 그러나 사회복지실천에서 임파워먼트는 개인적 통제감의 개발에서 더 나아가 좀 더 큰 사회체계들에 영향을 미치는 것까지 포괄한다.
- 집합적 경험을 통한 정당성의 인정: 집합적 경험에서 자신 및 타인들은 서로 공유하고 있는 경험을 인지한다. 즉 집합적 경험을 통해 자신과 주변 세계에 대한 인식의 일부가 정말 타당하고, 따라서 목소리를 내어도 정당하다는 것을 알게 된다. 이러한 인지는 자기 비난을 감소시키고, 당면 문제의 원인으로 개인적 실패 이상의 것을 보려는 경향을 증가시키며, 공동운명의식을 불러일으키고, 의식을 증가시키는 데 기여한다. 집합적 경험은 개인 수준을 넘어서 가족이나 지역사회 같은 다른 체계들을 변화시키는 동기가 될 수 있다.
- 비판적 사고와 행동을 위한 지식과 기술: 각 개인은 상호 공유와 지지를 통해 문제의 내부와 외부 양상에 대해 비판적으로 사고할 수 있다. 그들은 자신의 가치와 신념, 태도를 갖게 된 과정에 이것들이 문제에 영향을 미치는 과정뿐 아니라 거시 수준의 구조와 영향에 대해 규명할 수 있다. 임파워먼트는 비판적으로 사고하는 것을 배우고 정보를 얻고 행동을 취하는 과정을 배우며, 실제로 행동을 취하고 성과를 평가하는 것을 포함한다.
- 행동: 반성적 행동을 통해 개인은 행동 전략을 개발하고 내부와 외부구조에 영향을 미치는 데 필요한 자원과 지식, 기술을 개발할 수 있다. 심리적으로는 자신의 행동에 대해 책임지는 것을 배운다. 행동적으로는 공통 목적과 사회 변화를 얻기 위해 다른 사람들과 기꺼이 행동할 수 있게 된다. 또한 이런 행동에 반응하면서 무언가를 배우게 된다.

〈표 7-3〉은 기존 문헌에서 제시하고 있는 열 가지 임파워먼트 원칙이며, 임파워먼트 관점에 입각한 사회복지실천 방법의 특징들을 잘 나타내고 있다(정순둘 외, 2007).

▌표 7-3▐ 임파워먼트 관점에 입각한 실천의 원칙들

임파워먼트 초점	임파워먼트 원칙
1. 억압의 고려	억압의 파괴성 인식, 도전해야 할 대상으로 간주
2. 억압에 대한 시각	총체적, 체계적, 포괄적 시각 유지
3. 클라이언트의 잠재력	클라이언트의 생래적 능력을 발견하고 원조자로서의 사회복지사 역할로 한정
4. 연대감의 중요성	공통 기반을 공유하는 사람들이 함께 임파워먼트를 달성
5. 클라이언트-사회복지사 관계	'나와 나'의 관계
6. 클라이언트 이야기와 의미	클라이언트의 생의 열망과 의미 규명
7. 클라이언트에 대한 시각	희생자가 아닌 역경을 견뎌온 승리자
8. 변화의 초점	사회 변화
9. 사정에 대한 입장	기관의 정책과 절차에 대한 비판적 분석 포함
10. 임파워먼트 실천의 범위	중범위 및 거시차원까지 확대

출처: Gutierrez, Parsons, & Cox (1998); Lee (2001); Robbins, Chatterje, Canda (2006)의 지침을 재구성; 정순둘 외 (2007). p. 62.

3) 임파워먼트 실천

서구에서 임파워먼트 실천은 짧은 기간 동안 많은 연구가 이루어졌음은 물론이고 사회복지실천가의 주요 관심 대상으로 부상하였다. 1990년대 후반까지 사회복지실천분야에서 600여 편의 논문들이 임파워먼트를 주제로 발표되었고, 임파워먼트와 관련된 책이나 글이 참고문헌에서 다수 인용되기도 하였다. 많은 사람들이 임파워먼트는 현대 사회복지실천에서 필수적인 개념임에 동의를 표하였다(Lee, 2001: 5).

우리나라에서도 1990년대에 임파워먼트 개념이 도입된 이후, 1990년대 중반 이후부터 임파워먼트에 대한 논의가 시작되었다(박선영, 2013). 도입 및 논의가 이루어진

시기는 서구에 비해 크게 뒤떨어지지 않았으나 임파워먼트를 어떻게 이해하고 활용하는가에 대해서는 사회복지사들마다 많은 차이를 보이고 있는 것이 일부 연구에서 확인된 바 있다(김인숙・우국희, 2002; 양옥경・최명민, 2006). 또한, 2001년 1월부터 2013년 5월까지 국내에서 발표된 석・박사 학위논문 및 학술지에 게재된 임파워먼트 프로그램 효과성 검증 논문들을 대상으로 임파워먼트 프로그램이 사회복지분야에서 어떤 대상에게 적용되고 있는지, 또 그 효과성이 어떻게 나타나고 있는지를 살펴본 결과, 임파워먼트 프로그램의 적용 대상은 청소년, 정신장애인이 가장 많았고, 새터민 아동, 여성결혼이민자, 자활사업참여자, 만성질환 노인, 신체장애인, 알코올의존 노숙인 등으로 나타났다. 또, 그 효과성은 자기효능감, 자아존중감, 문제해결/대처능력 면에서 중간 이상의 효과를 보였고, 임파워먼트를 효과로 보았을 때도 중간 정도의 효과가 있는 것으로 나타났다(김정화, 2013).

임파워먼트 실천프로그램의 모습은 그 적용 대상이나 현장에 따라 차이가 있을 수 있다. 임파워먼트 실천을 개인에게 적용할 수도 있으나, 임파워먼트의 특성에는 타인과의 동질한 경험 공유를 통해 변화를 꾀하는 것을 포함하고 있기 때문에 집단 프로그램 형태가 선호된다. 여기서는 김미옥 외(2009)의 연구에서 산재장애인을 대상으로 개발한 임파워먼트 집단프로그램의 내용을 소개하고자 한다. 김미옥 외(2009)가 개발한 임파워먼트 실천프로그램에서는 요양환자용 프로그램과 치료종결자 프로그램을 구분하여 개발하였는데, 요양환자는 사회심리적인 부분에 초점을 두되, 장애 수용을 통한 직업준비 기반을 조성하는 데 목적을 두었고, 치료종결자 프로그램은 직업준비 및 사회통합에 초점을 두고, 스스로의 삶에 대한 통제력 회복에 초점을 두어 개발되었다.

▮표 7-4▮ 산재장애인 임파워먼트 프로그램의 내용

회기	주제	주요 내용
1	마음 열기	• 자기소개 • 모임 규칙 정하기 • 개인 목표 설정하기
2	인생책 만들기	• 인생책 만들기 • 산재사고의 경험을 나누고 공감하기
3	감정 제대로 표현하기	• 감정카드로 감정 이해하기 • 나 전달법으로 감정 표현하기
	감정표현과 문제해결기술 배우기	• 감정카드로 감정 이해하기 • 나 전달법으로 감정 표현하기 • 문제해결 3단계 적용하기
4	문제해결기술 배우기	• 편지를 읽고 문제 정확히 인식하기 • 문제해결기술 배우고 적용하기
	나의 강점과 자원 찾기*	• 자원도 그리기 • 내 인생의 성공담 나누기
5	나의 강점과 자원 찾기	• 자원도 그리기 • 내 인생의 성공담 나누기
	장애 다시 바라보기*	• 장애에 대한 편견 버리기 • 장애의 의미 재구성하기
6	산재 다시 생각해 보기	• 성공사례 경청하기 • 산재에 대해 생각하기
	구직자원과 네트워크 탐색하기*	• 나의 구직경험 재구성하기 • 구직을 위한 자원과 네트워크 알아보기 • 면접연습
7	10년 후의 내 모습 꿈꾸기	• 미래의 나의 모습 그리기 • 나의 계획 실천하기
	구직 계획 세워보기*	• 역할모델과 만남의 시간 • 나의 계획 실천하기
8	나 믿어주기	• 목표 점검하기 • 서로의 장점 찾아주기 • 나 칭찬하고 선물주기

* 표시가 있는 경우는 치료종결자용, *표시가 없는 경우는 요양환자용 프로그램
출처: 김미옥 외 (2009). p. 321.

임파워먼트 관점의 발전과 성장에도 불구하고, 전문적인 활동 변화의 실제적 양상과 관련하여(Pease, 2002), 또 파워 관계를 재조정하는 데 대한 공공정책과 기관의 협력이 필요하다(Jordan, 2004)는 점에서 회의적 시각이 여전히 존재하는 것도 사실이다. 또한 1990년대에 임파워먼트 관점에 기반한 실천이 부각된 이유는 그 자체의 효과성 때문이 아니라 사회복지실천이 다양한 계층의 무기력(powerlessness)에 직면하면서 전통적 방법으로는 부족함을 느끼게 된 데 근본 원인이 있다는 비판도 있다. 연구 기반의 실천이 강조되면서, 임파워먼트 실천이 개인과 환경이라는 이중초점을 유지하기 때문에 측정이나 결과를 도출해 내기가 어려워, 양적평가방법보다는 질적평가방법을 사용하게 되었고, 따라서 경험적인 성과를 도출하는 데 무리가 따른다는 점 역시 우려되는 부분 중 하나이다(NASW, 2008: 124-125).

그럼에도 불구하고 임파워먼트 관점은 클라이언트 스스로 문제에 대한 해결책을 모색하고, 그들 간의 경험을 공유함으로써 집합적 행동을 통해 사회를 변화시키려는 시도를 할 수 있는 기반을 마련해 주었다는 점에서 의의가 있다. 앞서 살펴본 강점관점과 비교했을 때 임파워먼트 실천은 개인 차원을 넘어서 사회 차원의 변화를 모색한다는 점, 클라이언트의 긍정적 변화가 지속될 수 있는 환경을 조성하고자 한다는 점에서 '환경 속의 인간' 개념을 구체적으로 구현하는 사회복지실천방법이라 할 수 있다.

CHAPTER 08
관계론

CHAPTER 08
관계론

1 전문적 관계의 특성과 주요 요소

사회복지실천은 휴먼서비스로서 관계의 중요성이 그 어떤 영역보다도 부각된다. 개인, 집단, 가족, 지역사회복지 차원에서는 사회복지사와 클라이언트 간의 직접적인 관계형성이 주로 이루어지며, 조직, 행정, 법 차원의 간접적 서비스에서도 전문적 관계의 중요성은 매우 중요하다. 전문적 관계는 일반적 인간관계의 요소를 갖고 있음과 동시에 전문적 관계가 가지는 강조점과 특성 등이 있다.

1) 전문적 관계의 특성

첫째, 계약체결로 관계가 시작되며, 계약종료와 함께 마친다.

전문적 관계는 클라이언트가 기관의 원조자격에 적합하고, 원조과정을 충분히 이해한 후 계약을 체결하면서 시작된다. 이 관계는 계약종료와 함께 끝난다. 그러므로 클라이언트는 기관의 원조 내용이 자신의 욕구와 일치하는지 등을 충분히 사전에 탐색해야 하며, 계약체결 시 전문가는 원조목적, 내용, 방법, 기간, 비용 등에 대해서 충분히 고지해야 할 의무를 가진다.

둘째, 클라이언트를 위한 문제해결의 목적이 명확하다.

일반적 관계는 '주고받는' 상호이해의 목적을 충족시키는 관계라고 본다면, 전문적 관계는 클라이언트 중심적이어야 하며, 클라이언트의 욕구를 충족시키기 위한 것이다. 또한 문제해결이 관계의 중요한 목적이기 때문에 전문가는 자신의 감정이나 이해관계가 충돌할 경우 클라이언트를 우선시하는 자세를 가져야 한다.

셋째, 시간제한적이다.

클라이언트의 문제가 해결되었거나 클라이언트가 원조를 받고자 하는 동기나 능력 등이 한계에 도달할 경우 종결된다. 때로는 기관에서 클라이언트에게 더 이상 줄 수 있는 서비스와 자원이 충족되지 않을 때 종결된다. 클라이언트의 문제가 해결되어 종결되는 것이 가장 바람직하며, 이를 위해서는 어느 정도의 시간제한적일 필요가 있다. 이는 클라이언트가 제한된 시간 내에 문제해결을 위한 노력과 집중을 하는 효과를 가져온다. 또한 사회복지사가 담당하는 사례 수가 제한되는 현실적인 제약 등의 이유도 무시할 수 없다.

넷째, 계약종료 후에도 전문적 관계는 윤리강령의 적용을 받는다.

클라이언트와의 전문적 관계가 종료된 후에 클라이언트와 일반적인 인간관계로 돌아가는 것은 바람직하지 않다. 우리나라의 윤리강령에는 개입 종료 이후의 클라이언트와의 관계에 대해서 명시하고 있지 않지만 사회복지관련 법에서는 현직에 있거나 혹은 이전에 근무하였다 하더라도 비밀보장을 하도록 명시되어 있다. 미국의 윤리강령은 더 엄격하여 종결된 클라이언트와 이중적, 성적 관계를 하지 않도록 엄격하게 제재하고 있다. 우리나라에는 딱히 규정이 없다 하더라도 지역사회 내에서 종결된 클라이언트가 언제든지 다시 클라이언트가 될 수 있는 상황이 일어날 수 있기 때문에 전문적 관계를 유지하는 것이 바람직하다.

다섯째, 권위가 수반된다.

문제해결을 위한 사회복지사-클라이언트 간의 수평적, 동반적 관계가 강조된다고 해서 전문가의 권위가 강조되지 않는 것은 아니다. 사회복지사의 권위는 전문적 지식과 기술에서 나오는 것이며, 문제해결을 위해 이 권위가 제대로 발휘될 때 인정과 존중을 받게 된다. 그러므로 자신의 권위를 유지하기 위하여 전문성 개발을 위한 노력을 지속적으로 기울여야 한다.

2) 전문적 관계의 주요 요소

(1) 따뜻함

전문적 관계라고 해서 객관적이고 사무적일 것이라고 섣불리 판단해서는 안 된다. 물론 사회복지사–클라이언트 간의 지켜야 할 관계의 선은 분명히 있지만 관계가 가지는 요소는 매우 인간적인 면들이 있다. 수많은 인생의 위험과 위기 속에 노출된 클라이언트는 인간관계로 인해 지쳐 있거나 실망스런 경험들을 많이 한다. 그래서 그들은 끊임없이 관계를 불신하고, 시험하려 든다. 인간관계에 예민한 클라이언트들은 사회복지사들의 따뜻한 표정의 가면 속에 숨어 있는 사무적이고 냉담한 모습들을 민감하게 알아차리고 마음의 문을 닫는다. 오히려 기술이나 기법이 부족하더라도 클라이언트를 돕고자 하는 따뜻함을 가진 사회복지사에게 마음을 열고 신뢰를 보내게 된다. 따뜻함은 클라이언트에 대해 비평가적인 태도로 돌보고, 존중하는 마음으로 대하며, 의사소통하는 것을 의미한다.

(2) 공감

클라이언트의 생각과 감정, 투쟁(struggles)을 클라이언트의 입장에서 이해하고자 하는 의지를 뜻한다(Rogers, 1980). 공감은 클라이언트가 자신의 경험과 관련된 감정을 확인하고 또 관련된 요소들을 확인하며, 수용되고 이해되었다는 느낌을 갖도록 하는 데 목적이 있다(Shulman, 1984). 일차적 수준에서의 공감은 클라이언트가 명시적으로 표현한 것을 사회복지사가 이해했음을 알게 하는 것이다. 좀 더 진전된 수준에서는 클라이언트가 말하고자 하는 것, 즉 표현하지는 않았지만 알리고자 한 것에 대해 의견을 제시하는 것을 의미한다. 이런 차원에서는 반영과 부연설명(paraphrasing)의 기술도 함께 활용된다.

(3) 진정성

진지함과 정직은 진정성의 특징이다. 효과적인 관계로 발전되기 위해서는 가식적이지 않고, 사회복지사 자신의 한계를 인식하며, 진실한 확신만을 이야기하는 것이 필요하다. 진정성 있는 사회복지사는 클라이언트에게 숨기거나 속임수를 쓰지 않고, 적당한 때에 적절하고 도움이 되는 정보를 제공한다.

(4) 조건 없는 긍정적 고려

조건 없는 긍정적 고려란 사회복지사가 인정하거나 수용하는 것과 상관없이 클라이언트를 수용하고 차별 없이 대하는 것이다. 이러한 태도는 긍정적인 관계에 나타나는 것이기는 하지만, 이러한 태도에 클라이언트가 항상 긍정적으로 반응하지는 않는다. 즉, 때로는 사회복지사는 최선의 노력을 다했음에도 클라이언트로부터 거부를 당하기도 한다. 예를 들어, 클라이언트가 공감을 조종(manipulation)으로 해석하거나 진정성을 위선(fake)으로 받아들일 수도 있는 것이다. 이런 가능성들을 충분히 고려하고 받아들이는 것이 사회복지사의 소진을 막는 데 도움이 된다.

2 전문적 관계의 원칙

비에스텍(Biestek, 1992)은 일찍이 7가지 원칙을 개별사회사업(casework)에 제시하였다. 그는 이 원칙들은 3개의 순차적인 상호작용에 의해서 7개의 원칙이 나오게 되었다고 설명한다. 즉 클라이언트의 욕구가 발생하고(제1경로), 이에 사회복지사들이 반응하게 되며(제2경로), 클라이언트는 사회복지사의 반응을 인식하게 된다(제3경로). 이러한 3가지 경로를 거치면서 가장 핵심적인 7가지 원칙이 나오게 된다고 설명하였다.

▌표 8-1▐ 3가지 단계별 경로와 7대 원칙

<table>
<tr><th>제1경로:
클라이언트의 욕구</th><th>제2경로:
사회복지사의 반응</th><th>제3경로:
클라이언트의 인식</th><th>원칙의 이름</th></tr>
<tr><td>1. 개인으로 대우받기 원함</td><td rowspan="7">사회복지사는 이러한 욕구들을 민감하게 알아채고, 이해하며 적절하게 반응한다.</td><td rowspan="7">클라이언트는 사회복지사의 민감함, 이해, 반응을 어느 정도 인식한다.</td><td>1. 개별화
(Individualization)</td></tr>
<tr><td>2. 감정표현을 원함</td><td>2. 의도적인 감정표현
(Purposeful expression of feeling)</td></tr>
<tr><td>3. 문제에 대한 동정적 반응을 받고자 함</td><td>3. 통제된 정서적 관여
(Controlled emotional involvement)</td></tr>
<tr><td>4. 가치 있는 개인으로 인정받고자 함</td><td>4. 수용
(Acceptance)</td></tr>
<tr><td>5. 판단받기를 원하지 않음</td><td>5. 비심판적 태도
(Nonjudgmental attitude)</td></tr>
<tr><td>6. 스스로 선택과 결정을 내리기 원함</td><td>6. 클라이언트 자기결정
(Client self-determination)</td></tr>
<tr><td>7. 자신에 대한 비밀이 지켜지길 원함</td><td>7. 비밀보장
(Confidentiality)</td></tr>
</table>

1) 개별화

개별화의 원칙은 인간이 가지는 독특성을 인정하고 이해하는 것이다. 실천현장에서 특정한 대상을 대상으로 서비스를 주는 사회복지사의 경우 개별화의 어려움을 겪기가 매우 쉽다. 아래의 사회복지사 A는 유사한 클라이언트들을 반복적으로 대하면서 클라이언트를 자기식대로 유형화하고 나름대로 결과를 예측하면서 판단하기 시작했다. 이는 심각하게 개별화를 손상시킨 부정적인 예라고 할 수 있다.

사례 8-1 개별화에 실패한 사례

사회복지사 A는 7년차 사회복지사이다. 줄곧 노숙인 쉼터에서 근무를 해왔으며, 그의 주요 업무는 아웃리치를 통해 자활노숙인들을 발굴하고 자활을 지원하는 서비스이다. 그는 아웃리치를 위해 공원이나 주요 역 등의 다양한 노숙인들을 만나고 있다. 초기에는 노숙인들이 노숙하게 된 과정, 삶의 고달픔 등에 대해 들어주고 함께 고민하였다. 그리고 그들이 자립해서 생활하도록 돕기 위해 최선을 다했다. 그러나 알코올중독이나 건강상의 문제, 노숙에 익숙해짐 등으로 인해 노숙인들의 자립을 성공시키기는 어려웠다. 요즘 사회복지사 A는 노숙인들과 면담을 하는 순간, 마음속의 보이지 않는 계산기가 두드려지고, 공식에 대한 결과가 나왔다.

'아, 이 노숙인은 자립이 어렵겠구나.'

'이 노숙인은 조금만 도와드리면 자립이 가능할 것 같은데…'

개별화의 의미는 다음과 같다.

- 사소한 것에도 신중을 기한다.
- 인터뷰할 때에 프라이버시를 고려한다.
- 약속을 지키고자 노력한다.
- 인터뷰를 위한 준비를 한다.
- 클라이언트를 참여시킨다.
- 유연성을 가진다.

개별화를 위한 사회복지사의 역할은 아래와 같다.

- 선입견과 편견으로부터 자유로워져야 한다.
- 인간의 행동에 대한 지식을 갖춘다.
- 경청하고 관찰하는 능력을 갖춘다.
- 클라이언트의 속도에 맞추어 움직인다.
- 인간의 감정에 관여할 수 있는 능력을 갖춘다.
- 균형 있는 관점을 유지한다. 클라이언트를 개인으로만이 아니라 가족, 지역사회

의 일원으로서의 본다. 또한 지나치게 정서적인 욕구에만 치중하는 것이 아니라 신체적 욕구에도 관심을 기울인다.

2) 의도적인 감정표현

의도적인 감정표현은 클라이언트가 긍정적 감정, 특히나 부정적 감정들을 자유롭게 표현하고 싶어하는 욕구를 이해하고 자유롭게 표현하도록 원조하는 것이다. 왜곡된 관계나 문제를 가진 가정이나 환경에 노출된 클라이언트들은 감정표현이 매우 단순하고 자신의 감정을 제대로 인식하지 못하며 표현이 서툴다. 그러므로 사회복지사는 클라이언트가 감정표현을 단념하거나 자책하지 않도록 목적을 가지고 경청해야 한다. 때로는 치료를 위해 감정표현을 격려하고, 적극적으로 끌어내기도 한다.

의도적 감정표현의 목적은 다음과 같다.

- 클라이언트의 압박감과 긴장감을 풀어줌으로써 클라이언트가 문제를 보다 명확하고 객관적으로 보게 한다. 감정을 단순히 분출하는 것뿐만 아니라 긍정적이고 건설적인 행동을 하도록 클라이언트를 자유롭게 한다.
- 의도적인 감정표현은 사회복지사가 연구, 사정, 개입 등의 과정에서 문제와 클라이언트를 보다 더 정확하게 이해하도록 돕는다. 클라이언트에게 문제가 어떤 의미인지, 어떻게 보고 있으며, 특정한 문제와 관련한 감정의 무게 등을 이해한다.
- 문제와 관련된 감정을 들어주는 것만으로도 클라이언트에게는 심리적인 지지가 된다. 감정표현을 함으로써 클라이언트는 사회복지사가 진정으로 그의 문제를 공유했으며, 문제해결의 부담감이 줄어듦을 느낀다.
- 어떤 경우에는 부정적인 감정이 진정한 문제일 수도 있다. 부정적인 감정표현이 외부로 표출됨으로써 문제가 해결될 수 있다.
- 전문적 관계를 깊고, 공고하게 한다.

3) 통제된 정서적 관여

통제된 정서적 관여는 클라이언트의 감정에 민감하고, 감정의 의미를 이해하는 것이다. 그리고 클라이언트의 감정에 의도적이고 적절한 반응을 보이는 것이다. 이처럼 통제된 정서의 핵심적인 요소는 바로 민감성(sensitivity), 이해(understanding), 반응(response)이다.

(1) 민감성

클라이언트의 감정을 보고, 듣는 것이다. 클라이언트는 때로 자신의 감정을 언어화하지 않거나 못하는 경우가 많은데 특히 초기 면접 시에 사회복지사와의 관계가 불편할 때에 더욱 심하다. 혹은 너무나 감정이 깊어서 표현하지 못하는 경우도 있다. 그러나 언어화하지 못할 뿐이지 말의 속도, 주저함, 커지는 목소리 등 보고 들을 수 있는 방법을 통해 클라이언트는 감정을 표현한다. 그러므로 얼굴, 제스처, 복장, 손짓 등을 통해서 감정을 보고 들어야 한다.

(2) 이해

전문가로서 사회복지사는 클라이언트와 문제와 관련된 감정의 의미를 이해하는 것이 필요하다. 또한 인간행동에 대한 지식은 감정을 이해하는 데에 필수적이기 때문에 심리학, 정신분석학, 다른 사회과학 등에 대한 지식을 갖추어야 한다.

(3) 반응

민감성과 이해만으로는 불충분하고 반응이 있어야 한다. 클라이언트의 감정의 수준에 맞추어서 반응하는 것은 전문적 관계에서 가장 어려운 기술이다. 반응은 반드시 언어적일 필요는 없으며, 지식과 목적을 가진 태도와 감정으로 나타낼 수 있다.

4) 수용

수용은 인간존엄의 가치를 기본으로 클라이언트의 모습을 있는 그대로 인정하고, 받아들이는 것이다. 클라이언트가 가지고 있는 강점과 약점, 마음에 드는 점과 그렇지 못한 점, 긍정적 혹은 부정적 감정, 건설적 혹은 파괴적인 태도나 행동 등을 있는 그대로 받아들이고, 클라이언트의 존엄성과 인간으로서의 가치를 인정하는 것이다. 그러나 수용이 일탈적 행동을 인정하는 것은 결코 아니다. 수용의 목적은 치료이다. 있는 그대로 클라이언트를 이해함으로써 보다 효과적으로 원조할 수 있고, 클라이언트가 불필요하게 방어적이지 않게 한다. 이를 통해 클라이언트는 자신을 있는 그대로 보여주는 것이 자연스럽고, 스스로도 자신을 있는 그대로 보게 된다. 이를 통해 클라이언트는 보다 현실적인 방법으로 자신과 문제를 다룰 수 있게 된다.

그러나 사회복지사도 도를 닦는 수도승이 아니라 인간이기 때문에 클라이언트의 행동이나 말 등에서 거부감을 가지게 되거나, 사회적으로 비난을 받는 아동학대, 성폭력, 가정폭력, 도박 등에 문제를 가진 클라이언트를 수용하는 것이 말처럼 쉽지 않다. 그러므로 수용하기 어려운 클라이언트를 수용하기 위해서는 자신의 감정을 극복하고자 하는 의지가 필요하고, 이를 극복하기 위한 훈련 또한 필요하다. 반복되는 훈련과정을 통해 사회복지사 자신의 감정대로 클라이언트를 비난하거나 판단하는 횟수나 강도가 줄어들게 된다.

사례 8-2 수용하기 어려운 클라이언트 사례

중학교에 근무하는 학교사회복지사 D는 최근에 본드 흡입으로 징계를 받은 클라이언트에 대한 개입과정에서 클라이언트의 어머니와 면담을 하였다. 클라이언트로부터 모는 현재 남편과 별거를 하고 있었으며, 별거하는 과정 중에 다른 남자와 동거를 하고 있다고 들었다. 모나 동거남이나 일정한 직업이 없으며, 동거남은 클라이언트에게 욕설이나 신체적 폭력을 가하는데도 모는 별다른 제지를 하지 않았다. 일주일에 2~3번 집에서는 도박판이 벌어지기 때문에 클라이언트는 더 집에 가기 싫어진다고 하였다. 학교사회복지실에 찾아온 모는

> 오히려 사회복지사에게 친부를 닮아서 아이가 머리가 나쁘고 충동적이라고 말하였으며, 클라이언트의 고등학교 진학은 크게 기대하지 않고, 중학교만 졸업시키면 자신은 나름대로 책임을 다했다고 생각한다고 말하였다.
>
> 사회복지사는 중학생인 클라이언트에 대한 돌봄의 책임감을 갖고 있지 않고, 이혼문제가 해결되지 않은 상황에서 동거를 하며 오히려 클라이언트를 탓하는 모를 보면서 '없느니만 못한 부모'라고 비난하는 마음이 들었다.

위 사례의 클라이언트 모에 대해서 수용하는 자세를 갖기 위해서는 무엇이 필요할까? 클라이언트의 행동이 부정적으로 보인다 할지라도 클라이언트 모의 드러나지 않은, 혹은 자신도 인식하지 못하는 감정이나 느낌 등을 파악하는 것이다. 즉 행동상으로는 무정하고 비정한 엄마로 보이지만, 전남편과 동일시되는 아이에 대해서 부정적으로 느껴지는 모의 감정을 이해하고, 양육자로서 더 이상 자신에 대해서 스스로 기대를 하지 못한 채 무력감과 자괴감이 분노와 부인으로 나타나는 것을 이해함으로써 수용이 가능하다.

사회복지사의 역할은 다음과 같다.

- 사회복지사 자신의 욕구보다 클라이언트를 중심으로 클라이언트의 욕구에 초점을 둔다.
- 사회복지사는 클라이언트가 스스로를 도울 수 있는 잠재력이 있음을 이해하고, 클라이언트의 성장에 대한 전문적 책임감을 가진다.
- 사고와 감정 모두를 포함한다. 즉 목적을 명확히 이해하고자 생각하고, 인간의 인성과 행동 유형에 대한 지식을 갖춘다.

사회복지사가 클라이언트 수용을 어렵게 하는 것은 다음과 같은 경우이다.

- 인간행동의 유형에 대한 지식이 불충분하다.
- 자신의 감정이 클라이언트 탓이라는 생각을 가진다.
- 선입견과 편견이 있다.
- 보증할 수 없으면서 확신을 주어 현실수용을 어렵게 한다.

- 수용(acceptance)과 인정(approval)을 혼동한다.
- 클라이언트에 대한 존중감을 상실한다.
- 클라이언트와 자신을 과도하게 동일시한다.

5) 비심판적 태도

앞의 수용하기 어려운 클라이언트 사례에서 보듯이 사회복지사가 클라이언트에게 비난하는 마음을 가지는 것은 바람직하지 않다. 그렇다고 클라이언트가 사회적으로 용납할 수 없는 일들에 대해서도 그 일들이 별것 아닌 것처럼 클라이언트에게 전달되는 것은 바람직하지 않다. 비심판적(non-judgmental)의 사전적 의미는 "일방적인 판단을 하지 않는, 개인적인 판단을 피하는"이다. 그러므로 비심판적이라는 뜻은 클라이언트의 행동에 대해서 자신의 기준대로 옳고 그름 등을 지적할 필요가 없으며, 비난이나 책망, 힐난 등을 하지 않는 것이다. 비난의 사전적 용어는 남의 잘못이나 결점을 책잡아서 나쁘게 말하는 것이며, 비판은 사물의 옳고 그름을 판단하여 밝히거나 잘못된 점을 지적하는 것이다.

그러므로 비심판적 태도에는 문제나 욕구의 원인에 대해 잘잘못을 가리거나 클라이언트의 책임을 논하는 것을 금하지만 클라이언트의 태도, 기준, 행동에 대한 판단을 평가하는 것은 가능하다.

사회복지사의 역할은 다음과 같다.

- 사회복지사들은 기관에 오는 클라이언트의 두려움을 이해해야 한다. 클라이언트는 비판받을 것을 두려워한다. 과거의 삶의 경험에서 사람들로부터 비난받거나 그를 충분히 이해하지 못하는 사람들에게 그의 실수와 실패에 대해서 비난을 받아온 경험들이 있다. 클라이언트가 보기에 사회복지사는 그들이 두려워하는 엄격한 사회적 잣대의 상징으로 보일 수 있다. 이럴 경우 클라이언트는 자기방어적인 행동을 하게 되고, 자기 자신과 부적응의 원인을 객관적으로 보는 데 걸

림돌이 된다.

- 비언어적인 태도에 주의를 기울인다. 클라이언트의 감정과 사고에서 반응한다. 클라이언트는 감정적으로 매우 민감하고, 죄의식을 가지고 있기 때문에 언어적 뿐 아니라 비언어적인 비판적 태도도 잘 알아차린다. 또한 칭찬과 인정 등과 같은 판단의 형태에도 영향을 쉽게 받는다. 즉, 사회복지사가 그를 조건적으로 수용한다고 느낀다면 그는 자신의 바람직한 면만 보이려고 할 것이다. 클라이언트의 자기방어는 사회복지사가 자신을 비난하거나 칭찬하는 것에 관심이 전혀 없다는 것을 받아들이기 시작하면서 조금씩 줄어들게 된다.
- 감정과 사고의 수준에서 진정성 있게 반응한다. 비심판적 태도는 클라이언트를 판단하는 것은 기본적인 권리에 위배되는 것이고, 치료적으로 해롭다는 사회복지사의 인식을 기초로 한 비언어화된 내적인 확신이다. 그러므로 지식이나 이성적으로 생각할 것이 아니라 사회복지사 자신도 진정으로 느껴야 클라이언트에게 전달되는 것이다.
- 첫 번째 면접이 무엇보다 중요하다. 첫 면접에서 클라이언트는 자신에게 충분히 집중하고 이전의 관계와는 다른 것을 느끼게 될 때 관계의 진전이 이루어진다.
- 어설픈 확신을 하지 않는다. 클라이언트가 충분히 이야기하지도 않았는데 문제를 이해했다는 사회복지사의 어설픈 확신은 결론으로 건너뛰고, 클라이언트를 비판하기 쉬운 사람 같은 인상을 준다.
- 유사한 문제를 가진 클라이언트에 대한 언급을 피한다. 클라이언트는 사회복지사의 의도가 어떻든 자신을 이전의 클라이언트와 동일한 범주에 두고 있다는 인상을 받게 된다.

6) 클라이언트의 자기결정권

클라이언트는 사회복지사를 신뢰하고, 자신의 문제를 잘 알고 있다고 생각하기 때문에 판단과 결정을 사회복지사에게 의존하는 경우가 많다. 그러므로 사회복지사는 결정에 영향을 미칠 수 있는 조언을 하거나 클라이언트를 대신해서 결정을 내리는 행동을 선불리 해서는 안 된다.

다음과 같은 상황에서 클라이언트에게 어떻게 하는 것이 바람직할 것인가?

사례 8-3 클라이언트 자기결정권 사례

N교육청에 근무하는 사회복지사 C는 일반학교를 다니면서 따돌림을 심각하게 받던 빌달장애 학생(초등 6학년)이 학급에 잘 적응하게 되어 종결을 준비하였다. 초등학교를 졸업하고 중학교에 진학하게 되는 시기이기 때문에 클라이언트의 모는 클라이언트를 지금처럼 일반 중학교에 보내야 할지, 아니면 또다시 따돌림이나 다른 심각한 문제 등이 발생할 수 있으니 특수학교에 보내야 할지 고민이 많다고 했다. 지금처럼 학교 담임교사가 아이를 이해하고 학급 학생들이 협조적이면 클라이언트가 적응할 수 있을 것도 같은데 초등학교와 중학교는 분위기가 매우 다르고 과목선생님도 매번 바뀌기 때문에 아이의 적응을 장담하기 어렵다고 하였다. 클라이언트의 모는 자신은 비전문가라 결정할 수 없으니 사회복지사 C가 어느 학교로 진학을 하면 좋을지 결정을 내려주면 좋겠다고 요구하였다.

물론 클라이언트의 자기결정권이 제한되는 경우들도 있다. 인지적인 결함 등으로 판단이 어렵거나 자신이나 타인의 생명에 위협적인 행동을 할 것이 예측되는 경우이다. 그러나 제한된 경우를 제외하고는 사회복지사는 클라이언트의 자기결정권을 최대한 보장해 주어야 한다.

자기결정권은 자신의 선택과 결정을 할 수 있는 자유에 대한 클라이언트의 권리와 욕구에 대한 실천적 인식이다. 그 권리를 존중하고, 욕구를 인정하는 책임 있는 실천을 해야 함과 동시에 클라이언트가 자신과 지역사회의 가능하고 적절한 자원을 찾고 활용할 수 있도록 원조함으로써 자기-지시를 위한 잠재성을 활성화하도록 하는 것이다. 자기결정권은 긍정적이고 건설적인 장을 위한 클라이언트의 능력, 시민법과 도덕법 테두리 안에서 기관의 기능 내에서 이루어진다.

사회복지사의 역할은 다음과 같다.

- 클라이언트가 문제나 욕구를 분명하고, 장기적으로 볼 수 있도록 돕는다.
- 지역사회에서 클라이언트가 적절한 자원을 획득하도록 돕는다.
- 잠재된 클라이언트의 자원을 활성화할 수 있도록 자극을 준다.
- 클라이언트를 성장시키고, 문제를 해결할 수 있는 대인관계 환경을 조성한다.

7) 비밀보장

비밀보장은 전문적 관계의 원칙이기도 하면서 동시에 핵심적인 사회복지사 윤리강령이기도 하다. 그러므로 비밀보장의 원칙을 실천하기 위해서는 사회복지사는 사회복지사 윤리강령을 충분히 숙지하고 이해하고 있어야 한다.

비에스텍이 정의한 비밀보장은 다음과 같다.

비밀보장은 전문적 관계에서 클라이언트가 밝힌 비밀정보에 대한 보장이다. 비밀보장은 기본적인 클라이언트의 권리에 기초하며, 사회복지사의 윤리적 책임이기도 하다. 그리고 효과적인 전문적 서비스를 위해 필수적인 것이다. 그렇다고 비밀보장이 클라이언트의 절대적인 권리는 아니다. 때로는 클라이언트의 비밀이 사례회의 등을 통해 기관 내의 다른 전문가들과 공유되기도 하는데 이때는 비밀보장의 책임은 관여한 전문가들에게 동일하게 부여된다.

비밀보장은 법에도 명시되어 있는 클라이언트의 중요한 권리이자 전문가들이 민감성을 가지고 지켜야 할 윤리강령이자 원칙이다. 아래와 같은 상황의 예에서 비밀보장의 원칙을 제대로 이행하지 못하는 경우는 몇 번에 해당하는지 찾아보도록 하자.

사례 8-4 비밀보장의 원칙을 올바르게 수행한 사례는?

1. 아동학대기관에서 근무하는 사회복지사는 출근하는 길에 동료 사회복지사를 만났다. 사무실로 올라가는 엘리베이터 안에 둘만 남겨졌을 때 A는 어제 가정방문한 학대상황에서

보고 들은 것들을 그에게 이야기하였다.
2. 징계학생들을 의뢰받아 집단프로그램을 실시하는 학교사회복지사 B는 징계청소년과의 집단 및 일대일 상담기록을 학생부장에게 매주 보고한다.
3. 정신보건사회복지사 C는 지난주 자살충동이 심각했던 여중학생이 계속 맘에 걸린다. 그러나 부모나 학교에 알릴 경우 여중생이 불신하고 상담하러 오지 않을 수도 있다는 생각에 일단 알리지 않기로 한다.
4. 부부상담을 하는 가족치료사회복지사 D는 남편과 일대일 면담을 하던 중 남편이 지난주 다시 도박을 한 사실을 알게 되었다. 남편은 다시는 안 할 테니 아내에게 이 사실을 비밀로 해달라고 했다. 가족치료사회복지사는 남편의 비밀을 지켜주기로 한다.
5. 청소년쉼터의 사회복지사 E는 최근에 입소한 클라이언트(남)가 HIV 바이러스 감염자인 것을 알게 되었다. 거기다가 동년배 여자 친구를 사귀고 있었다. 이 문제를 쉼터기관과 입소자들에게 알릴 경우 클라이언트가 다시 길거리 생활을 하게 될 가능성이 매우 높았다. E는 이제 쉼터에 조금 적응을 하면서 좋아지는 클라이언트를 보면서 클라이언트를 조심시키고, 이 문제를 다른 쉼터 클라이언트에게는 알리지 않기로 한다.
6. 학교부적응 학생들의 집단프로그램에 참여했던 클라이언트 중의 한 명이 집단프로그램에서 나왔던 다른 클라이언트의 사적인 이야기를 다른 학생들에게 퍼뜨리면서 결국 피해학생이 등교거부를 하게 되었다. 피해학생의 부모는 프로그램 관리를 하지 못한 사회복지사 F에게 책임이 있다며 피해학생의 정신적 치료에 대한 보상을 요구하였다.

① 사회복지사 A는 단 둘이 있을 때에, 그리고 같은 기관의 동료에게 사례와 관련한 이야기를 하였기 때문에 큰 문제가 없을 듯 보이지만 사례회의나 슈퍼비전이 아닌 이상 사적인 장소에서 사례에 관한 이야기를 하는 것은 비밀보장의 원칙을 훼손하는 것이다.

② 사회복지사 B는 학교행정상 보고를 해야 하는 대상이 학생주임인 경우 이를 거절하기가 쉽지는 않다. 그러나 학생들의 상담기록을 원본 그대로 제출하는 것은 비밀보장의 원칙을 훼손하는 것이다. 반드시 보고를 해야 한다면 비밀보장을 훼손하지 않는 범위 내에서 상담기록의 내용을 최소한으로 보고하도록 한다.

③ 사회복지사 C는 클라이언트의 자살충동과 시도가 위급하고 발생가능성이 높은지를 생각하고 행동을 취해야 한다. 실제적으로 자살행위를 할 가능성이 높다

고 판단되었다면 지체 없이 부모와 학교에 이 사실을 알려야 한다.

④ 부부상담의 클라이언트는 2명이기에 이 2명의 이익이 상충될 경우 사회복지사가 어느 편에 서야 할지 난감할 수 있다. 부부상담을 하는 가족치료사회복지사 D는 상담계약 초기에 상대방에게 알려지면 민감한 정보에 대해 어떤 태도를 취할 것인지를 명확하게 알려주어야 한다. 어떤 정보든 부부가 공유하도록 원칙을 세웠다면 남편이 통사정을 하더라도, 혹은 이 문제가 두 부부의 관계를 심각하게 훼손시킬 수 있다 하더라도 아내에게 알려주어야 한다.

⑤ 쉼터의 사회복지사 D는 HIV 바이러스에 걸린 클라이언트뿐만 아니라 다른 클라이언트의 이익도 함께 고려해야 하는 입장이다. 더군다나 HIV 바이러스로 인해 다른 클라이언트들이 심각한 위협을 받을 수 있는 입장이기 때문에 쉼터 행정가와 입소생들에게 이 사실을 알리고, 또 다른 해결책을 모색하는 것이 바람직하다. 또한 HIV 바이러스 감염 클라이언트의 이성친구에게 클라이언트의 감염 사실을 알려주는 것이 적절한 실천이다.

⑥ 집단프로그램에 참여했던 클라이언트들 간의 비밀보장이 지켜지지 않은 것도 사회복지사의 책임에 해당될까? 우리나라의 윤리강령에는 이 문제를 명확히 제시하고 있지는 않지만 미국의 윤리강령에서는 집단구성원들 간의 비밀보장을 지킬 의무에 대해서까지 사회복지사가 책임질 필요는 없다고 명시되어 있다. 집단프로그램 초기에 집단의 규칙을 정하기는 하지만 집단구성원이 이를 위배하였다고 해서 이에 대한 강제적인 책임은 없기 때문에 구성원 간의 신뢰와 존중이 이루어지도록 하는 것이 필요하다.

위의 6가지 상황에서 비밀보장의 원칙을 깨야 하는 사회복지사의 가장 큰 고민은 클라이언트와의 신뢰관계가 훼손되는 것이다. 또한 이것이 개입이 필요한 클라이언트가 서비스를 중도탈락하게 되는 데에 영향을 미치지 않을까 하는 것이다. 그러나 기존의 연구를 살펴보면 사회복지사와 클라이언트 간의 신뢰관계가 형성되어 있다면 클라이언트가 공개를 원하지 않는 정보를 노출했다 할지라도 신뢰관계가 훼손되지 않는다고 한다.

그렇다면 비밀보장의 원칙은 언제 클라이언트에게 알려야 할 것인가? 클라이언트의 권리이기는 하지만 때로는 자신과 타인에게 심각한 해를 끼칠 경우에는 제한될 수도 있음에 대해 명확하게 알려주어야 한다. 클라이언트가 전문적 서비스를 받기로 계약을 하는 시점이 바로 그때이다. 이때 명확하게 알려주지 않은 채 비밀보장과 관련한 중요한 이슈가 등장했을 때에 권리와 제한점을 알려준다면 이는 오히려 클라이언트의 신뢰를 잃게 되는 것이며, 매우 부적절하다고 할 수 있다.

비밀보장을 실천하기 위한 사회복지사를 위한 지침을 정리하면 다음과 같다.

① 계약 초기에 클라이언트에게 비밀보장의 원칙은 중요한 권리이지만 제한점이 있음을 명확하게 알린다. 제한되는 경우는 자신과 타인에게 해를 가할 위험이 높을 경우가 대표적이며, 만약 공개한다 하더라도 사전에 클라이언트에게 고지됨을 알려준다.

② 비밀을 공개해야 할 경우, 사회복지사는 공개가 되었을 경우 어떤 불이익이 클라이언트에게 일어날 수 있는지에 대해서 알려준다.

③ 비밀보장은 법에도 명시된 것으로서 사회복지사가 현장을 떠났다 할지라도 클라이언트의 비밀을 공개해서는 안 된다.

④ 외부의 강제적인 압력으로 클라이언트의 정보를 불가피하게 공개를 해야 할 경우에 미리 클라이언트에게 이 사실을 알리고, 문제와 관련된 정보만을 공개한다.

⑤ 윤리강령에도 명시되어 있듯이 팩스, 사이버상담 등에서 의도치 않게 비밀정보가 지켜지지 않을 수 있음을 클라이언트에게 알려주어야 한다.

CHAPTER 09

사회복지실천 면접

1. 사회복지실천 면접의 개념과 특징
2. 사회복지실천 면접의 종류
3. 사회복지실천 면접의 구조
4. 사회복지실천 면접기술
5. 사회복지실천 면접기록

CHAPTER 09

사회복지실천 면접

1 사회복지실천 면접의 개념과 특징

일반적으로 면접(interview)은 대면관계에서 서로 의미를 주고받고, 그 의미를 확인하는 상호작용과정을 의미한다. 말 그대로 '서로 대면하여 만남'의 상태에서 이루어지는 의사소통인 것이다. 그러나 사회복지실천에서 면접은 도움을 필요로 하는 사람(person)이 전문적인 훈련을 받은 사람과 만나 문제(problem)를 해결하도록 도움을 받고 또 인간적인 성장을 위해 노력하는 과정(process)에 초점을 둔다는 점에서 일상적인 의사소통과는 다른 특징을 갖고 있다. 여기서는 이러한 사회복지실천 면접의 특징과 면접 형태, 방법, 그리고 기록 등에 대해 알아보도록 한다.

1) 사회복지실천 면접의 개념

사회복지실천 면접은 인간의 행동과 그 행동에 영향을 미치는 사회적 환경에 대한 전문적 지식과 기술을 갖춘 사회복지사가 클라이언트와 그의 문제를 이해하고 원조함으로써 궁극적으로는 클라이언트의 삶의 질을 향상시키고 인간적 성장을 이루도록 하려는 데 목적을 둔 전문적 대화를 의미한다. 클라이언트의 문제를 해결하기 위해 클라이언트에게 어떤 문제에 대한 질문을 하여 정보나 의견 등을 알아내고 또 그것을 바탕으로 개입을 시도하게 된다는 점에서 면접은 사회복지실천의 가장 기본적 기술이자 중요한 활동이라 할 수 있다.

2) 사회복지실천 면접의 특징

사회복지실천은 한편으로는 전체로서의 인간, 그리고 유기체로서의 인간에 대한 이해를 바탕으로 이루어지기 때문에 면접에서도 다른 전문직의 상담이나 면접과 공통되는 전문적 지식과 기술을 필요로 한다. 또 면접 대상과 서비스의 내용이 특정적이라는 점에서 다른 전문직의 상담과 구별되는 몇 가지 특징을 갖고 있는데, 이것을 요약하면 다음과 같다.

첫째, 사회복지실천에서 면접은 맥락(contest)이나 장(setting)이 있는 상태에서 이루어진다. 또 시간제한적이면서 계약에 기반하여 이루어지고, 사회복지사와 클라이언트라는 특별한 역할관계 속에서 진행되는 특징이 있다(Zastrow, 1981).

둘째, 사회복지실천 면접은 생각과 느낌이 교환되는 가운데 개인들 사이에서 언어적, 비언어적인 의사소통을 통해 문제해결 및 욕구충족을 이루어내는 목적지향적인 대화이다. 심리상담이나 정신의학적 치료에서의 상담과 마찬가지로 개인의 문제해결 및 심리정서적 고통을 완화하는 데 목적을 둔다는 점에서 의도적이고 목적지향적인 대화라 할 수 있다. 그러나 사회복지실천은 심리정서적 문제해결 외에도 클라이언트를 둘러싼 사회적 환경의 변화를 도모한다는 점에서 심리적 변화를 통한 문제해결에 치중하는 심리상담을 포괄할 뿐만 아니라 좀 더 적극적이고 환경적 변화를 지향한다고 할 수 있다.

셋째, 사회복지실천 면접에 참여한 사람들은 서로 영향을 주고받는다. 면접은 사회복지사의 전문성 이외에도 많은 요인의 영향을 받는다. 면접시간, 면접실의 구조와 분위기, 면접 참여자의 태도 등 다양한 요인이 면접에 영향을 미칠 수 있는데, 이 중 면접 참여자인 사회복지사의 겸손하고 배려 있는 태도, 클라이언트를 존중하는 태도는 면접 성립의 전제조건이라 할 수 있는 클라이언트와의 전문적 관계를 형성하는 데 매우 중요한 요소이다. 여기서 전문적인 관계는 의도적인 변화를 일으키기 위해 형성된 신뢰관계(rapport)로서 개인적이고 사적인 것이 아니라 사회복지사가 클라이언트의 문제에 계획된 의도적인 개입을 함으로써 문제를 함께 해결하기 위해 형성된 관계를 의미한다. 사회복지사가 도움을 필요로 하는 클라이언트를 배려하고 존중하지 않는다면, 전문적인 관계를 형성하기는 어렵다. 특히 비자발적인 경우는 신뢰관계가 형성되지 않으면 면접을 지속하기 어렵다. 따라서 진정성 있는 경청과 전문성을 가지고 면접에 임할 때 클라이언트 또한 문제해결에 대한 기대와 욕구를 갖게 된다는 점에서 면접은 상호적이라 할 수 있다.

넷째, 면접에서는 메시지를 전달하는 언어적·비언어적인 의사소통 외에 정서를 전달하는 소리의 음조변화에도 민감해야 한다. 언어적 메시지의 영향력보다 비언어적 메시지의 영향력과 전달력이 더 크다는 것은 이미 알려진 사실이다. 이러한 비언어적 메시지의 한 부분을 차지하는 것이 정서와 연관된 비음성적 메시지이다. 그러므로 소리의 높낮이와 강약, 빠르기 정도 등에 대해서도 민감해야 하며, 클라이언트의 배경을 고려하여 주의를 기울여야 한다.

다섯째, 사회복지실천 면접은 그 어떤 면접보다 이 사회에서 영향력을 빼앗긴 사람들의 이야기에 귀를 기울이고 듣는 면접이라고 할 수 있다. 사회복지실천의 대상이 되는 클라이언트들 중에는 심리정서적 어려움과 사회적 차별, 배제, 소외, 그리고 경제적 어려움 등의 고통으로 어려움을 겪는 사람들이 많다. 또 최근에는 결혼과 노동을 통한 이주자들의 비중이 높아지면서 문화적 배경이 다른 사람들에 대한 이해 또한 필요로 하고 있다. 그러므로 사회복지사는 이런 다른 집단을 이해하기 위해 먼저 사회문화적 존재로서 자신을 탐색하고 또 많은 관련된 지식을 알아가야 한다.

여섯째, 사회복지사는 면접이 갖는 사회정치적 특징을 이해해야 한다. 면접자로서 사회복지사의 역할은 권위와 권한을 포함한다. 즉 클라이언트가 있는 곳에서 출발하고 또 클라이언트와 평등한 관계에서 실천할지라도 권위와 권한 때문에 힘의 불균형을 경험할 수 있다. 그렇기 때문에 사회복지사는 이에 대한 선이해(先理解)를 바탕으로 클라이언트와 평등한 관계를 수립하도록 스스로 노력해야 한다.

2 사회복지실천 면접의 종류

클라이언트를 원조하는 과정에서 사회복지사는 면접 의도에 따라 면접에서 다루는 내용과 면접을 이끌어가는 방식을 달리하기도 한다. 바꾸어 말하면, 면접을 통해 달성하고자 하는 목적에 따라 면접의 종류가 달라진다. 물론 이러한 면접의 종류와 목적을 달리하는 것은 클라이언트의 문제해결 및 욕구의 충족이라는 대전제를 충족하기 위한 것이라는 점에서 중간적이고 수단적이라 할 수 있다.

일반적으로 면접의 종류는 정보를 얻기 위한 면접과 사정평가를 위한 면접, 그리고 치료를 위한 면접으로 구분된다. 각각의 면접방법을 살펴보면 다음과 같다.

1) 정보를 얻기 위한 면접

정보를 얻기 위한 면접은 클라이언트가 직면한 개인적, 사회적 문제와 관련된 배경이나 생애사 자료 등을 수집하기 위한 면접이다(Zastrow, 1981). 클라이언트가 도움을 원할 때 클라이언트가 겪고 있는 심리사회적 어려움과 관련된 맥락을 이해하는 것이 매우 중요하다. 그러므로 개인적 정보와 함께 발달사 혹은 생활사, 그리고 문제와 관련된 사회적 배경 등에 대한 구체적이고 사실적인 정보를 수집해야 한다. 또 클라이언트가 자신의 문제를 어떻게 인식하고 있으며, 어떤 서비스를 이용했었는지, 그리고 어떤 도움을 받아야 할지를 파악하기 위해 면접을 실시한다. 이때는 객관적 사실과 이에 대한 클라이언트의 주관적 감정이나 태도를 구분하는 것이 좋다.

정보를 얻기 위한 면접에서 파악해야 할 정보는 다음과 같다.

① **일반적 사항**: 나이, 성별, 학력, 결혼상태, 주소 등의 인구사회학적 정보

② **현재 나타난 문제**: 현재의 문제상황과 과거에도 유사한 문제가 있었는지 여부와 이에 대한 개선 노력 등에 대한 정보

③ **개인력과 가족력**: 클라이언트의 발달과정에 대한 정보, 발달과정 중 특이사항이나 대인관계 등에 대한 정보, 그리고 클라이언트의 가족관계에 대한 정보, 원가족과의 관계, 부모형제 관계 등에 대한 정보

④ **사회적·직업적 기능**: 클라이언트의 직업경력이나 사회활동 경력 등에 대한 정보

2) 사정을 위한 면접

사정(assessment)을 위한 면접은 클라이언트의 문제를 함께 해결하기 위해 어떤 서비스가 필요한지를 결정하기 위한 면접이다. 즉 클라이언트에게 특정한 서비스를 제공할 것인지 여부를 결정하는 것과 관련된 질문을 많이 하기 때문에 의사결정을 위한 면접이라고도 한다. 이런 의미에서 정보를 얻기 위한 면접보다는 목적지향적이라 할 수 있다. 예를 들면, 직업재활담당 사회복지사가 정신지체장애인을 면접하면서 경제적 원조, 직업재활, 시설 입소 등과 같은 광범위한 서비스를 제공하는 것이 적합한지를 알아보기 위해 면접하는 경우, 혹은 청소년으로서 임신을 하였으나 부모의 인공유산에 대한 강요로 집을 나와 주거를 전전하는 경우 미혼모자시설에서 생활하는 것이 클라이언트의 안전에 적합한지 혹은 귀가하도록 하는 것이 적합한지 여부에 대한 의사결정을 위해 면접을 하는 경우 등을 들 수 있다.

3) 변화와 치료를 위한 면접

사회복지실천의 핵심 중 하나는 클라이언트의 사회적 기능을 향상시키거나 회복

시키는 것이다. 이를 위해 클라이언트 자신이 변화하도록 돕거나 혹은 클라이언트의 사회적 기능에 영향을 미치는 사회적 환경에 영향을 미치게 되는데, 이 모든 전문적 개입은 클라이언트의 역기능을 변화시키고 또 부정적인 요소들을 제거함으로써 치료적 효과를 거두도록 하는 데 있다. 이러한 목적의 면접은 정보를 얻기 위한 면접이나 사정을 위한 면접보다 고도의 개입기술을 필요로 한다는 점에서 많은 준비와 노력이 필요하다.

이상과 같은 세 가지의 면접 유형이 서로 배타적인 것은 아니며 보통 하나의 면접에서 중복되어 활용된다. 따라서 면접 유형을 구분하려고 노력하기보다는 면접과정에서 발생할 수 있는 의사소통에의 장애요인에 민감하고 또 그것을 완화하는 데 관심을 기울여야 한다.

4) 면접을 방해하는 의사소통의 장애요인

대인 간의 의사소통에서 언어는 인간의 사상이나 감정을 표현하고, 의사를 소통하기 위한 소리나 문자 따위의 수단이라는 점에서 강력하고 솔직한 의사소통의 도구이다. 그러므로 사회복지사는 정직하고 명확하게 말하려고 노력해야 하며, 단어를 선정할 때에도 사용되는 맥락과 상대방의 문화적 양식을 함께 고려해야 한다. 또 언어적 의사소통을 할 때에는 구체성이나 자기노출, 질문 등과 같은 면접기술 외에도 소리의 크기, 음색, 명료성, 높이, 속도 등과 같은 음성의 질의 영향에도 관심을 기울여야 한다.

한편, 표면적으로 의사소통의 상당부분이 언어를 통해 이루어지는 것처럼 보이지만, 사실 기본적인 형태의 의사소통방식인 비언어적 의사소통의 메시지 전달력이 매우 큰 편이다. 여기에는 얼굴 표정과 자세, 근접성, 제스처, 접촉뿐만 아니라 머리스타일, 액세서리, 화장, 안경, 모자 등 많은 요소들이 포함된다. 이런 비언어적 메시지에는 정서적 요소가 많이 작용하기 때문에 누설적인 성격을 띠기도 한다. 그러므로 사회복지사 자신도 많은 주의를 기울여야 하고 또 클라이언트의 비언어적 메시지를 잘 관찰하여야 한다.

이와 함께 의사소통이 이루어지는 과정에서 발생할 수 있는 장애에도 관심을 기울여야 한다. 일반적으로 의사소통은 기호화(encoding), 송신(transmitting), 수신(receiving), 해독(decoding), 확인(check out)과 피드백(feedback)의 과정으로 이루어진다. 그런데 이 중 어느 단계에서 문제가 생기면 의사소통의 장애가 발생하게 된다. 즉 문제를 부호화하는 단계에서 상징을 개념화하거나 활용하면서 문제가 생기거나 혹은 말할 때 장애가 생기거나 들을 때 장애가 발생하는 경우, 그리고 수신한 개념을 이해하지 못하거나 외부 소음 등과 같은 환경적 장애가 발생할 때 의사소통에서 문제가 발생하게 되는 것이다(Zastrow, 1981). 따라서 면접과정 중 발생할 수 있는 이러한 장애요인을 미리 파악하여 면접에 부정적 영향을 미치지 않도록 하여야 한다.

사회복지 면접에서 나타날 수 있는 의사소통의 장애요인은 이뿐만이 아니다. 칼 로저스(C. Rogers)가 언급한 것처럼 타인에 대한 선입견이나 고정관념 혹은 의미에 대한 주관적인 가정(assumption) 또한 클라이언트와의 개방적인 의사소통을 방해할 수 있다. 또 사회복지사가 클라이언트와 면접할 때 산만하거나 다른 일을 생각하는 것, 혹은 다른 일과 관련된 계획 등을 고려함으로써 면접 상황에 주의를 기울이지 않는 것, 그리고 원조에 대한 모호한 느낌을 주는 것도 장애요인이 될 수 있다. 그리고 이런 사회복지사의 태도는 비언어적 의사소통의 방식으로 클라이언트에게 전달되어 면접에 대한 사회복지사의 진정성과 관심에 대한 의구심을 불러일으킬 수 있다. 그러므로 사회복지사는 무엇보다 면접 상황에서 클라이언트에게 진정성을 갖고 임해야 하며, 면접에서 초점을 유지해야 한다. 그리고 클라이언트가 반응하는 수준 -인식적, 인지적, 정서적, 행동적 수준-을 분별하고 확인할 수 있는 능력을 갖추어야 한다. 이것은 곧 면접에 임하는 사회복지사의 책임이기도 하다(Zastrow, 1981; Shulman, 1984).

3 사회복지실천 면접의 구조

사회복지실천 면접은 전문적 관계를 바탕으로 이루어지는 전문적 실천과정이자 도구인 만큼 그 면접을 진행하는 형식 또한 매우 중요하다. 여기서 형식이란 면접장소와 시간대를 의미한다.

1) 장소

사회복지실천 면접의 장소는 사회복지기관이 가장 적합하다. 사회복지기관의 면접실은 전문적 관계에 기반한 면접이 이루어지는 장소이고 또 그에 적합한 행동이 이루어지는 곳이기 때문이다. 이런 의미에서 사회복지기관의 면접실은 면접에 영향을 미칠 수 있는 제 요인을 통제할 수 있다는 장점이 있기 때문에 가능하면 기관에서 면접을 실시하는 것이 바람직하다.

이때 면접실의 물리적 환경은 면접 목적과 클라이언트의 상황 등을 고려한 것이어야 한다. 예를 들면, 2인 간 의사소통이 이루어지는 경우, 면접실이 지나치게 넓거나 혹은 협소하지 않아야 하며, 조명은 밝아야 한다. 책상과 의자 배치는 사회복지사와 클라이언트가 서로 눈을 접촉하면서 면접을 할 때에 불편하지 않도록 배치하는 것이 좋다.

간혹 사회복지사가 클라이언트의 생활환경을 파악하는 것이 도움이 된다고 생각할 때에는 가정방문(home visits)을 하는 것이 바람직하다. 클라이언트의 가정에서 면접을 하는 경우 클라이언트의 생활환경을 이해할 수 있고 또 친숙한 환경에서 행동하는 방식을 파악하며, 가족구성원들의 상호작용을 관찰할 수 있다는 점에서 장점이 있다. 특히 이동에 어려움이 있거나 장애가 있는 클라이언트에게는 가정방문이 꼭 필요하기 때문에 가정방문은 사회복지에서 일반적으로 많이 활용된다(Zastrow,

1981). 하지만 가정이 면접에 적합한 장소는 아니기 때문에 산만해질 수 있으며, 특히 가족구성원 간에 갈등이 발생할 때에는 예기치 않게 반응을 해야 하는 상황에 직면함으로써 혼란을 야기할 수도 있는 어려움도 생길 수 있다. 그러므로 가정방문을 할 때에는 그 필요성과 장단점을 함께 고려해야 한다.

2) 시간

사회복지사와 클라이언트는 면접을 종결하면서 다음 면접일정을 정하는 방식으로 면접을 진행하게 된다. 이렇게 시간약속을 정하는 것은 "클라이언트만을 위한 시간을 안배하는 것"이라는 점에서 클라이언트에 대한 존중을 담은 것이기도 하다. 그리고 클라이언트에게 면접의 중요성과 필요성을 재확인시키고, 또 클라이언트에게 자신의 문제를 해결하는 데 적극적으로 참여하도록 하는 개입효과도 있다고 할 수 있다.

일반적으로 성인을 기준으로 할 때 면접은 주 1회, 1시간 정도 이루어진다. 그리고 아동은 발달단계를 고려하여 30~40분 정도 진행한다. 면접 약속을 지키기 어려운 상황이 발생할 경우에는 상호 간에 합의한 규칙에 따라 미리 연락하도록 함으로써 신뢰를 잃지 않도록 하여야 한다.

4 사회복지실천 면접기술

클라이언트와 면접을 할 때 활용되는 기술은 관계수립과 원조(helping)에 도움이 된다. 그리고 클라이언트의 사고와 감정을 공유하고 클라이언트의 감정을 이해하는 데 유용하며, 금기 영역에서 클라이언트를 지지하고 클라이언트로 하여금 감정을 말로 표현하도록 하며, 관심을 세분화하는 데서도 도움이 된다. 뿐만 아니라 클라이언트에게 정보를 제공하고, 감정을 개방적으로 제시하며, 클라이언트의 강점을 지지하고, 사회복지사의 클라이언트의 행동을 조화시키는 데에도 도움이 된다. 이렇게 클라이언트의 문제를 이해하고 문제해결을 돕는 개입방법으로 활용되는 몇 가지 기술들을 살펴보면 다음과 같다(Gambrill, 2006).

1) 관찰하기

관찰(observation)은 사물의 현상이나 동태 따위를 주의하여 잘 살펴보는 것을 의미한다. 관찰은 문제해결을 위한 하나의 가치 있는 정보원이기 때문에 사회복지사는 실천과정 동안 클라이언트가 말하고 행동하는 것뿐만 아니라 표정과 눈 맞춤, 손짓 등의 비언어적 표현 등을 지속적으로 관찰한다.

자연스러운 환경에서 이루어지는 관찰은 실제적인 삶의 장에서 클라이언트와 중요한 타자 간의 상호작용을 관찰할 수 있는 장점이 있지만, 자연스런 환경에 사회복지사가 들어가야 하는 데 따르는 비용과 불편함 등과 같은 단점도 있다. 그러므로 관찰을 할 때에는 무엇을, 언제, 어떻게 관찰할 것인지를 미리 결정해야 하며, 가능한 관찰자가 상황에 개입하지 않는 방식으로 관찰이 이루어질 수 있도록 해야 한다(Gambrill, 1983).

2) 도움이 되는 질문하기

사회복지사의 질문과 정보, 그리고 사회복지사가 강조하는 행동은 면접의 초점에도 영향을 미친다. 질문을 함으로써 사회복지사가 중요하다고 생각하는 영역으로 관심을 돌릴 수 있으며, 일반적인 문제에서 좀 더 세밀한 부분이나 감정으로 진전시키는 데 도움이 된다. 또 관심을 표현하고 참여를 독려하며, 정보를 획득하는 데에도 도움이 된다.

질문은 개방형 질문과 폐쇄형 질문으로 구분되는데, 이 중 전자는 특정한 질문에 대해 답할 수 있는 선택지나 답변의 양을 정하지 않고 클라이언트가 충분히 말하도록 하는 것이다. 그리고 후자인 폐쇄형 질문은 "① 예, ② 아니오"와 같이 선택지나 답변의 양이 정해지는 경우를 의미한다. 일반적으로 설문조사 같은 경우가 아니라면 대부분 개방형 질문을 통해 클라이언트가 면접에서 충분한 정보를 제공하고 적극적으로 참여하도록 하는 것이 좋다.

3) 주의 깊은 경청

좋은 경청자는 자신보다는 다른 사람에게 관심을 기울이는 사람이다. 이들은 신체적으로나 정신적으로 들을 준비가 되어 있는 사람들이다. 예를 들면, 앉는 자세에 있어서도 클라이언트를 향해 앉으며, 의사소통 중에 클라이언트를 향해 몸을 기울임으로써 클라이언트의 말이 중요하다는 인식을 갖고 있음을 전달하는 것 등을 들 수 있다. 또 면접 도중 사회복지사가 클라이언트의 말에 집중한다는 표현으로서 "아", "음", "네"와 같은 단순한 음성반응이나 '끄덕끄덕'과 같은 비음성적 행동을 하는 것은 경청하고 있음을 보여주는 또 다른 예가 된다.

이들은 또 다른 사람이 하던 말을 마칠 때까지 기다리며, 자신이 들을 것을 대체하기보다는 보완하려는 목적으로 분석기술을 활용한다. 그리고 클라이언트의 경험과 감정을 이해하려고 하며, '클라이언트가 말한 것은 중요하다'는 신념을 갖고 클라이언트에 대한 판단을 다소 유예하는 특성을 갖고 있다. 이런 의미에서 이들은 곧 좋은 관찰자가 되기도 한다.

4) 직면과 해석

직면(confrontation)은 클라이언트가 인식하지 못하거나 인정하기를 거부하고 있는 감정이나 생각을 직접 인식하도록 지적해 주는 것이다. 이것은 내담자가 자신의 고통스런 감정과 행동을 직면할 수 있도록 함으로써 불안을 해결하고 자신의 행동과 감정에 대한 이해를 촉진시키는 데 목적이 있다. 하지만 클라이언트의 저항을 불러올 수 있고, 상호관계에 갈등을 일으키거나 혹은 부정적 영향을 미치기도 하므로 직면을 활용할 때에는 주의가 필요하다.

한편, 해석(interpretation)은 암묵적으로 표현된 부분들에 대해 설명해 주는 것으로서, 클라이언트가 사건들 간의 관계를 이해하고 문제나 감정, 행동을 다른 시각에서 생각해 보도록 하는 데 도움이 된다. 예를 들어 클라이언트에게 함께 협의한 것의 바람직한 결과나 그것과 관련된 사건들에 대한 가정들, 서로 다른 행동 간의 관계나 관련 요인을 설명하는 것은 해석에 속하는 기술로, 경청과는 다소 대비되는 기술이다. 이런 해석은 암묵적인 사건과 명시적인 사건 간의 관계를 파악하도록 하는 데 도움이 된다(Gambrill, 1983). 하지만 성급한 해석과 제안은 부정적 결과를 초래할 수도 있다는 점에 유의해야 한다.

5) 자기노출

'노출'은 다른 사람에게 알리고 보여주는 것을 뜻한다. 즉, 속마음을 있는 그대로 나타내 보이는 것이다. 그러므로 '자기노출(self-disclosure)'은 자기 자신에 관한 일이나 자신의 느낌을 솔직하게 털어놓고 말하는 중에 자기 자신을 바르게 이해할 수 있기 때문에 효과적인 의사사통과 친밀한 인간관계를 맺는 데 도움이 된다. 또 타인에게 자신을 이해시키는 데에도 도움이 되기 때문에 소외감을 해소하는 데도 중요한 영향을 미친다. 이런 의미에서 자기노출을 심리학적 전문용어로 처음 사용한 주라드와 라사코우(Jourard & Lasakow, 1958)는 자기노출이 정신건강의 근원이자 기초라고 하였다(이정곤, 2000; 이현지, 2012에서 재인용). 이간과 주라드(Egan& Jourard, 1964)도 자기노출이 개인의 자기실현과 자기 성장에도 결정적인 작용을 하기 때문에 상담활동에서도 중요한 요소로 작용하며, 특히 상담자와 내담자 사이의 친밀감과 신뢰감을 형성하는 데도 도움이 된다고 하였다. 이러한 자기노출은 자신을 노출하지 않는 사람으로부터 쉽게 노출을 유발하는 상호성 효과(reciprocity effect)가 있기 때문에 이질감이나 분리감을 갖고 있는 경우, 혹은 서비스를 요청해야 하는 상황에 놓인 클라이언트를 대하는 경우가 많은 사회복지실천에 매우 중요한 기술이다(이현지, 2012).

6) 구체성

구체성(concreteness)은 질문이나 진술, 정보의 명확성을 뜻하는 말로, 모호함을 좀 더 상세하게 기술하도록 독려하는 데 도움이 된다. 명료화와 병용되는 이 기술은 클라이언트의 개인적 측면과 가족, 그리고 지역사회자원뿐만 아니라 감정과 사고, 행동, 그리고 이와 관련된 행동들에 대한 구체적 내용을 탐색할 때 필요하다. 특히 클라이언트가 모호하거나 광범위하게 의사표현을 할 때 좀 더 분명하게 표현할 수 있도록 격려하고 또 사회복지사가 클라이언트의 말을 정확히 이해하고 있는지 확인함으로써 문제해결의 진전이 이루어지도록 할 수 있다. 클라이언트의 표현을 좀 더 명확히 하기 위해서는 "말씀하신 것이 ~한 뜻으로 이해되는데, 좀 더 구체적으로 말씀해 주시겠습니까?" 혹은 "예를 들어서 말씀해 주실 수 있을까요?" 등과 같은 질문을 함께 사용하면 좀 더 명확하고 구체적인 표현을 이끌어내는 데 도움이 된다.

이상과 같은 면접기술들은 다양한 기술과 기법 중 일부이다. 이외에도 사회복지사는 다문화사회로의 진전이 급속히 이루어지고 있는 점을 고려하여 스스로 자신의 계층과 문화적 차이의 영향력 등을 성찰해 보고 면접에서 이를 반영할 수 있어야 한다.

일반적으로 치료자나 상담자들은 젊고, 매력적이며, 말을 잘하고, 지적이고, 성공한 내담자(YAVIS형: young, attractive, verbal, intelligent, successful)를 선호하는 경향이 있으며, 이런 경향은 면접에 영향을 줄 수 있다. 즉, 일반적으로 상담자가 덜 선호하는 것으로 알려진 내담자 유형인 말수가 적고, 덜 매력적이고, 나이가 많으며, 점잖지 못하고, 문화적으로 이질적인 특징을 가진 내담자(QUOID형: quiet, ugly, old, indigent, dissimiliar culturally)를 만나게 될 경우, 자신은 어떠한 생각과 감정, 태도를 취하는지에 대해서 자기인식(self-awareness)을 시도해 봄으로써 클라이언트에게 부정적 영향이 미치지 않도록 해야 한다. 또 따뜻하고 편안한 느낌을 줄 수 있도록 표정뿐만 아니라 공간과 비언어적 메시지 활용에서도 스스로 관심을 갖고 꾸준히 노력하는 태도를 가질 때 위에서 기술한 기술들이 제 역할을 할 수 있을 것이다.

5 사회복지실천 면접기록

1) 개념과 지침

면접기록은 전문적인 사례관리, 교육, 지도감독, 행정 및 법률, 연구 등의 목적으로 상담자가 상담한 내용에 대해 기록하는 것을 말한다(고기홍, 2001). 이것은 전문적인 상담에서 필수적인 요소일 뿐만 아니라, 개인정보보호에 대한 중요성이 커지면서 면접기록의 중요성과 필요성 또한 증대되고 있는 실정이다.

사회복지실천 기록은 내담자의 욕구를 명확히 하고, 서비스의 질을 높이며, 필요한 서비스의 경우 계속성을 유지하고, 기관과 시설의 서비스 제공 사실과 서비스의 질과 양이 적절한지를 평가함으로써 운영관리에 도움을 주는 기능을 한다. 또 상담자의 교육과 직무훈련 및 슈퍼비전에 활용하는 기능과 목적이 있으며 기존의 상담 관련 지식의 평가와 새로운 지식의 창출 및 연구의 목적으로 활용이 가능하다(유수현, 1993; 이혜영 등, 2000; 고경인, 2001).

사회복지실천 면접기록은 면접이 끝난 직후에 바로 작성하는 것이 바람직하다. 그리고 기록을 할 때는 간결성과 명료성, 정확성, 선택성, 효율성, 정보의 수정 용이성과 같은 기준을 준수하여야 한다(Kadushin, 1983; 고경인, 2001에서 재인용). 즉, 기록을 할 때에는 정확하게 기술하고 간결하여야 하며, 가치판단적 용어를 피하고 객관적으로 기술해야 하며, 해석보다는 사실을 중심으로 기록해야 한다(이장호, 1982; 고경인, 2001). 여기서 정확하게 기술한다는 것은 내담자의 행동을 기술할 때 정확하고 세분화된 동사를 사용하고, 또 부사나 형용사를 사용하여 자세한 묘사를 하는 경우 가치판단이나 해석적이 될 수 있다는 점을 유념하여 주의하는 것을 의미한다(Cohen et al., 1983; 고경인, 2001에서 재인용).

이외에 면접기록을 할 때에는 윤리적 측면과 법적 책임사항을 고려하여야 하므로 내담자에게 기록 사실을 알려야 한다. 또 상담 이외에는 다른 용도로 기록을 사용하지 않으며, 외부로 유출할 경우 내담자의 동의를 구하고 이를 기록에 남겨야 한다. 이외에도 기록자와 일자를 명시하고, 사적 정보의 기록은 제한하며, 진단에 대한 기록은 표준약어, 기호, 전문용어를 사용하여야 한다. 마지막으로 면접기록은 철저히 관리함으로써 면접기록에 대한 원리를 준수해야 한다(고경인, 2001).

2) 면접기록의 유형

면접기록은 면접자가 강조하고자 하는 내용 혹은 목적에 따라 과정기록, 이야기체기록, 문제중심기록 등이 있다. 면접기록의 유형에 따라 기록하는 내용과 형식이 달라지므로 면접자는 기록의 목적을 분명히 하고 적합한 유형을 선택해야 한다. 각 유형을 살펴보면 다음과 같다.[1)]

1) 사회복지실천 기록은 윤철수, 김정진 (2010). 예비사회복지사를 위한 현장실습 길라잡이. pp. 144-145과 홍순혜, 한인영 (1997). 사회복지실천기록. pp. 79-138에서 요약하였음.

(1) 과정기록

과정기록(process recording)은 클라이언트와 실제 했던 상호작용이나 말을 정확하게 상기할 수 있도록 '있는 그대로 기록하는 것'이다. 초창기 사회복지사는 내담자와 사회복지사가 말한 것과 행동한 것, 사회복지사가 관찰하고 추측한 것 등을 모두 기록했지만, 시간이 지남에 따라 과정기록에 포함되는 정보의 양도 줄어드는 경향을 보이고 있다. 하지만 사회복지실천에 대한 교육에서는 학생들의 사정기술이나 자아인식, 서비스 과정에서 자아의 사용 등을 확인하고 지도하는 데 있어서는 매우 유용한 기록방식이기 때문에 여전히 광범위하게 활용되고 있다. 과정기록을 위한 시간과 비용 면에서 효과적이지 않은 단점이 지적되기도 하지만, 다른 기록양식과 병용하여 활용된다면 전문적 지식과 기술을 학습하고 자아를 점검하는 데 매우 유용한 장점이 있다.

(2) 이야기체기록과 요약기록

이야기체기록(narrative recording)은 클라이언트나 면담 상황, 제공되는 서비스에 대해 이야기하듯 서술하는 기록방식으로, 과정기록처럼 모든 것을 기록하기보다는 사회복지사가 중요하다고 판단하는 부분을 중점적으로 기록한다. 따라서 과정기록보다는 융통성이 있지만 이 방법은 사회복지사의 재량에 의존하기 때문에 면접내용 전반에 대한 이해보다는 부분에 치중하게 되고 또 면접내용을 축어하는 데 시간이 많이 소요되는 단점이 있다.

반면, 요약기록은 시간의 경과에 따라 면접내용을 요약하여 기록하는 방식으로 사회복지관에서 가장 많이 활용하는 방법 중 하나이다. 사회복지관에 내방하는 클라이언트들의 문제가 단기간에 해결되기 어려운 경우, 이와 같은 요약기록을 활용하는 것이 좋다. 그러나 클라이언트와의 상호작용에 대한 풍부한 정보나 심층적인 분석이 어려운 특징이 있다. 그러므로 앞에서 기술한 바와 같이 다른 유형의 기록방식을 병행하는 것이 좋다.

(3) 문제중심기록

이 기록 유형은 보건이나 정신보건의 장(setting)에서 가장 많이 활용된다. 기록에는 데이터베이스와 문제 목록, 초기 계획, 진행 노트가 포함된다. 즉, 면접내용을 클라이언트가 경험하는 문제 및 문제영역을 중심으로 사정하고 목록화하며, 문제해결에 대한 계획과 진행과정을 기록한다(Weed, 1968; 홍순혜 · 한인영, 1997에서 재인용). 문제중심기록(problem-oriented recording)은 클라이언트의 문제 및 진행과정과 추이를 중심으로 기록하기 때문에 타 전문가가 보거나 의뢰하게 될 때 클라이언트의 상황을 이해하기가 용이한 장점이 있다. 그러나 전체 맥락에 대한 정보는 부족하다고 할 수 있다.

문제중심기록 포함 내용

- **데이터베이스(data base)**: 환자나 클라이언트의 주요 불만, 일상에 대한 기술, 사회적 정보, 현재 질병, 과거력과 체계들에 대한 검토, 신체검사결과, 기타 보고자료 등
- **문제 목록(problem list)**: 자료수집 과정 동안 정의된 문제 문제들의 목록, 색인(index)
- **초기 계획(initial plans)**: 목록으로 작성된 문제들에 대한 계획
- **진행 노트(progress notes)**: 계획수립 이후 실행과 진행과 변화에 대한 기록

현장에서는 대부분 문제중심기록이나 요약기록을 활용하고 있다. 여기서 문제중심기록에 포함되는 내용은 인적사항, 접수면접기록, 면접과정에 대한 기록, 그리고 종결 시의 기록 등으로 구분할 수 있다. 각 기록에 포함되어야 하는 내용은 다음과 같다(이장호 · 최윤미, 1992; 고경인, 2001에서 재인용).

- 내담자의 인적사항에 관한 기록: 성명과 주소, 연락처, 연령, 직업, 종교, 교육수준, 결혼 여부, 가족사항 등 개인과 가족 배경에 대한 내용 등

- 접수면접기록: 내담자의 인적사항과 함께, 호소하는 주요 문제와 문제의 발달과정, 가족관계, 이전의 상담경험, 접수면접 시 특이사항, 현재 상태 등
- 과정기록: 인적사항과 함께 면접일시, 회기 수, 상담자, 접근방법이나 진전 정도, 면접 이후 일어났던 내담자의 주요한 생활사건, 면접내용 요약, 관찰 내용, 그리고 면접에 대한 면접자의 평가 등
- 종결 시의 기록: 내담자의 인적사항과 접수면접일, 종결면접일, 총 면접 횟수, 종결 이유, 면접목표의 달성 정도, 종결 시 내담자 상태, 전체 상담과정에 대한 상담자의 평가 등

3) 면접목표와 면접자 의견의 기술

사회복지사는 내담자와 면접을 할 때 궁극적인 목표, 중간목표, 그리고 각 회기별 목표를 수립해야 한다. 이렇게 목표를 설정하는 것은 면접과정에 추진력을 부여하며, 목표를 달성하기 위한 구체적 행동 등을 지속적으로 고려하게 한다는 점에서 매우 중요하다.

목표를 설정할 때에는 일차적으로 현재 내담자가 호소하는 문제의 해결에서부터 인간적 성숙인 궁극적 목표까지 안목을 갖고 설정하는 것이 바람직하다. 그리고 궁극적 목표를 실현해가는 과정에서 중간목표로서 라포를 형성하는 것, 문제의 의미를 이해하고 논의하는 것, 변화에 대한 저항 및 정서를 극복하는 것 등을 수립할 수 있으며, 이것은 일차적 목표와 궁극적 목표 모두와 연관성이 있어야 한다.

아울러 목표와 관련하여 면접을 한 이후에는 반드시 면접자의 의견을 기술함으로써 이론과 기술을 재확인하고 학습하는 과정을 지속시켜야 한다. 이것은 사회복지사의 윤리강령 중 하나로서 개인적으로나 직업적으로 매우 중요한 윤리라 할 수 있다.

4) 면접자의 태도와 자기관리

(1) 태도

사회복지실천에서 클라이언트와의 전문적 관계는 사회복지실천의 본질과 가치를 실현하는 도구이자 주춧돌(Keystone)이며, 개입의 수단이다(Biesteck, 1957; 임정현, 2012에서 재인용). 관계는 이용자와 실천가 간의 정서적 유대뿐만 아니라 권력관계 등 모든 인간관계에서 작동하는 관계의 제 측면을 포함하는 것으로 '서비스를 위한 수단'을 넘어서서 독자적인 의미를 가질 정도로 중요한 의미를 지닌다(박숙경, 2010). 또 클라이언트를 변하게 하는 일차적 방법이기 때문에 사회복지에서는 클라이언트와 워커의 관계에 많은 관심을 두어왔다(Verge, 2004).

클라이언트와 사회복지사의 관계에서 무엇보다 중요시되는 것은 사회복지사의 역할과 태도이다. 영과 포울린(Young & Poulin, 1998)은 사회복지사야말로 관계의 핵심적 존재라고 하였다. 그리고 스트레가(Strega, 2007)도 사회복지사의 역할의 중요성과 함께 클라이언트의 관점에서 이해하고 존중하는 태도가 관계에 있어 매우 중요하다고 강조하였다.

이렇듯 사회복지실천 면접에서 사회복지사는 클라이언트를 대할 때 새로운 내담자의 요구를 이해하고자 노력하여야 하며, 친절하고 따뜻한 감정으로 대해야 한다. 또, 열린 마음으로 대함으로써 내담자가 공감을 방해하는 두려움과 불안감을 떨쳐버리도록 돕는 태도를 갖도록 해야 한다(방기연, 2010).

전문가로서 사회복지사는 면접내용에 대해서도 비판적으로 사고하면서 겸손한 태도로 임해야 한다. 여기서 비판적 사고는 사안에 대한 가정을 확인하고 도전하며, 맥락을 살펴보고 대안을 생각하고 조사하는 능력을 의미한다. 그리고 겸손은 다른 관점과 믿음, 행동도 자신의 것처럼 가치가 있음을 인정하는 것을 의미한다.

이러한 면접자로서의 태도를 갖추기 위해 사회복지사는 지속적으로 추가적인 교육과 훈련에 참여하며, 경험이 많은 면접자의 조언을 경청하는 태도를 갖도록 노력해야 한다.

(2) 자기관리[2)]

사회복지사는 클라이언트들이 경험한 학대, 사별, 이혼, 심각한 정신적 스트레스 및 장애, 빈곤, 질병 등 잔인하고 충격적인 이야기를 듣거나 목격할 때 그 스트레스가 그대로 전달되어 그들이 느끼는 압도되는 느낌과 두려움, 고통을 느끼게 된다. 또 상황을 올바로 지각하거나 대처하는 능력에도 영향을 받는 '간접적 외상스트레스(vicarious traumatization)'를 경험할 수도 있다(엄예선, 2014).

여기서 직접적 외상스트레스는 사건 직후에 증상이 나타나 이에 대한 관리가 가능한 반면, 간접적 외상스트레스는 오랜 시간 경과하면서 여러 가지 충격들이 쌓여 건강, 직업, 인간관계, 가족에 부정적 영향을 미치므로 이를 간과해서는 안 된다.

간접적 외상으로부터 자신을 보호하기 사회복지사는 다음과 같이 자기관리를 할 수 있어야 한다.

- 자기규제활동을 한다(근육이완, 시야 넓히기 등).
- 사명을 분명히 하고 통합성(신실성)을 지킨다. 정규적 점검, 내적 보상 → 외적 보상
- 삶에 있어 계획성(intentionality) 있는 자세를 개발한다.
- 관점과 시각이 성숙되어야 한다. 예: 고통을 단지 고통으로 보는 것이 아니라 그 의미를 파악하려고 노력하고 삶을 재조명하는 것
- 과거의 경험보다 새로운 통합된 삶의 이야기를 개발하도록 해야 하며, 이는 클라이언트에게도 적용된다.
- 지지적 네트워크(safety net)를 만들도록 한다.
- 자신을 돌본다(self-care): 신체적, 정서적, 대인관계적, 영적 측면

---

2) 면접자의 자기관리는 2014 한국가족사회복지학회 워크숍에서 발표된 엄예선 (2014). 간접외상과 사회복지사의 자기관리의 내용을 요약하여 정리한 것임.

CHAPTER 10

사회복지실천과정(Ⅰ): 접수, 자료수집, 사정

1. 접수
2. 자료수집과 사정

CHAPTER 10
사회복지실천과정(Ⅰ): 접수, 자료수집, 사정

사회복지실천과정은 '도움이 필요한 개인과 가족 및 집단 등 클라이언트에 대해 전문적 지식과 기술을 갖춘 사회복지사가 계획된 원조를 단계적으로 제공하여 문제 해결을 돕는 과정'이다. 학자에 따라서 사회복지실천과정을 3단계나 4단계 혹은 5단계로 구분하기도 하는데 각 단계는 명확하게 구분되기보다는 내용이나 과제가 중복되고 순환되기도 한다. 또한 각 단계는 분절적이 아니라 연속적인 과정으로 이루어져 있으며, 각 단계마다 성취해야 할 명확한 목표가 있다. 이 책에서는 사회복지실천과정을 접수, 자료수집, 사정, 계획과 개입, 평가와 종결의 5단계로 구분하였다. 이 장에서는 접수, 자료수집, 사정에 대해 설명한다.

【그림 10-1】 사회복지실천과정 5단계

1 접수

1) 접수의 개념과 특성

사회복지실천과정에서 접수(intake)란 도움이 필요한 대상의 문제와 욕구를 확인하고 기관에서 서비스를 제공할 수 있는지 판단하는 과정이다. 즉, 도움이 필요한 사람이 사회복지기관을 방문하거나 아웃리치 등을 통해 클라이언트를 직접 찾아 나섰을 때 그의 문제와 욕구를 확인하고 기관에서 서비스를 제공할 수 있는지 판단하는 과정이다. 사회복지지관을 찾아온 사람 모두가 클라이언트가 되는 것이 아니라 접수라는 과정을 통해 사회복지기관에서 서비스를 제공할 수 있다고 판단되면 잠재적 클라이언트가 비로소 클라이언트가 되어 기관의 서비스를 받게 된다.

2) 접수에서 사회복지사의 주요 과업

접수 시 사회복지시가 실행해야 될 주요 과업(task)은 클라이언트의 문제가 무엇인지 확인하기, 그에 따른 의뢰결정하기, 클라이언트와 관계를 형성함으로써 참여 유도하기 등이다. 이 과제들은 상호 밀접히 관련되어 있다. 접수단계에서 사회복지사가 수행할 주요 과업에 대해 학자마다 견해가 다양하여 문제 확인, 의뢰, 관계형성을 통한 클라이언트 참여 유도(엄명용 외, 2011), 문제 확인, 관계형성, 의뢰하기(김혜란·공계순·박현선, 2013), 클라이언트의 문제와 관심사 및 욕구 명확히 하기, 의뢰하기, 클라이언트 정보 구하기(Sheafor & Horejsi, 2008) 등이 제시되고 있다. 이 책에서는 접수단계에서 사회복지사가 수행해야 할 주요 과업을 문제 확인, 의뢰, 동기부여로 보았다.

(1) 문제 확인

접수단계에서 사회복지사가 첫 번째로 해야 할 과업은 잠재적 클라이언트의 문제 확인이다.[1] 이는 사회복지기관을 찾아온 잠재적 클라이언트가 주로 호소하는 문제나 관심사가 무엇인지 확인하는 것이다. 접수단계에서의 문제 확인은 잠재적 클라이언트의 문제에 대해 심층적으로 분석하기보다는 표면적으로 나타나거나 호소하는 문제를 통해서 현재 드러난 문제와 욕구를 파악하는 것에 초점을 둔다. 클라이언트의 문제와 욕구에 대한 심층적 분석은 이후 단계에서 이루어진다.

도움을 구하기 위해 사회복지기관에 찾아온 사람 모두가 클라이언트가 되는 것은 아니다. 일단 이들은 '잠재적 클라이언트', 혹은 '신청자'라고 할 수 있는데(Alcabes & Jones, 1985), 접수과정을 통해 문제를 확인한 후 기관의 도움을 받기에 적절하다고 판단되면 비로소 클라이언트가 된다. 따라서 접수단계에서는 사회복지기관을 찾아온 잠재적 클라이언트가 어떤 문제 때문에 힘들어 하는지, 기관에 요구하는 서비스나 도움이 무엇인지 확인하고 그가 필요로 하는 도움을 기관이 제공해줄 수 있는지를 판단해야 한다.

잠재적 클라이언트가 기관에 대해 어떤 기대를 가지고 있는지 확인하는 것은 매우 중요한데 이들이 방문한 기관에서 제공할 수 없는 것을 기대하거나 요구할 수도 있기 때문이다. 서비스를 받을 수 있을 것이라고 기대하였는데 받지 못하게 되면 클라이언트는 기관의 서비스에 만족하지 못하게 되어 중도에 종결될 가능성이 높다. 따라서 사회복지사는 잠재적 클라이언트가 기관에 요구하거나 기대하는 것이 무엇인지 명확히 하고, 그것이 기관의 정책이나 기능에 부합되는지를 판단해야 한다.

클라이언트가 요구하거나 기대하는 바가 기관의 기능과 정책에 맞지 않는다면 그에게 서비스를 제공할 수 없는 이유에 대해 납득할 수 있도록 충분히 설명하고, 그

1) 접수단계에서는 신청자(applicant) 혹은 잠재적 클라이언트(potential clients)라고 표현해야 하지만, 일반적으로 클라이언트라고도 표현하므로 이 책에서는 '잠재적 클라이언트'도 '클라이언트'로 표현하거나 이를 혼용하여 사용하였다.

서비스를 받을 수 있는 다른 기관으로 의뢰한다. 만약, 클라이언트가 기대하고 요구하는 바를 기관에서 충족시켜줄 수 있다고 판단되면 동기부여의 과정으로 넘어가게 된다.

(2) 의뢰

사회복지기관에 도움을 청하러 온 잠재적 클라이언트의 문제가 무엇인지 확인하고 그가 기관에 요구하거나 혹은 기대하는 서비스나 프로그램이 무엇인지 명확히 한 후 클라이언트의 요구와 기대가 기관의 기능과 정책에 맞지 않는다고 판단이 되면 사회복지사는 잠재적 클라이언트를 다른 기관으로 의뢰해야 한다.

의뢰(referral)란 잠재적 클라이언트인 신청자가 원하는 서비스를 해당 기관에서 제공할 수 없을 때 서비스를 받을 수 있도록 다른 기관을 소개하고 연결해 주는 일이다(Johnson & Yanca, 2001: 323). 사회복지사가 신청자(잠재적 클라이언트) 혹은 클라이언트를 타 기관으로 의뢰하게 되는 경우는 매우 다양하다. 신청자가 요구하는 서비스가 해당 기관의 기능과 사업내용과 맞지 않아서 서비스를 제공할 수 없거나 기관의 인력이 부족하거나 클라이언트의 문제를 해결하는 데 필요한 전문지식과 기술이 부족한 경우, 현재의 기관보다 다른 기관이 클라이언트의 문제해결에 더 적합하다고 판단될 때, 클라이언트의 문제에 우선적 책임을 지는 기관이 있을 때, 사회복지사의 가치나 언어, 종교적 믿음 등이 효과적인 원조관계형성에 장애가 된다고 생각될 때 등이다(Epstein, 1980; 조흥식 외, 2009에서 재인용; Sheafor & Horejsi, 2008).

의뢰는 단순히 잠재적 클라이언트를 다른 기관으로 보내는 일이 아니며 클라이언트가 원하는 서비스를 받을 수 있도록 연결하는 일이기 때문에 사회복지사는 의뢰활동에 신경을 써야 한다. 예를 들어 의뢰결정을 하기 전에 사회복지사의 기관 내에서 활용할 수 있는 모든 원조를 고려했는지 확인하고, 클라이언트가 과거에 이용했거나 거절당했던 기관이 있는지 알아보며, 필요하다면 타 기관의 자문을 받는다.

클라이언트가 원하는 서비스를 받을 수 있으려면 사회복지사는 지역사회에 존재하는 다양한 기관의 정책과 서비스에 대해서도 폭넓게 알고 있어야 한다. 많은 경우, 클라이언트는 자신이 필요한 서비스를 어디서 받을 수 있는지에 대한 정보나 접근에 필요한 자원, 기술 등이 부족한데, 특히 신체적 혹은 발달적 장애가 있는 클라이언트, 심각한 정신장애가 있는 클라이언트, 나이가 많은 고령의 클라이언트에게 사회복지사는 사례관리자의 역할을 하여 클라이언트에게 자원을 연결해 주어야 한다(Hepworth et al., 2010: 39).

의뢰는 사회복지사 혼자 결정하는 것이 아니다. 의뢰과정을 시작하기 전에 클라이언트에게 의뢰의 이유에 대해 설명하고 동의를 받아야 하며, 다른 기관에서 제공되는 서비스와 기관에 대한 충분한 설명과 정보를 제공한다. 특히 비용에 대한 정보도 소홀히 해서는 안 된다. 의뢰 가능성이 있는 기관이 다양할 경우 클라이언트가 기관이나 전문가를 선택할 수 있도록 하며, 클라이언트가 결정을 하지 못해서 조언을 구할 경우 정직한 평가를 제공해야 한다. 의뢰 시 클라이언트는 자신이 찾아간 기관으로부터 거절당했다고 오해를 할 수도 있고, 새로운 기관에 찾아가 현재와 같은 과정을 반복하는 일에 스트레스를 느낄 수 있다. 따라서 의뢰과정에서 사회복지사는 클라이언트가 거부감을 느끼지 않도록 정서적으로 지지하고 그의 감정에 민감하게 주의를 기울여야 한다. 성공적인 의뢰를 위해서 구체적으로 다음과 같은 연결기법이 효과적인 것으로 알려져 있다(Sheafor & Horejsi, 2008).

- 의뢰될 기관의 이름, 전화번호, 위치, 찾아가는 방법을 알려준다.
- 의뢰될 기관에 가서 만나야 할 사람의 이름을 알려준다.
- 클라이언트가 의뢰될 기관에 전달할 간단한 편지를 쓴다. 편지에는 클라이언트의 관심사와 요구를 간단히 쓴다.
- 클라이언트가 있는 자리에서 의뢰될 기관의 담당자와 전화를 하고, 가능하면 클라이언트와 기관 담당자가 직접 통화할 기회를 준다.

마지막으로 의뢰활동에 대한 점검 혹은 평가를 한다. 사회복지사는 의뢰를 한 클라이언트가 의뢰될 기관 담당자를 만나기로 한 일정 이후에 전화 혹은 이메일, 대면 접촉 등 다양한 방법을 활용하여 실제로 기관 담당자를 만나서 원하던 서비스를 받게 되었는지, 의뢰과정에서 문제는 없었는지, 문제가 해결되고 있는지 등에 대해 이야기를 나눔으로써 새로운 기관에서 필요한 서비스를 지속적으로 이용할 수 있도록 해야 한다.

(3) 동기부여

클라이언트의 문제를 해결을 돕기 위한 사회복지실천에서 중요한 전제조건 중 하나는 클라이언트가 지속적으로 기관과 접촉하면서 서비스를 받고 그 과정에 적극적으로 참여하는 것이다. 전문적 지식과 기술이 뛰어난 사회복지사가 개입하더라도 클라이언트가 중간에 서비스를 받지 않거나 소극적인 태도로 임한다면 사회복지실천이 성공하기는 어렵다. 그러므로 사회복지기관을 찾은 클라이언트가 사회복지사와 기관에 대해 신뢰감을 느끼면서 문제해결에 대한 동기를 가질 수 있도록 해야 한다.

접수단계에서 사회복지사는 클라이언트가 지속적으로 원조과정에 참여할 수 있도록 동기부여(enhancing motivation)한다. 전문기관에 도움을 요청하는 클라이언트는 자신이 해볼 수 있는 많은 방법을 시도해 보았지만 결과가 좋지 않거나 비효과적이어서 낙담하고 좌절감을 갖는 상태인 경우가 많다. 문제를 해결하고 싶어서 사회복지기관을 찾았을지라도 이미 많은 실패로 인해 무기력감에 빠져 있거나 자신의 문제가 과연 해결될 수 있는지 반신반의하고, 문제해결에 대한 의지가 부족한 경우도 있다.

원조과정은 기본적으로 변화를 일으키는 과정이기 때문에 클라이언트가 변화하고자 하는 동기나 의지가 없다면 성공하기 어렵다. 따라서 클라이언트가 원조과정 동안 적극적으로 참여할 수 있도록 동기를 부여해야 한다. 지나치게 낙담하고 더 이상의 변화를 기대하지 않는 클라이언트에게는 그동안의 고통을 이해하고 이제까지 견뎌온 의지를 격려하면서 문제가 해결될 수 있다는 희망을 갖게 하여 변화를 향한 의지를 갖고 행동을 취할 수 있도록 동기화시켜야 한다. 클라이언트가 힘든 상황 속에서도 포기하지 않고 문제를 해결하기 위해 기관에 찾아온 것만으로도 이미 문제해결에 대한 의지가 있는 것이므로 이에 대해 격려하고 지지하는 것도 클라이언트를 동기화시키는 방법이 된다. 클라이언트를 동기화시키기 위해 사회복지사는 다양한 활동을 수행하게 되지만 대표적으로 세 가지를 들 수 있다.

① 관계형성하기

클라이언트를 동화시키기 위한 사회복지사의 첫 번째 활동은 관계형성이다. 관계형성은 사회복지사와 접촉하는 클라이언트가 초기에 경험할 수 있는 두려움, 불안, 양가감정 등을 해소하기 위해 사회복지사와 클라이언트 간에 긍정적인 친화관계를 형성하는 것을 말한다(양옥경 외, 2010). 사회복지사와 클라이언트 사이에 형성되는 이러한 긍정적인 친밀감과 신뢰감을 라포(rapport)라고 하는데 라포형성, 즉 관계형성은 사회복지사 및 사회복지기관에 대한 첫 인상을 좌우할 뿐만 아니라 개입과정에서 중도탈락하지 않고 지속적으로 참여함으로써 성공적인 문제해결에 이르게 한다. 이런 의미에서 관계형성은 클라이언트를 개입과정에 적극적으로 참여하게 하므로 성공적인 개입의 필수조건이다(엄명용 외, 2011).

관계형성을 위해 사회복지사는 어떻게 해야 할까? 관계형성은 클라이언트를 따뜻하게 맞이해 주고, 사회복지사 자신을 소개하는 것으로부터 시작된다. 가족이 클라이언트라면 사회복지사는 가족구성원 개개인에게 자신을 소개한다. 사회복지사가 클라이언트의 감정이나 걱정하는 문제에 대해 공감을 해주는 것은 매우 중요하다(Hepworth et al., 2010). 도움을 받기 위해 기관을 찾는 클라이언트는 일반적으로 두려움과 불안 등을 느낄 수 있는데 사회복지사는 클라이언트를 이해하고 진정으로 도우려는 의지를 전달하며 진실성[2)]을 보여준다.

---

2) 사회복지실천에서 진실성(genuiness)은 자기 자신의 있는 모습 그대로를 거짓 없고 방어적이지 않으며 일관되고 솔직하게 드러내는 태도이다(Fisher, 1978: 199; 조흥식 외, 2009: 261에서 재인용).

긍정적인 관계는 클라이언트가 가지는 불안과 두려움을 감소시키고 사회복지사의 원조 의지에 대해 클라이언트가 신뢰하고 사회복지사가 자신을 이해하고 진정으로 도우려는 의지를 가지고 있다고 클라이언트가 느낄 때 형성될 수 있기 때문이다. 사회복지사와 긍정적인 친화관계가 잘 이루어진 클라이언트는 방어적 태도를 줄여 자신과 자신의 문제에 대해 솔직하게 표현하며 문제해결에 적극적인 태도를 가지게 된다(조흥식 외, 2009: 261).

사회복지사가 만나는 클라이언트가 항상 자발적으로 기관을 찾아오는 것은 아니다. 때로는 타인 혹은 어떤 기관에 의해 사회복지기관에 보내지기도 한다. 사회복지 관련 기관의 전문적인 서비스를 받도록 강요받은 사람을 비자발적 클라이언트라고 하는데(김혜란 · 공계순 · 박현선, 2013), 청소년 비행 예방센터에 의뢰된 보호처분 대상 청소년, 학교사회복지사에 의해 청소년상담기관으로 의뢰된 학생, 부모님에 의해 가족상담센터로 의뢰된 자녀 등을 들 수 있다.

비자발적으로 기관에 오게 된 클라이언트는 자발적 클라이언트에 비해 관계형성이 쉽지 않다. 이들은 자신은 문제가 없는데 다른 사람 혹은 다른 기관이 자신을 문제시하여 사회복지기관에 보냈다고 생각하기도 하고, 감정적으로 격앙된 상태이며 사회복지사가 개입하는 것에 대해 불만이 많고 비협조적일 수 있다. 사회복지사가 비자발적 클라이언트에 대해 지나치게 권위적이거나 심판적인 태도를 보인다면 클라이언트들은 더욱 위축되고 반발한다(엄명용 외, 2011: 304). 따라서 비자발적 클라이언트와의 관계형성을 위해 사회복지사는 다음과 같은 지침을 고려할 필요가 있다(Sheafor & Horejsi, 2008).

- 클라이언트가 사회복지기관과의 강제적인 접촉에 대해 가질 수 있는 적대감, 수치심, 당혹감 등의 부정적 감정을 회피하거나 무시하지 말고 직접적으로 다루어 클라이언트가 표현할 수 있게 한다. 사회복지사가 그에 대해 공감하고 수용한다는 것을 표현한다.
- 클라이언트가 이 기관에 참여해야 하는 이유에 대해 사실적 정보를 제공한다.

- 클라이언트가 자신의 입장에서 이 상황을 이야기할 수 있도록 하며 의뢰한 사람으로부터 들었던 것과 클라이언트가 말하는 내용에 차이 혹은 오해가 있다면 의뢰처에 확인하여 명확히 한다.
- 클라이언트가 협조하지 않을 때 발생할 수 있는 결과를 알려주며 그러한 결과를 선택할 클라이언트의 권리도 존중한다.
- 클라이언트에게 부여된 법적 제약과 한계 내에서 클라이언트에게 가능한 한 많은 선택권을 준다. 클라이언트가 비록 타인 혹은 타 기관에서 의뢰되어 강제로 왔지만 선택권이나 통제권을 갖게 되면 저항감은 줄어든다.
- 대부분의 클라이언트에게 사회복지사의 자기노출은 클라이언트의 방어를 줄이는 데 효과적이므로 상황에 따라 사회복지사가 적절한 자기노출을 한다.

② 양가감정 다루기

양가감정(ambivalence)이란 '변화를 원하는 것과 원하지 않는 마음이 동시에 공존하는 마음 상태'를 의미한다. 예를 들어, 학대받는 배우자는 자신을 학대하는 배우자를 떠나고 싶지만 이와 동시에 경제적 안정과 가정을 깨뜨리는 위험을 원하지 않는다(Sheafor & Horejsi, 2008). 일반적으로 변화에 앞서 누구나 양가감정을 가질 수 있다. 변화를 원하면서도 한편으로는 변화 없이 현재를 유지하고 싶은 것이다.

사람들은 현재 상태를 계속 유지하고 싶은 경향이 강하여 작은 변화에도 불편함을 느끼는 경우가 많다. 더욱이 원조과정은 클라이언트가 지금까지 살아온 방식, 태도, 행동 등에 변화를 일으키게 되고 이것은 클라이언트에게는 나름대로의 균형을 와해시키는 위협으로 느껴질 수 있으며 이러한 두려움은 클라이언트로 하여금 양가감정을 느끼게 한다. 양가감정을 갖는 클라이언트에게는 양가감정을 갖는 것이 자연스러울 수 있다는 것을 알려주어 이를 표현할 수 있도록 한다.

③ 저항감 다루기

사회복지실천이나 원조과정에서 '변화에 대한 저항감(resistance to change)'은 '변화를 하지 않으려는 마음' 혹은 '도움을 수용하기 꺼리는 마음' 등을 의미한다. 프로이트는 이러한 저항감을 자연스럽고도 건강한 반응으로 보았다(Hepworth et al., 2010). 변화를 원하여 도움을 청하지만 한편으로는 지금까지 익숙하던 것을 버리고 새로운 행동을 해야 하는 것에 대한 두려움 때문에 변화를 원하지 않게 된다.

도움 요청을 꺼리는 청소년의 경우, 도움을 요청하지 않으면 괴롭고 힘든 생활을 계속하게 되지만 도움을 요청하게 되면 자신을 드러내야 하고 심리적, 사회적 대가를 치러야 한다는 부담감 때문에 사회복지기관에 도움을 요청하기를 주저한다고 하였다(Tatar, 2001). 도움이 필요하여 사회복지기관을 찾아 왔지만 막상 사회복지사의 개입을 받게 되자 현재까지 살아온 삶에 변화를 일으키고 싶지 않고, 과연 개입이 성공할지에 대한 의문도 들면서 도움을 받기를 꺼리고 주저하는 모습을 보이게 되는데 이것이 바로 저항이다. 저항은 행동으로도 나타나는데 다음 면담을 거부하거나 면담 약속에 지속적으로 지각을 하거나 연락도 없이 오지 않는 것, 갑자기 문제가 다 해결되었다고 하면서 개입 중단을 요구하는 것 등이다.

접수단계에서 클라이언트가 저항감을 보일 경우 사회복지사는 클라이언트가 느끼는 양가감정이 매우 자연스러운 것임을 알려주면서 자유롭게 표현할 수 있도록 도와야 한다. 사회복지사가 클라이언트의 양가감정을 수용해 주면 클라이언트의 저항감이 해소될 수 있다.

2 자료수집과 사정

1) 자료수집

(1) 자료수집의 특성

자료수집은 클라이언트의 문제를 이해하고 해결하는 데 필요한 자료를 모으는 활동이다. 접수단계에서 클라이언트가 자신의 문제에 대해 이야기했지만 클라이언트의 문제에 대해 면밀하게 이해하기 위해서는 좀 더 다양하고 자세한 정보가 필요하다. 따라서 사회복지사는 클라이언트의 문제 및 문제와 관련된 상황에 대해 심층적으로 이해하고 개입가능성을 판단하며 개입에 도움이 될 수 있는 자료를 마련하기 위해 다양한 자료를 수집해야 한다.

사회복지사의 자료수집활동은 사회복지실천과정에서 지속적으로 일어난다. 클라이언트를 만나는 순간부터 종결하는 순간까지 사회복지사는 클라이언트로부터 끊임없이 자료를 수집한다. 그러나 이는 클라이언트에 대한 '사정'에 들어가기 전인 '자료수집'단계에서 집중적으로 이루어진다. 자료수집단계에서 수집한 자료를 바탕으로 사정이 진행되기 때문이다.

사정(assessment)은 잠정적인 결론에 도달하기 위해 수집된 정보로부터 사회복지사가 추론하는 사고과정이다(Sheafor & Horejsi, 2008). 즉, 사실적 자료를 해석하고 의미를 부여하고 실천적 개입을 위한 함의를 도출해 내는 활동이라고 할 수 있다. 유의해야 할 것은 자료수집활동이 완료되면 이후 사정활동이 시작되는 것이 아니라 자료수집과 사정은 동시에 이루어지며, 순환적으로 반복된다는 점이다. 즉 자료를 수집하면서 문제를 이해하고 분석하기도 하고, 클라이언트의 문제를 좀 더 잘 이해하고 분석하기 위해 필요한 자료를 수집 및 보완해 나간다. 이러한 특성으로 인해 자료수집을 사정의 하위활동으로 포함시키기도 한다(Hepworth et al., 2010).

이 책에서는 자료수집과 사정이 전후의 순서를 가지면서도 서로 순환되어 반복적으로 일어나는 활동으로 보고 있다. 따라서 여기에서는 자료수집에 보다 초점을 두어 기술하며, 사정에 대해서는 다음에서 자세히 소개하였다.

(2) 자료수집에 사용되는 정보의 출처

정보를 얻기 위한 자료의 출처는 매우 다양한데, 일반적으로 많이 사용되는 정보의 출처로는 클라이언트가 작성한 양식, 클라이언트의 이야기, 비언어적 행동을 관찰한 내용, 부부 및 가족 간 상호작용을 관찰한 내용, 친척이나 친구 등 주변 사람들로부터 수집한 정보, 심리검사나 평가도구 결과, 의료기록, 클라이언트와의 상호작용을 통한 사회복지사의 경험 등이 해당된다(Hepworth et al., 2010: 181-184).

클라이언트가 직접 작성하고 이야기한 내용이 클라이언트를 이해하는 일차 정보출처로 활용되지만 클라이언트 주변 사람 및 전문가의 검사결과도 이차 자료로 활용된다. 한 가지 자료만으로는 클라이언트를 제대로 이해하는 데 한계가 있고, 각 자료들은 각각 장단점을 가지고 있으므로 자료수집을 위한 출처로 다양한 방법을 활용하는 것이 좋다.

① 클라이언트가 작성한 양식

클라이언트가 기관을 방문하여 접수면접을 하기 전에 자신과 주요 문제에 대한 정보를 초기면접지나 접수면접지와 같은 양식에 기록하게 되는데 이와 같은 서류도 클라이언트에 대한 자료로 활용한다. 초기면접지에 기록하는 개인적 인적사항, 가족에 대한 내용, 교육 및 경제상황, 주소 및 연락처와 같은 기본적 정보도 클라이언트를 이해하는 데 매우 중요하다. 초기면접지와 같은 양식 외에 클라이언트가 자기 자신에 대해 스스로 모니터링한 내용도 정보로 사용된다. 예를 들어 어떤 증상이 좋아지거나 나빠지는 등의 변화에 대한 기록, 감정이나 특정 생각에 대한 기록 등이 이에 해당된다(Kopp, 1989).

② 클라이언트가 직접 이야기한 내용

자료수집에서 사용되는 정보의 출처 가운데 클라이언트가 직접 말로 한 이야기는 일반적으로 가장 중요한 일차 정보출처가 된다. 클라이언트는 자신의 문제와 상황에 대해 가장 잘 아는 사람이기 때문에 일차적인 정보제공자로 가장 중요한 인물이다. 클라이언트가 직접 이야기한 내용에는 클라이언트가 문제에 대해 한 이야기, 기분, 문제나 상황 등에 대한 진술, 자신의 견해, 생활력, 경제문제, 인간관계 등이 포함된다. 클라이언트가 말로 표현한 내용은 클라이언트가 처한 상황에 대해 클라이언트가 어떻게 생각하고 느끼고 있는지를 알려주는 중요한 단서이다. 그러나 클라이언트의 진술은 주관적일 수 있으므로 본인의 편견이나 감정에 의한 왜곡이 있는지 주의하면서 들어야 한다. 민감한 부분에 대해 사실 확인이 필요한 경우 사회복지사는 클라이언트와 면담 후에 사실을 확인해볼 필요도 있다.

아동을 대상으로 면담하는 경우에는 아동이 자신에 대한 이야기를 잘할 수 있도록 그림이나 놀이 등 보조적인 도구를 활용하는 것도 좋다(McConaughy & Achenbach, 1994; Schaffer, 1992).

③ 사회복지사가 관찰한 내용

언어로 표현하면 정교한 내용을 전달할 수 있지만 표정이나 몸짓처럼 비언어적 행동은 말로 표현하기 어렵거나 곤란한 내용을 더 정확하게 표현하기도 하고, 분노, 상처, 당황스러움, 공포 등 정서적 반응이나 감정상태에 대한 추가적인 정보를 제공한다. 언어적 표현과 비언어적 행동이 일치하지 않을 경우, 비언어적 행동은 클라이언트의 정서를 더 직접적으로 표현하기 때문에 오히려 더 진실에 가까울 수 있다. 따라서 이러한 불일치에 대해서는 더 신경을 쓸 필요가 있다.

면담 전후에 클라이언트가 보이는 비언어적 행동도 클라이언트에 대한 정보로 중요하므로 사회복지사는 클라이언트의 비언어적 행동에 주목해야 한다. 클라이언트의 몸짓, 얼굴 표정, 손동작, 목소리의 크기나 고저, 계절에 맞는 옷차림과 위생상태,

정서표현의 적절성 등이 중요한 정보로 활용된다.

배우자, 가족구성원, 친척, 친구, 집단성원 등 클라이언트가 실생활에서 만나는 사람들과 상호작용하는 방식을 관찰한 내용은 사회복지기관의 사무실에서 클라이언트로부터 얻는 설명보다 더 정확한 정보가 된다. 특히 가정방문을 통해 클라이언트가 자연스러운 생활공간에서 가족구성원과 상호작용하는 모습을 관찰하는 것은 클라이언트의 평소 모습과 전반적인 가정환경을 파악할 수 있는 기회가 된다. 가정에서 이루어지는 상호작용은 별도로 사회복지사에게 설명하지 않아도 되는 직접적이고 정확한 정보를 제공한다(Ronnau & Marlow, 1995; Storm-Gottfried, 2009). 부부상담이나 가족상담에서 클라이언트가 사람들과 상호작용하는 것을 관찰하는 것도 중요한 자료가 된다. 관찰이 이루어지는 곳은 일상생활이 이루어지는 자연스러운 장소(예: 아동이 있는 교실, 어른이 집단활동에 참여할 때 등)가 좋다.

④ 관련 있는 사람들로부터 수집한 정보

클라이언트의 가족이나 이웃, 친척, 친구, 교사, 직장동료 등은 이차 정보출처로 활용된다. 이들을 통해 사회복지사는 클라이언트가 미처 알지 못한 내용에 대해 다각적인 차원에서 중요한 정보를 제공받을 수 있다. 클라이언트가 뇌손상을 입었거나 인지적 기능에 제약이 있거나 혹은 너무 어린 시절의 이야기라서 기억이 잘 나지 않을 경우 부모나 대리인 등이 정보를 제공하는 것은 매우 중요하다(Hepworth et al., 2010: 182). 그러나 위급한 상황이 아니라면 클라이언트로부터 자료수집에 대한 동의를 얻은 후 자료제공자를 만나야 함에 유의해야 한다.

⑤ 심리검사나 평가도구의 결과

성격검사나 지능검사, 적성검사, 자아존중감검사, 우울증검사(BDI), 알코올중독선별검사(CAGE), 다면적 인성검사(MMPI) 등과 같은 다양한 검사결과도 클라이언트를 이해하는 중요한 자료가 된다. 심리검사결과를 활용할 때 유의해야 할 점은 심리검사를 실시하고 해석할 수 있는 전문가가 검사를 수행 및 해석해야 한다는 것이다. 사회복지사는 전문가가 실시하고 해석한 결과를 활용하는 것이 바람직하다. 또한 이러한 자료는 클라이언트를 이해하는 부수적 자료의 의미를 가지므로 참고자료로 활용하는 것이 좋다.

⑥ 클라이언트와 상호작용하는 사회복지사의 경험

일반적으로 클라이언트는 평소에 사람들과 상호작용하던 방식을 그대로 사회복지사에게 나타낸다. 클라이언트가 일상적인 생활에서 다른 사람에게 하는 행동방식, 대화를 주고받는 방법 등이 사회복지사와의 상호작용에도 드러나게 되는 것이다. 이렇게 상호작용 패턴은 클라이언트가 제3자와 상호작용하는 방식을 짐작할 수 있게 하므로 면접 전후의 상황에서 사회복지사가 클라이언트와 상호작용한 방식 및 내용도 클라이언트를 이해하는 중요한 자료로 활용된다. 그러나 사회복지사가 클라이언트에 대해 느끼는 감정을 그대로 정보로 활용하는 것은 다소 주의가 필요하다. 왜냐하면 클라이언트는 평소와는 다른 방식으로 사회복지사와 상호작용할 수 있기 때문이다(Hepworth et al., 2010).

(3) 자료수집에 포함되는 내용

자료수집의 목표는 다음 단계인 사정(assessment)에 도움이 되는 자료를 모으는 것이다. 클라이언트를 효과적으로 도와주기 위해서는 클라이언트와 클라이언트의 문제, 클라이언트 환경에 대해 정확하고 다양한 정보를 바탕으로 사정하고 개입 계획을 수립해야 한다. 따라서 사회복지사는 자료수집단계에서 클라이언트 및 클라이언트의 문제, 클라이언트를 둘러싼 다양한 체계에 대해 다각적인 측면에서 자료를 수집해야 하며 다음과 같은 내용이 포함된다(양옥경 외, 2010; 장인협, 1989; 최해경, 2009).

① 접수단계에서 파악한 클라이언트에 대한 기본적인 정보

접수단계에서 사회복지사는 클라이언트에 대한 기초적인 정보와 클라이언트가 호소하는 문제, 즉 클라이언트가 문제라고 인식하는 것이 무엇인지를 파악한다. 클라이언트 개인에 대한 기본적인 정보뿐만 아니라 가족상황, 경제적 상태, 교육수준 및 직업 등에 대한 정보, 클라이언트의 주요 호소문제 등은 클라이언트를 이해하는 자료가 된다.

② 문제에 대한 깊이 있는 정보

자료수집단계에서는 접수단계보다 더 깊이 클라이언트의 문제에 대한 정보들을 수집한다. 자료수집단계에서는 클라이언트가 '문제'라고 호소하는 것에 초점을 두었지만 자료수집단계에서는 문제의 발생시점과 현재에 이르기까지의 발전과정, 현재 상황과 클라이언트가 기관에 오기 이전까지 문제를 해결하기 위해 시도한 노력, 문제의 직접적인 요인과 상황을 급격히 악화시킨 요인, 클라이언트가 이 문제에 대해 과거에 대처한 방식, 문제에 관련되어 있는 중요한 사람에 대한 정보, 클라이언트가 환경 속에서 어떤 영향을 주고받았는지에 관한 정보, 사회적 · 경제적 · 심리적인 요인이 클라이언트나 가족에 대하여 영향을 주는 사실 등에 대해 자료를 수집한다.

③ 개인력

개인력은 클라이언트가 살아온 역사를 의미한다. 가능하다면 클라이언트의 임신 상황에 대해 어머니나 주양육자로부터 정보를 수집하고, 클라이언트나 가족으로부터 클라이언트의 영 · 유아기, 학령기, 청소년기, 성인기, 노인기 등 발달주기에 따른 인간관계 및 주요 사건 등에 대해 파악한다.

④ 가족력

클라이언트 원가족의 가족상황과 가족관계, 현재의 가족구성, 가족관계 등에 대한 정보를 수집한다.

⑤ 클라이언트의 기능

클라이언트의 지적 기능, 정서적 기능, 행동적 기능, 신체적 기능수준을 파악할 수 있는 자료를 수집한다. 사회적 기능 측면에서 대인관계능력, 업무능력, 문제해결능력을 파악할 수 있는 자료를 수집한다.

⑥ 클라이언트의 자원

클라이언트가 생활 속에서 현재 이용하고 있는 서비스는 무엇이고 현재 활용가능한 자원은 무엇이 있는지 알아볼 수 있는 자료를 수집한다.

⑦ 클라이언트의 강점, 한계 등

클라이언트의 문제만이 아니라 클라이언트가 문제를 해결하는 데 사용할 수 있는 강점에 대한 정보수집은 매우 중요하다. 클라이언트가 변화가능성이 거의 없는 상황에 처해 있을 때 강점과 능력을 파악하는 것은 쉽지 않지만 클라이언트가 도움을 요청한다는 사실 자체만으로도 강점이 될 수 있다.

⑧ 클라이언트 환경에 관한 정보

클라이언트와 클라이언트를 둘러싸고 있는 환경에 대해 자료를 수집한다. 환경 속의 어떠한 요소들이 클라이언트 및 클라이언트 문제와 관련되어 있는지 살펴보는 것은 매우 중요하다. 사회복지사는 클라이언트에게 문제해결을 위해 주변에 어떤 도움을 청해 보았는지, 어떤 서비스와 기관을 방문하고 이용했는지, 어려움에 처했을 때 누구 혹은 무엇이 도움이 되었는지 등에 대해 자료를 수집한다. 클라이언트의 공식적 자원뿐만 아니라 비공식적 자원, 즉 친구나 친척도 원조제공자로 활용했는지, 그들이 클라이언트에게 어떤 지지와 도움을 제공했는지 파악한다. 또한 사회복지사는 현 시점에서 클라이언트의 문제를 해결하고 욕구를 충족시키기 위해 활용가능한 자원은 무엇인지 파악할 수 있는 자료를 수집한다.

2) 사정

(1) 사정의 정의

사정(assessment)에 대한 정의는 다양하다. 사정을 조사, 진단, 치료를 포함하는 복합적 과정(Johnson & Yanca, 2001)으로 정의하기도 하고, 수집된 정보를 바탕으로 클라이언트의 문제 및 욕구의 성격과 원인을 규명하고 개입을 위한 함의를 도출해 내는 실천활동(김혜란·공계순·박현선, 2014), 자료들을 해석하고 의미를 부여해서 실천적 개입을 위한 함의를 도출해 내는 활동으로서 문제가 무엇인지, 어떤 원인 때문인지, 그 문제를 해결하거나 감소시키기 위해 무엇이 변화되어야 하는지에 대해 답하는 것(최해경, 2009) 등으로 정의한다.

헵워스 등은 사정을 과정(process) 및 결과(product)라는 측면에 초점을 두어 두 가지 방식으로 정의하였다(Hepworth et al., 2010). 첫째, 과정으로서의 사정은 사회복지사와 클라이언트 간에 발생하는 것으로, 클라이언트의 욕구와 강점에 관한 간결하면서도 체계적인 파악이 가능하도록 정보를 수집, 분석, 종합화하는 과정이다.

둘째, 결과로서의 사정이란 클라이언트의 문제, 자원, 관련 요소에 대한 이해를 통해 만들어진 문서화된 결과이다. 즉, 수집된 자료를 종합적으로 파악하여 클라이언트의 진정한 문제가 무엇인지 정의해 놓은 것 혹은 현재의 자료를 바탕으로 하여 클라이언트의 문제에 대한 복합적 가설을 세워 놓은 것이다. 사회복지사가 클라이언트에 대해 사회력 혹은 사회적 사정보고서(social history)[3]를 작성하기도 하는데 이는 사정을 위한 도구이자 사정의 결과로 완성되는 산출물이다. 따라서 사회복지실천에서 사정은 과정과 결과 두 가지를 모두 포함하는 활동으로 볼 수 있다. 지속적으

3) 사회력(social history)은 사회적 사정보고서라고도 한다. 이는 클라이언트의 생애내력을 파악하여 정리한 기록으로서, 클라이언트의 교육배경과 학업성취, 결혼관계, 직업경력 등 인구사회학적인 정보를 비롯하여 현재 문제와 문제의 내력, 아동기 발달력과 경험, 가족배경 등 사실(fact)을 중심으로 작성한다(최혜지 외, 2013: 235-236).

로 정보를 수집하면서 클라이언트와 그의 문제를 이해해 나가는 과정, 그리고 수집된 자료를 종합적으로 파악하여 클라이언트의 진정한 문제를 정의한 것이다.

(2) 자료수집과 사정의 관계

사정은 수집된 자료를 근거로 이루어지는 활동이므로 사정이 이루어지기 위해서는 충분한 자료가 먼저 수집되어야 한다. 그러나 '자료수집 후 사정'처럼 두 활동이 순서를 두어 순차적으로 이루어지는 것은 아니다. 자료를 수집하면서 분석하고, 사정을 진행하면서 추가적으로 자료를 수집하기도 하므로 자료수집과 사정은 동시에 순환적으로 일어난다고 볼 수 있다. 자료수집과 사정은 밀접한 관련이 있는데, 자료수집이 클라이언트와 클라이언트의 문제를 이해하는 데 도움이 될 만한 주관적·객관적 정보를 얻는 활동이라면, 사정은 수집된 자료들을 분석하고 해석하여 클라이언트의 진정한 문제를 규정해 내는 작업이다(Timberlake, Farber, & Sabatino, 2002).

문제들이 규정되면 문제의 중요성과 변화의 시급성을 기준으로 표적문제를 찾아내어 개입목표를 정하고 계약을 맺는 계획단계로 이어진다(엄명용 외, 2011). 사정을 통해 목표를 설정하여 개입하게 되므로 개입의 성공 여부는 사정을 얼마나 정확하게 하느냐에 따라 달라진다고 할 수 있다. [그림 10-2]에 자료수집과 사정의 관계를 나타내었다.

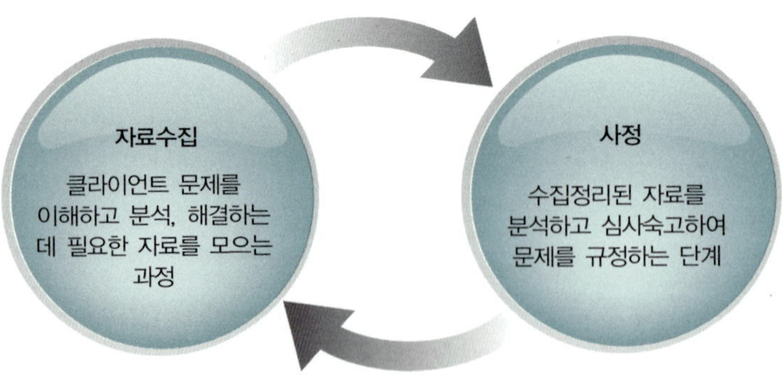

그림 10-2 자료수집과 사정의 관계

(3) 사정의 특성

사정은 수집된 정보에 근거하여 클라이언트의 문제 및 욕구가 무엇인지 파악하고 그것의 성격과 원인을 규명하여 클라이언트의 문제에 대해 보다 전문적인 평가를 내리는 실천활동이다. 사정은 다양한 특성을 가지는데 일반적으로 다음과 같은 특성이 제시된다(Hepworth et al., 2010: 179-181; Jonson & Yanca, 2001: 260-266).

① 지속성

사정은 사회복지실천과정 동안 지속적으로 이루어진다. 물론 사회복지실천 초기 단계에서 사정이 집중적으로 이루어지지만, 이후 단계에서도 클라이언트의 욕구에 관해 재평가하거나 체계들 간의 상호교류에 개입해야 할 일이 있을 때는 재사정을 하게 된다.

② 이중초점

사정은 이중초점(twofold focusing)을 가진다. 사정은 '환경 속의 클라이언트를 이해하는 것'과 '사회복지실천 계획과 행동을 위한 기초를 제공하는 것'이라는 두 가지 측면에 초점을 둔다. 클라이언트를 비롯한 사람들에 대한 정보, 클라이언트를 둘러싼 환경에 대한 정보, 양자 간 관계에 대해 정보를 지속적으로 수집하면서 클라이언트의 욕구가 충족되고 있는지, 욕구충족을 방해하는 요인이 무엇인지에 대해 정보를 수집한다. 수집한 정보를 바탕으로 클라이언트의 문제해결을 위한 계획을 수립한다.

③ 상호성

사정에 있어 상호성이란 사회복지사와 클라이언트가 사정과정에 참여하는 과정 속에서 이루어진다는 의미이다. 클라이언트는 자신의 능력을 최대한 발휘하여 사정의 모든 면에 참여해야 하며 이러한 과정에 사회복지사와 클라이언트 간의 파트너십이 필요하다. 상호작용을 활용하는 것은 클라이언트의 자존감을 인정해 주고 그가 생각하고 믿는 것이 중요하다는 사실을 확인시켜 주므로 클라이언트의 역량을 강화시키는 방법이 될 수 있다.

④ 사고의 전개과정

사정과정에는 순서가 있다. 먼저 서비스 상황의 한 부분으로서 관찰을 하고 그 다음에는 이해를 하기 위해 필요한 정보들이 무엇인지 밝혀나가는 순차적 과정으로 진행된다. 즉, 정보를 수집하고 그 정보들의 의미에 대한 설명이 이어진다. 또한 사실들과 여러 요소들의 의미를 전체 상황을 이해하기 위해 종합한다.

⑤ 수평적 탐색과 수직적 탐색

사정은 수평적 탐색과 수직적 탐색 모두 중요하다. 사정 초기단계에서는 상황을 수평적으로 바라보는 것이 유용하다. 이는 현재의 관계, 기능 등을 중심으로 상황을 폭넓게 검토하는 것이다. 이를 통해 클라이언트의 욕구가 충족되지 못하도록 하는 장애요인과 욕구충족을 위해 사용될 수 있는 생태체계의 강점과 자원을 결정한다. 이후에 그 상황이나 욕구충족에 가장 중요하다고 확인된 부분들을 수직적으로 탐색하여 과거력, 문제의 역사 등에 대한 정보를 수집한다.

⑥ 지식기반

환경속의 클라이언트를 이해하기 위해 사회복지사는 지식기반이 필요하다. 인간을 이해하는 것은 인간발달의 요소와 다양성을 고려하는 것이다. 특히 근거기반실천(evidence-based practice)에서는 사회복지사의 사정 및 개입계획이 이론적 근거나 실증적 근거에 기초를 두어야 함을 강조한다. 사회복지사가 활용하는 지식은 인간행동 및 발달에 대한 지식, 가족구조와 가족과정에 관한 지식, 집단 및 지역사회에 대한 지식, 조직에 대한 지식, 체계에 대한 이론 등 다양하다.

⑦ 욕구 발견과 문제 정의

사정은 클라이언트의 생활 속에서 욕구를 발견하고 문제를 정의하며 그 의미와 유형을 밝혀내는 것이다. 사정은 클라이언트가 생활하는 환경에서 클라이언트의 욕구가 무엇인지, 욕구충족을 방해하는 장애물은 무엇인지 밝혀내면서 생활주기 전반에 걸친 성장과 변화의 과정에 주목하는 과정이다.

⑧ 강점 발견

사정은 개입과정 동안 강화할 수 있는 클라이언트의 강점과 클라이언트를 둘러싼 생태체계환경의 강점을 밝혀내는 것이다. 인간은 강점을 통해 성장한다. 클라이언트와 함께 목적, 목표, 성공가능성이 높은 과업을 설정하기 위해서 신체적 · 정서적 · 행동적 강점에 대한 철저한 사정을 해야 한다. 클라이언트의 강점에 대한 확인은 클라이언트가 가지고 있는 자원과 욕구를 충족하기 위해 사용될 수 있는 환경 또는 상황 속의 자원을 규명하는 것을 요구한다.

⑨ 개별화

인간의 상황은 복잡하며 동일한 상황에 처한 사람은 없다. 따라서 모든 사정은 클라이언트의 독특한 상황과 관련되어 이루어지므로 개별화된다고 할 수 있다.

⑩ 판단

판단이 중요하다. 사정에서는 많은 결정들이 내려진다. 무엇을 고려하고, 어떤 지식을 적용할 것인지, 클라이언트를 어떻게 참여시킬지, 관심사나 욕구를 어떻게 정의할지 등 많은 것들을 사정단계에서 결정해야 한다. 이 결정은 사정 내용과 내용의 해석에 크게 영향을 미치므로 사건의 중요성에 대한 클라이언트의 견해는 신중하게 평가되어야 한다. 사회복지사의 기준으로는 중요하지 않다고 판단된 것이 클라이언트에게는 매우 중요할 수 있으며, 그 반대일 수도 있다.

⑪ 한계

클라이언트와 클라이언트를 둘러싼 상황에 대해 완벽하게 이해하는 데는 한계가 있으므로 완벽한 사정은 없다. 완벽한 이해는 가능하지도, 바람직하지도 않다. 클라이언트와 클라이언트를 둘러싼 상황을 이해하는 데에는 시간이 필요하다. 사회복지사는 클라이언트가 필요로 하는 도움을 제공하면서 생기는 새로운 측면도 이해하지만, 완전한 이해는 어려울 수 있다. 따라서 사회복지사는 클라이언트를 이해하는 데 한계가 있음을 인정하고 그에 따른 사정의 불확실성을 받아들여야 한다.

(4) 사정단계에서의 사회복지사 과업과 사정의 내용

사정단계에서 사회복지사가 수행해야 할 주요 과업은 클라이언트의 문제를 규정하는 것인데 문제규정은 그동안 수집한 정보들을 분석하여 전문가적 평가를 내리는 것이다(Johnson & Yanca, 2007). 사정은 사회복지사에게 있어 아주 중요한 핵심적 기술 중 하나로서 훈련을 통해 개발되어야 한다. 사정의 내용을 선택하고 그에 맞는 내용을 사정하기 위해서 사회복지사는 사정 내용에 대한 틀을 가지고 있어야 한다.

쿠거(Cowger, 1994)는 사정의 축이 되는 2차원 틀을 개발하였다(그림 10-3). 한 축은 잠재적 강점과 자원, 그리고 약점, 장애, 도전으로 이루어져 있고, 다른 축은 가족이나 지역사회 같은 환경적 요인에서부터 개인적 요소에 이르는 것으로 이루어져 있다.

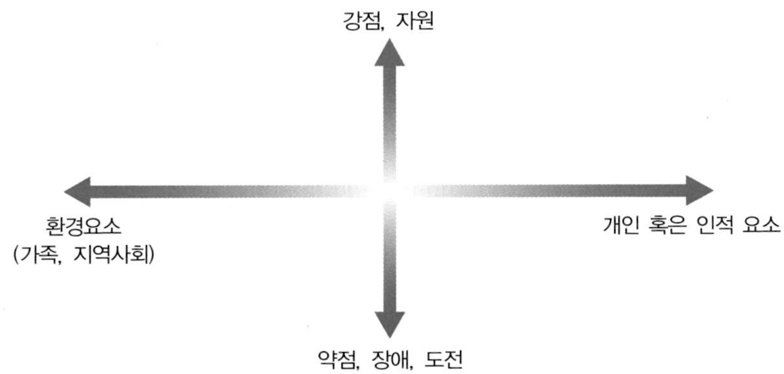

▮그림 10-3▮ 사정의 주요한 축
출처: Cowger (1997); Hepworth et al. (2010). p. 179에서 재인용.

사정단계에서 사회복지사는 문제규정을 위해 '클라이언트의 욕구 확인', '클라이언트의 욕구충족을 방해하는 장애물 확인', '클라이언트의 욕구충족에 필요한 변화를 가져올 수 있는 클라이언트 및 외부체계의 강점, 자원 등을 규명해야 한다(Johnson& Yanca, 2007).

사정의 범위와 초점은 사회복지사의 역할 및 사회복지사가 일하는 현장, 클라이언트의 욕구 등 다양한 요인에 따라 달라지게 된다. 예를 들어 초등학교에서 일하는 학교사회복지사는 학급 환경 그 자체뿐만 아니라 학급에서 발생하는 문제행동의 역사와 유형에 초점을 두며, 가족문제를 다루는 기관에서 일하는 사회복지사는 아동이 학교에서 보이는 문제행동뿐만 아니라 아동이 가족과의 관계에서 보이는 역동성 및 상호작용, 아동의 발달적 특성 등에 대해 사정을 하게 된다. 그러나 일반적으로 사정과정에서 밝혀져야 하는 내용들은 다음과 같으며(양옥경 외, 2010; Kirst-Ashman & Hull, 2009: 157-160; 김혜란・공계순・박현선, 2013: 241에서 재인용; Hepworth et al., 2010: 184-194; Sheafor & Horejsi, 1997), 이 밖의 내용은 사회복지사의 전문적 판단으로 사정내용에 포함될 수 있다.

① 개인 혹은 인적 요소

㉠ 클라이언트의 충족되지 못한 욕구

클라이언트에게 충족되지 못한 욕구가 무엇인지 파악한다. 예를 들어 부모로부터 학대를 당하는 아동은 적절하고 지속적인 신체보호, 적절한 영양, 정서적 지지와 지도 등 안전한 양육환경이 충족되지 못한다. 클라이언트의 문제에는 보편적 욕구(적절한 영양섭취, 의복, 주거, 의료 등)와 환경에서의 자원 사이의 적절한 조화의 부족에서 야기된 '충족되지 못한 욕구'가 포함된다. 충족되지 못한 욕구를 확인하는 것이 개발해야 될 자원을 규명하기 위한 첫 단계이다.

인간의 기본적인 욕구는 다양하지만 음식, 주거지, 건강보호 등 신체적 안녕에 관한 욕구, 정서적 성장과 지적 발전을 위한 기회, 다른 사람들과 상호관계를 맺으려는 욕구, 영적인 성장을 위한 기회 등이 있다. 이러한 기본적인 욕구는 연령과 발달단계에 따라 사람마다 차이가 있다. 사회복지사는 클라이언트의 충족되지 못한 욕구를 찾아낸다.

구체적으로 클라이언트에게 충족되지 못한 욕구가 무엇인지에 대한 질문은 문제규정에서 가장 중요한 질문인데 클라이언트가 제시한 문제를 충족되지 못한 욕구로 바꾸어 재진술하면 유용하다. 예를 들어 가정에는 무관심하고 직장에서 시간을 보내는 것에 불만을 느끼는 아내가 클라이언트인 경우 '남편의 일중독' 문제를 '남편에게 존중받고 싶고 남편에게 아내로서 중요한 존재임을 느끼고 싶어하는 욕구'로 재진술하는 것이다(양옥경 외, 2010: 201).

㉡ 개인적인 자질 및 성격

클라이언트의 개인적 자질 및 성격 중에서 문제해결에 도움이 되는 긍정적인 자질과 성격을 평가한다.

㉢ 교육 정도 및 취업경험

클라이언트의 문제가 실업 또는 재정적 결핍인 경우, 취업에 필요한 교육배경, 기술 또는 취업경력에 대한 사정이 중요하다. 취업에 유용한 기술이나 능력을 잘 파악하여 취업분야를 결정하는 데 활용할 수 있다.

㉣ 문제해결능력 및 의사결정능력

클라이언트가 현재의 문제 또는 이와 유사한 과거의 문제를 어떻게 해결하려고 했는지 알아보는 것은 현재의 문제해결을 위해 어떤 노력을 기울여야 하는지에 대한 단서를 제공한다.

㉤ 클라이언트의 강점

모든 개인은 다 독특하고 강점 또한 많이 가지고 있으므로 클라이언트의 문제해결에 중요한 자원으로 사용될 수 있는 강점을 사정한다. 강점은 클라이언트의 상황을 보다 좋게 만드는 클라이언트의 능력, 기술, 자원, 동기 등이 될 수 있다. 사회복지사는 클라이언트의 기능수행과 상황에 대해 약점과 병리적인 측면보다는 강점을 강조해야 한다. 클라이언트가 할 수 없는 것보다는 할 수 있는 것에 초점을 맞춘다. 클라이언트의 개인 강점으로는 다음과 같은 것이 있다.

- 자신의 행동에 대한 책임감이 높다.
- 변화를 이루기 위해 위험을 감수하려는 의지가 크다.
- 어려움과 좌절을 견뎌내려는 의지가 크다.
- 다른 사람을 다루는 데 신뢰할만하고, 공정하고 정직하다.

클라이언트의 강점을 확인할 수 있는 질문들의 예로는 다음과 같은 것이 있다 (Sherfor & Horejsi, 1997).

- "당신이 지금 직면한 문제를 성공적으로 다루었던 때에 관해 말해주시겠습니까?"

- "현재의 어려움에도 불구하고 삶의 어떤 부분들은 잘 유지되고 있습니까?"
- "다른 사람들은 당신의 어떤 부분을 좋아합니까?"

가족의 강점으로는 다음과 같은 것이 있다.

- 가족구성원들이 서로 신뢰하고 존경한다.
- 가족구성원은 서로 돕기 위해 자신이 갖고 있는 것을 공유하고 역경의 시기에 함께 있고 서로 지지한다.
- 동의하지 않는 의견에 대해서도 듣고 존중하며 명확한 의사소통을 한다.

가족의 강점을 확인할 때 사용할 수 있는 질문의 예는 다음과 같다(한국보건복지인력개발원, 2018).

- 도움이 필요할 때 가족 중 누가 가장 많은 의지가 되고 도움을 주는가?
- 가족 중 누구와 무엇을 하며 시간을 보내는가?
- 가족 중에서 누가 가장 당신을 걱정하고 있다고 생각하는가?

② 가족, 지역사회 등의 환경적 요소

㉠ 가족 및 친구

심리적 지지와 자원을 제공해줄 수 있는 가족구성원이나 친구가 있는지, 그들이 클라이언트의 현 문제상황을 다루는 데 도움이 되는지를 파악한다.

㉡ 환경의 장애물 및 강점

클라이언트를 둘러싼 환경의 강점도 파악한다. 또한 클라이언트의 욕구충족을 방해하는 환경적 장애물이 무엇인지 파악한다.

㉢ 욕구충족에 필요한 자원

클라이언트의 욕구를 충족시키기 위해 필요한 변화를 일으킬 수 있는 클라이언트 내부 및 외부체계의 잠재적 능력이나 장점은 무엇인지를 규명한다. 클라이언트에게 충족되지 않은 욕구를 충족시키고 문제해결을 위한 변화에 도움을 줄 수 있는 자원은 클라이언트 개인의 성격과 자질, 문제해결능력을 비롯하며 가족과 주변 사람의 도움, 사회적 지지망과 자원 등도 해당되므로 이러한 자원이 어디에 있으며, 접근 및 활용가능성에 대한 평가도 이루어져야 한다.

③ 기타

㉠ 문제가 발생하는 맥락

문제행동이 언제 일어나는가를 확인하는 것은 클라이언트의 문제에서 중요한 요소이다. 예를 들어 사랑하는 사람이 죽었거나 이혼했을 때 우울증이 시작될 수 있으며, 부부싸움 이후, 심각한 음주 후 아동학대가 일어날 수 있다. 문제행동이 발생하는 맥락을 파악하는 것은 개입계획에 관련된 적절한 요소를 제시해 준다.

㉡ 문제의 지속기간, 빈도와 심각성

문제와 관련된 영역의 사정에서 포함되어야 할 중요한 사항은 문제의 지속기간, 문제의 발생빈도, 문제의 심각성과 같은 내용이다. 문제가 언제, 어떤 환경에서 시작되었고, 얼마나 지속되고 있는지, 문제가 발생하는 빈도와 심각성 평가하는 것은 사정에서 핵심적 내용이며 적절한 개입계획수립을 위해 필요하다.

문제행동의 빈도를 확인함으로써 역기능적 행동의 정도와 그것이 클라이언트 및 가족의 기능에 영향을 미치는 정도를 명확하게 파악할 수 있다. 또한 문제의 빈도를 사정함으로써 변화를 위해 표적행동의 기초선을 설정하는 자료로 활용할 수 있다.

문제의 심각성을 결정하는 것은 클라이언트가 지역사회에서 계속적인 기능을 수행할 수 있는지, 입원이나 기타 강력한 보호적 조치를 취해야 하는지를 결정하는 데 유용하다. 클라이언트가 지나치게 우울하거나 자살가능성이 높을 때에는 상태가 호전될 때까지 입원시키거나 전문기관에 입소하도록 하는 것이 좋다.

㉢ 클라이언트가 문제에 대해 부여하는 의미

클라이언트, 주변 사람, 사회복지사 등은 매우 다른 방식으로 문제상황을 바라본다. 동일한 현상에 대해서도 문제에 대해 바라보는 방식과 그에 대해 부여하는 의미는 다르다. 사람들은 문제에 대해 부여하는 의미에 따라 다르게 행동하므로 사회복지사는 클라이언트가 문제에 대해 어떤 의미를 부여하고 있는지를 파악해야 한다. 이러한 의미의 참뜻이 문제행동을 지속시키는 경향이 있으며 변화의 목표로 고려될 수도 있다(Hepworth et al., 1987).

㉣ 욕구충족 방해요인

클라이언트의 충족되지 않은 욕구가 무엇인지 확인을 하면, 왜 그러한 욕구가 채워지지 않는지 고려할 수 있다. 사회복지사의 개인적 경험, 가치, 이론적 지식 등을 통해 욕구충족의 장애요인을 생각해볼 수 있게 된다. 욕구충족을 방해하는 장애물은 개인의 문제해결능력 및 대처능력 부족, 역할과다 및 역할모호, 비합리적인 신념과 가치, 자원 및 정보의 부족 등 다양할 수 있으므로 사회복지사는 다차원적 측면에서 클라이언트의 욕구충족을 방해하는 장애요인을 찾는다.

3) 사정도구

사정도구는 두 가지 기능을 가진다. 사정도구를 사용하면 이미 수집된 자료에 대해 해석을 용이하게 할 수 있고, 사정도구를 사용하는 것 자체가 자료수집의 기능을 하는 것이다(Sheafor & Horejsi, 2008). 사회복지실천현장에서 자주 사용되는 다양한 사정도구에 대해 알아본다.

(1) 가계도

① 가계도의 개념

가계도(goenogram)[4]는 적어도 3세대에 걸친 가족구성원과 가족관계에 대해 중요 정보를 도식화하여 기록함으로써 복잡한 가족 패턴을 한 눈에 볼 수 있도록 한 가족 사정도구이다(Alexsander & Clark, 1998; Weber & Levine, 1995). 가계도를 작성하면 가족구성원에게서 나타나는 문제 혹은 증상이 과거로부터 현재에 이르기까지 시간의 경과에 따라 어떤 방식으로 가족맥락과 연관되어 발달되었는지 이해하는 데 도움이 된다. 가계도를 통한 정보의 수집은 가족에 대한 내용이나 가족의 현재 상황과 역사에 대한 사실을 이해하고 종합적으로 판단하여 클라이언트 및 클라이언트의 문제를 사정하는 데 매우 중요하다. 과거에는 가계도를 종이에 직접 그렸으나 최근에는 컴퓨터 프로그램이 개발되어 현장에서 사용되고 있다.

② 가계도의 특징과 유용성

가계도는 복잡한 가족 패턴을 한눈에 명확하게 볼 수 있도록 도식화하여 보여주기 때문에 사회복지실천현장에서 자주 사용된다. 클라이언트에 대한 사정단계에서 클라이언트의 문제를 과거로부터 현재에 이르기까지 시간적 측면과 다양한 구성원 간 관계를 통한 측면에서 다각적으로 살펴볼 수 있다. 가계도는 치료자와 가족구성원들이 다세대의 맥락에서 가족의 정서적 과정이 약해지고 강해지는 것을 쉽게 파악할 수 있고 앞으로 무엇이 문제가 될 것인가를 예측할 수 있어 가족구성원 각 개인과 가족 속에서 반복되어 나타나는 유형이나 사건들을 파악하는 데 유용하다(송성

4) 가계도는 가족치료전문가, 사회복지사 등 가족관련 전문가들이 사용하고 있지만 1985년까지 일반적으로 합의된 형태의 가계도는 없었다. 오늘날 흔히 사용하는 가계도는 1980년대 초 모레이 보웬(Murry Bowen), 잭 프룸(Jack Froom), 잭 매달리(Jack Medalie)와 같은 가족치료와 가정의학분야의 주요 인물들로 구성된 가계도 작성위원회에 의해서 만들어진 것이다(McGoldirck, Gerson, & Petry, 2008).

자, 2002).

가계도에는 가족이 여러 세대에 걸쳐 발전시켜온 가족 역할, 유형, 관계 등을 살펴볼 수 있다. 가계도를 사용하면 가족의 구조를 명확하게 그릴 수 있고 가족관계 패턴과 기능을 그때그때 추가해서 그릴 수 있다. 가계도에는 많은 정보를 효과적으로 압축해서 기록할 수 있고, 사례에 대해 잘 몰랐던 사회복지사라도 가족에 대한 많은 정보와 가족문제, 자원 등을 한눈에 파악할 수 있다. 사회복지사는 클라이언트와 면담을 하면서 알게 된 새로운 정보가 있다면 먼저 그려 놓은 가계도에 더해서 추가적으로 그리거나 정보를 입력한다.

③ 가계도에 포함되는 정보

가계도에 포함되는 내용은 다양하며, 가계도에 포함될 내용이 공식적으로 정해진 것은 아니다. 클라이언트의 특징이나 문제상황에 따라 조금씩 다른 형태를 취할 수 있다. 일반적으로 가계도에 포함되는 내용들은 다음과 같으며 상황에 맞춰 선택적으로 사용한다. 일반적으로 가계도에는 생물학적 정보, 법적 관계 및 정서적 관계에 대한 내용들이 포함된다.

- 인구학적 정보 및 기능: 출생, 결혼, 이혼, 재혼, 별거, 출생순위, 교육, 소득, 종교, 질병이나 문제(신체적 혹은 성적 학대, 약물남용, 신체적 정신적 문제 등)
- 가족구조와 관계: 부모자녀 관계, 친자식, 입양 혹은 위탁자녀 등 법적 관계
- 정서적 관계: 친밀, 융합, 삼각관계, 단절, 갈등 등
- 기타: 함께 사는 가족구성원, 세대 간 반복되는 패턴 등

④ 가계도 작성법

가계도는 클라이언트와 약 15분 동안 짧은 시간 면담을 하면서 가족에 대한 기본 정보를 간략하게 그리기도 하고(Wright & Leahey, 1999), 면담을 진행하면서 새로운 정보가 나타날 때마다 추가하기도 한다. 가계도의 작성과 분석은 일반적으로 사회복

지사와 가족이 함께 수행하는데, 가족구성원 한 사람을 대상으로 이루어질 수도 있고 여러 사람을 대상으로 이루어질 수도 있다. 아동이나 청소년이 클라이언트인 경우 면담을 하면서 가계도를 작성하고, 할머니 및 할아버지에 대한 정보는 클라이언트의 어머니나 아버지와의 면담을 통해 추가적으로 작성하는 등 필요한 정보에 따라 다양한 구성원을 만나기도 한다. 가계도 작성에 대한 일반적인 방법은 다음과 같다(McGoldirck, Gerson, & Petry, 2008; 이영분 외 공역, 2011).

- 가계도 작성은 보통 클라이언트의 조부모 세대까지 거슬러 올라가면서 작성하고 적어도 3세대가 포함되도록 한다.
- 가계도는 일반적으로 현재를 중심으로 그리는데, 증상이 시작되었거나 가족에게 중요한 변화가 일어났던 과거의 어느 시점을 중심으로 가계도를 작성하기도 한다.
- 가족구성원들의 생물학적 관계 혹은 법적인 관계는 직선으로 나타낸다. 결혼관계는 직선으로 표시하는데, 부부는 평행하게 직선으로 연결하고, 자녀는 부모보다 아래로 수직선을 추가하여 표시한다. 이러한 정보들은 정해진 위치에 표시하며 추가적 정보는 부모 근처 빈 공간에 표시한다.
- 일반적으로 남자는 네모, 여자는 원으로 표시하며, 나이는 기호 안에, 출생년도는 기호의 왼쪽 위에, 사망일은 오른쪽 위에 쓴다.
- 자녀는 출생순서에 따라 왼쪽부터 오른쪽으로 순차적으로 그린다. 클라이언트가 자녀인 경우 형제자매보다 선을 길게 내려서 낮게 그린다.
- 기본적인 가족관계 등이 그려지면, 중요한 정보들을 추가적으로 기입한다(인구학적 요소, 관계, 중요한 가족 사건 등).

가계도는 두 가지 종류의 상징을 사용하는데, 하나는 가족구성원들의 구조를 나타내는 상징이고 하나는 구성원 간 관계를 나타내는 상징이다. 가계도에서 사용되는 주요 상징은 아래와 같다.

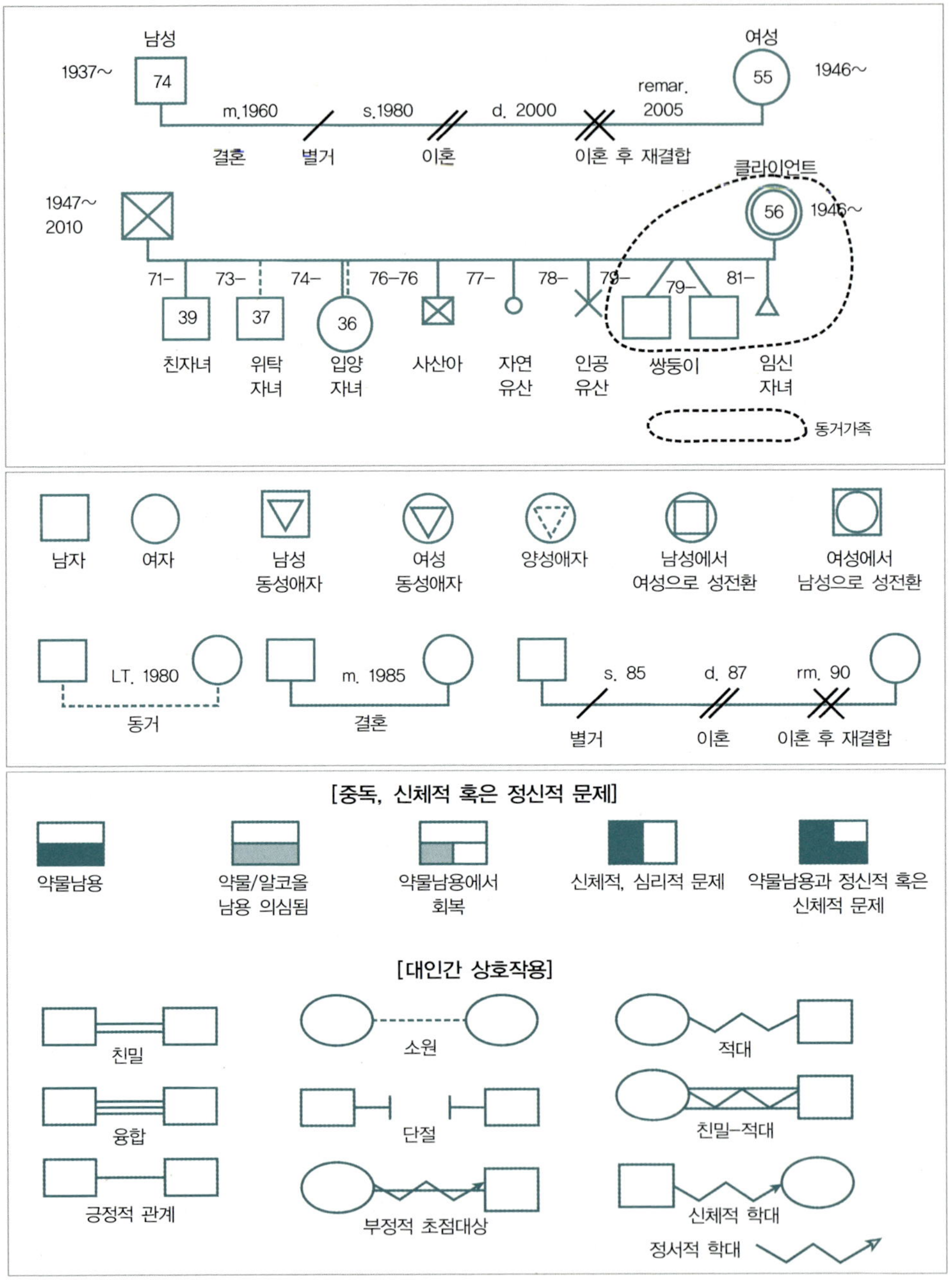

▌그림 10-4▌ 가계도에서 사용되는 상징들

출처: McGoldrick, Gerson, & Petry (2008). 이영분 외 공역 (2011)을 참고하여 재구성함.

(2) 생태도

① 생태도의 개념 및 특성

생태도(eco-map)는 개인 또는 가족 클라이언트를 대상으로 클라이언트 체계와 주변 체계 간 관계를 생태적 공간에 도식화한 사정도구이다. 클라이언트 및 클라이언트와 관련된 사람, 직접 관련 있는 사회복지기관과 환경의 영향, 클라이언트와 환경체계 간 상호작용의 변화[5]가 묘사됨으로써 클라이언트를 둘러싼 사회적 지지체계를 사정하여 클라이언트를 사회적 맥락에서 이해할 수 있다. 생태도를 작성하면 클라이언트와 환경체계 간 자원교환의 정도, 에너지 흐름 방향, 스트레스와 관련된 자료, 활성화되어야 할 자원 등을 파악할 수 있다(이팔환 외, 1999: 26).

② 생태도 작성방법

가계도와 마찬가지로 생태도는 사회복지사와 클라이언트가 함께 작성하기도 하고, 클라이언트와의 면담 후 사회복지사가 완성하기도 한다(Strom-Goottfried, 1999).

- 클라이언트를 지면의 중앙에 원으로 그린다. 클라이언트가 개인이면 원 안에 클라이언트의 이름을 쓰거나 '클라이언트'라고 표시하고, 클라이언트가 가족이면 간단한 가계도를 그려 넣는다. 가족 전체에 대해 환경체계를 연결할 수도 있고, 가족구성원 개개인에 대해 환경체계를 연결하기도 한다.
- 클라이언트를 의미하는 원 밖에 클라이언트에게 영향을 미치는 환경체계를 원으로 표시하고 원 안에 환경체계를 쓴다(예: 동아리활동, 종교활동, 회사, 사회복지관 등).
- 클라이언트를 나타내는 원과 환경체계 사이에 선을 그어 체계 간 관계를 표시한다. 체계 간 긍정적 관계는 실선으로 나타내며 실선의 굵기가 굵어질수록 두 체

5) 생태도를 시간의 흐름에 따라 연속적으로 작성해 보면, 클라이언트와 환경체계 간 상호작용의 변화를 파악할 수 있게 된다. 이러한 생태도를 연속생태도라고 한다.

계 간 관계가 강하다. 두 체계 간 교류가 빈약하면 실선으로 표시하고, 갈등관계[6]는 실선 위에 수직선을 긋는다.

- 화살표는 에너지 및 정보의 흐름 방향을 나타낸다.

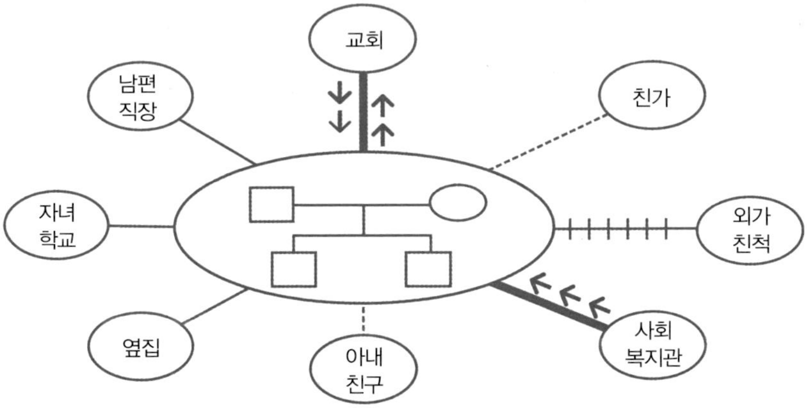

▌그림 10-5▐ 생태도의 예

(3) 사회도

① 개념

소시오그램(sociogram)이라고도 하는 사회도는 집단에서 나타나는 하위집단과 집단성원들의 동맹관계를 알아보는 집단사정도구로서 집단원들 간의 사회정서적 유대를 보여준다(Hardford, 1971). 사회도 작성을 통해 집단 내 소외자, 하위집단 형성 여부, 집단구성원 간 선호도와 무관심, 배척하는 정도와 유형을 파악할 수 있으며 하위집단 형성 여부, 구성원 간 친화력과 반감의 복잡한 유형과 쌍방향인지 일방향인지의 여부 등을 알 수 있다(Toseland & Rivas, 2001).

6) 갈등관계를 사선으로 혹은 지그재그선으로 표시하기도 한다.

② 특징

집단사회복지실천이나 집단상담 등 집단 내에서 구성원들 간의 질적인 관계를 파악하기 위해 사회복지사나 집단지도자가 사용하는데, 집단 초기, 중기, 종결단계 등 다양한 시점에서 작성된 집단의 소시오그램을 비교해 보면 집단구성원들 간의 안정성과 변화를 살펴볼 수 있다.

구성원들 간의 친화력이나 반감을 그림으로 나타내면, 각 개인과 하위집단의 지위가 나타나게 되고 집단지도자가 구성원 간의 관계에서의 강점과 문제점을 사정하는 데 도움을 준다(Northen & Kurland, 2001). 가계도나 생태도와 마찬가지로 기호나 선과 같은 상징을 사용하여 작성한다. 사회도에서 사용되는 상징 및 사회도의 예시는 [그림 10-6]과 같다.[7]

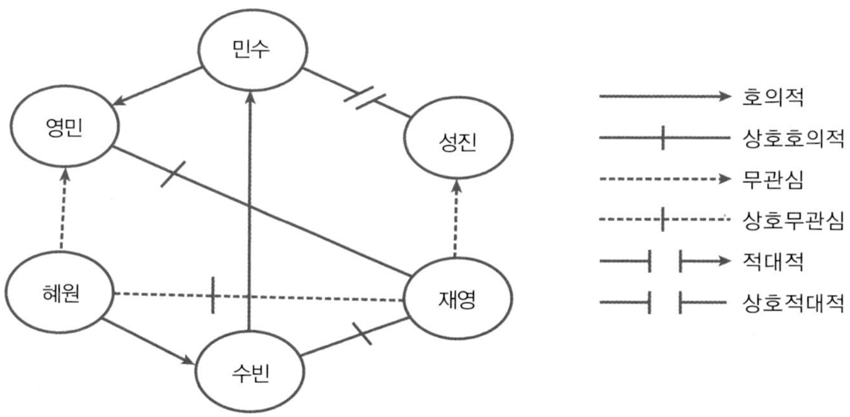

▮그림 10-6▮ 사회도

출처: Toseland & Rivas (2001). p. 240를 참고하여 재구성함.

7) 사회도 작성 시 남성은 세모(▽), 여성은 원(○)으로 구분해서 표시하기도 하며, 성원 간 매력-반감을 ──┼---- 로 표시하기도 한다(Northen & Kurland, 2001).

(4) 생활력 도표

생활력 도표(life history grid)는 클라이언트 삶에서 중요한 사건이나 삶의 시기별로 중요한 문제를 나타낸 도표이다. 이 도표를 작성함으로써 클라이언트의 생애 동안 발생한 중요한 사건이나 문제의 발전과정에 대해 조사할 수 있다. 생활력 도표는 아동과 청소년을 대상으로 한 활동에서 유용하며 그 표를 통해 클라이언트의 현재 기능수행에 영향을 미치는 발달단계상 특정 시기의 생활경험을 이해할 수 있다(Sheafor & Horejsi, 1997).

▌표 10-1▌ 생활력 도표

클라이언트 이름: 김아영							
연도	연령	소재지	가족	학교	건강	활동	문제
2000	1	울산	아버지 30 어머니 21		8개월 조산아로 태어남		황달이 심함
2001	2	대구					분리불안 심함
2003	4	울산	동생 1				남동생 출생
2005	6	울산		어린이집 다님			어머니 취업으로 인해 할머니 집에서 생활
2006	7	울산	부모 이혼				남동생은 아버지와, 클라이언트는 어머니와 살게 됨
2009	10	울산		성적 부진	다리골절	병원입원	학교폭력 피해

CHAPTER 11

사회복지실천과정(Ⅱ): 계획과 개입

1. 계획
2. 개입

CHAPTER 11
사회복지실천과정(Ⅱ): 계획과 개입

클라이언트의 문제와 상황에 대한 자료수집과 사정이 끝나면 사회복지실천 중간단계로 접어든다. 중간단계는 계획단계와 개입단계로 구분되는데, 계획단계에서는 클라이언트의 문제를 해결할 수 있도록 돕기 위한 계획을 세우며 개입단계에서는 앞서 수립한 계획을 실천에 옮기는 개입을 실행한다. 계획단계의 하위과제는 개입목표 설정과 계약수립이다. 계획단계에서는 의도된 변화를 일으키기 위한 계획을 수립하고, 그러한 과정을 사회복지사와 클라이언트가 함께 노력하여 이루어내겠다는 약속인 '계약'을 수립하게 된다. 계획단계에서 사회복지사는 클라이언트 자기결정원칙의 중요성을 인식하고 이를 적용한다. 이후 개입단계에서는 구체적인 행동을 통해 의도적인 변화가 일어날 수 있도록 지원한다. 이 장에서는 계획단계와 개입단계에 대해 살펴본다.

1 계획

1) 개입목표 설정

사회복지실천과정은 계획된 변화를 유도하는 과정이다. 계획된 변화를 일으키기 위해서는 '변화'를 발생시키기 위한 계획을 세우고, 계획을 실행에 옮겨야 한다. 계획단계에서 사회복지사가 수행해야 할 두 가지 과업은 개입목표 설정과 계약수립이다(그림 11-1).

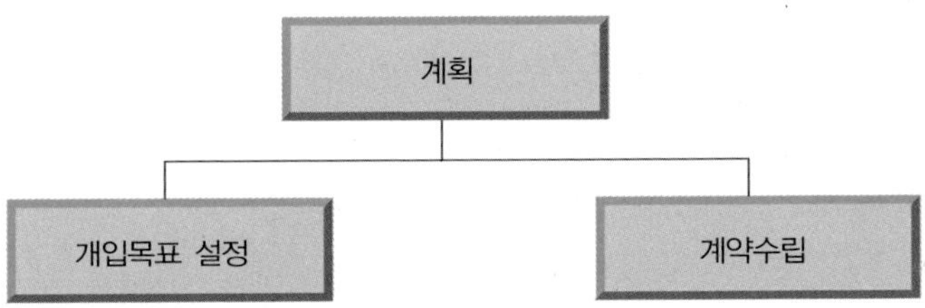

▌그림 11-1▐ 계획단계에서 사회복지사의 과제

개입목표란 '클라이언트가 현 상황에서 벗어나기 위한 바람직한 변화의 방향'을 의미하며(엄명용 외, 2011), '문제가 해결된 상태' 혹은 '개입을 통해 일어나기를 바라는 변화'라고 정의된다(양옥경 외, 2010). 사정단계에서 문제규명이 끝나면 문제를 해결하기 위한 개입의 목표를 설정하게 된다. 그런데 사정단계에서 드러나는 클라이언트의 문제는 한두 가지가 아니라 수십 가지가 될 수 있으며, 그 문제들 중에는 클라이언트가 방문한 사회복지기관에서는 해결할 수 없는 문제이거나 현실적으로 해결이 어려운 문제가 있을 수 있다. 따라서 사회복지기관의 기능과 해결가능성, 현실적 여건 등을 고려하여 몇 가지 문제만을 선정해서 집중적인 해결 노력을 해야 한다. 따라서 개입목표를 수립하기 전에 표적문제 선정이 먼저 이루어져야 한다. 이를 [그림 11-2]와 같이 도식화할 수 있다.

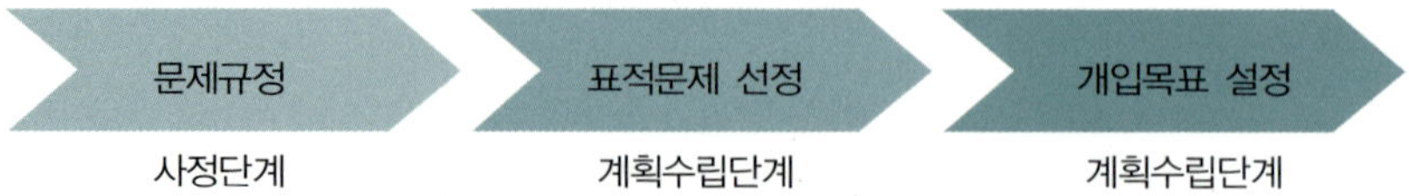

그림 11-2 표적문제 선정과 개입목표 설정

(1) 표적문제 선정

사정단계에서 드러난 클라이언트의 다양한 문제 중 가장 중요하고 시급히 해결해야 할 문제를 표적문제(target problem)라고 한다. 클라이언트의 문제는 여러 가지 요소가 얽혀 있는 복합적인 형태를 띠므로 여러 문제 중에서 가장 중요하고 시급히 해결되어야 하는 문제를 선정한다. 스미스(Smith, 1994)는 개입목표를 설정하기 위해서는 클라이언트의 문제 중 이용가능한 자원, 치료 전략, 현실가능성 등을 고려하여 표적문제를 먼저 선정해야 한다고 했다. 일반적으로 표적문제를 선정할 때의 지침은 다음과 같다(엄명용 외, 2011; Kirst-Ashman & Hull, 2009; 김혜란·공계순·박현선, 2013: 262에서 재인용).

- 사회복지사와 클라이언트 양자가 모두 '문제'라고 인식하며 해결하기를 바라는 합의된 문제를 표적문제로 선정한다. 어느 한쪽만의 의견에 따라 정하면 안 되며 사회복지사와 클라이언트 간 협의가 중요하다. 이때 클라이언트의 자기결정권을 고려하여 클라이언트의 입장을 중시한다.
- 클라이언트가 중요하게 생각하고, 시급히 해결되기를 원하며, 클라이언트의 문제상황을 대표하는 문제로 표적문제를 선정한다.
- 표적문제가 너무 많으면 계획된 시간 안에 해결하기 어려우므로 2~3가지를 선정한다.
- 해결가능성이 상대적으로 높고, 문제해결의 긴급성을 고려하여 표적문제를 선정하고 우선순위를 정한다.
- 클라이언트가 이해할 수 있는 용어로 문제를 분명하게 규정한다.

(2) 개입목표설정

① 목적과 목표의 개념

표적문제를 선정한 후 개입목표를 설정한다. 목적과 목표가 종종 서로 바뀌어서 사용되고 있지만 동일한 개념은 아니다. 목적과 목표의 개념 및 차이점은 다음과 같다.

목적(goal)은 "개입의 노력을 통해 얻고자 하는 장기적이고 궁극적인 결과"이다. 목표(objective)는 사회복지사와 클라이언트의 노력이 향하고 있는 바람직한 결말로서 '문제가 해결된 상태', '개입을 통해 일어나기를 바라는 구체적인 변화'이다(양옥경 외, 2010).

목표(objectives)는 목적 성취에 이르는 하위 목적(mini goal)이라 할 수 있는데, 목표를 성취함으로써 목적에 도달할 수 있기 때문이다. 목적이 추상적인 진술임에 비해 목표는 상대적으로 측정가능하고 구체적으로 규정되어야 한다(Rossi et al., 2004).

목표는 목적을 세분화한 것으로 단기적이고 구체적이며, 목적은 목표보다 광범위하고 추상적이다. 목표는 개입 종결 후 개입의 효과를 평가하는 기준이 된다. 사회복지실천의 효과성을 평가할 때 개입목표가 달성된 정도로 평가하기 때문에 개입목표는 구체적이며 측정가능한 방식으로 서술해야 한다(Johnson & Yanca, 2007; Smith, 1994). 목적과 목표의 예는 다음과 같다.

- 목적: 학습능력을 향상시킨다.
- 목표: 3개월 이내로 세 자릿수 덧셈을 할 수 있다.

② 목표 설정의 중요성

사회복지실천과정에서 목표 설정이 중요한 이유를 세 가지로 정리하면 다음과 같다(Johnson & Yanca, 2007).

첫째, 사회복지사와 클라이언트에게 개입과정의 방향을 명확하게 제시해 혼란 없이 개입을 진행할 수 있도록 도와준다. 개입목표가 분명하지 않다면 원조과정은 방향성을 잃게 되지만 개입목표를 설정하게 되면 변화가 필요한 부분과 변화를 일으키기 위한 방향이 명확하게 제시되므로 개입기간 동안 방황하지 않고 진행할 수 있다.

둘째, 개입이 끝난 후 개입의 결과를 효과적으로 평가하는 근거를 제공한다. 개입목표가 설정되면 개입 이후에 성취되어야 할 것이 명시적으로 표현되기 때문에 개입이 종결된 후 개입이 성공적인지 실패했는지 평가할 수 있게 된다.

마지막으로 목표 설정을 위해 사회복지사와 클라이언트 간에 합의과정이 이루어진다. 개입목표 설정 시 사회복지사의 의견만 반영하는 것이 아니라 클라이언트와 합의를 함으로써 클라이언트의 의견이 적극적으로 반영되며 이러한 과정에 클라이언트가 참여함으로써 변화의 의지가 커진다. 이는 원조과정을 효과적으로 이끄는 데 매우 중요하다. 개입목표의 내용이 클라이언트가 원하는 것이고 클라이언트의 노력으로 달성가능한 것이라면 개입과정 동안 클라이언트는 적극적으로 참여하고 노력하게 된다.

③ 목표 설정의 지침

적절하게 설정된 목표는 '누가', '무엇을 할 것인가', '어느 정도', '어떤 상황에서', '언제까지' 등의 질문에 답할 수 있을 정도로 구체적이고 명확하며 체계적이다. 적절한 목표를 설정하는 데 도움이 되는 지침은 다음과 같다(Hepworth & Larsen, 2006: 최해경, 2009에서 재인용; Sheafor & Horejsi, 2008).

• 목표는 클라이언트가 원하는 결과와 관련되어야 한다.

클라이언트는 자신이 원하는 바를 성취하게 될 때 동기가 강화되고 목표를 달성하기 위해 노력하게 된다. 적절하게 동기가 부여되기 위해서는 클라이언트가 목표를 달성하는 것이 문제를 해결하거나 감소시켜 자신의 삶이 개선될 수 있다는 믿음을 가져야 한다.

• 목표는 측정가능한 용어로 진술되어야 한다.

원조과정이 방향성을 갖기 위해서는 계획된 목표, 즉 '바라는 최종 결과'가 구체적으로 정의되어야 한다. 또한 목표달성 여부 및 달성 정도를 판단하기 위해서는 측정이 가능한 형태로 설정되고 진술되어야 한다. 빈도나 지속기간, 강도 등 관찰가능한 행동을 설명하는 용어를 사용하는 것이 좋다.

• 목표는 현실적으로 달성가능한 수준으로 설정한다.

달성하기 어려운 목표를 설정하여 실패를 반복하게 되면 클라이언트는 더 크게 실망하고 좌절하게 된다. 사회복지기관에 찾아온 클라이언트는 많은 경우 본인이 시도한 노력들이 실패한 경우가 많기 때문에 사회복지원조과정에서 실패를 할 경우 큰 상처를 입을 수 있다. 따라서 현실적으로 달성가능한 목표를 설정하여 성취감을 느끼고 문제해결능력이 향상될 수 있도록 해야 한다. 클라이언트의 개인적 능력을 벗어난 목표나 한정된 기간 동안 달성하기 어려운 과다한 목표 설정은 피해야 한다. 그러나 현실적이고 달성가능하지만 여전히 의미 있는 도전이 될 수 있도록 목표수준을 조절하는 것도 중요하다.

• 목표는 사회복지사의 지식과 기술로 달성할 수 있는 것이어야 한다.

사회복지사의 지식과 기술 및 능력으로 달성할 수 있는 목표를 설정해야 한다. 사회복지사 자신의 실천 범위와 능력을 벗어난 개입을 하지 않는 것이 클라이언트와 사회복지전문직에 대한 윤리적 책임이다.

• 목표는 성장을 강조하는 긍정적 진술로 작성해야 한다.

목표를 서술할 때 가능한 한 긍정적인 용어를 사용한다. 목표달성의 결과로 클라이언트가 얻게 될 혜택이나 이득을 강조하면서 성장에 초점을 두어야 한다. 클라이언트가 하지 말아야 할 것이 아니라 할 것에 대해 서술한다. 예를 들어 "식사할 때는 장난하지 않는다"보다는 "바른 식사 예절을 배운다"가 더 적절하다.

• 사회복지사는 윤리나 법에 저촉되는 목표에 동의하지 않아야 한다.

사회복지사가 클라이언트 자신이나 다른 사람들의 신체적·정서적 복지에 해를 끼칠 수 있는 클라이언트의 목표를 유보하는 것은 정당화될 수 있다. 이 부분에서 클라이언트와 사회복지사의 견해가 다르고 서로 합의되지 않는다면 사회복지사는 클라이언트에게 이유를 잘 설명하고 다른 전문가에게 의뢰할 수 있다.

• 목표는 기관정책이나 기능, 그리고 사회복지실천의 윤리강령과 일치해야 한다.

사회복지사는 기본적으로 기관에 속해 있고 기관의 기능과 기능에 벗어나는 서비스를 제공할 수 없다. 따라서 개입목표로 설정하는 내용은 사회복지사 자신이 몸담고 있는 기관의 기능이나 정책에 맞아야 하며 사회복지실천의 윤리강령에도 일치해야 한다. 기관의 기능에 일치하지 않는 목표를 클라이언트가 기대한다면 다른 기관에 의뢰하여 필요한 서비스를 받도록 원조하는 것이 적절하다.

• 목표는 클라이언트와 사회복지사 두 사람 모두가 동의하여야 한다.

어떤 상태나 변화가 가장 바람직하다고 생각하는지, 즉 무엇을 목표로 할 것인가에 대해서 사회복지사와 클라이언트가 합의해야 한다. 만약 두 사람의 관점이 일치되지 않으면 합의될 때까지 기다려야 한다(Compton & Galaway, 1994: 398; 양옥경 외, 2010: 209에서 재인용). 합의되지 않은 상태에서 과정이 진행되면 일치되지 않은 두 개의 이슈가 계속 존재하며 그 결과는 양쪽 모두에게 만족스럽지 못하게 된다.

• 목표는 클라이언트나 개입에 참여하게 될 다른 사람들이 쉽게 이해할 수 있어야 한다.

클라이언트의 동기를 강화시키고 적극적인 참여를 위해서, 그리고 개입의 방향의 일관성을 유지하기 위해서 목표는 쉽고 명확하게 표현되어야 한다.

• 목표의 우선순위를 정한다.

개입목표가 여러 가지인 경우 문제의 시급성, 단기간 성취가능성, 다른 목표에 성취를 촉진하는 동기제공, 사회복지사의 능력과 기관의 기능상 달성가능성 등을 고려하여 개입목표의 우선순위를 정한다.

• 목표 수정의 융통성을 고려한다.

계획단계에서 설정된 목표는 개입과정에서 수정될 수 있음을 고려한다. 개입목표가 정해지면 이를 달성하기 위해 다양한 개입활동을 하게 되는데, 개입과정에서 목표의 달성 속도 및 달성 정도 등을 고려하여 목표를 수정할 수 있다. 설정한 목표의 수준이 너무 높아서 클라이언트가 여러 차례 시도하였지만 달성하기 어려운 경우 목표의 수준을 다소 낮출 수 있다. 목표 설정 시 다양한 요인을 고려하여 신중하게 설정해야 하지만 개입과정에서 목표는 수정될 수 있다는 점을 고려할 필요가 있다.

2) 계약

(1) 계약의 개념과 중요성

개입목표 설정 등 개입계획을 수립하고 나면 계획을 실행하기 위한 공식·비공식 계약을 맺게 된다. 계약(contract)은 목표 설정이 끝난 후 문제의 정의, 목표, 클라이언트와 사회복지사의 역할, 시간, 장소, 비용, 개입기법, 평가방법 등 개입계획에 대해 사회복지사와 클라이언트가 동의하는 것이다(김혜란·공계순·박현선, 2013). 계약은 여러 가지 측면에서 중요한데, 우선 계약과정을 통해 사회복지사와 클라이언트는 개입단계 동안 달성해야 할 목표를 분명히 인식하게 되고, 사회복지사와 클라이언트의 역할과 과제, 개입에 대한 시간적 조건 및 비용, 기타 조건에 대해 명확하게 알 수 있게 된다는 점을 들 수 있다. 또한 클라이언트의 자기결정권과 참여의 권리가 보장됨으로써 클라이언트는 개입과정에 보다 적극적인 참여자로서 자신을 인식하게 되고 그러한 인식을 바탕으로 능동적으로 개입과정에 참여할 수 있게 된다는 점도 계약이 갖는 중요성이다. 전문가가 일방적으로 계획하고 작성한 계약서가 아니라 다양한 요소들에 대해 사회복지사와 서로 의논하고 협의하면서 자신의 의견을 적극적으로 반영한 클라이언트는 자신을 둘러싼 상황에 대해 자신이 통제할 수 있다는 자신감을 갖게 되며 문제해결에 대한 동기가 강화되고 의지도 높아지게 된다.

그러나 사회복지실천을 많이 수행하고 경험한 사회복지사가 저지르기 쉬운 실수 중 하나는 클라이언트가 개입계획에 대한 내용 및 절차에 대해 제대로 이해하고 알고 있을 것이라고 잘못된 추측을 하는 것이다. 사회복지사의 입장에서는 클라이언트가 '이런 정도의 내용은 부연설명을 하지 않아도 상식적으로 알고 있겠지'라고 생각되더라도 클라이언트 입장에서는 사회복지서비스 이용이 생소하고 낯선 경험이 될 수 있기 때문에 사소한 내용과 절차 등에 대해서도 충분히 설명하여 클라이언트가 이해할 수 있도록 하는 것이 중요하다. 일반적으로 사회복지실천과정에서 클라이언트와 사회복지사 간에 체결하는 계약은 법적 효력을 가지지 못하지만(양옥경 외, 2010), 사회복지실천에 대한 양자의 책임, 적극적 참여, 동기화 등을 고려할 때 계약을 맺는 것이 유용하다.

(2) 계약의 유형

계약의 유형은 다양하지만 공식성의 정도에 따라 흔히 서면계약, 구두계약, 암묵적 계약으로 구분한다. 계약의 내용이 구체적이고 공식화 수준이 높을수록 오해를 예방할 수 있지만, 다양한 이유로 사회복지실천현장에서는 구두계약과 암묵적 합의도 이루어지고 있다. 위에서 제시한 세 가지 계약 유형에 대해 살펴보고 장단점을 비교해 보면 다음과 같다.

① 서면계약

서면계약은 사회복지사와 클라이언트가 개입목표 및 과정, 시간적 조건 등에 대해 합의한 내용을 문서로 작성하는 계약 유형이다. 계약서에는 클라이언트에게 제공될 서비스 결과, 이러한 결과를 달성하기 위해 취해야 할 주요 활동, 사회복지사와 클라이언트의 역할과 책임성, 관련된 시간계획 등이 명시되며, 클라이언트와 서비스 제공자는 서류에 서명하게 된다(Sheafor & Horejsi, 2008).

서면계약을 사용하는 근본적인 이유는 클라이언트와 사회복지사의 의무를 강조하고 오해의 소지를 최소화하기 위해서이다(Hepworth, Rooney, & Larsen, 1997). 따라서 서면계약은 사회복지사와 클라이언트 사이에 합의한 부분과 합의하지 않은 부분을 분명하게 해주고 회기 사이에 참여자들의 책임감을 상기시키기 위해 계약내용이 검토될 수 있으며, 앞으로의 평가와 책임성 보고의 기초로 활용될 수 있다(Sheafor & Horejsi, 2008). 또한 서면계약의 내용은 클라이언트와 사회복지기관 양자의 책무성을 입증하는 근거로도 활용된다.

서면계약을 통해 개입에 대한 내용과 사회복지사 및 클라이언트의 역할, 시간 및 비용에 대한 조건 등에 대해 명확하게 확인하게 되면 불필요한 오해가 줄고, 개입에 대한 클라이언트의 관심과 참여동기가 높아진다. 그러나 문서작성 시 시간이 많이 소요되고, 서명이나 도장을 찍는 등 공식적 절차 때문에 클라이언트가 거부감을 가질 수 있다(Sheafor & Horejsi, 2002; 김혜란·공계순·박현선, 2013에서 재인용). '계약'보다는 '동의(agreement)'라는 단어나 의미가 사회복지실천의 성격상 더 적절하다고 보기도 하지만(Johnson & Yanca, 2007), 서면계약은 클라이언트와 사회복지사 모두에게 가장 유용한 계약 유형으로 평가된다(Sheafor & Horejsi, 2008).

② 구두계약

구두계약(verval contract)은 서면계약에서 명시하는 내용을 서류라는 형식을 사용하지 않고 클라이언트와 사회복지사 혹은 서비스 제공자 간에 언어를 사용하여 계약을 맺는 것이다. 구두계약은 서면계약과 비교할 때 신속하게 진행되며 서명을 거부하거나 불편해하는 클라이언트에게 적용하기 쉽다. 그러나 서면계약과 같은 공식적 힘은 없으며, 합의한 내용의 자세한 부분을 잊을 수 있어 이후에 오해의 가능성 혹은 혼란이 발생할 수 있는 단점이 있다. 따라서 구두계약을 맺을 때 사회복지사는 개인적 수준에서 계약의 내용을 기록해둘 필요가 있다(Hepworth, Rooney, & Larsen, 1997).

③ 암묵적 계약

암묵적 계약(implicit contract)은 공식화 수준이 가장 낮은 계약의 유형이다. 실제로 계약의 내용을 서면이나 구두로 합의하지 않았지만 암묵적으로 개입 전반에 대한 내용에 대해 사회복지사와 클라이언트가 합의한 것으로 보는 계약이다. 그러나 '암묵적'이라는 말에서 알 수 있듯이 서면이나 구두로 확인하지 않았기 때문에 이 역시 오해의 가능성이 있어 주의를 요한다. 따라서 가능하면 서면계약이나 구두계약을 활용하는 것이 바람직하다(Kirst-Ashman & Hull, 2009; 김혜란 · 공계순 · 박현선, 2013에서 재인용).

(3) 계약의 요소

일반적으로 계약에는 개입목표, 목표를 달성하기 위해 취해야 할 주요 활동, 이러한 노력에 포함되어야 하는 주요 역할과 책임성, 관련된 시간계획 등이 포함된다. 계약에 포함될 내용 혹은 계약의 요소에 대해 다양하게 제시되고 있지만 많은 학자와 문헌에서 공통적으로 제시되거나 강조되는 계약의 요소, 즉 계약에 포함되는 내용을 중심으로 살펴보면 다음과 같다(Hepworth & Larsen, 1986; Sheafor & Horejsi, 2008).

- 구조적 요인: 사례번호, 참석자, 장소, 날짜 등
- 다루어야 할 문제나 관심사
- 개입의 목적과 목표
- 참여자의 역할

- 클라이언트가 취할 행동이나 과제
- 사회복지사가 수행할 과제
- 예상되는 개입의 지속기간 및 빈도
- 면접이나 위원회의 시간 및 장소 계획
- 참여가 예상되는 다른 사람 · 기관 · 조직 및 이들의 역할이나 과제
- 개입기법
- 클라이언트의 상황에 대해 재사정하게 하고 서비스 계약을 재조정하게 만들 사건
- 비용
- 평가계획

계약의 요소에 포함되는 내용에서 시간적 조건은 매우 중요하다. 개입이 몇 주 혹은 몇 개월 동안 지속되는지 지속기간, 며칠 혹은 몇 주에 한 번 만나게 되는지 빈도, 한 번 만났을 경우 몇 분이 소요되는지 등 시간적 조건에 대한 내용을 포함한다. 종결시점을 미리 정하는 시간제한적 개입과 종결시점을 정하지 않는 개입이 있는데 일반적으로 시간제한적 개입은 단기간에 정해진 목표를 달성하므로 사회복지사에 대한 신뢰가 높아질 수 있고, 시간 및 비용이 절감되는 장점이 있다. 반면 종결시점을 미리 정하지 않는 개입은 클라이언트의 상황 및 목표달성 정도에 따라 종결시점을 융통성 있게 조절할 수 있다는 장점이 있다.

계약의 내용에는 개입기법 혹은 개입기간 동안 활용될 기법도 포함한다. 사정 시 해결되어야 할 문제와 욕구가 분명히 정의되고 그 치료적 대안들이 명백하다면 초기 계약과정에서 개입기법을 구체적으로 제시할 수 있다. 자기주장훈련, 인지재구조화, 역할연습과 같이 구체적인 기법까지 제시하지 못한 경우에는 개인상담, 부부치료 등으로 개입방법을 제시한다. 개입기법이나 방법 등에 대해 클라이언트에게 설명하고 동의를 얻어 계약한다(Hepworth & Larsen, 1986).

개입계획표

목표	활용 자원	서비스 제공계획	실천과업		점검 방법
			클라이언트	사회복지사	

▮그림 11-3▮ 계입계획표

(4) 계약수립의 지침

계약은 계약내용이 의미하는 바를 클라이언트가 정확하게 알 수 있도록 단순하고 분명한 언어로 표현되어야 한다(Sheafor & Horejsi, 2008). 이것은 서면계약 시 계약서를 문서로 작성하거나 구두계약 시 계약의 내용을 이야기할 때 중요하다. 클라이언트가 오해하거나 이해하지 못하는 부분이 없도록 간결하고 쉬우며 명확한 언어와 전달방식을 사용하는 등의 세심한 배려가 필요하다.

사회복지사와 클라이언트 간에 계약이 수립된 후 개입과정에서 계약내용은 절대

수정되어서는 안 될까? 그렇지 않다. 계약은 현실적 상황이 변화함에 따라 수정이 가능하다. 즉, 클라이언트가 개입과정에 적극적으로 참여하여 목표달성 정도가 예상보다 빨라진다면 목표를 상향조정할 수 있고, 참여인물에 변화가 생길 수도 있다. 이러한 융통성은 클라이언트의 신뢰를 유지하는 데 중요하므로 사회복지사와 클라이언트는 계약의 재검토에 대해 개방적이어야 한다(Sheafor & Horejsi, 2008).

2 개입

사회복지실천과정에서 개입단계는 사회복지사와 클라이언트가 상호 합의하여 결정한 문제해결을 위한 계획을 구체적인 행동으로 이행하는 단계로서 원조과정의 핵심단계이다(최해경, 2009). 이 단계에서는 개입목표를 달성하기 위해 다양한 개입방법을 사용하게 된다. 효과적으로 목표를 달성하여 클라이언트의 문제해결을 도와주기 위해서는 사회복지사가 클라이언트 체계의 종류, 문제의 성격 등을 고려하여 적절한 방법을 적용해야 한다. 일반적으로 사회복지실천 대상, 즉 클라이언트는 개인을 비롯하여 집단, 가족, 조직, 지역사회에 이르기까지 다양하다. 사회복지실천과정은 다양한 체계에 공통적으로 적용되고, 동일하거나 유사한 개입방법이 각 체계에 적용되기도 한다. 그러나 클라이언트의 체계에 따라 더 적절하고 효과적인 방법이 존재하므로 클라이언트 체계의 특징 및 문제의 성격을 고려하여 적합한 방법을 선별적으로 사용할 필요가 있다.

예를 들어 클라이언트의 우울증이 열악한 물리적·사회적 환경과 맞물린 사회적 고립에서 발생했다면 클라이언트 개인의 자아인식수준에 초점을 맞추기보다는 사회적 지지체계 등 환경수준에 초점을 맞추는 것이 더 적절하다. 그리고 인지치료는 우울증 치료에 효과적이라고 알려져 있고, 행동기술훈련 프로그램은 대인관계기술과 문제해결기술이 부족하여 발생하는 문제를 개선하는 데 효과적이라고 평가되므로 (Hepworth, Rooney, & Larsen, 1997), 클라이언트에 따라 적절한 개입방법을 선택해야 할 것이다. 이 절에서는 사회복지실천과정 중 개입단계에서 사회복지사가 수행해야 할 과제 및 클라이언트 체계에 따른 개입방법에 대해 살펴본다.

1) 개입단계의 목표 및 사회복지사의 과제

개입단계의 목표는 변화의 창출이다. 이전 단계에서 수립된 계획을 실행하면서 클라이언트에게서 변화를 일으키는 것이다. 클라이언트가 변화한다는 것은 클라이언트의 문제가 해결되고 있다는 것을 의미한다. 따라서 개입단계에서는 변화를 창출함으로써 클라이언트의 문제를 해결하는 것이 가장 중요한 목표가 된다. 이러한 목표를 달성하기 위해 사회복지사는 다양한 과제를 수행해야 한다.

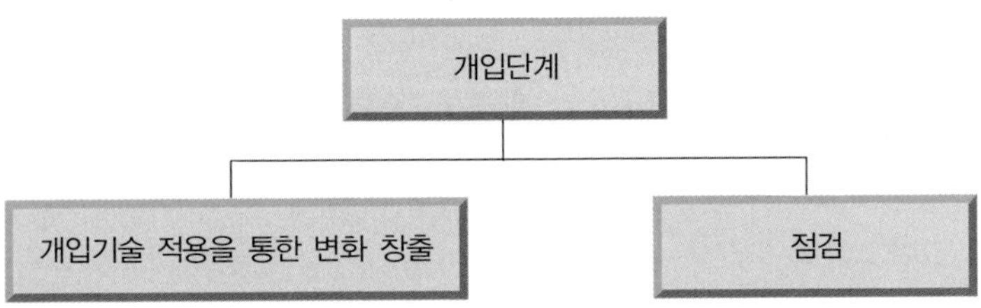

▮그림 11-4▮ 개입단계 사회복지사의 과제

첫 번째의 과업은 다양한 개입방법 적용을 통한 변화의 창출이다. 사회복지사는 상담이나 교육 및 정보제공, 옹호 등 클라이언트의 문제해결을 위해 고안된 다양한 개입방법을 적용하여 클라이언트의 문제가 감소하거나 해결되는 등의 변화를 만들어내야 한다. 클라이언트는 개인, 가족, 집단, 지역사회 등 다양하므로 클라이언트 및 문제의 특성에 적합한 개입방법을 선택하여 적용한다.

두 번째 과업은 진전과정에 대한 점검이다. 개입단계에서 사회복지사는 클라이언트의 변화과정을 점검해야 한다. 점검(monitoring)은 개입기법 적용을 통해 클라이언트에게서 변화가 일어나고 있는지, 일어나고 있다면 그 변화의 속도와 방향은 어떠한지, 계획한 의도대로 목표가 달성되고 있는지에 대해 주기적으로 평가하는 활동이다(Rossi et al., 2004).

사정에 근거하여 계획을 세웠다 하더라도 실행과정에서 예기치 못한 일이 발생하여 계획대로 개입과정이 원활하게 진행되지 않을 수 있으며, 계획대로 진행되더라도 클라이언트의 변화 속도 및 목표달성 수준이 예상과는 다르게 나타날 수 있다. 따라서 사회복지사는 클라이언트가 목표를 달성해 가는 속도를 주기적으로 평가하면서 그에 대해 피드백을 제공하여 클라이언트도 자신의 변화과정에 대해 인식하고 주도적으로 참여할 수 있도록 도와주어야 한다. 예상보다 목표달성이 늦어진다면 목표달성 혹은 변화에 대한 장애요인이 있기 때문임을 짐작할 수 있다. 이러한 경우 사회복지사는 클라이언트와의 대화를 통해 장애요인을 발견하고 이를 극복할 수 있도록 도움을 제공해야 한다. 또한 목표를 조정하거나 개입방법의 변화 등 다양한 대안을 모색하는 융통성도 필요하다. 또한 변화가 부진하여 자신감이 저하되거나 낙담할 경우 그에 대처할 수 있도록 심리적 지지도 제공해야 한다.

클라이언트가 과제 수행을 지속적으로 잘해나갈 수 있도록 격려하고 지원한다. 개입단계는 짧게는 몇 주에서 길게는 수 개월에 이르는 긴 기간이 소요되므로 클라이언트가 자신이 수행해야 할 과제를 성실히 수행하고 개입과정에 지속적으로 참여할 수 있도록 격려하는 것이 중요하다.

2) 개입의 유형

사회복지사는 개입단계에서 변화를 일으킴으로써 사회복지실천의 목표를 달성하려고 한다.

사회복지사는 클라이언트 개인의 정서, 사고, 행동을 변화시킴으로써 클라이언트의 대처능력, 문제해결능력, 상황인식능력 등을 향상시킬 수도 있고, 클라이언트를 둘러싼 주변 체계를 변화시킴으로써 문제를 해결하기도 한다. 일반적으로 전자를 직접개입, 후자를 간접개입이라고 한다. 직접개입인 사회복지사와 클라이언트 간 대면관계를 통한 상담, 치료, 교육이 주가 되는 개입인 반면, 간접개입은 클라이언트의 환경에 대한 개입과 조정, 클라이언트의 환경 내 관계망과의 활동을 총칭하는 개입으로 설명될 수 있다(최혜지 외, 2013).

클라이언트 자체를 변화시키든, 주변 환경을 변화시키든, 개입단계에서의 핵심은 '변화'이다. '문제가 많은 상태'에서 '문제가 없거나 적은 상태'로, '자원이 부족한 상태'에서 '자원이 많은 상태'로 변화되어야 한다. 변화의 초점이 무엇이든 개입단계 동안 사회복지사는 변화를 창출하려고 하며 사회복지사는 다양한 기법을 사용한다.

이 장에서는 사회복지실천과정의 개입단계에서 사회복지사의 전문적 원조활동을 세 가지 측면에서 살펴보았다. 먼저, 직접개입을 클라이언트의 수준에 따라 개인, 가족, 집단에 대한 개입으로 나누어 살펴보며, 이후에는 직접개입과 간접개입으로 구분하여 살펴보았다.

(1) 개인, 가족, 집단에 대한 개입[1)]

직접개입은 개인, 가족, 소집단 등의 클라이언트 체계 자체를 변화시킴으로써 클라이언트의 문제를 해결될 수 있도록 원조하는 개입방법이다(엄명용 외, 2011). 이는 클라이언트 체계가 당면한 문제를 해결할 수 있도록 문제해결능력을 향상시키는 변화가 발생해야 함을 의미한다. 그렇다면 클라이언트의 무엇을 변화시켜야 문제해결능력이 향상될 수 있을까?

즉, 개입의 대상 혹은 개입의 초점은 무엇인가? 가장 먼저 고려할 수 있는 것은 개인, 가족, 집단 등 클라이언트 자체라고 할 수 있다.

---

1) 구체적인 개입 기술은 사회복지실천기술론에서 다룬다.

① 개인 수준의 개입

전통적으로 개별사회복지실천(casework)이라고 불린 개인 수준의 개입은 사회복지실천방법론 중 가장 먼저 발달되어 왔다. 개인 수준의 개입에 초점을 두는 사회복지실천은 개인이 사회에 적응할 수 있도록 돕는 것과 개인의 특수한 욕구에 따라 사회적 서비스를 받을 수 있도록 하는 것 모두가 포함된다(Zastrow, 1989). 사회복지의 일차적 관심은 개인의 심리사회적 기능과 환경의 향상에 있다. 개인 수준의 개입에서는 의사소통을 통한 변화 관계 형성, 문제해결능력 향상, 대처능력 향상 등을 통해 클라이언트의 변화를 도모하며, 이를 위해 심리사회모델, 과제중심모델, 인지행동모델 등이 활용된다.

② 가족 수준의 개입

클라이언트가 겪는 어려움의 원인이 개인에게 있는 경우도 있지만 가족의 문제가 원인이 되기도 하며 그로 인해 가족이 사회복지실천의이 대상이 되기도 한다. 이혼가정문제, 부부갈등문제, 가정폭력문제 등이 이에 해당한다. 사회복지실천에서 가족 수준의 개입은 경험적 가족치료, 구조적 가족치료, 해결중심적 가족치료 등 다양한 가족치료모델을 활용한다. 가족치료에 대해서는 다양한 이론적 준거틀이 있지만 최근에는 다양한 모델들이 절충적이고 통합적으로 사용되고 있다

③ 집단 수준의 개입

클라이언트와 사회복지사가 일대일로 상호작용하면서 변화를 도모하는 개인 수준의 실천과 달리 집단 수준의 개입은 집단의 역동성을 활용하여 집단의 변화를 도모한다. 성공적인 집단 수준의 사회복지실천을 위해서 사회복지사는 집단의 목적과 개인의 목적을 동시에 고려하며, 집단 내 다양한 관계 및 상호작용을 이해하고 활용해야 한다.

역사적으로 인보관운동에서 기원을 찾는 집단 수준의 실천은 제2차 세계대전 동

안 군대에서 집단사회복지실천의 유용성이 입증되면서 급속도로 퍼져나갔다. 또한 정신건강분야에서도 집단을 활용한 실천이 효과를 거두었다(Norther & Kurland, 2002). 집단의 목적에 따라 분류할 경우 다양한 분류가 존재하지만 사회복지사가 자주 관여하는 집단은 크게 치료집단과 과업집단으로 나뉜다. 치료집단(treatment group)은 교육, 성장, 치유, 사회화 등을 목적으로 하며 한 가지 이상의 목적을 동시에 갖기도 한다.

(2) 직접개입과 간접개입

직접개입은 개인, 가족, 소집단 등의 클라이언트체계 자체를 변화시킴으로써 클라이언트의 문제가 해결될 수 있도록 원조하는 개입방법이다(엄명용 외, 2011). 간접개입은 클라이언트 이외의 체계와 상호작용하여 클라이언트의 문제를 해결하려는 개입활동을 의미한다(Johnson & Yanca, 2007: 318). 즉 클라이언트를 돕기 위해 클라이언트가 관계하고 있는 환경, 즉 사회적 연계, 소집단, 조직 또는 지역사회의 변화를 가져오는 개입 유형이다(엄명용 외, 2011).

① 직접개입: 개인의 인지, 정서, 행동에 대한 개입

인간을 구성하는 다양한 하위요소 중 사고, 정서, 행동은 인간의 다양한 측면에 영향을 미치며 인간은 그것의 복합적인 상호작용의 집합체라고도 할 수 있다. 따라서 개인의 사고, 정서, 행동을 보다 기능적으로 향상시킴으로써 문제해결능력이나 대처능력의 변화를 초래할 수 있다.

개인의 역기능적인 사고, 정서, 행동을 기능적으로 바꾸거나 가족이나 소집단의 경우에도 기능적인 역할을 할 수 있도록 가족구성원 간 의사소통방식, 상호작용방식 등에 변화를 일으킨다. 소집단의 경우에도 소집단을 구성하는 개개인의 사고, 정서, 행동 등을 변화시킴으로써 소집단 전체의 기능 향상을 도모하기도 하고 구성원 간 상호작용방식이나 관계 양상을 변화시킴으로써 소집단의 기능을 향상시킬 수 있다.

따라서 직접개입기법은 클라이언트가 누구냐에 따라서 개인 대상의 기법, 가족대상의 기법, 집단 대상의 기법 등으로 구분할 수 있으며, 변화시키고자 하는 초점에 따라서 인지·행동·정서 변화기법, 대인관계에서의 관계를 변화시키는 기법 등으로 나눌 수 있다. 그러나 특정 기준에 의해 분류된 기법들은 상호배타적이거나 일대일 대응이 이루어지는 것은 아니다. 하나의 기법이 두 개의 분류기준에 걸쳐 적용되기도 하고 어떤 기법은 개인의 변화를 일차적으로 추구하지만 결국은 대인관계에서의 변화를 목표로 하기도 한다.

이 책에서는 개인의 인지, 정서, 행동을 변화시키는 기법과 대인관계에서의 관계를 변화시키는 기법 등으로 나누어 살펴보았다. 개인의 인지, 정서, 행동을 변화시키기 위해서 사용되는 기법에는 의사소통중심기법과 행동중심기법이 있다.

첫째, 의사소통중심기법은 사회복지사가 클라이언트와 변화 유도를 위한 메시지를 담은 대화를 나누는 기법이다(조홍식 외, 2009: 345). 즉, 사회복지사와 클라이언트 간 단순한 대화가 아니라 변화를 이끌어내기 위해 의도적인 대화를 하는 것이다.

의사소통중심기법은 대부분 개인의 정서나 인지를 변화시킴으로써 정서적 안정과 인지구조의 변화, 클라이언트의 자신과 문제상황에 대한 인식 향상, 클라이언트가 자신의 포부나 태도 및 경험에 부여하는 의미의 변화, 지식의 저변 확대, 자신에 대해 더 긍정적인 감정을 갖게 되는 것, 지난 일에 대한 수용과 자신의 삶에 변화를 가져올 능력 개발 등이 이루어진다(엄명용 외, 2011; 최해경, 2009). 결국, 개인의 인지나 정서를 변화시키면 자신과 자신의 상황에 관한 새로운 지각과 의미를 찾을 수 있게 되므로 문제해결능력이나 대처능력이 향상될 수 있는 것이다.

개인의 정서나 인지가 변화함으로써 개인과 관계를 맺는 타인과의 관계도 변화될 수 있다. 관계적 변화는 배우자, 가족구성원, 친구, 동료처럼 중요한 관계에서의 변화를 의미하는데, 개인의 인지나 정서를 변화시킴으로써 대인관계에 대한 인식과 통찰이 가능해지며 이를 통해 관계의 개선 및 향상이 가능해진다. 관계를 변화시키기 위해서는 클라이언트가 휘말려 있거나 갈등의 원인이 되는 상호작용패턴에 초점을 둔다(최해경, 2009).

의사소통중심기법은 클라이언트의 정서적 안정을 추구하는 기법, 인지구조의 변화를 추구하는 기법, 클라이언트 자신과 문제상황 및 자원 등에 대한 상황인식능력 향상을 추구하는 기법으로 나누기도 한다(엄명용 외, 2011; 조홍식 외, 2009).

의사소통중심기법에는 격려, 재보증, 일반화, 환기법, 인지재구조화, 직면, 재구성, 정보제공과 조언하기, 그 외 다양한 의사소통기법, 가족치료기법 등이 해당된다.[2)]각 기법과 변화의 표적이 일대일로 대응하기도 하지만 하나의 기술이 두 가지 영역의 변화를 추구하기도 한다.

▌표 11-1▐ 의사소통중심기법의 하위 유형

정서적 안정을 추구하는 기법	격려, 재보증, 일반화, 환기법
인지구조의 변화를 추구하는 기법	초점화, 직면, 재명명
상황인식능력 향상을 추구하는 기법	정보제공, 조언

둘째, 행동중심기법이란 클라이언트의 문제행동을 수정하거나 새로운 행동을 학습하기 위해서 클라이언트의 행동을 변화시키는 기법이다. 행동중심기법을 적용하는 목적 역시 클라이언트의 문제해결능력이나 대처능력 향상이며, 그러한 목적을 달성하기 위해 클라이언트의 행동에 변화를 추구한다. 행동중심기법은 대부분 행동수정이론에 기초하고 있는데, 아동의 문제행동에 대한 개입에 매우 효과가 큰 것으로 알려져 있다(Sheafor & Horejsi, 2008). 강화, 소거와 처벌, 모델링, 타임아웃, 체계적 둔감법, 용암법, 역할연습, 행동연쇄 등이 해당된다.

2) 의사소통중심기법은 면접의 기술에서 다루어진 내용이 중복되므로 자세한 설명은 생략하였다. 또한 가족치료기법도 사회복지실천기술론에서 구체적으로 다루므로 이 책에서는 직접개입기법에 해당되는 기법의 종류를 소개하는 것으로 한정하였다.

② 직접개입: 관계를 변화시키는 기법

관계를 변화시킨다는 것은 배우자, 가족구성원, 친구, 동료, 사회복지사처럼 중요한 관계에서의 변화를 의미한다. 클라이언트가 겪는 어려움 중 대인관계상의 문제가 많은 비중을 차지하는데, 관계는 상호적 요소가 강하기 때문에 개인의 변화만으로는 미흡하고 상호작용이 일어나는 체계가 같이 변화되어야 효과적으로 관계의 문제를 해결할 수 있다(양옥경 외, 2010).

따라서 대인관계에서 어려움을 겪는 클라이언트의 문제를 해결하기 위해서는 클라이언트가 자신에 대해 잘 알고, 타인의 느낌과 생각을 정확하게 이해할 수 있는 통찰력을 가질 수 있도록 도와주어야 한다. 이는 앞에서 설명한 클라이언트 개인의 인지와 정서의 변화가 전제되어야 하며, 그와 더불어 자신과 타인에 대한 생각이나 느낌을 인식한 후 그것을 효과적인 방법으로 전달하고 반대로 타인이 자신에게 보내는 메시지나 의미 등을 정확하게 이해할 수 있어야 가능하다.

관계를 변화시키는 기법의 종류에 대해 학자들의 의견은 매우 다양하며 기준 역시 일관적이지 않다. 이 책에서는 관계를 변화시키는 기법을 세 가지 하위 유형으로 구분하였는데, 대인관계에서 의사소통을 효과적으로 하는 기법, 관계에 대한 인식과 통찰을 향상시키는 기법, 사회복지사가 클라이언트와 효과적으로 전문적 원조관계를 형성하는 기법이다.

대인관계에서 의사소통을 효과적으로 하는 기법으로는 의사소통 표현기법인 나-전달법, 경청, 공감하기 등이 해당되며, 관계에 대한 인식과 통찰을 향상시키는 기법으로는 가족조각, 가족그림, 빈의자기법, 역할전환이 해당되고, 전문적 원조관계 형성기술에는 수용, 재보증, 지지가 해당된다.

▌표 11-2▐ 관계를 변화시키는 기법의 하위 유형

유형	기법
의사소통을 효과적으로 하는 기법	나-전달법, 경청, 공감하기 등
관계에 대한 인식과 통찰을 향상시키는 기법	가족조각, 가족그림, 빈의자기법, 역할전환 등
전문적 원조관계 형성기술	수용, 재보증[3], 지지 등

③ 간접개입[4)]

간접개입은 클라이언트 이외의 체계와 상호작용하면서 클라이언트의 문제를 해결하고자 하는 개입활동을 의미한다(Johnson & Yanca, 2007: 318). 즉 클라이언트를 돕기 위해 클라이언트가 관계하고 있는 환경, 즉 사회적 연계, 소집단, 조직 또는 지역사회의 변화를 가져오는 개입 유형이다(엄명용 외, 2011).

클라이언트가 겪는 곤란이나 어려움 중에는 클라이언트 개인의 기능 때문에 발생되는 것도 있지만 클라이언트를 둘러싼 환경에 문제가 있거나 두 체계 간 상호작용의 문제 때문에 발생하는 것도 있다. 이런 경우 클라이언트의 변화만으로 문제가 해결되지는 않으며 환경의 변화 혹은 상호작용의 변화가 필요하다.

이와 같이 클라이언트의 정서, 인지, 행동을 대상으로 변화를 일으키는 것이 아니라 클라이언트를 둘러싼 환경체계에 변화를 일으킴으로써 클라이언트의 문제가 해결될 수 있도록 하는 개입을 간접개입이라고 한다. 존슨과 얀카(Johnson & Yanca, 2007)는 간접개입에 환경 조정, 서비스 조정(사례관리, 네트워킹), 프로그램 개발과 자원 개발(자원봉사자, 자조집단), 옹호 등을 제시하였는데, 이 책에서는 이에 더하여 몇 가지 기법을 추가하였다.

---

3) 재보증의 경우 정서적 안정을 추구하는 기법에도 해당된다. 클라이언트의 생각이나 의사결정에 대해 신뢰를 표현해 줌으로써 불안을 완화하고 자신감을 향상시켜 주기 때문에 개인의 정서를 변화시키는 기법이지만, 사회복지사와 클라이언트 간 신뢰관계를 형성한다는 측면에서 전문적 원조관계 형성기술에도 해당된다. 이처럼 한 가지 기법은 하나의 기준에 의해서만 배타적으로 분류되는 것이 아님에 유의해야 할 것이다.

4) 간접실천과 간접개입에 대해 명확하게 구분하기도 하지만 교차적으로 사용되기도 한다. 그러나 최해경(2009)과 Timberlake 등(2002)은 '간접적 실천'과 '간접적 개입'이 다른 개념이며 구분되어야 함을 강조하였다. 간접실천은 행정과 관리 같은 상위의 전문적 활동을 의미하고, 간접개입은 사회복지실천과정의 개입단계에서 클라이언트에게 영향을 미치는 체계들과 상호작용하면서 클라이언트의 문제를 해결하고자 하는 개입활동이다(Timberlake, Farber, & Sabatino, 2002). 이 책에서도 개입단계에서 사회복지사의 개입활동 유형을 직접개입과 간접개입으로 구분하였다.

④ 간접개입: 환경 조정

환경 조정(혹은 환경 조작, environmental manipulation)은 클라이언트의 사회적 기능을 향상시키기 위해 클라이언트의 환경에 변화를 일으키는 기법이다(Johnson & Yanca, 2007).

환경 조정은 사람들을 친근한 환경에서 덜 친근하거나 매우 다른 환경으로 옮기는 것이기 때문에 매우 극단적인 방법이라고 할 수 있다. 이것은 외상(trauma)을 유발할 수 있으므로 다른 전략을 사용하기 어렵거나 실패했을 때 최후의 해결책으로 사용하며, 주어진 환경에서 취약한 클라이언트의 안전, 건강, 복지를 안전하게 지키기 위해서 사용하는 것이 적절하다. 또한 환경에 변화를 주기 전에 환경을 바꾸는 것이 적절한지, 신중하게 사정해야 한다. 이 기법을 사용해야 할 상황은 다음과 같다(Hepworth, Rooney, & Larsen, 1997).

- 아동 또는 청소년이 신체적인 학대와 방임을 당할 때
- 아동이 성적 학대를 받을 때
- 여성이 신체적으로 학대를 받을 때
- 고령의 부모가 학대를 받을 때
- 특별한 보살핌이 필요한 특수한 욕구가 있는 클라이언트
- 퇴거 또는 자연재해로 집을 잃었을 때

환경조정의 예: 아동학대 시 아동 분리보호

청와대는 16일 16개월 된 아동이 학대로 사망 사건과 관련해 '아동학대 신고법을 강화해 달라는 국민청원'에 "학대가 의심되는 경우 아동을 선제적으로 분리해 보호할 수 있도록 '즉각 분리제도'를 도입한다"고 밝혔다. 보건복지부 양성일 차관은 이날 국민청원 답변자로 나서 "무엇보다도 아동학대 예방 당국자로서 어린 생명을 지키지 못해 안타까움과 무거운 책임을 느낀다"며 이같은 대책을 밝혔다. (중략) 양 차관은 즉각 분리 제도에 대해 "두 번 이상 신고되는 등 학대가 강하게 의심될 경우, 지방자치단체의 장은 아동을 즉시 분리하여 '학대피해아동쉼터' 등에 보호할 수 있다"며 법 시행 이전인 이번 달부터라도 지침 변경을 통해 현장에서 시행되고 있다고 설명했다. (중략) 이와 함께 분리된 아동이 안전하게 보호받을 수 있도록, 보호시

설을 지속적으로 확충해 나가는 방안도 내놨다.
정부는 내년에 학대피해아동쉼터 15곳이 신설해 총 91곳의 학대피해아동쉼터가 피해아동들을 보호하겠다는 계획이다. 피해아동에 대한 상담·교육·치료 등을 진행하는 아동보호전문기관도 10곳이 늘어나 총 81곳이 된다.

출처: https://www.nocutnews.co.kr/news/5466109(2020.12.20. 인출)

⑤ 간접개입: 서비스 조정

조정(coordination)은 둘 또는 그 이상의 서비스 제공자들이 공동의 목적을 이루기 위하여 다양한 서비스가 적절하게 제공되도록 조율하고 협력하는 활동이다. 일반적으로 서비스 조정활동은 발달장애가 있는 개인이나 가족 등 특정한 범주의 클라이언트에게 초점이 맞춰진다(Johnson & Yanca, 2007: 356). 예를 들어 발달장애아동이 있는 가족의 경우 아동을 위한 재활서비스, 의료서비스, 소득지원 같은 다양한 서비스가 필요할 수 있는데 서비스가 중복 및 누락되지 않고 효과적으로, 그리고 효율적으로 제공되기 위해서는 서비스 제공기관 간 소통과 협력 등이 필요하다.

존슨과 얀카(2007)는 서비스 조정을 두 가지 하위 유형으로 나누었다. 첫째, 사례관리이다. 사례관리는 서비스 전달을 위한 협력적 접근방법으로서, 복합적인 욕구를 가진 클라이언트의 욕구를 사정한 후 욕구충족에 필요한 서비스나 기회를 확인하고 포괄적인 서비스 계획을 수립하며 각종 서비스에 대한 클라이언트의 접근이 용이하도록 옹호를 제공하고 적절하고 효과적인 서비스의 전달을 점검하고 평가하는 활동이다. 사회복지사는 클라이언트가 필요로 하는 다양한 서비스가 중복되거나 누락되지 않도록 조정하고, 서비스의 제공이 원활하게 이루어지도록 다양한 서비스 제공자 간에 조정활동을 수행한다.

서비스 조정의 두 번째 형태는 네트워킹(networking), 즉 서비스 연결이다. 이는 다양한 관심과 욕구를 가진 개별 클라이언트에 대해 다양한 전문가 간 협력방식과 의사소통이 서로 연결되어 있는 것이다. 예를 들어 지역사회에 거주하는 만성정신장애인에 대한 네트워킹의 경우, 클라이언트가 이용하는 지역사회정신보건센터 사회복지사, 정신과 전문의, 정신보건간호사 등 정신보건관련 전문가들이 한 달에 한 번 정기적으로 만남을 가져 클라이언트의 상황에 대해 의견과 정보를 교환하고 지속적으로 다양한 서비스를 제공할 수 있게 하는 것이다. 이 기법은 중범위수준의 조정을 촉진한다. 네트워킹은 공식적 체계 원조자와 비공식적 원조자들이 서로 협력할 수 있는 수단으로 활용된다.

⑥ 간접개입: 프로그램 계획과 자원개발

클라이언트의 욕구충족과 문제해결에 필요한 자원이 없거나 비용이 부족할 때 사회복지사는 다른 종류의 자원을 활성화할 수 있는 프로그램을 계획하거나 상대적으로 비용이 낮은 자원을 개발해야 할 필요가 있다. 프로그램을 계획하고 자원을 개발할 때 도움이 되는 지침은 다음과 같다.

- 좋은 관계를 개발하고 유지한다.
- 목적을 명확히 하고, 프로그램 개발에 대한 계획을 수립한다.
- 프로그램에 활용할 수 있는 자원을 현실적으로 파악한다.

존슨과 얀카(2007)는 자원봉사자 활용과 자조집단 활용을 새로운 자원개발의 유형으로 보았다.[5] 사회복지실천의 역사적 발달과정을 볼 때, 자원봉사자들의 원조활동에서 사회복지실천이 태동하였고 현대사회에서도 자원봉사자의 활동은 사회복지실천에 큰 영향을 미치고 있다. 사회복지사는 클라이언트의 지지체계망을 확대하고 강화하기 위해 자원봉사자를 활용한다(최해경 외, 2013).

자원봉사자란 자신의 친족이 아닌 사람들을 위하여 자발적으로 무보수로 서비스

5) 자원봉사자 활용 및 자조집단 활용은 새로운 자원개발의 유형에 속한다. 자원봉사자 및 자조집단의 활용은 클라이언트에 대한 지지체계의 개발로 보기도 하지만, 이 책에서는 존슨과 얀카(Johnson & Yanca, 2007)의 분류에 따라 자원개발의 유형으로 보았다.

하는 사람으로서 비공식적으로 이웃을 돕는 것보다 어떤 공식조직을 통해서 서비스하는 사람이라고 정의할 수 있다(Darvil & Munday, 1984: 3; 양옥경 외, 2013: 289에서 재인용). 자원봉사자는 클라이언트의 욕구를 만족시키기 위해 사회복지가 활용하는 자원에 속하며 클라이언트에게는 지지체계의 역할을 한다.

광범위한 사회적 지지체계로 사용되는 자조집단은 동일한 조건이나 유사한 경험, 문제상황을 공유하는 사람으로 구성된 집단으로서 공통요인과 관련하여 각자 대처능력을 향상하기 위해 상호협조를 모색한다. 자조집단이 제공하는 원조는 무상으로 이용이 가능하고 집단을 구성하는 구성원의 경험에 근거를 둔다. 다른 사람과의 관계에서 도움을 받는 것뿐 아니라 도움을 제공할 수 있고 스스로를 돌볼 수 있다는 것을 알게 되는 것만으로도 클라이언트에게는 지지가 될 수 있다(Hepworth, Rooney, & Larsen, 1997).

⑦ 간접개입: 공식적 지지체계의 활용[6)]

공식적 지지체계의 활용은 클라이언트의 욕구에 환경이 반응할 수 있도록 기존의 다양한 공식적 기관 및 프로그램을 활용하는 것이다. 예를 들어 구세군의 음식 제공 및 피난처 제공, YWCA 같은 조직의 사회적 교류 및 기술 취미교육을 위한 기회 제공, 적십자의 재난 시 음식과 의료서비스의 제공 등이다(Hepworth, Rooney, & Larsen, 1997).

공식적 지지체계를 적절히 활용하기 위해서 사회복지사는 클라이언트의 특수한 욕구를 충족시킬 수 있는 지역사회 내 다양한 기관과 프로그램에 대한 많은 정보를 알고 있어야 한다.

⑧ 간접개입: 자연적 지지체계의 활성화

6) 자연적 지지체계의 활성화, 공식적 지지체계의 활용은 크게 사회적 지지체계의 개발이라는 상위범주에 포함된다.

친구, 가족, 확대가족, 동료, 도움이 필요할 때 찾아갈 수 있는 이웃 등은 자연적 지지체계이다. 일반적으로 도움이 필요할 때 공식적 원조기관을 찾기보다는 자연적 지지체계에 도움을 요청하게 된다. 따라서 클라이언트 주변에 자연적 지지체계를 찾아내고 이를 활성화하는 것은 매우 중요하다.

친척, 이웃, 친구 등을 원조체계로 활용하는 것은 유대관계를 바탕으로 클라이언트에게 실제적인 영향력을 줄 수 있고 클라이언트를 가까운 곳에서 지속적으로 모니터링함으로써 클라이언트가 위기상황에 처할 때 즉각적인 도움을 신속하게 제공할 수 있는 장점이 있다(최해경 외, 2013).

CHAPTER 12

사회복지실천과정(Ⅲ): 평가와 종결

1. 사회복지실천 평가
2. 종결

CHAPTER 12

사회복지실천과정(Ⅲ): 평가와 종결

사회복지실천과정의 마지막 단계는 평가와 종결이다. 계획된 서비스가 모두 제공되었거나 클라이언트의 문제가 해결되어 개입목표가 달성되면 종결을 하게 된다. 평가는 사회복지실천의 목적과 목표가 달성되었는지 점검하고 실행에 효과적이었던 방법과 전략들을 밝혀내는 과정이다. 평가와 종결은 서로 연결되어 있는데 사회복지실천의 목적이 클라이언트의 문제해결 혹은 욕구충족에 초점을 두므로 문제가 해결되거나 욕구가 충족되면 종결이 이루어진다. 목표달성과 문제해결, 욕구충족에 대한 판단은 평가를 통해 내려지기 때문에 사회복지실천에 대한 평가는 종결을 위한 토대가 된다(최해경, 2009). 사회복지실천과정에서 종결단계는 다른 단계에 비해 상대적으로 덜 다루어지는 경향이 있는데, 그렇다고 해서 종결단계가 덜 중요한 것은 아니다. 오히려 종결을 어떻게 하느냐에 따라 지금까지 이루어온 변화가 더 강화되고 유지될 수도 있고 그 반대가 될 수도 있다. 따라서 사회복지사는 종결단계에서 클라이언트가 성취한 것에 대한 인정과 더불어 헤어짐에 대한 정서적 반응까지 세심하게 살펴야 한다. 이 장에서는 사회복지실천 평가의 개념과 유형에 대해 살펴본 후 사회복지실천 종결의 목적과 유형에 대해 알아본다.

1 사회복지실천 평가

1) 사회복지실천 평가의 개념

사회복지실천 평가[1]는 사회복지실천활동이 효과적이었는지 그리고 효율적이었는지를 판단하고, 사회복지실천과정에 어떠한 일들이 발생했으며 그러한 일들이 결과에 어떠한 영향을 미쳤는지 조사하는 활동이다. 포괄적인 의미로 평가(evaluation)에는 효과성, 효율성은 물론 투입된 비용과 노력 그리고 예상치 못한 결과에 대한 분석도 포함된다(김영종, 2007). 따라서 사회복지실천 평가 시 개인이나 가족, 집단, 지역사회를 대상으로 실시한 개입이 '계획된 변화'를 일으켰는지 '실천결과'에 대한 평가뿐만 아니라 어느 정도의 변화가 '어떠한 과정'을 통해 발생했는지, 즉 '실천과정'에 대한 판단도 포함된다.

2) 사회복지실천 평가의 목적

사회복지실천의 평가 목적은 사회복지사와 사회복지기관의 책무성을 수행하는 것이다. 사회복지의 책무성(accountability)이란 사회복지사가 클라이언트에게 계약내용대로 서비스를 제공할 책임, 사회복지전문직의 윤리와 가치를 서비스 전달과정에서 잘 지켜낼 책임, 그리고 기관에 대해 기관의 프로그램과 정책 및 지침에 맞는 서비스를 제공할 책임, 다수의 대중(예를 들어 세금을 낸 국민, 기관을 지원하고 인가해준 지역사회 등)에게 자원이 제대로 사용되고 있는지 입증할 책임을 갖는 것이다(Johnson & Yanca, 2007: 384). 이러한 책무성을 실천하기 위해 사회복지사는 사회복지실천과

1) 사회복지분야에서 '평가'는 기관의 계획이나 정책 혹은 프로그램에 전반적으로 적용될 수 있지만 여기서는 사회복지실천활동에 대한 평가에 초점을 두어 설명한다.

정에 대한 정확하고 자세한 정보를 제공하는 활동을 하며, 사회복지실천이 효과적이었는지, 또 효율적인지에 대해 평가한다.

책무성은 효과성과 효율성이라는 두 가지 요소를 갖는다. 효과성(effectiveness)은 프로그램의 목표가 실제로 달성된 정도를 의미한다. 따라서 효과성 평가는 설정한 목표에 어느 정도 도달했는지를 측정함으로써 평가될 수 있다. 즉, 프로그램을 시작할 때 기대했던 것에 비해서 프로그램 실시 후 실제로 나타난 바가 어느 정도였는가를 판단하는 것이다(전천운, 2009). 반면, 효율성은 경제적 합리성과 동의어로서 최소의 자원투입으로 최대의 산출을 냈는가에 초점을 두며, 투입(비용)/산출(노력)의 비율로 표현된다.[2)] 이를 통해 자원이 효율적으로 사용되었는지에 대해 알 수 있다(Rossi et al., 2004).

3) 사회복지실천 평가의 기능

사회복지실천 평가는 사회복지실천활동이 클라이언트가 원하는 바를 이루게 하였는지, 즉 사회복지실천이 효과적이었는지, 그리고 효율적이었는지를 판단함으로써 사회복지실천의 책무성 실행에 기여한다는 측면에서 중요하다. 또한 사회복지실천 평가의 결과를 이후 서비스 실행과정 등에 반영하여 보다 효과적이고 효율적인 서비스를 제공하기 위한 정보로 활용한다는 측면에서도 중요성을 갖는다.

사회복지실천에서 평가는 다음과 같이 여러 측면에서 긍정적인 기능을 수행한다. 첫째, 개입의 목표가 달성되었는지 여부를 객관적으로 결정할 수 있다. 평가활동을

---

2) 일반적으로 효율성을 평가하는 방법은 비용편익분석과 비용효과성 분석이 사용된다. 차이점은 결과(outcome)가 표현되는 방식인데, 비용편익분석은 결과(outcomes of program)가 금전적 용어(monetary terms)로 표현된다. 예를 들어 (금연프로그램에 들어간 비용)−(흡연관련 질환에 대한 의료보호나 결근일수 등을 감축함으로써 절약된 비용)에 초점을 둔다. 그러나 비용효과성 분석은 결과를 실질적 측면으로 파악하는 데 실제 결과의 단위당 비용과 관련되어 있다(Rossi et al., 2004). 효율성 평가와 관련된 분야는 사회복지실천 평가보다는 프로그램 평가 혹은 정책평가에서 많이 다루므로 이 장에서는 자세히 다루지 않았다.

수행하지 않는다면 클라이언트에게 변화가 일어났는지, 개입의 목표가 달성되었는지를 가늠할 수 없다. 그러나 평가를 위한 객관적 절차 및 도구를 사용하여 클라이언트의 변화 및 개입목표달성 정도를 측정함으로써 실제로 변화가 일어났는지, 목표가 달성되었는지에 대해 객관적이고 정확한 판단 및 결정을 내릴 수 있게 된다.

둘째, 사회복지실천의 효과성을 입증할 수 있다. 개입의 목표달성 여부와 달성 정도를 측정함으로써 사회복지실천의 효과성을 입증하게 된다. 사회복지사의 개입활동을 통해 클라이언트의 문제해결과 욕구충족에 기여하는 변화가 발생했다는 것은 사회복지실천이 효과적임을 증명하는 근거가 되는 것이다.

셋째, 자원의 사용에 대한 책임성을 입증한다. 사회복지실천에 대한 평가결과는 재정적인 지원이나 지역사회의 승인이 필요할 때 사회적 자원을 효과적이고 효율적으로 사용했다는 근거로 기능한다.

넷째, 관련자에게 정보를 제공한다. 평가를 통해 서비스를 클라이언트뿐 아니라 사회복지사, 프로그램관리자, 재원제공자, 정책수립자 등에게 서비스의 질에 관한 정보를 줄 수 있다(최해경, 2009). 이는 사회복지실천과정 및 결과에 대해 지역사회와 클라이언트에게 알려줄 책임성을 이행하는 것이다.

다섯째, 실천과정에 대한 모니터를 할 수 있다. 사회복지실천과정에서 클라이언트는 어떻게 반응하고 있는지, 계획했던 변화가 일어나고 있는지 등 변화과정에 대해 모니터할 수 있다.

여섯째, 사회복지사의 능력 향상 및 사회복지실천과정 개선에 기여한다. 사회복지사가 사회복지실천 내용에 대해 점검하고 평가함으로써 반성할 기회를 갖고 새로운 활동에 반영한다. 이를 통해 특정 문제나 클라이언트에게 효과가 있는 개입방법을 적용하게 되어 효과적인 개입을 가능하게 하며 사회복지사의 능력을 향상할 수 있다. 또한 기대했던 변화가 발생하지 못했다면 어떠한 요인이 장애요소로 작용했는지 점검하여 더 나은 실천이 이루어질 수 있도록 개선활동을 함으로써 발전된 사회복지실천이 이루어질 수 있게 한다.

4) 평가의 유형

평가의 유형은 다양한 기준에 따라 구분된다. 일반적으로 사회복지실천과 관련해서는 과정평가와 결과평가, 형성평가와 총괄평가가 많이 활용된다. 과정평가와 결과평가는 '무엇을 평가하는가?', 즉 평가의 내용 혹은 평가의 차원으로 구분한 것이다. 반면, 형성평가와 총괄평가는 평가의 사용목적을 기준으로 구분한 것인데 일반적으로 결과평가는 총괄평가, 과정평가는 형성평가로 지칭되기도 한다. 그러나 모든 과정평가가 형성평가는 아니며 형성평가의 일환으로 과정평가방식을 사용한다.

(1) 결과평가와 과정평가

결과평가(outcome evaluation)는 산물평가라고도 한다. 이는 사회복지실천이 종결되었을 때 개입이 목표로 하는 바를 얼마나 잘 성취했는지 사회복지실천의 결과를 평가하는 것이다. 즉, '개입이 기대한 결과를 산출해냈는지', '개입을 통해 목표에 달성했는지' 개입의 효과성을 평가하는 것이다.

결과평가는 개입이 종료된 후 서비스의 결과를 총괄적으로 평가한다는 의미에서 총괄평가로 지칭되기도 한다. 일반적으로 클라이언트의 변화를 알아보기 위해서 주로 실험적 조사설계를 활용하여 인과관계를 파악한다(황성동, 2006). 통제집단과 실험집단 비교, 단일집단 사전-사후 비교방법 등이 활용된다.

과정평가(process evaluation)는 개입과정상의 문제점을 파악하여 개입 혹은 사회복지실천의 개선방안을 마련하기 위한 평가로서 사회복지실천과정을 평가하는 것이다. 과정평가를 통해 획득된 내용들이 사회복지실천 개선을 위한 자료로 활용된다. 과정평가의 초점은 개입의 성공 여부 판단이 아니라 개입과정에서 무엇이, 왜 일어났는지에 있다(황성동, 2006).

결과평가는 개입이 종료된 후에 평가작업이 이루어지기 때문에 개입이 진행되는 과정에 영향을 주지 못하지만, 과정평가는 개입의 진행과정 중 개입 후에 평가가 수행되므로 개입을 수정하고 변경시키는 데 영향을 준다(전천운, 2009).

(2) 총괄평가와 형성평가

총괄평가(summative evaluation)와 형성평가(formative evaluation)는 개인이나 가족과 같은 클라이언트에 대한 개입의 효과성에 대한 평가차원보다는 다수의 클라이언트나 지역사회 전체에 대한 프로그램의 효과성과 효율성을 측정하는 프로그램 평가에서 발전된 개념이다. 이러한 개념이 개인이나 가족 및 소집단을 대상으로 하는 개입에서 적용되고 있다.

총괄평가(summative evaluation)는 특정한 목표와 목적이 충족되었는지를 결정하기 위해 총괄적인 판단을 하는 평가활동(Rossi et al., 2004)으로서, 개입과정이 끝난 후 애초의 의도대로 개입이 진행되어 '계획된 결과'가 산출되었는지 평가하는 것이다. 사회복지실천에서 총괄평가란 사회복지 개입에 대한 최종 결론적인 형태의 평가로서 개입의 목적과 목표가 충족되었는지 그리고 개입의 효과가 다른 기관과 집단에도 일반화될 수 있는지를 평가하는 것이다(황성동, 2006). 일반적으로 개입의 효과성과 효율성을 평가하게 되므로 총괄평가는 결과평가와 같은 의미로 사용된다.

반면 형성평가(formative evaluation)는 프로그램 개발 중 혹은 실행 초기단계에서 프로그램을 개선하고 조정하기 위한 방안을 모색하려는 목적으로 이루어지는 평가로, 총괄평가와 대비되는 개념이다. 형성평가는 프로그램의 성공이나 개입의 효과성을 검증하는 데 일차적 관심이 있는 것이 아니라 프로그램을 계획하거나 실행하는 데 도움이 되는 정보를 얻는 데 초점이 있다(Posavac, Raymond, & Carey, 1985). 즉 사회복지실천 개입의 결과나 성과보다는 개입과정에 초점을 두며, 사회복지실천의 개선을 목적으로 수행한다(Rubin & Babbie, 2005). 일반적으로 총괄평가는 양적연구방법을 사용하고 형성평가는 양적연구방법과 질적연구방법을 모두 사용한다.

총괄평가와 형성평가는 '평가의 목적이 무엇이냐'에 따라 구분한 개념인데 평가의 목적이 달라지므로 평가의 내용도 달라진다. 일반적으로 총괄평가는 개입이 미친 영향을 평가하는 것이므로 '개입의 결과 목표를 달성했는가?', '변화는 개입으로 인해 발생한 것인가?' 등에 대해 답하게 된다. 총괄평가를 위해서는 결과평가가 이루어져야 한다. 또한 형성평가를 하기 위해서 과정평가가 활용된다. 이러한 이유로 결과평가는 총괄평가로, 과정평가는 형성평가로 지칭되기도 한다.

결과평가의 예

아동학대피해아동과 가족을 위한 '아동보호통합지원전문서비스'를 개발하였고, 서비스의 효과성을 평가하기 위해 유사실험설계집단 비교를 이용하였다. 실험집단에는 새롭게 개발된 서비스를 제공하였고, 비교집단은 기존에 제공되던 서비스를 제공하였다. 서비스 종료 후, 아동의 안전, 아동웰빙, 가족웰빙에 어떠한 변화가 있는지, 두 집단 간에 차이가 있는지를 평가함으로써 새롭게 개발된 서비스에 대해 효과성을 평가하였다.

구분	내용
연구기간	2016.04~2018.12(총 2년 9개월) [기초선] 사업착수 후 1년 3개월 [추적조사] 매 6개월마다 3회(1년 6개월)
연구설계	유사실험설계(quasi-experimental design) 집단 비교
연구참여자	10개 아동보호전문기관 468가정, 아동 645명 [실험집단] 4개 시범사업 실시기관 233가정, 아동 331명 [비교집단] 6개 시범사업 미실시기관 235가정, 아동 314명
성과평가지표	[단기성과] 아동안전 향상, 아동웰빙 향상, 가족웰빙 향상 [장기성과] 아동학대 재발율 감소

출처: 굿네이버스 (2017). 굿네이버스아동보호 통합지원 전문서비스 모형 개발 연구보고서 vol. 1.

5) 평가기법

사회복지실천의 결과 및 과정을 평가하는 방법은 다양하다. 여기서는 사회복지실천이 변화를 일으켰는지, 목표에 어느 정도 도달했는지에 관한 평가, 즉 효과성 평가에 초점을 두어 설명하였다. 먼저 사회복지실천이 어떠한 변화를 일으켰는지, 어느 정도 목표에 도달했는지 평가하는 방법에 대해 알아본다.

(1) 단일사례설계

① 단일사례설계의 개념 및 특징

단일사례설계[3]는 개인 및 가족, 소집단 등을 대상으로 문제를 해결하기 위한 개입의 효과를 조사하는 데 사용되는 평가방법이다. 즉, 클라이언트를 개입 전과 개입 기간 동안 반복적으로 관찰하여 표적행동 및 표적문제의 변화를 측정함으로써 개입의 효과성을 평가한다(Rubin & Babbie, 2005). 즉, 평가의 대상은 한 사람의 개인, 하나의 집단, 하나의 가족, 하나의 기관 등 클라이언트 체계가 하나의 사례이다. 실험집단, 통제집단으로 나누어 두 집단 간 차이를 비교하는 것이 아니라 클라이언트를 개입 전과 개입기간 동안 반복적으로 평가함으로써 클라이언트 자체가 통제집단의 효과를 갖는다.

일반적으로 사회복지실천의 효과성을 평가할 때, 개입을 한 집단과 개입을 하지 않은 집단을 비교하는 실험설계[4]를 고려할 수 있지만 이 방법은 윤리적 문제를 발생시킬 수 있기 때문에 사회복지실천분야에서는 적용되기 어렵다. 반면, 단일사례설계는 클라이언트를 개입 전과 개입 후에 걸쳐 반복적으로 조사함으로써 서비스가 필요함에도 불구하고 서비스를 받지 못할 수 있는 실험집단-통제집단 설계의 한계를 극복할 수 있다는 장점이 있다(Johnson & Yanca, 2007).

---

3) 단일사례설계는 single-subject design, single-case design, single-system design 등의 용어가 사용되는데 single-case design 혹은 single-system design은 클라이언트가 개인이 아니라 가족이나 지역사회 등일 때 더 흔히 적용되지만 구분 없이 사용되기도 한다.

4) 가장 단순한 실험설계는 통제집단-실험집단 연구이다. 참가자들은 각 집단에 무선적으로 배정되며, 실험집단은 서비스를 받고, 통제집단은 서비스를 받지 않는다. 서비스가 두 집단 간 차이를 발생시켰는지 측정하며, 서비스로 인해 두 집단 간에 차이가 발생했다고 본다(Johnson & Yanca, 2007).

사례는 개인이나 가족, 또는 소집단인데 다수의 성원을 개별적으로 평가하는 것이 아니라 가족 혹은 집단 전체의 평균값을 사용하여 가족이나 집단도 하나의 사례로 간주된다. 클라이언트 자체가 통제집단이 되어 개입 전 표적행동이나 문제의 빈도나 정도를 측정하고 개입단계에서의 측정치와 비교한다.

단일사례설계에서 변화의 정도를 측정하기 위해 개입하기 이전 단계인 기초선단계(baseline)를 설정하며 A로 표시한다. 기초선단계는 통제집단과 같은 기능을 한다. 일반적으로 개입 전 며칠 또는 몇 주간의 표적행동의 빈도, 강도, 지속시간을 관찰하여 설정한다. 개입이 이루어지는 개입단계(intervention)는 B로 표시한다. 복수의 개입 유형이 사용되면 C, D 등으로 표기한다.

단일사례설계의 가장 기본적인 유형은 AB 설계로서 개입이 이루어지기 전 클라이언트의 표적문제를 관찰한 후 개입을 실시하는 것이다. ABAB 설계는 제2기초선(A)과 제2개입단계(B)를 추가하는 것이다. 개입과 철회를 반복함으로써 같은 결과가 나오면 개입으로 인해 변화가 발생했다는 인과관계를 명확히 할 수 있다. 그러나 의도적으로 개입을 중단해야 하므로 윤리적 문제가 발생할 수 있다.

② 작성방법과 예

유치원에 다니는 7세 민규는 높은 곳에서 뛰어내리는 위험한 행동을 반복한다. 민규의 문제행동을 해결하기 위해 행동수정방법을 사용하였다. 기초선기간 6일 동안 민규의 표적행동을 관찰하여 기록하였고, 개입기간 동안 문제행동이 보이지 않으면 칭찬스티커를 주는 강화방법을 사용하였다. 기초선 관찰기간 동안 하루에 약 9~10회 문제행동을 보인 반면, 개입기간 동안에는 평균 7회로 감소하였다. 클라이언트 가족이 휴가를 가는 기간 동안 제2기초선을 두어 개입 중단으로 인한 윤리적 문제가 발생하지 않도록 하였다. 다시 문제행동이 증가하였지만 다시 개입이 시작되자 문제행동은 감소하였다. 따라서 개입으로 인해 문제행동의 감소가 일어났으며 이는 개입의 효과성을 증명하는 것이라고 볼 수 있다.

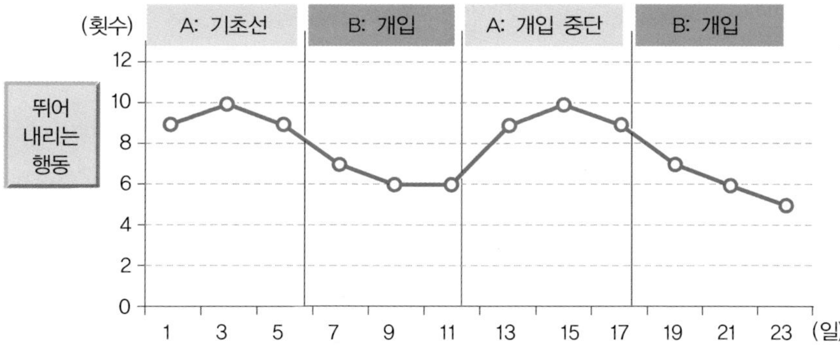

▌그림 12-1▌ ABAB 설계의 예

[그림 12-2]는 클라이언트가 위기상황에 처해 있어서 즉각적인 개입이 필요한 경우 BAB 설계를 사용한 예이다. BAB 설계에서는 기초선을 측정하지 않고 바로 개입이 들어가며 이후 개입 중단을 하고 다시 개입한다.

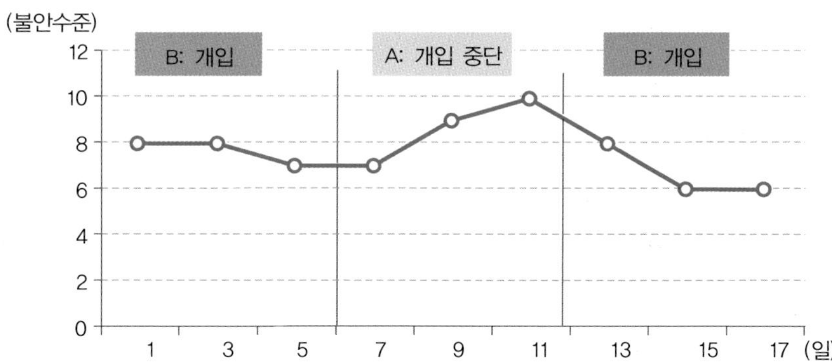

▌그림 12-2▌ BAB 설계의 예

(2) 과업성취척도

① 개념과 특징

사회복지실천의 결과를 평가하는 또 다른 방법은 과업성취척도를 이용하는 것이다(Johnson & Yanca, 2007). 과업성취척도(Task Achievement Scale: TAS)는 클라이언트와 사회복지사가 합의된 과업들을 완수한 정도를 확인하기 위해 사용하는 평가도구로, 과업중심실천(task-centered practice)에서 개발되었다. 개입목표에 도달하기 위해서 사회복지사와 클라이언트가 각각 과업을 수행하게 된다(Epstein, 1992).

과제중심모델에서는 목표에 도달하기 위해 문제해결활동을 여러 개의 독립된 활동인 과제로 세분화하여 부과한 후 과제를 수행하는 과정을 통해 문제가 해결되도록 한다. 따라서 과제가 어느 정도 달성되었는지 파악함으로써 클라이언트에 대한 목표달성 정도 및 문제해결수준을 평가할 수 있다.

② 작성방법과 예

과업달성 정도를 평가하기 위해 5점 척도를 쓰는데 4점은 '완전히 성취됨', 3점은 '상당히 성취되었지만 행동이 아직 필요함', 2점은 '부분적으로 성취되었지만 해야 할 일이 상당히 남아 있음', 1점은 '최소로 성취되었거나 성취되지 않았음'을 의미한다. 4개의 점수 외에 '기회 없음' 혹은 0점을 추가하여 '과업에 대해 일할 기회가 없었음'을 표시하기도 한다(Reid & Epstein, 1977; 조홍식 외, 2009: 375에서 재인용).

▌표 12-49▐ 과업성취척도의 예

사회복지사 과업	성취도	평점
1. 간병인 서비스 연결	일주일 후에 서비스 시작될 예정	4
2. 통원치료 운전 자원봉사자 확보	운행가능 봉사자 명단 확보	2

※ 4점: 완전히 성취됨
3점: 상당히 성취되었지만 행동이 아직 필요
2점: 부분적으로 성취되었지만 해야 할 일이 상당히 남아 있음
1점: 최소로 성취되었거나 성취되지 않았음
기회 없음: 과업에 대해 일할 기회가 없었음

각 과업에 대한 평가점수들을 합계해서 클라이언트가 얻을 수 있는 최대의 점수로 나누면 과업성취율을 파악할 수 있다(최해경, 2009). 예를 들어 2개의 과업이 있

고 성취가능한 최대점수가 8점인데 클라이언트가 획득한 점수가 4점이라면 클라이언트의 과업성취율은 50%이다(4/8×100 = 50%).

(3) 목표달성척도

① 개념과 특징

목표달성척도(Goal Attainment Scale: GAS)는 목표에 도달한 정도를 측정하는 평가도구이다(Sheafor & Horejsi, 2008). 목표달성척도는 클라이언트 개개인의 욕구와 특성을 반영하는 개별화 원리 접근방식으로 클라이언트에게 맞춤형 목표 설정이 가능하며, 클라이언트를 목표달성과정에 참여하게 함으로써 목표달성이 용이하다(Smith, 1994).

이 척도는 개인이나 가족에 대한 개입에서 발생한 목표달성의 정도를 표시함으로써 목표달성 여부 및 목표달성 정도를 파악할 수 있다. 계약단계에서 사회복지사와 클라이언트는 개입의 목표를 설정하게 되는데, 설정된 목표에 대해 하나씩 목표달성 정도를 평가할 수 있다.

② 작성방법 및 예

목표달성척도 적용절차는 다음과 같다(Sheafor & Horejsi, 2008; Turner-Stokes, 2009).

㉠ 계약단계에서 클라이언트와 사회복지사가 합의한 목표를 확인한다. 2개에서 5개 사이가 적절하다. 목표는 구체적이고, 측정가능하며, 현실적으로 달성가능하도록 세운다.

㉡ 각 목표에 대해 성취수준 혹은 기대되는 결과를 작성하고 5점 척도로 측정한다. 점수는 부정적인 상태와 긍정적인 상태를 포함하여 5점 척도로 작성하는데 일반적으로 −2점에서 2점, 혹은 1점에서 5점, 0점에서 4점까지로 점수범

위를 사용한다.

- 0점(혹은 −2점): 발생할 수 있는 결과 중에서 가장 좋지 않은 생태
- 1점(혹은 −1점): 변화가 없거나 예측되는 성공 이하 수준
- 2점(혹은 0점): 어느 정도의 좋은 변화 혹은 예측되는 성공 수준
- 3점(혹은 1점): 상당한 수준의 변화 혹은 예측되는 성공 이상의 수준
- 4점(혹은 2점): 가능한 범위 내에서 가장 좋은 결과

㉢ 목표의 중요도와 난이도에 따라 가중치를 적용한다. 가중치는 중요도와 난이도를 고려해서 부여한다.

㉣ 개입이 시작되기 바로 전에 현재 클라이언트의 상태를 잘 나타내는 곳에 (V) 표시를 한다. 이것은 이후 클라이언트의 변화 정도, 즉 목표달성 정도를 파악하는 기초선 기능을 한다.

㉤ 종결시점에서 클라이언트의 상태에 근접한 곳에 (×)표시를 한다.

㉥ 점수를 계산한다. [변화 점수]는 최종점수에서 최초 점수를 뺀 점수이다. [가중치가 반영된 실제 변화점수]를 계산한다. 종결시점 점수에서 시작 점수를 뺀 후 가중치를 곱한 점수이다. 만약 클라이언트가 개입 전에 0점이고 종결 시 3점을 획득했다면 가중치가 반영된 변화점수는 45점(15×3)이다. [가능한 가중치 반영점수]를 계산한다. 클라이언트가 받을 수 있는 가장 높은 점수에 가중치를 곱한 점수이다. 예를 들어 가중치가 15점이고 최고 점수가 4점이면 가능한 가중치 반영점수는 60점(15×4=60)이다. [목표달성 비율]을 계산한다. [가중치가 반영된 변화점수]를 [가능한 가중치 반영점수]로 나누어 100을 곱한다. 위의 경우 4/60×100=75%이다. 즉, 클라이언트는 최대로 달성할 수 있는 목표의 75%를 달성한 것이다.

③ 목표달성척도의 적용

정신장애인을 위한 주거시설에 거주하는 정신장애인을 대상으로 일상생활에서의

자기관리기술향상을 위한 프로그램을 5주 동안 매주 2회 총 10회기를 실시하고 이에 대해 목표달성척도를 활용한 예는 다음과 같다. 연구자(이현주, 2011)는 프로그램에 참여한 클라이언트들이 목표 설정 시 개별적 면담을 통해 클라이언트가 일상생활을 하는 데 어려움을 느끼는 부분에 대해 이야기를 나누고, 클라이언트 자신이 스스로 해결하고자 하는 표적문제를 선택하도록 지지하였다. 표적문제를 해결하거나 경감시킬 수 있는 3가지 목표를 클라이언트별로 설정한 후 목표 내용의 핵심어를 선택하고 우선순위에 따라 가중치를 부여하여 각 목표를 5단계로 세분화하였다. 클라이언트들은 총 6회에 걸쳐 변화과정을 스스로 모니터링하여 본인이 설정한 목표의 달성 여부를 측정하였다.

목표달성척도가 클라이언트의 참여를 높이고 동기화를 촉진함으로써 목표달성을 용이하게 하고 클라이언트의 긍정적 변화를 도모함으로써 사회복지실천현장에서 활용가능성이 높은 도구임을 제시하였다.

표 12-2 목표달성척도의 예

목표 성취 수준	목표1 산책하기	목표2 균형 있는 식사하기	목표3 서랍장 정리하기
0	전혀 산책하지 않음(V)	아침식사에 반찬을 전혀 안 먹음	정리를 전혀 하지 않음(V)
1	산책하기를 권해야 산책함	아침식사에 1가지 반찬을 먹음(V)	비자발적으로 정리함
2	주 1회 자발적으로 산책함	직원의 권유로 아침식사에 2가지 반찬 먹기	자발적으로 정리를 하지만 대충함
3	주 2회 자발적으로 산책함	자발적으로 아침식사에 2가지 반찬 먹기(×)	자발적으로 정리를 하지만 어느 정도 정리가 됨(×)
4	주 3회 이상 자발적으로 산책함(×)	스스로 아침식사에 3가지 이상 반찬 먹기	자발적으로 매우 깔끔하게 정리함
가중치	30	60	20

출처: 이현주 (2011). p. 137에서 재구성.

2 종결

종결(termination)은 사회복지사의 개입활동을 계획에 따라 마무리하는 것으로서 사회복지사와 클라이언트 간 관계를 공식적으로 끝내는 것이다. 종결은 목표가 성취되었거나 클라이언트가 다른 기관으로 의뢰되거나 시간제한적인 서비스가 종료되었을 때 발생한다(Hepworth et al., 2010). 클라이언트나 사회복지사 혹은 기관의 사정에 의해 예기치 않은 종결을 맞게 될 수도 있지만 일반적으로 계획단계에서 수립한 목표가 달성되었거나 계획된 서비스 제공기간이 종료되었을 때 종결을 하게 된다. 사회복지사의 개입결과를 정리하고 영향력을 거두는 과정이므로 클라이언트는 불안과 긴장을 느낄 수도 있고 사회복지사와의 관계를 종결하고 이별해야 하는 것에 대해 혼합된 감정을 경험하기도 한다.

사회복지실천 개입결과 목표를 달성한 클라이언트와 사회복지사는 이별에 대한 아쉬움이나 상실감보다는 성취에 대한 기쁨과 자신감 등 긍정적 정서를 많이 경험하고 표현한다. 이러한 반응은 긍정적 종결반응인 반면, 사회복지사에게 집착하거나 과거문제 재발, 새로운 문제 호소, 사회복지사에 대한 대리인 발견 등은 부정적인 종결반응에 해당된다(Levinson, 1977; Hepworth, Rooney, & Larsen, 1997).

따라서 사회복지실천을 성공적으로 마무리하기 위해서는 개입과정 동안 클라이언트가 긍정적 성취를 얻을 수 있도록 한 후 원조관계가 만족스럽게 끝날 수 있도록 해야 한다. 성공적인 종결을 위해서 사회복지사는 적절한 과업을 수행해야 한다. 사회복지실천과정의 마지막 단계인 종결단계에서 사회복지사가 수행해야 할 과업은 다양한데 일반적으로 종결시기 결정하기, 이별에 대한 정서적 반응 다루기, 개입을 통해 획득한 성과의 유지와 강화, 의뢰가 있다. 종결의 유형에 따라 클라이언트와 사회복지사의 정서적 반응에 차이가 있고 그에 따른 사회복지사의 구체적 과업내용도 달라지므로 먼저 종결의 유형에 대해 살펴본다.

1) 종결의 유형

일반적으로 종결은 두 가지 유형으로 나뉜다. 계획된 종결과 계획되지 않은 종결이다. 두 가지 종결 유형의 하위 유형은 다양한데 여기서는 [그림 12-3]과 같이 네 가지 유형으로 구분하여 도식화하였다.

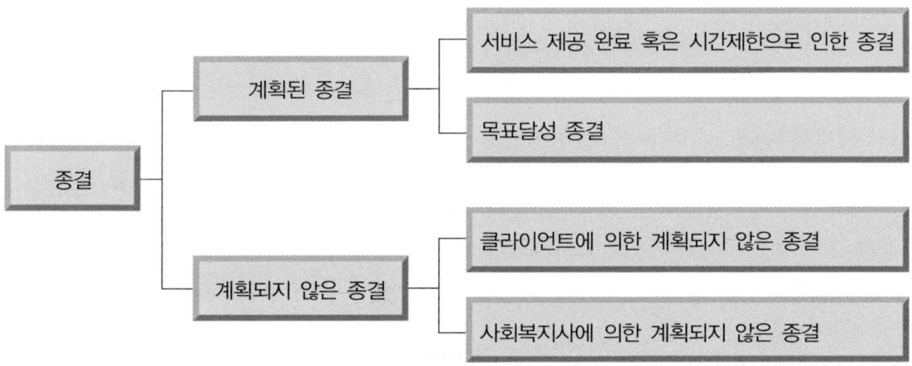

▌그림 12-3▐ 종결 유형

(1) 계획된 종결

① 서비스 제공 완료 혹은 시간제한으로 인한 종결

계획된 종결의 첫 유형은 클라이언트와 사회복지사 상호 간에 종결이 계획된 경우로서 계획된 서비스가 모두 제공되어 종결이 이루어지거나 계획단계에서 정한 개입기간이 경과되어 종결하는 경우이다. 예를 들어 상담 10회처럼 서비스 제공횟수, 또는 한 학기나 3개월처럼 개입기간이 정해지는 것이다.

시간제한적인 개입의 경우 사회복지사가 예측된 종결시점 직전 회기에서 다음이 종결회기임을 명확히 언급함으로써 공식적으로 종결을 시작해야 한다. 이러한 계획된 종결은 '종결시점'을 처음부터 클라이언트와 사회복지사가 함께 정한다. 따라서 사회복지사는 물론 클라이언트 입장에서도 종결에 대해 예측할 수 있기 때문에 종결 시 부정적인 정서적 반응은 감소하는 경우가 많다(김혜란·공계순·박현선, 2013). 사회복지사나 클라이언트 모두 종결시점을 알고 있기 때문에 사회복지사에 대한 클라이언트의 의존성과 종결에 따른 상실감이 상대적으로 적다.

그러나 계획된 서비스가 모두 제공되었거나 개입기간이 만료되었다고 해서 항상 목표달성이 이루어지는 것은 아니다. 즉 서비스가 제공되었고 목표도 달성된 종결도 있지만, 서비스가 제공되었으나 목표달성이 이루어지지 않은 채 종결이 이루어질 수도 있는 것이다. 서비스 제공 완료로 인해 종결이 이루어지더라도 목표달성 여부에 따라 클라이언트의 반응은 달라질 수 있으므로 사회복지사는 상황에 맞게 클라이언트의 정서적 반응을 다루어 주어야 한다.

병원이나 학교 또는 실습생에 의해 제공되는 서비스는 입원 또는 학기 등에 따른 시간제약이 있다. 예를 들어 학교에서 제공하는 서비스는 학년이나 학기가 끝날 때 중단되며[5], 병원이나 입소시설에서도 퇴원 혹은 퇴소기간에 따라 서비스가 종결된다(Hepworth et al., 2010). 이와 같은 경우에는 사회복지사나 클라이언트 모두 종결시점을 미리 알 수 있으며, 클라이언트도 사회복지사가 자신을 떠났거나 포기한 것으로 인식하게 할 가능성을 줄여준다. 종결시점을 미리 아는 것은 이별에 대한 감정을 해결할 수 있는 충분한 시간을 줄 수 있다(조홍식 외, 2009). 그러나 시간제약에 따라 종결할 경우 클라이언트의 문제가 완전히 해결되지 않은 상태에서도 종결이 이루어질 수 있기 때문에 종결회기에서 클라이언트의 종결 후 계획이나 사회복지사의 사후세션 등을 계획할 수 있으며, 개입기간 동안 학습한 내용이나 변화한 행동을 사회생활에 어떻게 일반화시키고 적용할 것인가를 다루기도 한다(김혜란·공계순·박현선, 2013).

---

5) 헵워스 등(1997)은 실습생의 경우 클라이언트에게 자신이 실습생이라는 것을 밝히고 실습기간 종료일 또는 서비스 종료일 등을 알려야 한다고 했다. 이와 관련하여 저메인과 지터만(Germain & Gitterman, 1980)도 실습생은 클라이언트에게 자신의 신분과 역할에 대해 알려야 할 윤리적 의무가 있다고 했다.

② 목표달성으로 인한 계획된 종결

정해진 개입기간이 되었을 때 목표가 달성됨으로써 성공적으로 종결을 맞는 경우이다. 클라이언트가 원하는 목표를 달성했기 때문에 클라이언트와 사회복지사 모두 만족한다. 이별에 대한 상실감보다는 성공에 대한 기쁨과 자신감이 어느 때보다 충만하다. 사회복지사는 클라이언트의 성공을 축하하면서 개입 종결 이후 성과를 유지할 수 있도록 돕는다.

(2) 계획되지 않은 종결

① 클라이언트에 의한 계획되지 않은 종결

클라이언트의 사정으로 인해 계획된 시기보다 일찍 종결하는 경우이다. 일부 클라이언트는 사회복지사와 약속한 시간에 기관에 오지 않거나 자신의 문제가 다 해결되었다고 말하면서 더 이상의 서비스를 거부하고 피상적 종결 이유를 제시하는 등의 행동을 통해 종결의사를 암시하기도 한다.

클라이언트가 서비스 종결 이전에 미리 종결하려고 하는 이유는 무엇일까?

클라이언트가 더 이상 서비스를 받을 시간이 현실적으로 부족하여 어쩔 수 없이 종결해야 될 상황도 있지만 사회복지기관이 제공하는 서비스에 만족하지 않거나 사회복지사에 대한 부정적 감정이나 저항감으로 인해 서둘러 종결을 하기도 한다.

일방적인 조기종결은 해결되지 않은 저항감의 표현일 수 있는데, 클라이언트가 사회복지사에 대해 부정적 감정을 느끼고 있다는 조짐이 있으면 사회복지사는 자신이 클라이언트의 감정을 상하게 했는지 염려가 된다고 표현하고 그 문제를 논의하기를 바란다고 말해 주는 것이 바람직하다(Hepworth, Rooney, & Larsen, 1997).

② 사회복지사에 의한 계획되지 않은 종결

사회복지사가 직장을 옮기거나 그만두는 등 개인적 사유 때문에 계획보다 일찍 종결해야 될 경우가 있다. 클라이언트는 갑작스럽게 맞이한 종결상황에서 복잡하고 힘든 감정을 경험하게 되는데 사회복지사가 자신을 거부하거나 '버림받았다'는 느낌을 받을 수 있다. 사회복지사의 경우에도 클라이언트에게 미안함을 넘어 죄책감 같은 감정을 느낄 수 있다. 이처럼 사회복지사의 사정으로 인해 종결하는 것은 클라이언트와 사회복지사 모두에게 어렵고 힘든 상황이다.

사회복지사의 사정으로 인해 계획되지 않은 종결을 하게 될 경우 중요한 과제는 클라이언트가 자신의 감정을 처리하도록 도와주고 다른 사회복지사와 함께 할 수 있도록 준비시키는 것이다(Hepworth et al., 2010).

2) 종결단계에서의 사회복지사 과업

(1) 종결시기 결정하기

계획단계에서 수립한 목표가 달성되었거나 계획된 서비스 제공기간이 종료되었을 때 일반적으로 종결하게 되지만 그 전에 종결이 이루어지기도 한다. 즉 사회복지사와 기관의 노력에도 불구하고 더 이상의 개입이 클라이언트에게 도움이 되지 않을 것으로 클라이언트와 의견이 일치되면 종결이 이루어지게 된다. 또는 클라이언트가 사회복지사에게 지나치게 의존하여 오히려 부정적 결과가 우려되거나 클라이언트에게 새로운 서비스가 필요하다고 판단되면 종결이 이루어지기도 한다. 따라서 사회복지사는 개입목표의 달성 정도, 사회복지사와 기관의 투자 노력, 클라이언트의 의존성, 클라이언트에 대한 새로운 서비스의 적합성 여부 등을 고려하여 구체적인 종결시기를 정해야 한다(엄명용 외, 2011).

(2) 이별에 대한 정서적 반응 다루기

클라이언트와 형성된 친밀하고 신뢰로운 관계를 바탕으로 하여 사회복지사는 클라이언트의 문제를 해결하기 위해 다양한 노력을 기울인다. 몇 주 혹은 몇 개월 동안 이어진 관계로 인해 사회복지사와 클라이언트의 관계는 더욱더 공고해지고 신뢰 관계가 깊어진다. 사회복지사의 도움을 받으면서 문제를 해결하고 욕구가 충족되는 과정에서 클라이언트는 성취감과 긍정적 정서를 경험할 수도 있지만 사회복지사에게 의존감을 가지게 될 수도 있고, 종결로 인한 이별로 인해 앞으로는 사회복지사의 도움 없이 혼자서 문제를 해결해야 하거나 대처해야 한다는 점 때문에 불안과 부담을 느낄 수 있다. 즉, 종결에 앞서 클라이언트는 다양하고 복합적인 감정을 경험하게 되는 것이다.

어떤 클라이언트는 종결을 두려워한 나머지 종결이 예고되었다는 사실을 부정하거나 이전의 단계로 후퇴하여 사회복지사에 대한 의존 욕구가 증대되는 퇴행을 보이거나 새로운 문제를 만들어 계속적인 관계에 대한 욕구를 나타내기도 한다 (Garland, Jonds, & Kolodny, 1965: 엄명용 외, 2011: 359에서 재인용).

앞서 살펴보았듯이 종결 유형에 따라 클라이언트가 경험하는 정서에는 차이가 있다. 따라서 종결에 따라 나타나는 클라이언트의 정서에 대해 사회복지사가 어떻게 반응하고 이를 다루어야 하는지 살펴본다.

첫째, 목표가 달성되지 않은 채 종결하는 경우이다. 이때 클라이언트는 목표가 달성되지 못한 것에 대한 실망과 사회복지사에 대한 비난, 실패했다는 좌절감 및 자기 자신에 대한 실망감 등을 경험할 수 있다. 이 경우 사회복지사는 클라이언트가 보이는 부정적인 감정표현에 대해 비난하지 말고 오히려 속마음을 표현할 수 있도록 하고 클라이언트가 보이는 감정을 수용해 주어야 한다.

둘째, 목표가 달성되어 종결하는 경우 사회복지사와 클라이언트는 모두 긍정적으로 종결을 맞이하게 된다(Fortune, Pearlingi, & Rochelle, 1992).

클라이언트는 문제해결에 대한 기쁨과 성취감, 자신감, 사회복지사에 대한 고마운 감정 등을 경험하게 된다. 또한, 성취한 이득으로 인해 상실감의 충격은 감소하게 된다. 사회복지사는 클라이언트가 성취한 것에 대해 진심으로 기뻐해 주고 격려해

주면서 클라이언트가 종결 이후 혼자의 힘으로 문제를 해결하거나 대처할 수 있는 자신감을 가질 수 있도록 도와주어야 한다.

셋째, 사회복지사의 사정에 의해 계획되지 않은 종결을 하는 경우이다. 사회복지사가 클라이언트에 대해 느끼는 죄책감 때문에 지나칠 정도로 사과하고 걱정하며 안심시키려 하는 것은 클라이언트가 자신이 느끼는 부정적인 감정들을 표현하지 못하게 하는 요인으로 작용한다. 따라서 사회복지사는 클라이언트가 느낄 수 있는 감정들을 표현할 수 있도록 도와주어야 한다.

사회복지사에 의한 종결은 예측할 수 없는 상황에서 일어날 수 있으므로 클라이언트는 갑작스러운 위기반응과 비슷한 정서를 느끼게 된다. 그래서 아무 일도 없는 것처럼 행동하기도 하는데 이는 힘든 상황을 외면함으로써 고통을 피해 보려는 방어기제일 수도 있다. 클라이언트가 자신의 감정을 직면하도록 돕기 위해 사회복지사는 종결이라는 주제를 다시 거론하여 자신이 떠난 후에도 클라이언트가 목표달성을 위해 계속 노력할 수 있도록 돕고 싶다는 바람을 표현하는 것이 좋다. 종결에 대해 이야기할 때 나타나는 비언어적 표현에 대해서도 세심하게 주의를 기울이는 것이 중요하다. 이러한 과정을 통해 사회복지사가 떠나는 것이 개인적인 거부가 아니라는 것을 클라이언트가 깨닫고 수용할 수 있게 된다(Hepworth, Rooney, & Larsen, 1997).

그리고 종결 이후에도 클라이언트에게 새로운 문제가 발생하거나 도움이 필요하면 전문적인 원조관계로 도움을 줄 수 있음을 알리는 것도 이별에 따른 클라이언트의 불안감이나 상실감을 해소하는 데 도움이 된다.

(3) 개입을 통해 획득한 성과를 유지하고 강화하기

종결단계에서 사회복지사가 수행해야 할 과업 중 하나는 개입을 통해 획득한 성과를 클라이언트가 유지할 수 있는 전략을 개발하는 것이다(Rzepnicki, 1991). 많은 경우, 개입이 종결된 후 클라이언트들은 개입이 이루어지는 기간 동안 향상되었던 기능이 감소하거나 퇴보한다. 따라서 종결 이후에도 성과가 유지되도록 하기 위해서 사회복지사는 더욱 주의를 기울여야 한다.

클라이언트의 개입단계에서 사회복지사는 다양한 개입기술을 활용하여 클라이언트의 기능과 능력을 향상시키고 자원을 동원하여 클라이언트의 문제를 해결하고 욕구를 충족시켰다. 클라이언트로서는 다양한 성과를 획득하고 성취한 것이다. 사회복지실천에서 개입과정의 목적은 클라이언트에게 현재 자신의 문제를 해결하는 것을 도와주는 것뿐만 아니라 미래에 닥칠 수 있는 다른 어려움에 대처할 수 있도록 클라이언트를 강하게 만드는 것이다(Hepworth, Rooney, & Larsen, 1997).

개입과정을 통해서 문제를 해결하는 방법과 과정을 체험하면서 앞으로 또 다른 문제가 닥쳤을 때, 개입을 통해 학습한 문제해결능력을 발휘할 수 있어야 하고 이러한 능력이 점점 더 강화됨으로써 사회관계를 넓히고 적응이 순조로워야 한다(엄명용 외, 2011). 그런데 개입이 종결되고 사회복지사와 이별을 한 후에는 클라이언트가 그동안 성취한 것들이 감소되는 경우가 많다. 따라서 종결단계에서 사회복지사는 개입을 통해 클라이언트가 획득한 문제해결기술이나 태도 및 행동의 변화와 같은 성과가 종결단계 이후에도 유지되고 더욱 강화될 수 있도록 준비 혹은 일종의 장치를 마련해야 한다. 개입단계에서 배운 내용을 다시 한 번 점검하거나 사회복지사의 도움이 없는 상황에서 문제가 발생했을 때 어떻게 대처해야 하는지 연습을 해보는 것, 비슷한 상황에 적용해 보는 것 등이 이에 해당된다.

또한 사후관리(follow-up)를 실시하는 것도 좋다. 사후관리는 사회복지실천 종결 이후에도 개입의 효과가 유지되고 있는지 점검하기 위해 종결 후 1개월이나 6개월 사이에 클라이언트와 직·간접적으로 접촉하는 활동이다. 클라이언트가 사회복지기관에 방문할 수도 있고, 전자우편이나 전화 등을 통해 확인하기도 한다.

(4) 의뢰

종결단계에서의 마지막 사회복지사 과업은 의뢰이다. 의뢰는 접수단계에서도 행해지는 과업이다. 그러나 종결단계에서의 의뢰는 접수단계에서 이루어지는 의뢰와 목적이 다르다. 종결단계에서 의뢰의 목적은 클라이언트에게 새로운 문제가 발생했거나 한정된 개입으로 인해 클라이언트의 문제가 충분히 해결되지 못했을 경우, 혹은 타 기관이나 외부의 자원과 클라이언트를 연결해 줌으로써 클라이언트의 문제가 해결될 있도록 하는 것이다. 특히 시간제한적 모델에서 가장 중요한 과업은 클라이언트에게 적절한 자원을 연결해 주는 것이다(Hepworth, Rooney, & Larsen, 1997). 접수단계에서의 의뢰와 마찬가지로 클라이언트의 동의가 있어야 하고 제대로 서비스나 자원이 연결될 수 있도록 세심한 배려와 구체적 연결활동이 이루어져야 한다.

CHAPTER 13
사례관리

1. 사례관리 개념
2. 사례관리의 등장배경
3. 사례관리의 여러 유형
4. 사례관리의 과정
5. 사례관리자의 주요 역할
6. 한국에서의 사례관리 전개 및 발달

CHAPTER 13
사례관리

1 사례관리 개념

1) 사례관리의 정의

사회복지, 간호, 정신보건, 재활, 교정 등 다양한 전문직에서 수행되고 있는 사례관리는 많은 학자들과 전문가들에 의해 다양하게 정의되어 왔다. 그러나 핵심적인 특성은 거의 공통적으로 제시되고 있다.

먼저, 바일과 카알스(Weil & Karls, 1985)는 사례관리를 "클라이언트가 필요로 하는 서비스를 효과적, 효율적, 비용효과적인 방법으로 제공하는 일련의 논리적 단계이자 서비스 관계망 내에서의 상호작용 과정"으로 정의하였다. 이 정의는 사례관리가 발달되기 시작한 초창기의 것으로, 초기에는 사례관리의 주요한 기능이 서비스의 효과성뿐만 아니라 비용절감에 있었음을 보여주고 있다.

목슬레이(Moxley, 1989)는 사례관리기능을 중심으로 정의하였는데, "사례관리는 전형적으로 연속적인 문제해결모델의 맥락 내에 있으며, 이때 기능은 사정, 계획, 개입, 모니터링, 평가, 때로는 옹호를 포함한다"고 보았다. 여기서 목슬레이가 제시한 6가지 기능은 오늘날까지 사례관리의 주요 기능이자 과정으로 이해되고 있다.

로스만(Rothman, 1992)은 사례관리를 지역사회 기반 서비스(community-based

services)로 보면서, 사례관리는 다음의 두 가지 기능을 수행한다고 하였다. "사례관리는 첫째, 지역사회 내에서 클라이언트에 대한 개별화된 조언, 상담, 치료를 제공하며, 둘째, 클라이언트를 지역사회 기관 및 비공식적인 원조 관계망에 연계시켜 준다. 이러한 실천은 그 성격상 미시적이며 동시에 거시적인 것이다." 로스만의 정의는 이전까지 사례관리를 주로 연계와 조정과 같은 간접적 서비스 기능으로서 강조하던 입장에서 나아가 직접적 서비스 기능, 즉 상담과 치료라는 임상적 기능을 사례관리의 주요 기능으로 포함시켰다는 특징을 갖는다. 초기에는 사례관리에서 상담이나 치료와 같은 직접적인 개입기술은 중요한 부분이 아니라고 생각되었으며, 사례관리자는 중개자 혹은 행정가이자 치료자는 아니라는 인식이 팽배하였다. 로스만의 정의는 사례관리가 행정 및 지역사회서비스임과 동시에 치료적 서비스를 모두 포함하는 포괄적인 실천이라는 데는 합의가 어느 정도 이루어지고 있음을 반영하고 있다.

바커(Barker, 1999)는 "사례관리는 클라이언트를 대신하여 서로 다른 사회기관과 직원들로부터 제공받을 서비스를 계획하고, 실행하며, 모니터링하는 절차이다. 이는 한 기관 내에서의 팀 작업뿐만 아니라 상이한 기관에 속한 다양한 사회복지사들의 팀 작업을 통해 클라이언트에게 제공될 서비스를 조정하고, 필요한 서비스 제공을 확대시켜 주며, 나아가 클라이언트가 필요로 하는 전문적 서비스의 진전상황을 점검하고 평가하며 재사정한다."고 했다. 바커의 정의에서는 사례관리를 기능중심으로 보면서 동시에 팀 작업으로 본 특징을 찾아볼 수 있다.

사례관리를 사회복지적 관점에서 정리한 대표적인 정의는 미국사회복지사협회의 정의를 들 수 있다. 미국사회복지사협회는 1992년 사례관리를 사회복지실천의 주요 영역으로 포함시키면서, 다른 분야에서 이루어지는 사례관리와 구별하기 위해 '사회복지실천 사례관리'라는 용어를 제안하였다. 미국사회복지사협회의 정의는 다음과 같다. "사례관리는 전문적 사회복지사가 서비스를 제공하는 한 방법으로, 클라이언트와 클라이언트 가족의 욕구를 사정하고, 그들의 복합적인 욕구를 충족시키기 위해 다양한 서비스로 구성된 서비스 패키지를 확립하고, 배정된 서비스를 조정, 모니터링, 평가하며, 클라이언트의 서비스 권리를 옹호하는 것을 포함한다. 사례관리의 목적은 가장 효율적이고 효과적인 방법으로 복합적인 욕구를 갖는 개인에게 질적인 서비스를 제공함으로써 클라이언트의 기능을 최적화시키는 데 있다."

이상의 다양한 정의들에서 나타난 사례관리의 핵심적 특성은 다음과 같다.

① 지역사회에 기반된 다양한 서비스와 지지를 제공하는 하나의 체계적인 방법이다.

② 다양한 자원 및 사회적 관계망을 동원, 조정하여 클라이언트에게 가장 효과적으로 연계하는 데 관심을 두는 활동이다.

③ 기관중심적이 아닌 욕구중심적 실천이다. 클라이언트를 기관의 서비스에 끼워 맞추기보다는 그들의 욕구에 서비스를 융통성 있게 배정하는 것을 강조한다. 이를 위해 옹호 역할이 강조된다.

④ 복합적인 욕구를 가진 클라이언트에 대한 지속적인 책임과 비용효과성을 강조한다.

⑤ 연속적인 기능들을 시간 순서적으로 수행하는 문제해결과정이다.

⑥ 다양한 전문가들과 팀 작업을 통해 이루어지는 협력적 활동이다.

2) 사례관리의 목적

사례관리는 다음과 같은 목적을 달성하기 위한 노력이라 할 수 있다.

첫째, 보호의 연속성(continuity of care)을 보장한다. 보호의 연속성은 다시 두 가지 차원으로 구분하여 논의될 수 있다. 첫째는 횡단적 차원의 연속성으로, 특정 시점에서 클라이언트의 다양한 요구를 충족시키기 위해 포괄적인 서비스를 제공해 주는 것이다. 예를 들면, 노인이나 정신장애인들은 단일서비스로는 충족되지 않는 복합적인 욕구상태에 있는 경우가 많다. 이러한 경우에는 경제적 · 정서적 · 사회적 · 신체적 욕구를 고려하여 다양한 서비스를 동시에 제공하여 주는 것이 필요하다. 두 번째는 종단적 차원의 연속성으로, 장기간에 걸쳐 변화하는 개인의 욕구에 반응적인 서비스를 지속적으로 제공해 주는 것이다. 종단적 차원은 특히 중요한데, 왜냐하면 사례관리가 주로 만성적인 장애나 문제를 가진 취약계층을 대상으로 하고 있기 때문이다. 보호의 연속성을 보장하기 위한 사례관리의 노력에는 이 두 가지 차원이 동시에 고려되어야 한다.

둘째, 서비스의 통합성(integration of services)을 확보한다. 많은 클라이언트들의 욕구는 복합적이며 단기간에 해결되기 힘든 장기적인 욕구이다. 이러한 욕구를 적절하게 다루기 위해서는 많은 기관의 서비스와 다양한 전문가들의 기능을 통합한 체계를 확보해야 한다. 서비스의 통합이 확보되면 서비스의 중복이나 누락을 쉽게 예방할 수 있을 뿐 아니라, 서비스 제공자들 간의 갈등을 줄이고 긍정적인 상호작용을 강화시킬 수 있게 된다.

셋째, 서비스에 대한 접근성(accessibility to services)을 높인다. 취약한 계층의 클라이언트들은 서비스 접근에 다양한 장벽을 경험한다. 예를 들어 기관의 수혜자격 기준, 규제, 복잡한 절차 등은 클라이언트의 접근을 제한한다. 사례관리는 기관 서비스나 정책의 틀 안에서 제한적으로 기능하지 않고 클라이언트 욕구에 서비스를 맞추기 위해 보다 적극적으로 역할한다. 클라이언트 중심적으로 사고하며, 서비스 접근에의 장벽들을 제거하고 클라이언트가 필요한 서비스를 수월하게 획득할 수 있도록 다양한 서비스체계와 협상하는 등 적극적인 옹호기능을 수행한다.

넷째, 사회적 책임성(accountability)을 보장한다. 이는 서비스 제공의 효과성, 효율성과 관련되는 문제로, 효과성은 클라이언트의 욕구에 적합하고 적절한 방법으로 제공될 수 있도록 보장하는 것이다. 효과성 못지않게 서비스 전달의 효율성 증대는 사례관리의 주요한 목적이다. 효율성은 비용절감 차원과는 다른 것으로, 자원이 부족한 현실에서 클라이언트의 다양한 욕구를 충족시켜 주기 위해서는 현명하게 자원을 활용하는 것이 중요하다. 클라이언트들은 그들 욕구에 맞는 서비스를 제대로 제공받지 못하거나, 제공받더라도 부적절한 서비스를 제공받는 경우가 많다. 그 결과 이용가능한 서비스의 잠재적인 효과는 감소될 수밖에 없다. 욕구에 적합한 서비스의 조정 및 제공 책임을 한 개인 혹은 한 기관에 고정시켜 둠으로써 사례관리는 서비스체계의 책임성을 향상시킬 수 있다.

3) 사례관리의 원칙

사례관리의 주요 원칙은 다음과 같다(Department for Communities and Social Inclusion: DCSI, 2013).

① **클라이언트 중심 원칙**: 이는 사례관리의 주된 목적이 비용절감과 같은 기관중심적 목적에 있기보다 클라이언트 개인의 욕구를 충족시키는 데 최우선이 있음을 나타낸다. 이를 보장하기 위해 서비스 제공의 중심에 항상 개인을 둔다.

② **주도성 원칙**: 사례관리는 아웃리치를 통한 사례 발굴을 중요시함으로써, 문제가 일어난 후에 반응하는 사후개입적 행동보다는 욕구, 리스크, 잠재적 장애들의 조기 확인을 통한 사전예방적 행동에 우선순위를 둔다.

③ **강점기반 원칙**: 이는 대처기제, 레질리언스, 지지체계 등 클라이언트의 능력과 자원을 확인하고 강화시키는 데 초점을 두는 것을 의미한다.

④ **논리적 합리성의 원칙**: 사례관리과정은 합리적으로 구조화된 단계별 접근이다.

⑤ **파트너십 원칙**: 성공적인 파트너십은 목적의 명확성, 올바른 리더십, 존중하는 관계, 협력과 참여에의 헌신, 민감성을 갖는 접근 등을 통해 클라이언트에게 혜택을 줄 수 있다.

⑥ **체계성 원칙**: 클라이언트 결과를 최대화시키는 것을 '큰 그림'으로 마음속에 새기고 더 넓은 체계에 연계한다.

⑦ **결과지향적 원칙**: 모니터링, 검토, 책임성 등을 통해 클라이언트 목적을 효과적으로 달성하는 데 초점을 둔다.

⑧ **문화적 민감성의 원칙**: 이는 클라이언트와 그들의 문화적 정체성을 존중하는 접근을 의미한다. 문화는 인종/민족, 지리, 정체감, 연령, 능력, 젠더, 성, 가족,

영성, 언어, 역사, 경제적 지위 등을 포함하는 광범위한 개인적, 지역사회 요인들을 언급한다.

⑨ **총체성 원칙:** 사례관리는 심리적, 신체적, 문화적, 사회적 등 클라이언트의 복리에 관련된 모든 요인들을 고려하는 과정이다.

⑩ **역동성의 원칙:** 클라이언트 환경의 변화와 진전을 고려하면서 사례관리과정 내내 목표와 결과의 수정이 허용됨을 의미한다.

2 사례관리의 등장배경

사례관리란 용어가 문헌 속에 처음 등장한 시점은 1970년대 중반으로, 이 시기에는 사회복지실천, 사회서비스분야에 중대한 전환을 가져온 의미 있는 사건들이 많이 있었다. 사례관리의 등장을 가능케 한 배경으로는 먼저 사회인구학적 변화, 복지국가 재정위기, 서비스의 단편화, 탈시설화 운동과 정상화 이념의 발달, 사회적 환경의 강조 등이 있다.

1) 사회인구학적 변화

지난 30여 년 간은 거의 모든 선진국에서 사회적 기능상에서의 주요한 장애나 문제를 가진 사람들이 급증하였다. 정신지체, 정신질환, 신체장애, 노숙자 등 복합적인 문제를 지닌 인구층이 증가하였는데, 이들 문제의 공통점은 한 기관이나 하나의 서비스체계로는 해결할 수 없다는 것으로, 여러 서비스 부문의 관련을 요구한다는 점이다(Moxley, 1989).

그런데 이러한 만성적 욕구를 갖는 인구의 증가 중에서도 가장 두드러진 특징은 노인인구 비율의 현저한 증가이다. 평균수명의 연장은 건강한 노인의 수적 증가와 더불어 병약한 최고령 노인인구의 증가를 동시에 가져왔다. 가장 나이가 많은 최고령 노인인구층의 증가는 노인성 질환 및 장애의 발생률을 높이고, 보건 및 사회적 서비스뿐만 아니라 비공식적 보호에 대한 요구를 증대시킨다. 대부분의 노인성 질환이 단기치료가 불가능한 퇴행성 만성질환이라는 사실은 장기적 보호의 중요성을 부각시키고, 병원 중심의 입원치료보다는 지역사회 기반의 재가보호를 선호하게 하였다. 병원과 지역사회서비스 간의 연계, 지역사회 내 서비스 간의 조정은 사례관리의 필요성을 증대시켰다.

2) 복지국가의 재정위기

1970년대는 확대일로에 있던 정부의 공공지출 규모에 대한 많은 우려가 있었다. 제2차 세계대전이 끝난 이후 복지국가의 주요 기반이 되어왔던 경제성장은 1973년 전 세계적으로 불어 닥친 오일쇼크 파동에 직접적인 타격을 받았으며, 그 뒤를 이은 높은 인플레이션과 실업률, 증가하는 조세저항 등의 현상은 더 이상의 정부 공공지출 확대를 어렵게 하였다. 설상가상으로 노인인구의 급증은 건강보호비용의 증가를 초래해 국가 재정을 더욱 어렵게 하였는데, 영국의 경우 노인인구가 한 해에 지출하는 보건의료비용은 노동연령 인구의 7배를 상회하는 것으로 조사되었다(Robinson, 1986).

세계 각국은 정부 지출 규모를 줄이기 위해 보건정책과 사회서비스정책의 방향을 전환해야 하는 시점에 놓이게 되었으며, 그 결과로서 지역사회보호가 공식적인 정책과제로 대두하게 되었다. 이는 사회복지에 대한 국가 부담의 일부를 민간부문으로 이양할 수 있는 공식적 근거를 마련해 주었다. 전문직에 대해서도 요보호인구의 욕구를 충족시켜 주기 위해서 비공식적 · 자연적 인적 자원을 개발하고 이들과 협조관계를 맺을 수 있는 전문적 능력 배양에 대한 정치적 압력이 가해졌다. 이때 서비스의 전반적인 계획을 관리하면서 다양한 서비스 및 비공식적 지지를 조정하는 사례관리자가 효과적인 서비스 전달을 최대화하면서 동시에 비용을 절감하는 수단으로 인식되었다.

3) 탈시설화

1960년대는 시설에서의 생활이 갖는 유해한 결과를 보여주는 연구들이 쏟아져 나온 시기이다. 특히 고프만(Goffman)과 같은 사회학자들은 대규모 시설이 수용자들을 외부생활로부터 차단 격리하여 강제적으로 규격화되고 통제된 생활을 하게 함으로써 개인의 개별성을 말살시킬 뿐만 아니라 끊임없는 자기비하와 굴욕감을 겪게 한다고 보았다(정경균 · 김영기 · 문창진 · 조병희 · 김정선, 1991: 116). 즉, 친밀한 환경 및 관계와의 단절, 입소 절차에서 경험하는 굴욕감, 엄격한 규율에의 복종, 자기 생활에 대한 결정능력의 상실 등은 수용자들을 '시설신경증(institutional neurosis)'이라는 새로운 병으로 고통받게 하였다. 이 용어를 처음 사용한 바턴(Barton)은 원래의 병과는 관계없이 시설에 수용되는 것 그 자체에서 오는 질환으로 정의했으며, 이 병의 임상적 특성으로 냉담, 외부세계에 대한 흥미의 상실, 개별성의 결여, 미래에 대한 무관심, 굴종, 특징적인 걸음걸이나 자세 등을 제시했다(Dexter & Harbert, 1983: 24). 시간이 경과할수록 오랜 시설 경험으로 인한 이러한 행동상의 변화는 시설에 수용되게 된 원래의 증상에 부가되어 재활이나 퇴소를 더욱더 어렵게 만드는 주요한 원인이 된다.

폐쇄적 통제방법에 대한 이러한 비판적 인식과 함께 대규모 시설운영에 대한 국가 재정부담에 대한 압박은 지역사회로부터의 격리가 아닌 지역사회 안에서 진료 및 재활체계를 수립해야 한다는 지역사회 정신건강운동(Community Mental Health Movement)을 태동시켰다. 특히 당시 정신질환자의 증상을 통제할 수 있는 항정신성 약물치료의 발달은 중증의 정신질환자도 지역사회에서 돌볼 수 있다는 확신을 갖게 하였다. 그 결과 미국 캘리포니아주의 경우, 주립병원의 침상 수가 1967년 3만 7,000여 개에서 1984년 약 5,000개 내외로 감소되었으며, 주립·시립 정신병원 입원환자의 급격한 감소를 가져왔고, 이로 인해 많은 대규모 정신병원들이 문을 닫게 되었다. 대규모 주립정신병원의 수는 감소한 반면 지역사회 정신건강센터는 이 기간 동안 약 700개소로 증가하였다(Dubois & Miley, 1996: 371). 영국의 경우도 이와 비슷하게 정신질환과 정신장애를 지닌 사람들은 주립정신병원에서 지역사회 내의 일반병원으로 이송되었고, 노인들 또한 많은 수가 시설에서 퇴소하게 되었다.

그러나 퇴소한 환자들을 위해 이 기간 동안 많은 지역사회 기반 서비스가 개발되었음에도 불구하고 그들의 다중적인 욕구가 지역사회 내에서 잘 충족되지 못한다는 문제점이 제기되었다. 서비스들은 지역적으로 분산되어 있었고, 클라이언트의 욕구에 포괄적으로 반응할 수 있는 서비스체계도 마련되어 있지 않았다. 특히 시설에서 퇴소한 클라이언트들에게는 무반응적인 서비스체계로부터 도움을 얻어낼 능력도, 동기도 부족하였다(Rubin, 1992: 7). 지역사회 기반 서비스의 확충이 그러한 서비스가 모두 이용될 수 있음을 의미하는 것은 아니었으며, 또 그러한 서비스가 존재하더라도 클라이언트의 욕구에 무반응적인 경우가 많았던 것이다. 이러한 문제점을 시정하기 위한 하나의 방편으로 사례관리가 제시되었으며, 서비스 조정에 대한 권한을 한 특정 기관 혹은 한 사람에게 부여하여 지역의 만성질환자에게 모든 필요한 서비스를 연결, 제공해 주는 것이 중요해졌다.

4) 정상화 이념

정상화(normalization)는 탈시설화 이후 신체·정신장애인에 대한 전문직의 사고에 중대한 영향을 미친 이념이다. 1960년대 후반 북유럽에서 처음 제기된 후 1980년대 미국에서 본격적으로 발달된 정상화 이념은 장애인을 위한 지역사회 기반 서비스를 확대시키는 데 중요한 영향을 미쳤다.

이 이념은 장애를 가진 사람들도 비장애인들이 관여하는 모든 정상적인 활동에 동참하고 경험할 권리가 있음을 전제로 하며, 그들 모두 다른 일반 사람들처럼 그 연령에 적절한 일상생활 활동에 참여하고, 교육이나 고용, 여가활동에서도 특별한, 격리된 활동이 아닌 '정상적이고도 다른 사람들과 비슷한' 활동을 누리는 것을 강조한다. 사회적으로 격리된 시설에서의 수용 보호는 비록 위협으로부터의 보호라는 소기의 목적은 달성할지 몰라도 사회적으로 정상적인 삶의 기회를 박탈함으로써 사회적 낙인과 고립을 강화시키는 부정적인 결과를 가져올 수 있다는 것이다.

정상화를 위한 구체적인 실천 전략은 먼저 장애인들이 지역사회 내에 숨겨진 상태로 있기보다 드러나야 하며, 그들 자신이 선택을 내릴 수 있도록 다양한 기회와 자원을 제공하고, 다양한 사회적 활동에서 잘 기능할 수 있도록 개인의 능력을 발전시키는 것 등이 있다. 정상화의 추진 이후 주택, 수입, 건강, 교육 및 사회적, 정서적, 성적 관계에 이르기까지 모든 주요한 삶의 영역에서 장애인의 참여가 늘어감에 따라 다양한 서비스 영역에서 클라이언트에게 가장 적합한 서비스를 조정하고 연계하는 사례관리의 필요성이 높아졌다.

5) 서비스의 단편화

1960년대와 1970년대는 서비스 프로그램이 급속도로 증가되던 시기이다. 서비스 프로그램의 확장 결과 서비스의 이용가능성은 증대되었지만 서비스 전달체계는 오히려 복잡해지고 단편화되었으며 심지어 조정되지 않은 채 서비스가 중복적으로 제공되기도 하였다. 이 시기에 개발된 수많은 개별 프로그램들은 고도로 전문화된 서비스를 제공하거나, 협소하게 정의된 표적집단에만 서비스를 제공하도록 고안되었다(Intagliata, 1991: 25). 특히 많은 서비스들은 범주적 논리에 따라 조직되었는데, 연령집단(아동, 노인) 혹은 기능적 영역(건강, 정신건강, 고용, 주택), 문제영역(교정, 정신지체)에 따라 관할 행정부서가 분화되었다(Moxley, 1989: 14). 그 과정에서 진정한 요보호 클라이언트들은 필요한 서비스로부터 배제되었으며, 노인과 같은 복합적인 욕구를 가진 클라이언트들이 포괄적인 서비스를 한 곳에서 제공받기가 더 힘들어졌다. 이는 서비스 전달에서의 기관책임성과 비용효과성의 문제를 제기했으며, 그 결과 미국은 1970년대 초반에 보건, 교육, 복지부 사이의 서비스 조정 필요성을 인식하고 법적인 변화를 도모함과 동시에 사례관리자로 하여금 서비스 통합 프로그램을 책임지도록 했다. 영국은 1980년대 중반, 그리피스 보고서에 기초하여 지금까지 상이한 부서가 책임지고 있던 정신질환자, 신체 및 정신장애인, 노인 등 세 부류의 클라이언트 집단을 모두 지역사회 사례관리자라는 한 사람의 책임하에 두게 함으로써 보다 효과적이고도 경제적인 서비스 제공을 권고하였다.

6) 사회적 환경에 대한 인식의 증대

1970년대는 사회적 지원체계와 지원망의 중요성이 크게 부각된 시기이다. 이는 다음과 같은 몇몇 사실에 대한 확인으로 더욱 증폭되었다(Gottlieb, 1988: 12-13; Moxley, 1989: 41). 첫째, 사회적 환경으로부터의 지지가 스트레스의 완충작용을 한다는 사실이 확인되기 시작하였다. 즉, 사회적 지지가 개인의 건강 및 사회적 기능에 긍정적인 영향을 미친다는 의미 있는 결과가 나타나기 시작했다. 둘째, 비공식적 자원을 동원하는 개입은 공식적 서비스를 보완할 수 있고, 이는 결과적으로 사회적 비용을 절감시켜 줄 수 있을 것이라는 기대가 확산되었다. 셋째, 일반적으로 대다수의 사람들은 전문적 도움보다는 비공식적 보호자나 자원봉사 모임을 통한 도움을 선호하고, 또 이러한 자원이 대상자들에게 보다 긍정적인 효과를 갖는다는 주장이 제기되었다. 넷째, 사회적 지지가 주민 참여를 유도해 지역사회욕구에 보다 관련 있는 서비스를 창출하며 나아가 지역사회 내에서 보다 높은 수준의 통합을 달성할 수 있을 것이라는 기대가 있었다.

사회적 환경에 대한 이러한 관심으로 사회적 지지망의 개발과 연결이 중요한 개입기법으로 등장하게 되었으며, 그 결과 대인 서비스체계 내에서 클라이언트 개인의 사회적 관계망을 통해 제공되는 비공식적 지지와 공식적 서비스를 통합시켜 주는 적절한 기제의 필요성이 증대되었다.

3 사례관리의 여러 유형

1) 중개모델(기본모델)

일반주의 접근으로도 언급되며 사례관리의 가장 초기 유형이다. 의료영역보다는 주로 사회적 서비스영역에서 활용되어 왔으며, 클라이언트를 타 기관이나 조직, 지역사회 네트워크에 연결하는 데 주된 초점이 있다.

중개모델에서 사례관리자는 사정, 계획수립, 서비스에의 의뢰 기능을 주로 수행하며, 서비스 조정, 모니터링 기능은 최소한으로 수행한다. 사례관리자 1인당 담당 사례 비율이 높으며, 대상 클라이언트는 시설화의 위험이 낮은, 비교적 욕구가 단순한 집단에 적합하다. 사례관리는 주로 일반주의(generalist) 사회복지사들에 의해 수행된다.

일반주의 사례관리자는 클라이언트에 대해 모든 서비스 관련 기능을 수행하는 책임을 진다. 교육적 배경이나 훈련 배경과는 상관없이, 일반주의자로서의 사례관리자는 모든 전문가와 비공식적 자원을 조정하는 과업을 담당하며, 광범위한 과업을 수행할 수 있는 다양한 능력을 소유하고 있어야 한다. 사례관리자는 광범위한 활동을 수행해야 하므로 많은 케이스 상황에 관한 보다 깊이 있는 지식을 갖출 수 있으며, 이에 근거해 보다 정확하고도 적절한 보호를 제공해줄 수 있다. 이 접근은 특히 장기적 보호를 필요로 하는 사람들에게 중요하다. 이러한 이점에도 불구하고 이 모델은 사례관리자에게 너무 많은 기술과 지식을 기대하며, 장기적 보호에 대한 정서적 부담이 높다는 단점이 있다.

2) 통합적 사례관리모델

이 모델은 서비스의 중복과 단편화를 방지하여 가능한 한 클라이언트가 필요로 하는 모든 서비스를 제공하는 데 주된 초점이 있다. 클라이언트의 다양한 욕구충족 책임이 한 조직이나 기관에 놓여 있을 때 그 조직의 재정적 위험 부담은 매우 높다. 따라서 다양한 분야 전문가의 참여와 협력이 무엇보다 중요하다.

통합적 모델에서는 일반적으로 상이한 기능들을 수행하는 몇몇 다른 전문직 사회복지사들이 한 클라이언트를 담당한다. 과업 분화, 다시 말해 책임 공유를 통해 전문가들은 그들에게 관련된 과업만을 담당함으로써 소진(burn out) 경험을 줄일 수 있으며, 집단적 협력을 통해 클라이언트의 전반적인 욕구가 보다 잘 충족된다. 그러나 팀 접근을 통해 내려진 결론은 전체로서의 팀 의견을 종합한 것이라기보다는 가장 강력한 팀 성원의 관심을 반영한 경우가 많다.

3) 집중적 사례관리모델

초기에 집중적 사례관리는 정신보건 영역에서 재입원율을 낮추기 위한 수단으로 개발되었으나 급속도로 다양한 인구층으로 확대되었다. 집중적 사례관리의 목표는 구체적으로 환자와 서비스 간의 연결을 지속시키는 것, 입원율을 낮춰 비용을 줄이는 것, 중증 환자의 삶의 질과 사회적 기능을 향상시키는 데 맞춰져 있었다. 집중적 사례관리는 담당 사례 수, 팀 접근, 아웃리치에 대한 강조, 중개자 역할의 축소 등이 특징이다(Hangan, 2006: 158).

이 모델의 핵심은 표적 대상층의 특성에 놓여 있다. 집중적 사례관리(ICM)는 장기적 보호욕구, 복합적 서비스 요구, 시설배치의 위험 등 고도의 욕구를 갖는 사람들,

예를 들어 입원경력이 잦거나 약물남용 등의 문제가 함께 진단된, 또는 범죄나 홈리스와 연관된 중증의 질환자들에게 포괄적인 서비스를 집중적으로 연계하는 특징이 있다. 챌리스 등(Challis et al., 2001)은 집중적 사례관리를 고도의 욕구를 갖는 혹은 높은 위기 수준에 있는 사람들에게 제공되는 전문적 서비스로서, 소수의 사례를 담당하는 사례관리자에 의해 수행되는 것이라 규정했다. 즉, 집중적 사례관리는 1인 사례관리자에 의해 주도되는 경향이 많다. 담당하는 사례 수가 적음은 적절한 서비스 구성과 재검토를 위한 충분한 접촉을 가능하게 하기 때문에 매우 중요한 요소이다. 집중적 사례관리는 시간제한이 없는 장기적인 서비스를 지향하며, 목표는 지속적이고도 통합적인 서비스 제공, 재가기반 서비스의 증대, 자원의 보다 나은 활용, 클라이언트의 복리 향상에 두고 있다.

4 사례관리의 과정

1) 인테이크

인테이크는 사례 발견, 다시 말해 욕구 상태에 있는 자를 확인하는 것에서부터 시작된다. 현재 욕구 상태에 있거나 잠재적 욕구 상태에 있는 자를 확인하는 방법으로는 의뢰, 클라이언트의 자발적 기관 방문, 아웃리치 등의 여러 가지 통로가 있을 수 있다. 기존에는 교회, 가족, 지역사회, 경찰, 학교, 타 기관 등으로부터의 의뢰를 통해 클라이언트를 제공받는 양식을 주로 취해 왔지만, 사례관리에서는 다양한 서비스체계의 통합, 조정으로 보다 많은 클라이언트들이 서비스체계에 들어오도록 격려하는 방법이 더욱 강조되고 있다.

특히 서비스 정보에 대한 접근이 어려운 개인들, 예를 들어 에이즈 환자나 치매

노인 및 그 가족의 경우 사회가 그들에게 부여한 스티그마 때문에 외부에 노출되기를 꺼린다. 그들이 갖는 노출, 학대에 대한 두려움, 무력감은 종종 서비스 추구 자체를 포기하게 만든다. 이러한 경우 서비스 매니저는 보다 적극적인 아웃리치방법을 추구해야 한다. 이를 위해서 지역사회에 대한 인구학적인 정보와 욕구를 사전에 알고 있어야 하며, 가정방문, 관찰, 외부정보 등을 통해 잠재적인 클라이언트에게 다가가야 한다.

2) 사정

사례관리에서의 사정은 클라이언트를 총체적인 인간으로 바라보고, 개인의 다양한 문제 및 욕구영역을 확인하는 데 목적을 두고 있다. 예를 들어, 신체장애인인 클라이언트를 상정해 보자. 여기에는 몇 가지 문제가 관련되어 있다. 첫째, 이동의 부자유와 같은, 장애 그 자체로 인해 초래되는 문제가 있다. 둘째, 장애와 전혀 관련이 없는 욕구가 있을 수 있다. 즉 옷이나 적절한 주거지가 없는 문제는 신체장애인이 아니어도 가질 수 있는 문제이다. 셋째, 클라이언트의 비공식적 지지체계에 의해 일어나는 문제가 있다. 예를 들어, 장애인을 과보호하는 부모의 태도가 도리어 그의 기술학습에 장애가 되는 경우가 그러하다. 넷째, 클라이언트를 돕기 위해 고안된 공식적 자원 체계에 문제가 있을 수 있다. 기관이 클라이언트에게 서비스를 제공하기를 거부하거나 기관정책이 부적절하게 적용되는 경우가 여기에 해당된다. 이러한 예에서 우리는 클라이언트의 욕구에 대한 사정은 다차원적으로 이루어져야 됨을 알 수 있는데, 클라이언트 욕구의 성격, 이를 다루는 클라이언트의 능력, 비공식적 지지에 대한 평가, 공식적 지역사회자원 체계에 대한 평가를 하여야 한다.

3) 서비스 계획

욕구가 사정되고 나면 사회복지사는 그러한 욕구에 이용가능한 자원을 연결시키기 위해 일련의 서비스 계획을 수립하게 된다. 사정에 의해 욕구가 확인되면 욕구의 우선순위와 목표가 설정된다. 욕구가 변할 수 있음을 감안하여 계획은 충분히 융통성 있게 세워져야 한다. 일반적으로 사례관리자는 클라이언트, 서비스 제공에 관련된 사람들과 더불어 다음과 같은 수순을 밟아 계획표를 작성한다.

① 클라이언트의 문제나 요구가 일람표로 제시된다. 여기서 문제나 요구가 과다한 경우에는 문제나 요구의 우선순위를 정한다.

② 각기의 문제나 요구에 대해 예상되는 바람직한 목표나 결과, 즉 결과 목적(impact goal)이 일람표화된다.

③ 각기의 바람직한 목표나 결과에 필요한 도움의 형태가 일람표로 제시된다. 일례로 '휠체어로 다닐 수 있도록 집안 내의 문턱 없애주기', '식사준비', '관공서 일 봐주기'와 같이 이것도 구체적으로 상술되는 것이 유용하다.

④ 도움을 제공해 주는 공급자가 일람표로 표시된다. 다양한 비공식적, 공식적 원조자들이 서비스 제공자가 될 수 있는데, 사례관리자는 클라이언트 욕구를 충족시켜 주기 위해 상이한 제공자들로부터의 다양한 서비스를 추구할 수 있다.

⑤ 필요한 경우에는 제공될 서비스의 양이나 시간, 횟수가 제시된다. 여기에는 서비스 제공빈도, 서비스 제공단위, 제공기간이 포함된다.

⑥ 서비스 제공에 소요될 비용을 예측한다.

⑦ 클라이언트나 가족들로부터 작성된 서비스 계획에 관한 최종적인 양해를 구한다. 그리고 사례관리 계획에 관여한 다른 모든 전문가 혹은 기관의 동의도 받아두어야 한다.

▌표 13-1▐ 사례관리 계획 작성용지

문제 (순위)	목표/ 결과	도움의 형태	공급자	회/주	시간/일	비용	승낙

4) 계획의 실행

이 단계는 계획서에 명시된 필요한 양질의 서비스나 자원을 확보하는 것과 관련된다. 이때 사례관리자는 서비스의 공급 주체들과 관계를 맺으면서, 클라이언트가 그들의 서비스를 잘 이용할 수 있도록 원조해 준다. 계획을 수행하는 과정에서 사례관리자는 상시로 서비스 제공기관과의 접촉을 유지하면서 좋은 관계를 형성하도록 해야 한다.

5) 모니터링 및 재평가

클라이언트를 사정하고 서비스 계획을 세운 후에 사례관리자는 클라이언트의 상황과 제공되는 서비스의 질에 대한 지속적인 평가를 수행해야 한다. 이러한 과정을 통해 때로 사례관리 계획이 수정되기도 한다. 높은 위기상태에 있거나 복합적인 욕구를 가진 클라이언트일수록 사례관리자가 점검에 투자하는 시간과 노력은 커진다. 왜냐하면 그러한 사람들일수록 욕구가 빠르게 변화하고, 또 갑자기 위기상황에 처할 가능성도 높기 때문이다. 모니터링이 서비스가 실제 전달되는 동안 기존의 계획이 클라이언트에게 만족스러운지 또는 계획의 수정이 필요한지를 지속적으로 알아보는 일이라면, 재평가는 기존의 계획이 제대로 수행되고 있는지를 평가하는 활동이다.

이 단계의 목적은 ① 계획이 어느 정도 적절히 실시되고 있는지를 확인하며, ② 계획에 언급된 케이스 목표가 달성되고 있는지, ③ 개개의 서비스나 지지의 내용이 적절한지, ④ 계획의 변경을 요하는 클라이언트의 새로운 요구가 생겨나고 있는지 등을 평가하는 데 있다.

재평가는 3개월 내지 6개월마다 실시하는 경우가 일반적이다. 이와 같은 정기적인 재평가를 통해 욕구의 변화가 보일 경우 재사정(reassessment)을 시행한다.

6) 평가 및 종결

사례관리에서 결과를 평가하는 것은 매우 중요하며, 이러한 자료들은 궁극적으로 사례관리의 효과성을 제시하는 주요한 근거가 된다. 평가기능은 전 단계의 점검기능과는 다르다. 점검이 개입활동이 계획된 대로 진행되었는지 여부에 일차적인 초점을 맞추는 것이라면 평가는 이러한 활동이 바람직한 결과를 초래했는지 여부에 초점을 맞춘다. 즉 평가는 결과 목적이 달성되었는지 여부에 보다 많은 관심을 둔다고 할 수 있다.

사례관리는 다른 개입보다 종결을 논하기가 어렵다. 왜냐하면 지속적인 보호관리를 목적으로 하는 사례관리의 대상층이 치료나 문제가 쉽게 해결되는 단기환자보다는 대개 만성적이고 상태가 점점 악화되어가는 경향이 있기 때문이다. 때문에 일부 사례관리서비스는 클라이언트의 전 생애에 걸쳐 지속적으로 제공되기도 한다. 이러한 상황에서 유일한 종결은 클라이언트가 사망하는 경우일 것이다. 그러나 일단 이러한 상황이 발생하면 종결이 진행되고, 이때는 개인이나 가족, 서비스를 제공한 자원체계가 전부 관여된다. 또 다른 경우는 사례관리서비스가 더 이상 클라이언트에게 도움이 되지 않는다는 판단이 설 때이다. 이때의 과업은 종결지을 때를 결정하는 것, 종결에 대한 정서적 반응을 해결하는 것, 미래에 대한 계획을 설정하거나 다른 전문가에게 의뢰를 하는 것 등 일반적인 실천에서의 종결 과업과 일치한다.

5 사례관리자의 주요 역할

사례관리자는 사정, 계획, 개입, 모니터링, 재사정, 평가 등 다양한 역할을 수행한다. 특히 개입단계에서 사례관리자는 상담, 지지 등 직접적 서비스를 제공하는 역할을 담당하기도 하지만 자원과 서비스의 조정, 연계, 옹호, 그리고 다양한 전문가들과 팀 협력을 수행하는 데 많은 시간을 보낸다. 여기서는 사례관리자의 이러한 간접적 서비스 기능을 중심으로 살펴보기로 한다.

1) 연계

사례관리 대상층은 자원을 획득하는 데 어려움을 경험하는 사람들이 대부분이다. 만성의 정신질환자, 고령 노인, 신체 및 발달장애인, 아동 등 전형적인 취약계층인 그들은 어떤 서비스가 실제 이용가능한지, 어떻게 접근해야 하는지를 잘 알지 못한다. 복합적인 욕구를 충족시키기 위해서는 다양한 조직들로부터의 서비스가 요청되지만 그들의 낮은 자신감, 자격요건에 대한 정보 부족, 문맹, 대인관계기술의 부족 등으로 서비스를 찾고 이용하는 데 어려움을 경험한다. 바로 여기서 연계기능이 중요하게 부각된다.

연계(linkage)란 클라이언트를 서비스나 자원에 연결하는 것으로, 사회복지사들은 클라이언트가 서비스나 자원에 접근할 수 있도록 유용한 정보를 제공해 주거나 직접 다른 기관에 의뢰할 수 있다. 그러나 전문적인 연계기능은 의뢰나 정보제공만을 의미하지 않는다. 그것은 클라이언트가 원조를 받는 데 필요한 모든 활동을 수행하는 것을 의미한다.

클라이언트가 욕구충족에 필요한 서비스를 충분히 제공받기 위해서는 지역사회 서비스체계에 관한 풍부한 지식, 가장 최근의 정책, 프로그램, 절차에 관한 정확한 정보, 다양한 대안들 사이에서의 비용편익분석 등의 능력이 사회복지사들에게 요구된다. 단순한 의뢰만을 할 때는 준전문가나 인턴사원, 보조원 등에 의해 연계가 수행될 수 있으나, 오늘날의 연계활동은 이용가능한 지역사회서비스 및 절차에 대해 잘 알고 있고, 나아가 이 중에서 최상의 서비스를 결정할 수 있는 능력을 요구하는 관계로 보다 전문적인 사회복지사에 의해 수행되는 경향이 많다.

연계는 단 한 번으로 끝나는 개입활동이 아니다. 클라이언트의 욕구가 변하면 그에 적합한 다른 자원을 계속 연결해 주는 것을 포함한다. 예를 들어, 퇴원한 환자는 초기에는 중간 집(half-way house)에 의뢰되다가 어느 정도 상태가 안정되면 지역사회 내의 일반 주거지에 보내질 수 있어야 한다. 그리고 이에 더해 상태가 호전되면 적절한 직업도 알선해줄 필요가 있다. 이렇듯 연계는 단 한 번의 활동이라기보다는 지속적으로 이루어지는 연속된 과정이다(Rothman & Sager, 1997: 135).

2) 옹호

사례관리의 주요 목적 중 하나는 클라이언트가 필요한 서비스와 자원을 획득하도록 원조하는 데 있다. 이는 연계기능을 통해 이루어질 수도 있지만, 어떤 상황은 여기서 더 나아가 사회복지사에게 옹호역할을 요청하기도 한다. 기관이나 조직이 서비스 제공을 거부하거나 부적절한 사회정책으로 인해 클라이언트가 서비스나 자원에 접근조차 할 수 없을 때, 사회복지사들은 옹호역할을 수행해야 한다.

옹호역할은 클라이언트를 위한 사회복지사의 적극적이고도 직접적인 역할로서, 도움을 필요로 하는 클라이언트에 대해 기존의 기관들이 서비스 제공에 무관심할 때, 때로 공개적으로 적대적이기까지 할 때 적절한 역할이다. 옹호역할은 정당성을 논하고, 기관의 결정이나 정책에 도전하는 데 있어 지도력을 발휘해야 한다. 바커(Barker, 1991)는 옹호란 다른 사람을 직접 대신하거나 그를 위해 방어해 주는 행동으로, 사회복지실천에서는 직접적 개입 혹은 임파워먼트를 통해 클라이언트 개인 또는 지역사회의 권리를 싸워서 쟁취하는 것이라고 하였다. 쿨쉐드와 오름(Coulshed & Orme, 1998: 53)은 사례관리의 출발점은 클라이언트와 그들의 보호자들에게 있는 만큼 그들이 사정 및 계획수립에 적극적으로 참여하는 것이 필요한데, 중증장애인이나 치매노인과 같이 그들 자신의 견해를 표명하기 어려운 클라이언트들의 경우에는 사회복지사의 옹호역할이 요청된다고 보았다.

사례관리자가 옹호자로서의 역할을 고려해야 하는 상황이나 클라이언트 문제는 다음과 같다(Rothman & Sager, 1997: 210).

- 기관이나 기관 직원이 자격이 있는 클라이언트임에도 불구하고 서비스 제공을 거부하는 상황
- 서비스 제공방식이 클라이언트의 인격을 침해하는 방식으로 이루어지는 상황(예를 들어, 성폭행 피해자가 오히려 모멸감을 느끼는 상황)
- 클라이언트가 그가 가진 종교, 성, 연령, 그 외 다른 요인 등으로 차별대우를 받는 경우
- 제공되는 서비스가 클라이언트의 욕구를 충족시키기에는 턱없이 부족해 오히려 클라이언트의 고통과 역기능의 원인이 되는 상황
- 정부나 기관의 정책이 자원을 필요로 하는 사람에게 부정적인 영향을 미치는 경우
- 클라이언트가 자기 자신을 대변하는 데 익숙하지 못하고 비효과적인 상황
- 클라이언트가 사정 내용이나 결정사항에 관해 아무것도 알고 있지 않을 때
- 클라이언트가 문화적 규범에 배치되는 치료나 서비스를 제공받을 때
- 클라이언트가 그 자신의 권리를 알고 있지 못하거나, 그러한 권리가 부인되거나 침해될 때

3) 팀 협력

사례관리과정에서 무엇보다 중요한 기능은 개개인에게 적합한 보호패키지(care package)를 창출하는 것이다. 이는 다양한 서비스를 조정하는 것과 관련되며, 의료, 간호, 심리상담 등 그 외 다른 서비스 기관과의 협력(collaboration) 체계의 구축을 의미한다. 오늘날 클라이언트들이 경험하는 문제는 건강과 사회서비스를 함께 요청하는 것이 대부분으로 더 이상 하나의 전문직만으로는 클라이언트의 욕구를 충족시키기가 어렵다. 하나 이상의 기관 혹은 다양한 전문가들의 지식과 기술이 더욱 요청되는 상황에서는 협력과 조정기능이 중요하게 대두되며, 사례관리자에게는 관계망의 동원, 새로운 자원의 개발, 연계와 협상, 가족과의 협력 등 기존의 기술들뿐만 아니라, 팀 작업과 같은 기술이 보다 강력히 요구된다.

협력은 조정작업과 협력으로 엄격하게 구분되어 정의되기도 하는데, 이 두 개념 사이에서는 조정이 협력보다는 좀 더 공식적인 의미를 갖는다. 함께 협력하여 일한다는 의미에서는 유사하나, 조정이란 개념 속에는 반드시 합의나 협력이 필수적인 부분으로 포함되지 않는다는 것이 두 개념 간의 차이다(Tester, 1996: 147). 그러나 사례관리에서는 일반적으로 조정과 협력을 같은 맥락에서 이해하고 있다.

조정(coordination)이란 욕구와 서비스 간의 최상의 적합성을 이끌어내는 것으로 총체적 존재로서의 인간에 대한 인식이 증대함에 따라 조정기능이 점점 중요시되고 있다. 즉, 조정은 상이한 사람들과 기관을 함께 모아 욕구에 대한 사정 및 누가, 언제, 무엇을 행할 것인지에 관한 협상과 합의를 이끌어내는 것이다. 계획은 바로 이러한 욕구와 서비스 간의 적합성을 조직하기 위한 주된 조정도구이며(Ovretveit, 1993: 29), 사례관리자는 다학문적 사정을 용이하게 하고, 이를 조정하는 핵심적인 인물이다. 예를 들어, 노인의 욕구를 사정할 때 방문간호원, 작업치료사, 의사(GP), 사회복지사, 언어치료사 등 다양한 전문가들이 함께 참여할 수 있다. 그리고 학대당한 클라이언트들은 의료적 · 법적 · 재정적 · 사회적 서비스를 동시에 요구하며, 변호사, 사회복지사, 의료진이 팀을 이루어 사회적 · 의료적 서비스와 법적 조언 등을 공히 제공한다. 이러한 경우 사례관리자들은 팀을 조정하고, 클라이언트, 전문가 팀 구성원, 다른 서비스 제공자들을 연계하는 활동을 수행한다. 사례관리는 종종 이러한 조정, 협력적 기능으로 인해 팀 접근(team approach)으로 이해되기도 한다.

6 한국에서의 사례관리 전개 및 발달

우리나라에서는 사례관리가 1990년대 들어와서 간호학, 사회복지학분야에서 주로 언급되었다. 1990년대는 사회복지의 방향이 재가복지, 지역사회복지로의 전환을 준비하던 시기로서, 1989년 「노인복지법」 개정에서 가정봉사원사업이 포함되었고, 그 후 1993년 「노인복지법」 개정에서 재가복지사업의 종류가 명시되는 등 법적으로 재가복지가 처음으로 사회복지사업의 한 분야로 규정되었다. 재가복지가 공식적인 종합 프로그램으로 인정되자 기존의 노인복지관, 장애인복지관, 사회복지관을 중심으로 다양한 재가복지사업이 제공되었으며, 이때부터 여러 학자들과 사회복지사들에 의해 사례관리가 재가복지서비스를 조정하는 중요한 실천방법으로 언급되기 시작했다. 특히 기존의 약물치료 및 정신치료중심에서 지역사회중심의 정신보건모델로 전환을 알린 1995년 「정신보건법」에서는 사례관리가 정신질환자를 대상으로 하는 지역사회 정신보건사업의 필수 사업 중 하나로 지정됨으로써 우리 사회에 이 개념에 대한 인식을 높이는 데 기여했으며, 실제 조사에서도 정신보건센터의 업무 중 사례관리가 차지하는 비중이 가장 크게 나타나고 있다.

이 외에도 민간실천현장에서 사례관리를 확산시키는 중요한 계기를 마련한 것은 각 시설별 평가지표에 사례관리조항을 포함시킨 것으로, 2003년 서울시 사회복지관을 중심으로 사례관리 수행에 대한 평가가 이루어지기 시작했다. 초기의 평가가 주로 평가자의 주관적 판단에 의존했다면, 2006년에 실시된 사회복지관 평가에는 '가족기능강화사업'과 '지역사회보호사업'을 평가하는 영역에 '사례관리체계의 우수성'이란 지표가 서울지역 복지관 평가에 추가로 포함되었으며, 이를 평가하는 객관적 기준으로 '사례관리의 표준화 및 전산화 정도', '사례관리단계별 내용의 충실성', '사례관리의 지속성 및 포괄성'이 제시되었다(서울복지재단, 2006).

그 이후부터 현재까지 사회복지시설 또는 사회복지관의 프로그램 및 서비스 영역 평가에는 '사례관리를 실시하고 있는가'가 주요한 항목으로 포함되고 있으며, '정기적 재사정' 여부, '전문가 팀 참여', '지속적 사례관리', '진행과정에 대한 체계적인 기록 및 관리'를 기준으로 사례관리가 전문적으로 이루어지고 있는지를 평가하고 있다(보건복지부, 한국사회복지협의회 시설평가원, 2013). 평가에 사례관리 관련 조항의 포함이 시사하는 바는 매우 크다. 이는 사례관리가 우리 사회에서 보편적인 사회복지의 기능으로 인정받음을 의미하는 것이자, 질적 서비스를 담보하는 핵심으로 자리매김되고 있음을 의미하는 것이었다. 이러한 흐름을 반영하여 사회복지관의 주요 기능 또한 기존의 6대 기능에서 3대 기능으로 변경되었다. 사례관리기능, 서비스 제공기능, 지역조직화기능이 사회복지관의 3대 기능으로 명시되었으며, 사례관리기능에는 사례 발굴, 사례 개입, 서비스연계가 핵심 사업분야로 자리매김되었다(보건복지부, 2013).

또한 공공부문에서는 사회복지통합관리망이 구축되면서 사례관리가 주요 업무로서 규정된 것 또한 주요한 발전으로 볼 수 있다. 2000년대 들어 사회복지예산이 지속적으로 증가하고 복지서비스도 100여 가지 이상으로 다양화되었으나 복지 재정의 효율성에 대한 국민의 신뢰 및 복지체감도 저하는 사회복지통합관리망의 필요성에 대한 인식을 높였다. 이에 2010년 사회복지통합관리망이 개통, 운영되기 시작하였으며, 그 결과로서 자산조사 업무 부담이 경감되어 수요자 중심의 맞춤형 서비스 제공, 서비스의 중복 및 누락 방지, 복지전달체계의 강화가 실현될 것으로 기대되었다. 특히 복지전달체계를 보다 효과적으로 전달하기 위해 지자체의 조직을 자산조사를 담당하는 통합조사팀과 수요자에게 서비스를 연결하는 서비스연계팀으로 분리하였다. 여기에서 의미 있는 변화 중 하나는 서비스연계팀 내에 사례관리를 도입했다는 점이다. 2012년부터는 복합적 욕구를 가진 대상자에게 통합사례관리를 제공하는 전담조직으로서 시 · 군 · 구에 '희망복지지원단'을 설치하고, 이를 중심으로 보건, 복지, 고용 등 지역 내 다양한 서비스 제공기관과 연계 및 협력을 적극적으로 이끌어 내어 다양한 복지수요에 능동적으로 대응하도록 하고 있다(보건복지부, 2014a). 2013년에 들어서는 사례관리를 담당하는 주된 인력을 '통합사례관리사'로 지칭하고 있으며, 사례관리 대상가구는 1개월 이상의 중장기적 개입이 필요한 가구로서 다양한 서비스가 집중적으로 제공될 필요가 있는 가구를 의미한다. 통합사례관리 담당자 1인이 담당하는 사례관리 가구 수는 사례관리기간이 6개월 정도인 경우를 기준으로 할 때 월 평균 20가구로 설정하고 있다(보건복지부, 2014c). 맞춤형 사례관리 실적은 2010년 404건에 불과하던 것이 희망복지지원단이 설치된 2012년에는 8만 5,000건으로 200배 이상 증가했다. 이외에도 시 · 군 · 구를 중심으로 빈곤여성가구주 대상의 사례관리(2006년), 취약계층의 임산부 및 0~12세 아동을 대상으로 하는 드림스타트사업(2007년), 치매노인 사례관리(2010년) 등 대상에 따른 사례관리시스템이 점차적으로 확충되고 있다.

강세현 (2014). 지역사회복지실천현장의 이론과 사례. 경기: 공동체.
강흥구 (2009). 의료사회복지의 장기적 발전 방향. 사회과학논총, 24(2), 1-26.
고기홍 (2001). 개인상담 면접기록의 원리와 방법. 학생생활연구. 223-256.
고수현 (2013). 사회복지사업현장론-사회복지시설운영&사회복지지도감독-. 파주: 양서원.
고영인 편저 (2000). 면접기초실습 워크북. 서울: 문음사.
공계순, 서인해 (2006). 증거기반 사회복지실천에 대한 이해와 한국사회에의 적용가능성에 관한 연구. 사회복지연구, 31, 77-102.
권경인 (2010). 집단상담 수퍼비전 사례기록 모형 개발. 상담학연구, 11(1), 153-169.
김경희, 강미경, 노혜련 (2013). 강점 관점 사례관리의 적용과 성과에 대한 탐색적 연구: 우리아이 희망네트워크 사업 수행 기관을 중심으로. 한국사회복지질적연구, 7(2), 175-203.
김교정 (2012). 한국과 일본 기업의 사회공헌활동에 관한 연구. 일본근대학연구, 36, 341-358.
김기덕 (2002). 사회복지윤리학. 서울: 나눔의집.
김미옥, 김연수, 김희성 (2009). 산재장애인을 위한 임파워먼트 프로그램 개발 및 효과. 한국사회복지학, 61(4), 307-332.
김상돈 (2012). 도덕교육을 위한 가치, 규칙, 덕의 분류학. 윤리연구, 87, 1-26.
김영종 (2007). 사회복지조사론. 서울: 학지사.
김용득 (2007). 장애인복지 이념의 동향. 김용득, 김진우, 유동철 편 (2007). 한국 장애인복지의 이해(제5판). 서울: 인간과복지.
김융일 (2003). 사회복지학 교육을 통한 정체성 확립. 한국사회복지학회 학술대회 자료집.
김은하, 최기정 (2020). 코로나 이후 사회서비스 현장의 변화와 함의. 한국사회복지학회 추계학술대회 한국사회보장정보원 세션 자료집.
김인숙, 김용석 (2002). 사회복지실천기술 연습. 파주: 나남출판.
김인숙, 우국희 (2002). 사회복지사가 인식하는 임파워먼트의 의미에 관한 질적 연구-한국에서 임파워먼트 실천은 가능한가? 한국사회복지학, 49, 34-61.
김정덕, 장연진 (2015). 교육복지 개념에 대한 종사자의 인식 차이에 관한 연구. 청소년학연구, 22(1), 235-266.
김정화 (2013). 사회복지현장의 임파워먼트 프로그램 효과에 대한 메타분석. 한국사회복지실천연구학회 정기학술대회 자료집.
김혜란, 공계순, 박현선 (2013). 사회복지실천론. 파주: 나남출판.
나병균 (2013). 한국 사회복지학의 정체성. 한국사회복지교육, 23, 101-125.

남석인, 최권호 (2014). 의료사회복지사의 역할 및 특성 연구. 제33차 대한의료사회복지사협회 춘계 심포지엄 자료집, 27-38.

노혜련, 유서구, 박화옥, 김경희, 김수영 (2011). 우리아이 희망 네트워크 지원사업 성과 평가 연구. (사)함께만드는세상, 숭실대학교.

노혜련, 유성은 (2006). 빈곤 여성 가구주 강점 관점 사례관리 사업의 질적 연구. 한국사회복지학회 2006년도 춘계학술대회 자료집, 372-376.

민소영 (2008). 강점 관점 반영 사례관리 훈련 프로그램의 개발 및 효과성 연구. 사회복지행정학, 10(1), 39-65.

박선영 (2013). 임파워먼트 접근과 사회복지실천 적용: 현실진단과 과제-온정주의 접근과 임파워먼트 접근 사이의 균형 잡힌 사회복지실천이 가능한가?. 한국사회복지실천연구학회 정기학술대회 자료집.

방기연 역 (2010). 문화적 다양성과 소통하기: 다문화면접의 이해. 파주: 한울.

법무부 (2013). 2013년 법무부 범죄예방정책국 조직진단 및 인력현황.

보건복지부 (2013). 2013년도 사회복지관 운영관련 업무처리 안내.

보건복지부 (2014a). 2014년도 사회복지 통합업무 안내.

보건복지부 (2014b). 2014년 읍 · 면 · 동 사회복지업무안내.

보건복지부 (2014c). 희망복지지원단 업무안내.

보건복지부 (2022). 2022 보건복지통계연보.

보건복지부, 한국사회복지협의회 시설평가원 (2013). 2013년 사회복지시설 최종 평가지표.

서울복지재단 (2006). 2006년 서울특별시 사회복지관 평가결과 보고서.

성서원 (2013). 개정 NIV 한영해설성경. 고양: 성서원.

송성자 (2002). 가족과 가족치료. 파주: 법문사.

양옥경, 김정진, 서미경, 김미옥, 김소희 (2010). 사회복지실천론(개정4판). 파주: 나남출판.

양옥경, 최명민 (2006). 한국 사회복지에서 임파워먼트(empowerment) 접근의 현황 및 과제. 한국사회복지교육, 2(2), 39-84.

엄명용, 김성천, 오혜경, 윤혜미 (2011). 사회복지실천의 이해(3판). 서울: 학지사.

엄예선 (2014). 간접외상과 사회복지사의 자기관리. 한국가족사회복지학회 워크숍.

오세은 (2013). 중년, 위기인가? 전환점인가? 중년기 위기에 대한 통합적 접근. 현상과 인식, 가을호, 141-168.

우국희, 임세희, 성정현, 최승희, 장연진, 좌현숙 (2013). 사회복지윤리와 철학. 고양: 공동체.

웹스터사전 (2003). *The Merriam-Webster online dictionary*. Retrieved June 20, 2003, from m-w.com/dictionary.htm

유수현 (1997). 인간관계와 면접의 실제. 자원봉사자 교육교재. 서울특별시사회복지협의회.

유정이, 두경희, 이아라 (2014). 상담기록의 필수 목록 개발을 위한 상담전문가의 인식에 대한 델파이 연구. 상담학연구, 15(5), 1695-1715.

윤철수, 김정진 (2010). 예비사회복지사를 위한 현장실습 길라잡이, 서울: 학지사.

이경아, 하경희 (2012). 정신보건사회복지사들의 강점기반실천 경험에 관한 연구. 정신보건과 사회사업, 40(2), 63-90.

이정곤 (2000). 자기성장 집단상담이 목회자의 자기노출에 미치는 효과. 한남대학교 석사학위 논문.

이창호 (1991). 사회복지서비스 프로그램의 계량화: 프로그램 평가 및 책임성 계획의 과학적 모델을 중심으로. 사회복지연구, 3, 169-200.

이현주 (2011). 사회복지실천 평가에서 목표달성 척도의 적용에 관한 연구: 정신장애인의 일상 생활기능 향상 프로그램 평가를 중심으로. 정신보건과 사회사업, 39, 120-154.

이현지 (2012). 자기노출정도와 대인관계성향에 따른 SNS이용행태 분석: 페이스북을 중심으로. 건국대학교 석사학위논문.

이혜경 (1996). 한국 사회복지학의 정체성. 연세사회복지연구, 3, 41-57.

임상사회사업연구회 역 (1991). 임상사회사업기술론. 서울: 홍익제.

장인협 (1989). 사회사업실천방법론(하). 서울: 서울대학교 출판부.

장인협 (2005). 사회복지실천론(하). 서울: 서울대학교 출판부.

전천운 (2009). 사회복지조사론. 서울: 창지사.

정경균, 김영기, 문창진, 조병희, 김정선 (1991). 보건사회학. 서울: 서울대학교 출판부.

정경희, 손창균, 박보비 (2010). 신 노년층의 특징과 정책과제. 한국보건사회연구원 연구보고서. 2010.30.17.

정근식, 주윤정 (2013). 사회사업에서 사회복지로: '복지' 개념과 제도의 변화. 사회와 역사, 98, 5-41.

정무성, 나임순, 유용식 (2013). 현대사회복지개론. 서울: 신정.

정순둘, 김경미, 박선영, 박형원, 최혜지, 이현아 (2007). 사회복지와 임파워먼트. 서울: 학지사.

조홍식 (2013). 새 정부 군사회복지의 전망과 과제. 2013 한국 군사회복지학회 춘계학술대회 자료집, 1-10.

조홍식, 권기창, 이태수, 박경수, 이용표 (2008). 사회복지학개론. 서울: 창지사.

조홍식, 김연옥, 황숙연, 김융일 (2009). 사회복지실천론(개정3판). 파주: 나남출판.

조홍식, 이형섭 (2014). 교정복지론: 이론, 현장 그리고 실천. 서울: 학지사.

주석진, 조성심, 라미영, 방진희, 엄경남, 이종익, 전구훈 (2013). 학교사회복지론. 파주: 양서원.

지역아동센터 중앙지원단 (2013). 지역아동센터 운영매뉴얼.

진교훈 (2003). 현대사회윤리 연구. 서울: 울력.

최경원 (1987). 사회사업이론에 있어서 체계론적 관점에 관한 연구. 서울대학교 석사학위논문.

최해경 (2009). 사회복지실천론. 서울: 학지사.

최현미, 이혜경, 신은주, 최승희, 김연희 (2010). 다문화가족복지론. 파주: 양서원.

최형아, 이화영 (2013). 우리나라 '캥거루 족' 규모 및 현황. 고용이슈, 3월호, 6-25.

최혜지, 김경미, 정순둘, 박선영, 장수미, 박형원, 배진형, 박화옥, 안준희 (2013). 사회복지실천론. 서울: 학지사.

하경희, 이경아, 이근희 (2010). 사회복귀시설에서의 강점실천에 대한 서비스 이용자의 경험에 관한 연구. 정신보건과 사회사업, 36, 82-106.

한인섭, 양현아 (2002). 성적소수자의 인권. 서울: 사람생각.

한인영, 최현미, 장수미 (2006). 의료사회복지실천론. 서울: 학지사.

한혜경 (2009). 재가노인 대상 강점 관점 사례관리의 효과성 연구. 한국사회복지학, 61(4), 243-263.

홍순혜, 한인영 역 (1997). 사회사업기록: 이론과 실제. 파주: 학문사.

황성동 (2006). 알기 쉬운 사회복지조사방법론. 서울: 학지사.

황성철 (1996). 사회사업가의 윤리적 갈등과 의사결정에 관한 연구. 한국사회복지학, 29.

Adams, R. (2003). Social Work and Empowerment (3rd ed.). 최명민 역 (2007). 임파워먼트와 사회복지실천. 파주: 나남출판.

Alcabes, A. A., & Jones, J. A. (1985). Structural determininants of clienthood. *Social Work, 30,* 49-55.

Alexander, D., & Clark, S. (1998). Keeping the family in focus during patient care. In Solane, P. D., Slatt, L. M., Curti, P., & Ebell, M. H. (Eds.). *Essentials of family medicine* (3rd. ed.). Baltimore: Willams & Wilkins.

Allen-Meares, P., & Lane, B. A. (1987). Grounding social work practice in theory: ecosystems. *Social Casework: The Journal of Contemporary Social Work, 68*(9), 515-521.

Arnold, E. M., Walsh, A. K., Oldham, M. S., and Rapp, C. A. (2007). Strengths-based case management: implementation with high-risk youth. *Families in Society, 88*(1), 86-94.

Auerswald, E. (1968). Interdisciplinary versus ecological approach. *Family Process, 7,* 202-215.

Bailey, R. & Lee, P. (1982). *Theory and practice in social work.* Basil Blackwell.

Barker, L. (1991). *The social work dictionary* (2nd ed.). Siver Spring, MD: NASW.

Barker, R. L. (1987). Social work dictionary. 중앙사회복지연구회 역 (1995). 사회사업사전. 서울: 이론과 실천.

Barker, R. L. (2003). *The social work dictionary* (5th ed.), Washington, DC: NASW Press.

Bartlett, H. (1970). *The common base of social work practice.* New York: National Association of Social Workers, Inc.

Bell, H. (2003). Strengths and secondary trauma in family violence work. *Social Work, 48* (4), 513–522.

Berg, I., and Miller, S. (1992). *Working with the problem drinker : a solution-focused approach.* New York: Norton.

Bertalanffy, L. (1967). General theory of systems : application to psychology. *Social Science Information, 6*(6), 125–136.

Bertalanffy, L. (1968). General systems theory: foundation, development, application. 현승일 역 (1990). 일반체계이론. 파주: 민음사.

Biestek, F. P. (1992). *The casework relationship.* New York: Routledge.

Birkenmaier, J., Berg-Weger, M., & Dewees, M. P. (2014). *The practice of generalist social work* (3th ed.). New York: Routledge.

Briar, S., & Miller, H. (1971). *Problems and issues in social casework.* NY: Columbia University Press.

Bronfenbrenner, U. (1967). The ecology of human development. 이영 역 (1992). 인간발달생태학. 서울: 교육과학사.

Bronfenbrenner, U. (1989). Ecological systems theory. In R. Vasta (ed.), *Annals of Child Development, 6* (p.187–251). Greenwich, CT: JAI.

Brun, C., & Rapp, R. C. (2001). Strengths-based case management: individuals' perspectives on strengths and the case manager relationship. *Social Work, 46*(3), 278–288.

Burns, B. & Whiteman, T. (1998). *The fresh start: Divorce recovery workbook.* New York: Thomas Nelson.

Challis, D., Darton, R., Hughes, J., Stewart, K., & Weiner, K. (2001). Intensive case management at home: An alternative to institutional care. *Age & Ageing, 30,* 409–413.

Cheung, M. & Leung, C. A. (2014). Relational social work practice with asian american populations, 107–124. Resenberger, J. B. (ED). *Relational social worker practice with diverse populations.* New York: Springer.

Clark, M. D. (1996). Brief Solution-Focused Work: A Strengths-Based Method for Juvenile Justice Practice. *Juvenile and Family Court Journal, 47,* 57–65.

Cnaan R. A., & Dichter, M. E. (2007). Thoughts on the use of knowledge in social work practice. *Research on Social Work Practice, 18*(4), 278–284.

Compton, B., & Galaway, B. (1994). S*ocial work processes* (5th ed.). Pacific Grove, CA: Brooks/Cole.

Compton, B., & Galaway, B. (1999). *Social work processes* (6th ed.). Pacific Grove, CA: Brooks/Cole.

Compton, B., Galaway, B. & Cournoyer, B. (2005). *Social work processes* (7th ed.). Bermont: Brooks/Cole-Thomson Learning.

Congress, E. & Lynons, B. (1992). Cultural differences in health beliefs: Implications for social work practice in health care settings. *Social Work in Health Care, 17*(3), 81-96.

Congress, E. (1994). The use of the Culturagram to assess and empower culturally diverse families. *Families in Society, 75*, 531-540.

Congress, E. P. (1999). Social work values and ethics: identifying and resolving professional dilemmas (1st Ed.). 강선경, 김욱 공역 (2005). 사회복지 가치와 윤리. 서울: 시그마프레스.

Congress, E. P. (1999). *Social work values and ethics: Identifying and resolving professional dilemmas*. Chicago: Nelson Hall.

Congress, E. P. (2000). What social workers should know about ehtics: Understanding and resolving practice dilemmas. *Advances in Social Work, 1*(1), 1-25.

Corey, G. (1991). *Theory and practice of counseling and psychotherapy*. Belmont, CA: Brooks/Cole Publishing Company.

Coulshed, V., & Orme, J. (1998). *Social work practice: an introduction*. BASW, NY.: Macmillian Press Ltd.

Cowger, C. D. (1994). Assessing client strengths: clinical assessment for client empowerment. *Social Work, 39*(3), 262-267.

Cowger, C. D. (1997). Assessment of client strengths. In D. Saleeby, *The strengths perspective in social work practice* (2nd ed.), 52-73. White Plins, NY: Longman.

Curwood, S. E., DeGeer, I., Hymme, P., & Peter Lehmann. (2011). Using strength-based approaches to explore pretreatment change in men who abuse their partners. *Journal of Interpersonal Violence, 26*, 2698-2715.

Daley, J. G. (1999). *Social work practice in the military*. NY: The Haworth Press.

Darvil, G., & Munday, B. (1984). *Volunteers in the personal social service*. NY: Tavistock.

Derezotes, D. S. (2000). *Advanced generalist social work practice*. Sage Publications, Inc.

Dexter, M., & Harbert, W. (1983). *The home help service*. Tavistock Publications. London.

Drisko, J. (2014). Research evidence and social work practice: the place of evidence-based practice. *Journal of Clinical Social Work, 42*, 123-133.

Dubios, B., & Miley, K. (1996). *Social work: an empowering profession* (2nd ed.). Boston:

Allyn & Bacon.

DuBos, R. (1972). *The God within.* NY: Charles Scribner's Sons.

Egan. (1971). *Encounter group: Basic readings, monterey.* Cali: Brooks Cole.

Epstein, L. (1980). *Helping people: the task-center approach.* St. Louis: C. V. Mosby.

Epstein, L. (1992). *Brief treatment and a new look at the task-centered approach.* New York: Macmillan.

Ezell, Mark (2001). *Advocacy in the human services.* Belmont, CA: Wadsworth.

Fandetti, E. & Goldmeier, J. (1988). Social work as culture mediators in health care settings. *Health and Social Work, 13*(3), 171-179.

Fischer, J. (1978). *Effective casework practice: an eclectic approach.* New York: McGraw-Hill.

Fortune, A. E., Pealingi, B., Rochelle, C. D. (1991). Criteria for terminating treatment. *Families in Society, 72*(6), 366-370.

Fortune, A., Pearlingi, B., & Rochelle, C. D. (1992). Reactions to termination of individual treatment. *Social Work, 37*(2), 171-178.

Gambrill. E. (1983). *Casework: a competency-based approach.* Englewood Cliffs New Jersey: Prentice-Hall.

Garland, J., Jones, H., & Kolodny, R. (1965). A model for stages in the development of social work groups. In S. Bernstein (Ed.), *Explorations in group work.* Boston: Milford House.

Germain, C., & Gitterman, A. (1980). *The life model of social work practice.* New York: Columbia University Press.

Gitterman, A., & Germain, C. (2008). *The life model of social work practice* (3rd ed.). NY: Columbia University Press.

Goldstein, H. (1973). *Social work practice: a unitary approach.* Columbia: University of south Carolina Press.

Gordon, W. (1965). Toward a social work frame of reference. *Journal of Education for Social Work, 1*(2), 19-26.

Gordon, W. (1969). Basic concepts for an integrative and generative conception of social work. In G. Hearn (ed.), *The general systems approach: contributions toward an holistic conception of social work* (p.5-11). NY: Council on Social Work Education.

Gottlieb. B. (ed.). (1998). *Marshalling social support.* CA: Sage Publications.

Green, R. (2005). Redefining social work for the new millennium: setting a context. *Journal of Human Behavior in the Social Environment, 11*(1), 37-54.

Gutierrez, L. M. (1990). Working with women of color: an empowerment perspective. *Social Work, 35*, 149–153.

Gutierrez, L. M. & DeLois, K., & GlenMaye, L. (1995). Understanding empowerment practice: building on practitioner based knowledge. *Families in Society, 76*(9), 534–542.

Gutierrez, L. M., Parsons, R. J., & Cox, E. O. (1998). *Empowerment in social work practice*. CA: Brooks/Cole Publishing Company.

Hangan, C. (2006). Introduction of an intensive case management style of delivery for a new mental health service. *International Journal of Mental Health Nursing, 15*, 157–162.

Hansbury, G. (2011). King Kong & Goldilocks: Imagining transmasculinities through the trans–clients. *Counseling and Psychotherapy Research, 5*(2), 96–104.

Hansbury, G. & Bennett, J. L. (2014). Working relationally with lgbt clients in clinical practice: client and clinician in context, 197–214. Resenberger, J. B. (ED). *Relational social work practice with diverse populations*. Springer: New York.

Hardford, M. E. (1971). *Groups in social work*. New York: columbia University Press.

Hartman, A. (1978). Diagrammatic assessment of family relationships. *Social Casework, 59*, 465–476.

Hearn (ed.), *The general systems approach: contributions toward an holistic conception of social work*. NY: Council on Social Work Education.

Hepworth, D. J., Rooney, R. H., & Larsen, J. A. (1997). Direct social work practice: theory and skills (5th ed.). Chicato: Dorsey. 허남순, 한인영, 김기환, 김용석 공역 (2004). 사회복지실천 이론과 기술. 서울: 나눔의집.

Hepworth, D. H., Rooney, R. H., Rooney, G. D., Strom–Gottfried, K., & Larsen, J. A. (2006). Direct social work practice: *Theory and skills* (7th ed.). Pacific Grove, CA: Brooks/Cole Publishing.

Hepworth, D. H., Rooney, R. H., Rooney, G. D., Strom–Gottfried, K., & Larsen, J. A. (2010). Direct social work practice: *Theory and skills* (8th ed.). Belmont, Ca: Thomson Brooks/Cole.

Ho, M. (1991). The use of ethnic sensitive Inventory (E.S.I) to enhance practitioner skills with minorities. *Journal of Multicultural Social Work, 1*(1), 57–68.

Holosko, M. J. (2013). The history of the working definition of practice. *Research on Social Work Practice, 13*(3), 271–283.

Intagliata, J. (1991). Improving the quality of community care for the chronically mentally disabled. In S. Rose. *Case management and social work practice.* New York: Longman.

Johnson, L. C., & Yanca, S. J. (2001). Social work practice: *a generalist approach* (7th ed.). Boston, MA: Pearson Allyn & Bacon.

Johnson, L. C., & Yanca, S. J. (2007). Social work practice: *a generalist approach* (9th ed.). Boston, MA: Pearson Allyn & Bacon.

Johnson, Y. M. (1999). Indirect work: social work's uncelebrated strength. *Social Work, 44* (4), 323-332.

Jordan, B. (2004). Emancipatory social work: Opportunity or oxymoron? *The British Journal of Social Work, 43*(1), 5-19.

Karls, J., & Wandrei, K. (1994). Person-in-environment system: The PIE classification system for social functioning problems. 임상사회사업연구회 역 (2000). 임상사회복지 사정분류체계. 파주: 나남출판.

Kemp, S. P., Marcenko, M. O., Lyons, S. J., & Kruzich, J. (2013). Strengths-based practice and parental engagement in child welfare services: an empirical examination. *Children and Youth Services Review, 12,* November(online).

Kirst-Ashman, K., & Hull, G. (1993). *Understanding generalist practice.* Chicago: Nelson-Hall Publishers.

Kirst-Ashman, K. K., & Hull, G. H. (2009). *Understanding generalist practice* (5th ed.). Belmont, CA: Thomson Brooks/Cole.

Kopp, J. (1989). Self-observation: An empowerment strategy in assessment. *Social Casework, 70*(5), 276-284.

Lee, J. A. B. (2001). *The empowerment approach to social work practice: building the beloved community* (2nd ed.). NY: Columbia University Press.

Leighninger, R. (1978). Systems theory. *Journal of Sociology and Social Welfare, 5,* 446-466.

Levinson, H. (1977). Termination of psychotherapy: Some salient issues. *Social Casework, 58,* 480-489.

Loewenberg, F., & Dolgoff, G. (1985). *Ethical decisions for social work practice.* Itasca, IL: F. E. Peacock Publishers, Inc.

Loewenberg, F., & Dolgoff, G. (1996). *Ethical decisions for social work practice* (5th ed.). Itasca, IL: F. E. Peacock Publishers, Inc.

Lowy, M. (1985). Values as context for work with aging. In *Social work with aging: the challenge and promise of the later year* (2nd ed.). New York: Longman.

Mailick, M. D. (1977). A situational perspective in casework theory. *Social Casework, 58, 401-411.* Family Service Association of America.

Mattaini, M, A., Lowery, D. T., & Meyer, C, H. (1999). The foundations of social work practice (2nd ed.) (NASW). 이팔환 외 15인 공역 (1999). 사회복지실천이론의 토대. 서울: 나눔의 집.

McConaughy, S. H., & Achenbach, T. M. (1994). *Manual for the semistructued clinical interview with children and adolescents.* Burlington, VT: University of Vermont, Department of Psychiatry.

McFadden, J. (2014). "Frankenstein of pauperism" : the early years of charity organization case recording, 1877-1907. *Social Service Review, 88*(3), 469-492.

McGoldirck, M., Gerson, R., & Petry, S. (2008). Genograms : assessment and intervention (3rd ed.), 이영분, 김유숙, 정혜정, 최선령, 박정희 공역 (2011). 가계도 사정과 개입. 서울: 학지사.

McGoldrick, M., Pearce, J. K., & Giordano, J. (eds.) (1997). *Ethnicity and family therapy.* New York: Guildford press.

McMahon, M. O. (1995). General method of social work practice: a generalist perspective (3rd ed.). 오창순, 윤경아, 김근식 역 (2001). 사회복지실천론-통합적 관점-. 서울: 아시아미디어리서치.

Meyer, C. (1970). *Social work practice: a response to the urban crisis.* New York: Free Press.

Meyer, C. (1976). *Social work practice: the changing landscape.* New York: Free Press.

Meyer, C. (1987). Direct practice in social work: Overview. In A. Minahan (Ed,-in-Chief), *Encyclopedia of social work* (18th ed., Vol. 1. p. 409-422). Silver Spring, MD: National Association of Social Workers.

Meyer, C. (1988). The eco-systems perspective. In R. A. Dorfman (ed.), *Paradigms of clinical social work.* (p. 275-294). NY: Brunner/Mazel.

Mickelson, James (1995). Advocacy. In Richard L. Edwards(Ed.), *Encyclopedia of Social Work* (19th ed., Vol. 1. p. 95-100). Washington, D.C.: NASW.

Middleman, R., & Goldberg, G. (1974). *Social service delivery: a structural approach to social work practice.* NY: Columbia University Press.

Miley, K. K., O'Melia, M., & DuBois, B. (2004). *Generalist social work practice: an empowering approach.* Boston: Allyn and Bacon.

Miley, K., O'Melia M., & Dubois B. L. (2007). *Generalist social work practice: an empowering approach* (5th ed.), New York: Pearson Education Inc.

Miley, K. K., O'Melia, M., & DuBois, B. (2009). *Generalist social work practice: an empowering approach* (6th ed.). New York: Allyn & Bacon.

Miller, S., & Berg, I. (1995). *The miracle method: a radically new approach to problem drinking.* NY: Norton.

Moxley, D. P. (1989). *The practice of case management.* New Berry Park, CA: Sage Publications Inc.

National Association of Social Workers. (1981). *NASW working statement on the purpose of social work.* Silver Spring, MD: Author.

National Association of Social Workers. (1998). The foundation of social work practice (2nd ed.). 이팔환 외 역 (1999). **사회복지실천이론의 토대.** 서울: 나눔의 집.

National Association of Social Workers. (2008). *Encyclopedia of social work* (20th ed.). NASW Press: Oxford University Press.

Nelson, J. (1988). Single subject research. In R. Grinnell (ed.), *Social work research and evaluation* (3rd ed.). (p. 362–400). Itasca, IL: F.E. Peacock.

Northen H., & Roselle Kurland. (2001). Social work with groups (3rd ed.). Columbia University. 노충래 역 (2006). **집단사회복지실천.** 서울: 학지사.

Ovretveit, J. (1993). *Coordinating community care: multidisciplinary teams and care management.* Open University Press. Buckingham, Philadelpia.

Payne, M. S. (1997). Modern social work theory. 서진환 외 역 (2001). **현대 사회복지실천이론.** 파주: 나남출판.

Pease, B. (2002). Rethinking empowerment: a postmodern reappraisal for emancipatory practice. *The British Journal of Social Work, 32*(2), 135–147.

Perlman, H. H. (1957). Social casework: a problem-solving process. Chicago: the University of Chicago Press.

Perlman, H. H. (1970). The problem-solving model in social casework. In R. W. Roberts & R. H. Nee (ed.). *Theories of social casework,* p. 131–179. Chicago: The University of Chicago.

Perlman, H. H. (1976). Believing and doing: values in Social work education. *Social Casework, 57,* 381–390.

Pincus, A., & Minahan, A. (1973). *Social work practice: model and method.* Madison: F. E. Peacock Publishers, Inc.

Posavac, E. J., & Raymond, G. C. (1985). *Program evaluation: methods and case studies.* Englewood Cliffs, NJ: Prentice-Hall.

Rapp, C. A. (1998). *The strengths model: case management with people suffering from severe and persistent mental illness.* NY: Oxford University Press.

Rapp, C. A. & Goscha, R. J. (2006). *The strengths model: case management with people with psychiatric disabilities* (2nd ed.) NY: Oxford University Press.

Rapp, R. C. (1992). The strengths perspective of case management with persons suffering from severe mental illness. In D. Saleebey. (ed), *The strengths perspective in social work practice,* (p. 45–58). White Plains, NY: Longman.

Rapport, J. (1987). Terms of empowerment/exemplars of prevention. Toward a theory for community psychology. *American Journal of Community Psychology, 15*(2), 121–128.

Reamer, F. (1995). *Social work values & ethics.* Columbia University Press.

Reamer, F. (1999). *Social work values & ethics (2nd ed.).* Columbia University Press.

Reamer, F. (2000). Social work values & ethics. 고미영, 최경원, 황숙연 공역 (2002). 사회복지실천의 가치와 윤리. 사회복지실천연구소.

Reid, W., & Epstein, L. (1997). *Task-centered casework.* New York: Columbia Univ. Press.

Richmond, M. (1917). *Social diagnosis.* NY: Russel Sage Foundation.

Robbins, S. P., Chatterjee, P., & Canda, E. R. (2006). *Contemporary human behavior theory: a critical perspective for social work.* Needham Heights, Massachusetta: Allyn & Bacon.

Robinson, R. (1986). Restructuring the welfare state: An analysis of public expenditure, 1979/1980–1984/1985. *Journal of Social Policy, 15*(1), 1–21.

Roessler, R., & Rubin, S. (1992). *Case management and rehabilitation counseling procedures and techniques.* Pro-Ed Inc. Austin: Texas.

Ronnau, J. P., & Marlow, C. R. (1995). Family preservation: poverty and the value of diversity. *Families in Society, 74*(9), 538–544.

Rossi, P. H., Lipsey, M. W., & Freeman, H. E. (2004). *Evaluation: a systemic approach* (7th ed.). Sage Publications. CA: Sage Publications.

Rothman, J. (1992). *Guidelines for case management: putting research to professional use.* Itasca, IL: F. E. Peacock.

Rothman, J., & Sager, J. (1997). *Case management: integrating individual and community practice.* Boston: Allyn & Bacon.

Rubin, A. (1987). Case management. In A. Minahan et al. (ed.). *Encyclopedia of social work.* Silver Spring, MD: NASW.

Rubin, A., & Babbie, E. R. (2005). *Research method for social work* (5th ed.). Belmont, Ca: Thomson Brooks/Cole.

Rubin, R. (1992). Case management. In S. Rose. *Case management social work practice*. New York: Longman.

Rzepnick, T. L. (1991). Enhancing the durability of intervention gains: A challenge for the 1990s. *Social Service Review, 65*(1), 92–111.

Saleebey, D. (1992). *The strengths perspective in social work practice*. NY: Longman.

Saleebey, D. (1996). The strengths perspective in social work practice: extensions & cautions. *Social Work, 41*(3), 296–305.

Saleebey, D. (2002). *The strengths perspective in social work practice* (3rd ed.). Allyn and Bacon: Boston.

Sanchez, F. J., & Vilain, E. (2009). Collective self–esteem as a coping resource for male–to–female transsexuals. *Journal of Counseling Psychology, 56*(1), 202–209.

Schaffer, D. (1992). NIMH diagnostic interview schedule for children, version 2.3. New York: Columbia University, Division of Child and Adolescent Psychiatry.

Schneider, Robert, & Lori Lester (2001). Social work advocacy. Belmont, CA: Wadsworth.

Schubert, M. (1997). Interviewing in social work practice. 이상균, 박현선 공역 (2000). **사회복지 면접의 길잡이**. 서울: 나눔의 집.

Sheafor, B. W., & Horejsi, C. R. (1997). Technique and guidelines for social work practice (4th ed.). 남기철, 변귀연, 양숙미, 정선욱, 조성희, 최승희 공역 (1998). **사회복지실천기법과 지침**. 파주: 나남출판.

Sheafor, B. W., & Horejsi, C. R. (2008). Technique and guidelines for social work practice (8th ed.). 남기철, 정선욱, 조성희 공역 (2010). **사회복지실천기법과 지침**. 파주: 나남출판.

Simon, B. L. (1994). *Empowerment tradition American social work*. NY: Columbia University Press.

Siporin, M. (1975). *Introduction to social work practice*. NY: Macmillan Press Ltd.

Smith, A. (1994). Introduction and overview, In T. J. Kiresuk, A. Smith, & J. E. Cardillo (ed.), *Goal attainment scaling: applications, theory and measurement* (p. 1–14). Psychology Press. NJ: L. Erlbaum Associates.

Smut, J. (1926). *Holism and evolution*. NY: Macmillan.

Solomon, B. (1976). *Black empowerment: social work in oppressed communities*. NY: Columbia University Press.

Staudt, M., Howard, M. O., & Drake, B. 2001. The operationalization, implementation, and effectiveness of the strengths perspective: a review of empirical studies. *Journal of Social Service Research, 27*(3), 1–21.

Strom-Gottfried, K. J. (1999). *Social work practice: cases, activities and exercises.* Thousand Oaks, CA: Ping Forge Press.

Storm-Gottfried, K. J. (2009). The ethics of practice in home-based care. In S. Allen and E. Tracy (ed.), *Delivering home-based services: a social work perspective.* New York: Columbia University Press.

Sullivan, W. P., & Fisher, B. J. (1994). Intervening for success: strengths-based case management and successful aging. *Journal of Gerontological Social Work, 22*, 61-74.

Taitz, Jerold (1987). Judicial determination of the sexual identity of post-operative transsexuals: a new form of sex discrimination. *American Journal of Law & Medicine, 13*(1), 53-69.

Tatar, M. (2001). Comparing adolescents' considerations for self-referral and counsellors' perceptions of these considerations: an exploratory study. *Journal of Adolescence, 24,* 171-181.

Tester, S. (1996). *Community care for older people.* ST: Martin's Press, Inc.

Timberlake, E. M., Farber, M. Z., & Sabatino, C. S. (2002). *The general method of social work practice: McMahon' s generalist perspective.* Boston, MA: Pearson Allyn & Bacon.

Toseland, R. W., & Rivas, R. F. (2001). *An introduction to group work practice* (4th ed.). Boston, MA: Allyn and Bacon.

Turner, F. J. (ed.) (1996). Social work treatement. 연세사회복지실천연구회 역 (2004). 사회복지실천이론의 이해와 적용. 파주: 나남출판.

Turner-Stokes, L. (2009). Goal attainment scaling(gas) in rehabilitation: a practical guide. *Clinical Rehabilitation, 23*(4), 362-370.

Wakefield, J. (1996a). Does social work need the eco-systems perspective? Part 1. Is the perspective clinically useful? *Social Service Review*, March, 1-32.

Wakefield, J. (1996b). Does social work need the eco-systems perspective? Part 2. Does the perspective save social work from incoherence? *Social Service Review,* June, 183-213.

Weber, E., & Levine, F. (1995). Engaging the family: An intergrative approach: In Mikesell, richard H., Lusterman, Don-David, and McDaniel, Susan H. (ed.) *Integrating family therapy: handbook of family psychology and systems theory.* Washington, DC: American Psychological Association.

Weick, A., Rapp, C. Sullivan, W., & Kisthardt, W. (1989). A strengths perspective for social work practice. *Social Work, 34,* 350-354.

Weil, M., & Karls, J. M. (1985). *Case management in human service practice.* San Francisco, CA: Jossey-Bass, Inc.

Whitely, D. M., White, K, R., Kelly, S. J., & Yorke, B. (1999). Strengths-based case management: the application to grandparents raising grandchildren. *Families in Society, 80*(2), 110-119.

Wright, L. M., & Leahey, M. (1999). Maximizing time, minimizing suffering: The 15-minute (of less) family interview. *Journal of Family Nursing, 5*(3), 259-274.

Zastrow, C. (1981). *The practice of social work.* Honewood, III.: The Dorsey Press.

Zastrow, C. (2010). Introduction to social work and social welfare (10th ed.). 강흥구 외 역 (2014). 사회복지개론. 서울: 센게이지러닝 코리아.

〈인터넷 자료〉

HRSA. Cultural Competence Resources for Health Care Providers. Appendix A: The Toolbox. Available from 〈http://www.hrsa.gov/culturalcompetence〉.

Office of Minority Health. Assuring Cultural Competence in Health Care: Recommendations for National Standards and an Outcomes-Focused Research Agenda. Available from 〈http://www.omhrc.gov/clas〉

www.sagepub.com/upm-data/38142_Chapter.pdf

www.socialworkers.org/practice/standards/sw_case_mgmt.asp

www.socialworkers.org/practice/standards/NASWCulturalStandards.pdf

http://incheonnamgu.grandculture.net

http://www.secc.co.kr

http://cfile28.uf.tistory.com

인명

저자소개

■ 우국희(禹菊姬)

서울대학교 대학원 사회복지학과 졸업(문학박사)

현 서울기독대학교 사회복지학과 교수

〈주요 연구〉

노인의 자기방임-위험과 권리 사이, 사회복지윤리와 철학(공저), 가족복지론(공저), 케어/케이스 매니지먼트(공저), 취업노인의 직장 내 연령차별 경험 연구(공동연구) 등

e690817@hanmail.net

■ 성정현(成晶鉉)

서울대학교 대학원 사회복지학과 졸업(문학박사)

현 협성대학교 사회복지학과 교수

〈주요 연구〉

가족복지론(공저), 인터넷 자료를 통해 본 한국의 이혼문화와 사회복지(공저), 사회복지윤리와 철학(공저), 이혼과 가족조정(공역) 등

sung4381@hanmail.net

■ 좌현숙(左鉉淑)

서울대학교 대학원 사회복지학과 졸업(사회복지학박사)

현 호남대학교 사회복지학과 교수

〈주요 연구〉

사회복지실천과 역량강화(공역), 사회복지윤리와 철학(공저), 청소년 가출 예측 요인 성별차이 등

whoau@honam.ac.kr

■ 장연진(蔣延珍)

서울대학교 대학원 사회복지학과 졸업(사회복지학박사)

현 한양사이버대학교 사회복지학과 교수

〈주요 연구〉

이혼과 가족조정(공역), 사회복지윤리와 철학(공저), 가족복지론(공저) 등

yjjang@hycu.ac.kr

■ 최승희(崔承喜)

서울대학교 대학원 사회복지학과 졸업(문학박사)

현 평택대학교 사회복지학과 교수

〈주요 연구〉

프로그램개발과 평가(공저), 사회복지윤리와 철학(공저), 가족복지론(공저) 등

csh@ptu.ac.kr

사회복지실천론 (3판)

초판발행 2015년 9월 5일 1판 1쇄 인쇄 | 2015년 9월 10일 1판 1쇄 발행
2판발행 2016년 9월 10일 2판 1쇄 발행 | 2017년 3월 10일 2판 2쇄 발행
2018년 3월 10일 2판 3쇄 발행 | 2018년 9월 10일 2판 4쇄 발행
2020년 9월 10일 2판 5쇄 발행
3판발행 2021년 3월 10일 3판 1쇄 발행 | 2022년 3월 10일 3판 2쇄 발행
2022년 9월 10일 3판 3쇄 발행 | 2023년 9월 10일 3판 4쇄 발행
2024년 9월 10일 3판 5쇄 발행 | 2026년 3월 10일 3판 6쇄 발행

지은이 우국희 성정현 좌현숙 장연진 최승희
펴낸이 최용구 | **펴낸곳** 도서출판 **신정**
주소 (04316) 서울시 용산구 원효로 89길 19 (원효로1가)
전화 02)3211-4782, 0266(영업부), 3211-4783(편집부), 3211-4784(팩스)
이메일 shinjeong72@naver.com | **홈페이지** www.sjbook.co.kr
등록 2001년 5월 11일 제13-702호
기획마케팅 최용구 장만동 최충구 송대용 | **책임편집** 석기은 황가연

ISBN 978-89-5912-751-1 93330
정가 19,000원